縄紋時代史 上

縄紋人の祖先たち

安斎正人

敬文舎

口絵1 復元縄文人画
「企画展示　縄文はいつから！？」（国立歴史民俗博物館）の図録の表紙を飾った。手に持つ隆起線紋土器は実際には女性の用具であった。（石井礼子・画）

口絵2　竹佐中原遺跡A地点出土の石器群

中期／後期旧石器時代移行期の石器群と評価してきた。しかし本書では、鋸歯縁石器群を携えて4万～3万8000年前に朝鮮半島から移動してきたホモ・サピエンスが、列島各地に拡散して各地に残した石器群のひとつとした。

口絵3 国府型尖頭器・翼状剥片の出土状態

口絵4 翠鳥園遺跡の石器集中箇所（ブロック）

もっとも遺存状態のよい石器製作遺跡で、製作者たちの座位とそこを取り巻く剝片剥離の際に生じた石屑類の単位が検出された。

口絵6 復元富沢遺跡の古景観画

最寒冷期（2万年前前後）の埋没林、焚火跡、石器、シカの糞などが検出された。花粉・珪藻類・昆虫化石なども考慮した湿原景観。（細野修一・画）

口絵5 復元富沢遺跡のキャンプ地画

西の山地を超えてきた狩人たちがシカ猟を終え、点在する池沼間の微高地にキャンプの場を設けている。（細野修一・画）

口絵7 **白滝遺跡群**

黒曜石を産する赤石山は細石刃石器群期の北方民の聖なる山であった。湧別川河岸段丘上に原産地遺跡が密集している。

口絵8 泉福寺洞窟

間口18メートル、奥行8メートルで四つの小洞窟からなる。10次にわたる発掘調査で豆粒紋・隆起線紋・爪形紋土器を伴う細石刃石器群の変遷が明らかにされた。

口絵9　大正３遺跡出土の爪形紋土器

北海道最古の土器で１万 4000 年前を超える古さ。温暖化にともない本州から移動してきた集団が残した土器である。

縄紋時代史

上

縄紋人の祖先たち

敬文舎

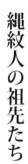

装丁・デザイン　竹歳　明弘
図版作成　蓬生　雄司
編集協力　阿部いづみ

凡例
・引用文以外、縄紋、紋様、施紋など「紋」に統一している。
・年代は^{14}C年代測定値の暦年較正を基準にしている。
・石器の器種名でいずれ変更・統一すべきと考えているものは「」が付いている。

［写真・図版、提供・協力］
《口絵》
p1　国立歴史民俗博物館（石井礼子・画）
p2　飯田市教育委員会
p3　羽曳野市教育委員会
p4　仙台市教育委員会（細野修一・画）
p5　仙台市博物館（細野修一・画）
p6　北海道立埋蔵文化財センター
p7　佐世保市教育委員会
p8　帯広百年記念館
《本文》
p137　群馬県教育委員会
p168　津南町教育委員会
p202　佐野市教育委員会
p207　兵庫県立考古博物館
p217　津南町教育委員会
p222　神奈川県立生命の星・地球博物館
p231上　十日町市博物館
p231下　津南町教育委員会
p314　神奈川県教育委員会
p333　帯広百年記念館
p342　都城市教育委員会

［第二章］　縄紋人の祖先たち……43

［第三章］　日本列島の原景観……183

まえがき

　私たちの世界は、今も昔も、モノとモノ、モノと人、人と人との相互関係が複雑に絡み合った構造になっている。考古学は一九六〇年代を境に、モノの学問からコトの学問へと変貌を遂げてきた。現在、その学問的特徴を際立たせているのは、複雑に絡み合った生活世界の構造をモノに語らせること、百年・千年・万年の長期にわたるその構造の複雑化の過程（進化）を解明すること、この二つにある。モノにコトを語らせるためには、モノとコトを橋渡しするミドルレンジ（中範囲）研究の方法論、すなわち歴史考古学、民族（俗）考古学、実験考古学や、地考古学、考古理化学の分析技術（花粉分析・胎土分析・同位体分析等々）などの進展が必須であった。

『唯物史観と生態史観』の著者、哲学者の廣松渉が「構造変動論」だと評価した渡辺仁著『ヒトはなぜ立ちあがったか―生態学的仮説と展望―』（一九八五）の批評を行う中で、私自身のパラダイム転換が始まった。一九九〇年の『無文字社会の考古学』で、日本考古学に導入すべき新しい研究法を提示した。例えば、それまでの考古学における文化の概念、すなわち文化を文化要素（遺跡・遺物の型式）の総体と見なすのではなく、認知系（精神文化）、行動系（習俗・規範）、道具系（物質文化）の三つのサブ・システムとその相互関係というシステム論の視点から捉えようとした。さらに人と自然との関係（エコ・システム）と人と人との関係（ソーシャル・システム）を加えて、その全体性を〝構造〟と呼び、その構造の時系列的な変動を考古資料に表れた変化から接近して解明しようとした。いわゆる〝構造変動論〟である。

日本の生態人類学の草分け的存在であった渡辺仁は次のように説明していた。「生態人類学はヒトの生活の自然史である。いいかえるとそれは自然界の現象としてのヒトの生活の科学的研究である。生物は環境への適応によってその生命を維持している。生物個体がいとなむ、そのための一連の活動が生活である。そこで自然史からみた生活とは、生物が環境との関係を維持するための手段であり、また生物が環境に対処するための適応機構である。このように生活は環境と密接不可分の関係にあり、したがって両者は一体のものとして理解されなければならない。生活の自然史的な意味や機能は環境との関連において、すなわち生態学的にとらえることなしには理解が難しい。この生活と環境との関係を生活の側（立場）から研究するのが生態人類学である。いいかえると、それは自然のなかに組み込まれたものとしての人間生活の研究である。すなわちそれは自然界の構造・機能が問題になる。従来の人類学は生活様式 mode of life, life style の歴史学あるいは遺伝学（起源、由来、発生機序、変遷過程等の研究）はあったが、生活の解剖学（構造の研究）と生理学（機能の研究）がない。この欠陥を充たすべきものとして現れたものがここでいう生態人類学である」（渡辺一九七七）。

ここでのキーワードは「生活」である。渡辺の生活概念の特徴は、生活を一つの構造体と考える構造的な考え方（生活は各種の活動 activities から構成されていて、それらの活動は直接間接に相互関係で結ばれた活動複合体を形成している。そこで生活を一つの活動系 activity system と見なし、このような意味で一つの構造体と見なす考え方）と、生活の諸側面や諸要素間の相互関係に注意をむける機能的な見方とにある（図1）。

図1 生活（活動系）の構造（渡辺のキュービック・モデル）

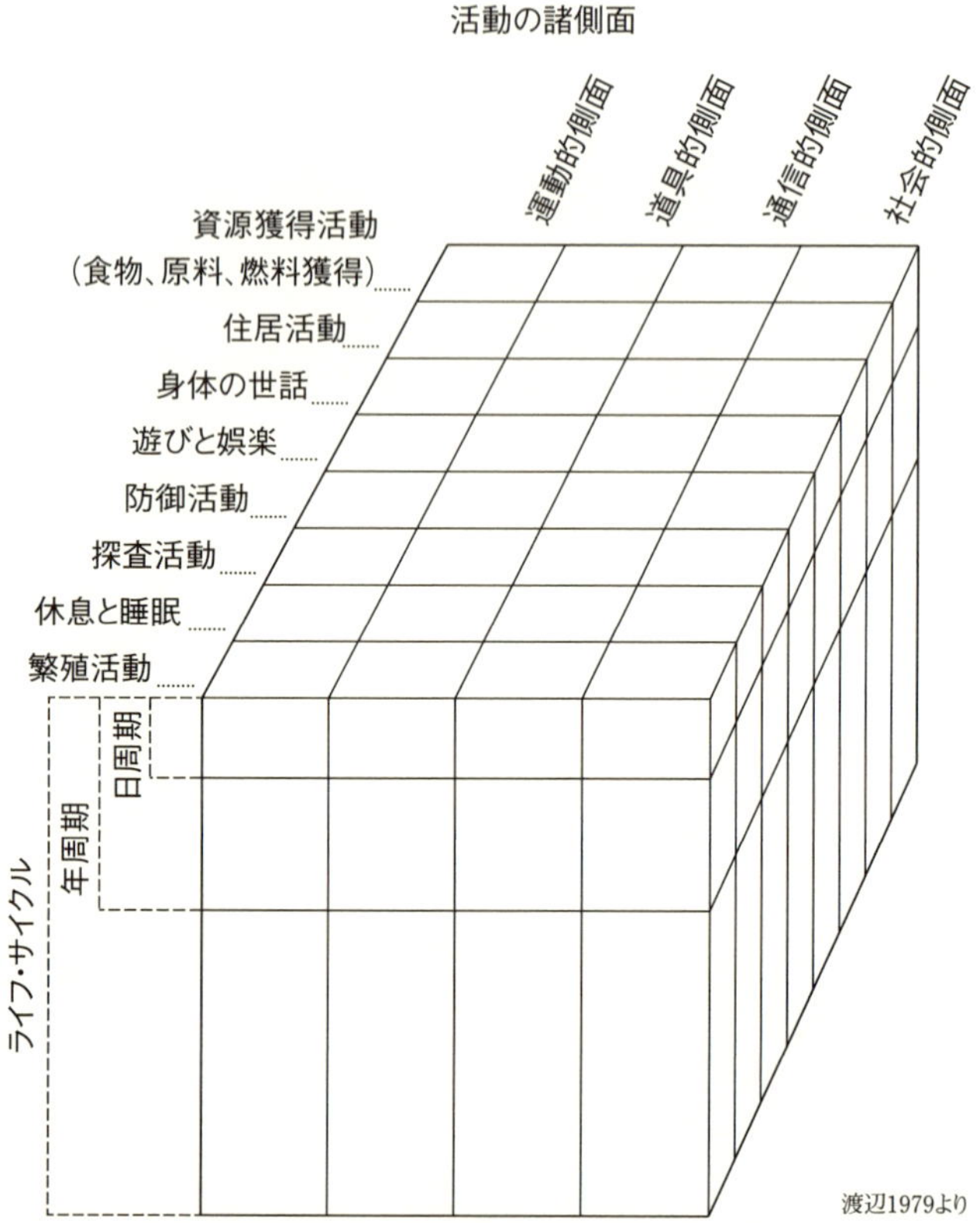

本書のテーマである「生活世界の構造変動」の原型は、グラハム・クラーク著『考古学と社会』（1957）初出の「文化・社会と生息環境と生物群系との相関図」（安斎 1999）で、この渡辺仁の「生活の解剖学（構造の研究）と生理学（機能の研究）のキュービック・モデル」から決定的な影響を受けている。

私の〝生活世界〟の原型である。

縄紋時代は文化的・社会的な変化を遂げつつ、およそ一万三〇〇〇年間も継起した、特異な〝採集猟漁民〟の生活世界であった。この長期にわたる縄紋人の生活世界の安定と変化のリズムはどのように刻まれていたであろうか。縄紋人の生活世界は自然の中で、自然の変化に対応して構築されていた。したがってその文化や社会、言い換えれば、その日常生活は自然環境と調和したものであったので、自然環境（地形・植生・動物相など）が大きく変わるとき、縄紋人は道具系、行動系、認知系を総動員して変化に対応したと考えられる。

近年の関連分野での分析技術の飛躍的な向上によって、高精度のデータが得られるようになった。ひとつは年代学で、加速器質量分析（ＡＭＳ）法による放射性炭素（^{14}C）年代測定値の暦年較正が可能になり、その暦年較正年代を使って、国内外各地の考古学的事象を正確に対比できるようになった。もうひとつは古気候学において、地球規模での気候変化に関する高解像度のデータが揃ってきたこと、つまり深海底堆積物コア分析（有孔虫化石の殻に含まれている^{18}Oと^{16}Oの同位体比を使って過去の水温を算出する。冷たい海にすむ生物の殻は^{18}Oの濃度が高い）と、グリーンランドや南極の氷床コアの分析（氷柱に含まれている^{18}Oと^{16}Oの同位体比を使って過去の水温を算出する）の結果、過去に起こった気候変化をたいへん広範囲に、また高い精度で復元できるようになった。この二つの進展が大変重要で、縄紋時代の長期にわたる文化的・社会的安定と変化の過程を検証することが可能になった。

引用文献

安斎正人　一九九九　「現代考古学入門講座（1）—今、なぜグラハム・クラークなのか—」『先史考古学論集』第八集、一〇一—一〇六頁
渡辺　仁　一九七七　「生態人類学序論」『生態』人類学講座第一二巻、三—二九頁、雄山閣出版。
渡辺　仁　一九七九　「ヒトの生活構造と適応」『ライフ・サイエンスの進歩』第六輯、六三—八七頁、春秋社。

［第一章］　縄紋時代史の方法

発掘された遺構・遺物に基づいて過去を研究するという近代的学問としての考古学は、日本では一四〇年ほどの歴史をもつ。戦前、山内清男の『日本遠古之文化』で素描された縄紋時代像は、時代の制約のなかでさらなる展開を見ることがなかったが、皇国史観の箍《たが》が外された敗戦時から七〇年余、この間のフィールド・ワークとしての考古学の発展とその成果は周知のことである。経済成長期の埋蔵文化財行政による事前・緊急発掘調査件数は、年間一万件を優に超えて、とりわけ縄紋時代の考古資料の増加は質量ともに群を抜いていた。

この時期の資料の増加に見合った研究成果、とりわけ縄紋観とそれに基づく縄紋時代像構築への学問的営為はどうであったか。その評価は辛口にならざるを得ない。戸沢充則や林謙作のように「縄文時代史」を見据えた研究者もいたが、戸沢は学内行政の要職に就いて研究の前線から引いていったし、林は志半ばで病に倒れてしまった。考古学にロマンがあるとすれば、こうした先人たちの果たせなかった目標を継承し、追求する行為にあるのかもしれない。

本著の書き出しのこの章では、縄紋観とそれに基づく縄紋時代像の構築に向けられた先人たちの思考を、旧新の二期に分けたどってみる。

発展段階史観

発展段階論は一般にカール・マルクス（一八一八―八三）の唯物史観と同義に使われているが、同時代人チャールズ・ダーウィン（一八〇九―八二）の進化論、特に当時の社会進化論を特徴づけた進歩史観と相補的に使われてきた。

戦前・戦中の反省に立って、マルクス主義者を中心に研究者を広く結集することを目指した「民主主義科学者協会」（略称「民科」）が一九四六年一月に発足した。その歴史部会の機関紙が『歴史評論』である。国民的歴史運動を提唱した日本史学者の石母田正（一九一二―八六）の歴史学の方法は、一九五五年の日本共産党第六回全国協議会（略称「六全協」）による方針転換後も強い影響力を持った。

一方、一九三二年に当時の皇国史観の支配する学界への反発と抵抗の中で、マルクス主義者をはじめ、実証主義的な方法をとるアカデミズムの〝良心的〟な研究者を含めて成立した歴史学研究会（会誌『歴史学研究』）は、一九四九年にそれまでの日本史部会、東洋史部会、西洋史部会を改めて、原始古代部会、封建部会、近代部会という部会組織を発足させた。「各社会構成における基本的矛盾について」を統一テーマとして開かれた一九四九年の大会と、「国家権力の諸段階」を統一テーマとした次の一九五〇年の大会との二つの大会が、戦後歴史学の枠組みが作り上げられる上で大きな意味をもった。

「歴研」や「民科」のマルクス主義者たちの主張は教科書に対しても強い影響を及ぼした。日本史の教科書の中にやがて原始・古代・封建・近代・現代という時代区分を採用するものが増え始め、戦後の教科書の基本的な枠組みに実際なっていった（網野一九九六）。
一九五四年に刊行された『私たちの考古学』とその継続誌『考古学研究』によって立つ研究者たちの唯物史観・発展段階論が、長らく日本考古学の理論的基盤をなしてきた。だが、日本経済の成長にともない社会構造が変化するなかで、理論の硬直化は避けられず、今日その役割を収束している。

『大森介墟古物編』

近代的学問としてのわが国の考古学・人類学は、エドワード・S・モース（一八三八―一九二五）に始まる。モースはハーバード大学の動物学者ルイ・アガシーのもとで動物学を学んだ生物学者で、一八七七（明治一〇）年に日本沿岸の腕足類（ホオズキガイ）を研究する目的で来日し、東京大学理学部の初代動物学教授として近代動物学の土台を築いた人物である。来日早々の六月一九日に汽車で東京へ向かう途中、大森駅を出てすぐ線路わきの切通に貝殻が露出しているのに目をとめた。アメリカで最初に貝塚発掘を手掛けたジェファリーズ・ワイマンの発掘に同行していたことがあり、ただちに貝塚であることを理解した。大森貝塚の発見である。

任用された東京大学の学生、佐々木忠二郎・松浦佐用彦らと早速その年の九月から一一月にわたり発掘を行い、二年後にその報告書“Shell Mounds of Omori”（『大森介墟古物編』）を出版した。大森貝塚人はアイヌ以前の先住民というプレアイヌ説、および発見した人骨をもとに食人説を主張したことはよく知られている。ちなみに、松浦は発掘の翌年にチフスで急逝し、佐々木は飯島魁と茨城県陸平《おかだいら》貝塚を一八七九（明治一二）年に発掘し、一八八三年に『陸平介墟報告』を出版したが、両人とも以後は動物学に専心して、考古学でのモースの後継者は絶えた。

一九七七年の大森貝塚発掘一〇〇年を機に、モース再評価の気運が生じ、翻訳書『大森貝塚』が、従来、埋もれたままになっていた数編の関連論文を併載して出版された（モース著、近藤・佐原編訳一九八三）。報告書は、序文、日本大森貝塚―はしがき―、大森貝塚の一般的特徴、大森貝塚の特徴、土器、装身具、土版、角器・骨器、石器、動物遺体、食人の風習、扁平な脛骨、大昔および現生の大森軟体動物相の比較、図版解説、という構成である。ちなみに、縄紋土器の名称は報告書中の〝cord marked pottery〟に由来する。

『大森介墟古物編』については、「日本考古学史上最初の学術調査報告書であるが、それには、実測にもとづく正確な多くの遺物の図版を掲げ、土器や石器を形態や用途によって分類し、自然遺物・環境などについても細かい記述を行い、しかもそれらを全体として統一的にとらえて、大森貝塚の示す文化的様相を他と比較考察するという、きわめてすぐれた内容の報告書であった」（戸沢一九九〇、五頁）、というのが衆評の一致するところである。

モースは進化論の紹介者としても有名で、新学年が始まる九月から講義を開始し、進化論について話した。また翌年の一八七八年一〇月と一一月に、四回連続の進化論講演を浅草井生村楼《いぶむらろう》（江木学校）で行ったのを手始めに、各地で何回となく進化論講演を行った。また三回の来日中に収集した民具・工芸品や陶器の膨大なコレクションは、セイラムのピーボディー博物館とボストン美術館に収蔵され、現代の私たちの貴重な財産となっている。さらに二冊の著作『日本のすまい』と『日本その日その日』は明治期初頭の優れた民族誌である。考古学・生物学・民族学・民俗学・民具学・人類学・社会史・文化史・建築学など広域な分野の研究者による共同研究成果、『モースと日本』（守屋編一九八八）が出版されるに及んで、モースを取り巻く日本近代考古学が始まる頃の考古学関連資料（佐原一九八八）以外にも、モースの多面的業績・貢献が世上に知られるようになってきた。

『日本遠古之文化』

モースが離日し、発掘に参加した学生が亡くなったり他分野に移ったりして、進化論者モース直伝の考古学は忘れられていった。その一方で明治期には、東京帝国大学理科大学教授であった坪井正五郎（一八六三－一九一三）らによって、石器時代人種論が活発に論じ続けられた。

大正から昭和期になって、先行世代の研究目的・研究方法に対する批判的動向が生じてきた。スウェーデンの考古学者オスカル・モンテリウス（一八四三－一九二一）著の翻訳『考古学研究法』で型式学的方法を導入した京都帝国大学教授浜田耕作（一八八一－一九三八）、円筒式土器や燕形銛頭など骨角器の基礎的研究で業績を残した東京帝国大学理学部人類学科主任教授長谷部言人（一八八二－一九六九）、里浜貝塚や宝ケ峯遺跡で層位学的発掘を実践した東北帝国大学教授松本彦七郎（一八八七－一九七五）などが先駆けとなった。そして、新たな実証主義考古学は、東京帝国大学理学部人類学科選科出身の若手研究者、後にいう〝縄紋三羽烏〟の甲野勇（一九〇一－六七）、八幡一郎（一九〇二－八七）、山内清男（一九〇二－七〇）を中心とするいわゆる「編年学派」による縄紋土器の型式学的研究となって結実した。

なかでも山内清男による土器の編年研究『日本先史土器図譜』（一九三九－四一）や縄紋原体の究明『日本先史土器の縄紋』（一九七九）は、縄紋土器研究において今日に至るまで抜きんでる大きな貢献であった。また、日本先史考古学の体系を組織した山内の代表作『日本遠古之文化』（一九三二－三三）での、①縄紋土器の細

図2 紋様帯系統論上の画期

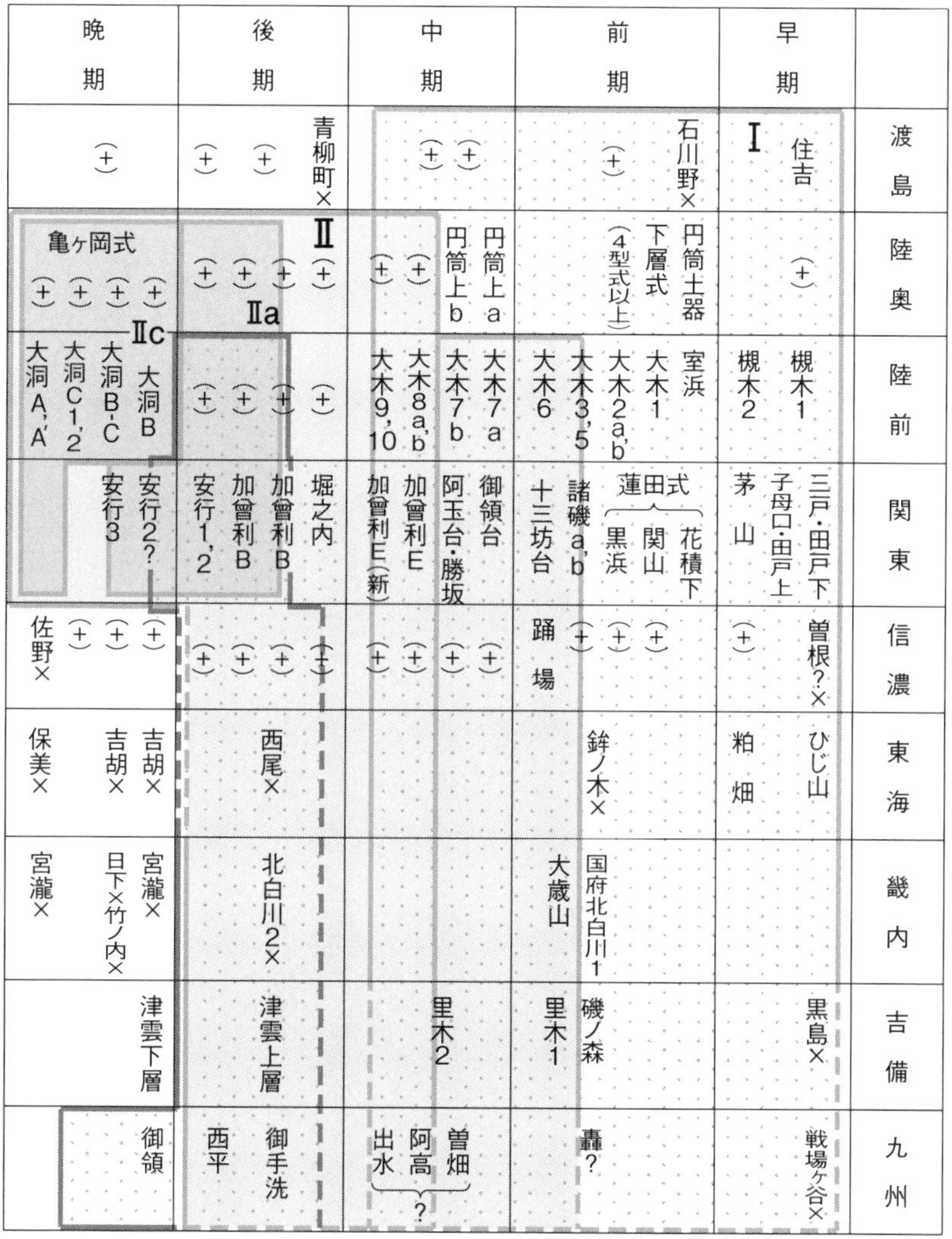

安達2016より

山内清男の紋様帯系統論がもつ変動論的意味を、安達香織が明示している。

別と大別、②縄紋土器の起源と終末、③紋様帯系統論と縄紋の技法、④先史文化の民族学的考察、⑤縄紋文化の実年代の考察は時代を抜きんでていて、紛れもなく「縄紋学の父」（佐藤一九七四ａ）の名にふさわしい。

山内清男の紋様帯系統論を基盤に据えた最近の学位論文で、安達香織が山内の紋様帯による縄紋土器の全体的な変遷史をトレースしている（安達二〇一六）。紋様帯系統論上の画期に注目してみると、①口頸部にⅠ紋様帯が付されるようになる北海道、東北地方北部・中南部、関東地方、東海（近畿）地方の早期の型式、②前期の東北地方中南部、関東地方、甲信、瀬戸内ではその下の体部にⅠ紋様帯を伴うのであるが、下方の紋様帯が広大でⅠ紋様帯が痕跡化する東北地方中南部前期末、関東地方東部前期後葉、甲信地方前期前葉の型式、③この下方の紋様帯がⅡ紋様帯に転化し、Ⅰ紋様帯とⅡ紋様帯が上下に重ねて加えられる東北地方北部・中南部、関東地方、近畿地方の中期後葉の型式、④頸部のⅡa紋様帯と体部のⅡ紋様帯に分裂して、Ⅰ、Ⅱa、Ⅱ紋様帯が重複する関東地方後期中葉、東北地方後期半ばの型式、⑤晩期において、体部紋様帯は再び上下二分され、Ⅱc、Ⅱの配置になるが、大洞C2、A、A'式においてⅡcは横線化し、頸部、肩部の隆線と化す（図2）。さらに、諸磯ｂ式から加曾利Ｅ式まで続く、口頸部のふくらみと口縁部の内側への湾曲に注目すると、分割してとらえることのできる口頸部と体部の紋様が、加曽利Ｅの新しい部分で一体化する（安達二〇一六、第２図）。

安達が紹介した山内のこの視点を、今日の私の視点で言い換えると、早期条痕紋系土器の開始期、前期諸磯ｂ式期、中期加曽利Ｅ式開始期と終末、後期加曽利Ｂ式期、晩期安行３式期とそれぞれの並行期あたりに系統論上の画期があった。そのように山内は見ていた。しかしその〝動態的〟視点は後の縄紋研究に生かされず、「地方差、年代差を示す年代学的の単位」である型式網の完成へと向かうばかりで、「縄紋土器の文化の動態は、かくの如くして――土器型式の細別、その年代地方による編成、それに準拠した土器自身の変遷史、これによって排列されたあらゆる文化細目の年代的及び分布的編成、その吟味等の順序と方向によって解明に赴くであろう」、という山内の研究指針は今なお完遂されていない。

ひだびと論争

一九二〇年代から一九三〇年代前半にかけて、社会主義・共産主義運動の高揚する中で、プロレタリア文化運動が盛んであった。飛騨考古土俗学会を足場に一時期考古学を専門に研究したプロレタリア作家江馬修（一八八九―一九七五）が、自ら主宰する雑誌『ひだびと』第五年第九号（一九三七）に赤木清のペンネームで掲載した「考古学的遺物と用途の問題」に端を発して、江馬と甲野勇、八幡一郎との間にいわゆる「ひだびと論争」と呼ばれる応酬があった。山内清男、甲野、八幡の名前を挙げて、編年学的研究は日本考古学に一大進歩であって、その功績は非常に大きいとしながらも、江馬はこの論文で遺物用途の問題について、「現在の考古学者の多くはこうした問題に触れることを忌避する傾向があるように見える。少なくともそれは第二義、またはそれ以下の問題として扱われているように見えなくもない。しかも最も有り触れた土器を始め、石斧でも、凹石でも、石冠でも、その用途の科学的にはっきりと知られない遺物が実に多く、正直な所、考古学の無知は驚かれるばかりで」、「その自然的結果として、考古学研究は土器偏重の傾向を誘致し、石器の用途の問題など殆ど軽視されるような形になった」、と力説した。私たちが考古学研究で第一に意図するところは、遺物と住居跡を通して、当時の経済的な社会構成を復元することである。住居跡によってはその型式のみならず、さらに家族と聚落の状態を追及し、土器と石器類のような生産道具においては、その用途―性質と機能を探求することによって、私たちの目的へ肉薄しなければならない。このような江馬の理念は時代を先取りしていたが、具体的方法の提示がないままに立ち消えてしまった。

「自然科学者の鋭い分析力と、歴史家としての透徹した経済史観を具えておられた」（佐藤一九七四ａ）山内清男は、この論争に加わらなかった。この山内の静観の真意は推し量りがたい。

『考古学研究』の系譜

国民的歴史運動を推進した「民科」歴史部会に所属する和島誠一（一九〇九−七一）は東京帝国大学理学部人類学選科出身で、死後に出版された『日本考古学の発達と科学的精神』は、特に史的唯物論によって立つ考古学者らの教本であった。その精神を継ぐ近藤義郎（一九二五−二〇〇九）らとの岡山県月の輪古墳発掘調査（一九五三）、和島による神奈川県南堀《なんぼり》貝塚の発掘調査（一九五五）、全国規模の保存運動による大阪府イタスケ古墳の全面保存など、「民衆の自覚的な地域史への関心と、研究者の学問的な課題とが結合して共同調査を実践することによって、古墳と原始聚落の構造を究明するという貴重な学問的成果をあげるとともに、従来までの考古学・歴史学界にはなかった新しい科学運動を創造することになった」と総括されている（勅使河原一九九五）。この勅使河原彰の学史の方法を含め、マルクス主義考古学については、別稿（安斎二〇〇一）で論評してある。

近藤義郎が一九六四年に発表した「戦後日本考古学の反省と課題」は、戦前の禰津正志（一九〇八−八六）「原始日本の経済と社会」や渡部義通（一九〇一−八二）・和島誠一らの『日本歴史教程』に貫かれた「科学的精神」に立って書かれたと言われている。近藤を中心として設立された考古学研究会とその会誌『考古学研究』（一九五四年に『私たちの考古学』として刊行された）では、当初、唯物史観に基づく社会構成の段階的発展の追及を新たな研究課題としていた。

「考古学を通して正しい科学的な古代史を知ること」、「歴史的に作られた『物』の真実を捉みとること」、「そのためには遺跡遺物を見る時に、表面的な形や色や大きさだけを見るのでなく、その物の本質…一つの社会の中におけるその物の果たした役割…を考えるように努力すること」が提案されている（「刊行にあたって」）。

マルクス主義考古学のキーワードの一つは「生産力発展」である。田辺昭三（一九三三―二〇〇六）は次のように書いた。「生産の発展過程をはかる尺度であり社会によって達成された経済的発展の程度の指標となる生産用具を中心に、弥生式時代六百年間の変革期における生産力発展の諸段階を明らかにすることである。この場合生産力の発展過程における諸段階は、そのまま矛盾の発展の諸段階であり、またそれは原始共同体が崩壊し、最初の階級社会へ移行する変革の諸段階を促すものでもあるとも云える」（一一号、「生産力発展の諸段階」）。また、「原始時代」について、近藤義郎は次のように述べていた。「原始時代という歴史学の用語は、資本主義時代（つまり近代）、封建時代（つまり中世）、あるいは奴隷制の時代（古代）という区分と同様に、人間社会の生産生活の様式の究明から設定されたものである。…ごくひらたく言って、原始時代は生産力が極めて低くそのために共同体的な生産関係が凡ゆる生活や行動や考えの基礎となっている時代と考えられており、単に古墳があるから古墳時代、石器があるから石器時代、文献がないから先史時代という風な分類の仕方と、その基準が根本的に異なるのである。…時代区分が人間社会の移り変わりを端的に捉えてなされなければならない以上、私たちは、原始時代それから古代・中世（封建）・近代という区分を採用するであろう」（一一号、「談話室」）。

さらに近藤はこうも書いていた。「私たちはかつて、初期農業生産の発展を理解しようとした時、先ず発展の仕方を問題の基礎に取り上げたが、ここに発展についての法則的な理解が如何に必要であるかを知った。確かに今までも発展という言葉は盛んに使われてきたが、例えば弥生時代の文化なり農業生産の発展という場合、弥生前期から中期へ、中期から後期へ、後期から古墳時代前期へと、あたかも水の流れのように、同じような質と速度と方式とで漸進的に発達してきたかに説明されてきた嫌いがあった。…しかし発展というものは、果たしてそのように表現され理解されてよいものであろうか。発展はピークを創りながら進行するということである。だらだらと上向線を辿るという場合（期間）だけでなく、ある時期に飛躍的な前進を遂げるという進み方である。そして飛躍的な前進の後には、再びゆっくりとした上向線（或る場合には停滞もし、また部分的には下向さえする）を、長短の期間はあれ、歩み続けるということである。このような発展の仕方は、単に農業或いはその他の生産の進歩にのみ見られるだけでなく、生産関係においても基本的にうかがわれるのではなかろうか。そうであるとするならば、今度は、生産及び生産関係における個々の事象又は全体について、意識的にピークを探し求め、それに至る蓄積された条件を分析し、ピークの意義を評価し、そうすることによって歴史的な理解を深めていくことが可能になるであろう」（一五号、「初期水稲農業の技術的達成について」）。

一九五九年の二一号（第六巻第一号）から誌名が変更され、それまでの原始から古代への生産力の発展を共通テーマとすることに加えて、「共同体」の形成と発展、変質と解体がテーマとして採択された。本誌には、市原寿文の「縄文時代の共同体をめぐって」と近藤の「共同体と単位集団」が掲載されるなど、みんなの考古学から研究者の考古学へ移行していく兆候が窺われる。近藤の「共同体と単位集団」以降、このテーマに沿った若手研究者による研究、例えば都出比呂志の「考古学からみた分業の問題」（第一五巻第二号）、稲田孝司の「尖頭器文化の出現と旧石器的石器製作の解体」（第一五巻第三号）、春成秀爾の「中・四国地方縄文時代晩期の歴史的位置」(第一五巻第三号)などは次々に発表された。後年、都出は『日本農耕社会の成立過程』(一九八九)や『前方後円墳と社会』（二〇〇五）などで、稲田は『哺乳動物化石の産状と旧石器文化』（一九九〇）や『遊動する旧石器人』（二〇〇一）などで、春成は『縄文社会論究』（二〇〇二）や『儀礼と習俗の考古学』（二〇〇七）などで、旧石器時代・縄紋時代・弥生時代・古墳時代の考古学研究を先導していった。

編集後記が近藤から春成に交代し、さらに編集委員名が複数明記されるようになるとともに掲載論文のテーマも多様化し、一九六〇～七〇年代に『考古学研究』のいわば黄金期を迎えた。しかしそれは他方で、マルクス主義考古学の色彩を紙面から薄めていく結果となった。考古学研究会発足四〇周年をめどに、代表が近藤義郎から西川宏・都出比呂志に交代し、会誌の判型がB5版横組みに変更された（第四一巻第一号）。形式に限らず、近年はプロセス考古学やポスト・プロセス考古学に通じるテーマや方法に準拠した論考も多くみられる。

『縄文時代史研究序説』

早熟な〝考古ボーイ〟であった戸沢充則（一九三二―二〇一二）は、郷土の先達、宮坂英弌（一八八七―一九七五）と藤森栄一（一九一一―七三）、明治大学文学部教授杉原荘介（一九一三―八三）に歴史の見方・考古学の方法を培われて、大学人（研究者・教育者）として順当に歩み続け、一九七六年に明治大学文学部教授となった。宮坂は長野県茅野市尖石遺跡や与助尾根遺跡の発掘調査を手掛け、縄紋時代集落研究の先鞭をつけた在野の考古学者であり、藤森も「縄文中期農耕論」を提唱し、総括的調査報告『井戸尻』などを刊行しながら、多くの弟子を育てた在野の考古学者である。宮坂と藤森から地域研究の精神を継承している。杉原は群馬県みどり市岩宿遺跡の発掘などを手掛けた旧石器研究の先駆者である。杉原の石器研究の方法を批判的に継承し、学位論文『先土器時代文化の構造』を書いている（『考古学の道標』編集委員会編二〇一四）。『縄文時代史研究序説』（一九九〇）は戸沢が和島誠一の「科学的精神」を継承しようとしていた、主に一九七〇〜八〇年代の論考を集めて一冊としたものである。戸沢の考古学史の視点は、「いつ、誰が、どこで、どんな新発見をしたという年代記にとどまらず、研究者の活動とその時代的背景との関係をとらえることである。そして、研究の視点と、研究者の姿勢を問うことである」（五頁）。しかし、「資料追随主義・実証主義的な編年学派」に対する方法論上の批判は、「編年学派」研究者に反省を促すことはなかった。それは「科学的精神」と「実証主義」とを対置させた当時の党派的視点の故にある。それはそれとして、「日本考古学は反動イデオローグの企む建国記念日（紀元節）の復活を許し、独占資本を中心とした開発がもたらす大量な遺跡破壊を前にして、緊急事前調査という無目的な発掘の激増に直面し、本来の学問的使命を忘れ去ろうとしている」（一六頁）というのが、一九七八年時点での戸沢の状況認識であった。

日本考古学における型式学に三つの系譜を認めている（一八―四〇頁）。山内清男の土器型式論は方法論的な限界を内包すると評価する。「何故に型式の細分を行うのか」という目的意識を欠き、無目的な個別実証主義的な研究に走りすぎたというのである。最近の方法論的反省を踏まえた新しい動向に注目していると言いつつも、その研究事例は挙げていない（一九七〇年の時点では、鈴木公雄や小林達雄が行っている「土器セット論」「技法論（?）」や「範型理論」を新しい試みによる土器研究として評価していた）。小林行雄の様式論は考古学の科学性を保証し、考古資料を歴史素材として生かす方法であるとして、土器の搬入・搬出関係に着目して、共同体間の集団関係を論じた都出比呂志等の研究を、継承発展させた例として挙げている。杉原荘介の「型式・形態・様相論」は考古学そのものを歴史学の機能をもった「原史学」に高揚せしめんとするもので、『考古学手帳』同人である向坂鋼二《むこうざかこうじ》の「分布論・共同体論」、岡本勇の「時代区分論」、高橋護の「領域論」、戸沢自身の「地域研究」へ展開しようとしているという。これが一九八五年時点での戸沢の学史認識であった。

一九八六年の論考では、日本考古学のひとつの伝統を形づくった土器型式の研究などを主とした分布論と、集落や領域研究にもとづく集団・社会論との統一的理解のなかから、文化と地域性を把握する研究の新しい方向性を見出すことができるとしつつ、ただし、そうした地域研究の多くはまだ限られた地域の、特定のテーマに絞られており、考古学が自らの方法をもって歴史叙述を目指すためには、まだ相当の時日を要するとしても日本列島全域にわたる「考古地域史」の確立を要すると説いた（四一―五八頁）。

戸沢の「地域研究」は、八幡一郎が『南佐久郡の考古学調査』（一九二八）と『北佐久郡の考古学調査』（一九三四）で提唱した「郷土考古学」や、鳥居龍蔵の指導の下に編まれた『諏訪史第一巻』（一九二四）の系譜に連なるものであるという。そして、郷里在野の考古学者である藤森栄一の「縄文中期農耕説」は個別実証主義的研究を止揚するひとつの重要な具体的仮説であったと高く評価する。この仮説の主要な支えとなった「井戸尻文化」のような地域文化を全国くまなくとらえ、それらの各々が考古学的に見てどんな構造と性格をもった文化なのか、それがどのような生業によって支えられていたものなのかを、あらゆる考古学的事象を通じて考古学者が分析・総合することが必要であると説いた（三一〇―三三〇頁）。

ところで、一九七〇年の時点で、編年学的研究からの脱皮を果たした研究として、水野正好（一九三四―二〇一五）の集落研究を高く評価し、その紹介に多くのページを当てている。その水野集落論、いわゆる〝二棟一家族論と三家族三祭式分掌論〞は、第一世代の和島誠一と宮坂英弌の亡き後、戸沢ら集落論第二世代の各種の集落論の錯綜が見られるなかで、縄紋時代集落論の象徴的な存在へと祭り上げられていったのであるが、この間の、そして今日の第四世代に至るまでの集落論を、佐々木藤雄が繰り返し水野集落論へ立ち返って、ラジカルに批判を加えている（佐々木一九九五・九六など）。要は、関係者たちが考古学の〝正道〟（仮説構築→考古資料による検証作業→仮説の修正あるいは再構築→新たな考古資料による検証作業→…）を逸脱しているというのである。しかも皮肉なことに、水野集落論は住居跡の所属時期など編年学的実証性を欠いていたのである。

それはそれとして、現在の私の視点（気候変動と縄紋文化の変化）から注目し評価するのは、千葉県市川市の貝塚遺跡数の増減から、居住開始の時期が早期末葉（茅山式期）、前期中葉（関山・黒浜式期）、中期末葉ないし後期初頭（加曾利E式・堀之内I式期）の三つの時期に集中していて、土器型式の大別が縄紋時代の歴史的な発展の姿を正確に反映していないという指摘と、半田純子によって指摘された東北地方の晩期の遺跡の継続の仕方、つまり晩期の全期間にわたるもの、後期末または晩期初頭から大洞C1式期までのもの、大洞C2式から大洞A'式期までのもの、大洞C2式期だけのものというパターンに、縄紋時代晩期という一時期のなかにも、やがて縄紋時代の終末から弥生文化を迎えようとする、確かな歴史の動きを把握する手掛かりを見て取っていること、そして前期の諸磯a式・b式期と諸磯c式期との間の断絶に生業の変化を見ていたことの諸点である。「日本考古学の秩序を新しい体系として止揚する方向は、限られた地域と時間のなかに生起した事実を問題として取り上げた小さな主題を考古学の正道のなかに批判・総合していく方法をおいて他にないものと思う」（七三頁）。正鵠を得ている。

一九九〇年代に入ると、史学地理学科長・考古学博物館長・文学部長など要職について研究現場を離れて行き、一九九六年から明治大学学長を務めた。こうして、「小さな主題を批判・総合していく方法」に基づく「縄文時代史」は試論に終わった。戸沢の研究軌跡を追いながら私自身は、「小さな主題を批判・総合していく方法」の先に日本列島全域を通じた「生活世界の構造変動」というテーマを設定してみたい。さらに付け加えれば、「とくに一九六〇年代以後の遺跡・文化財の大量破壊時代に育った若手の研究者は、緊急発掘調査に対応する技術方法論の開発に腐心し、歴史学的思弁に欠けたある種の外来の理論に傾倒し、戦前の日本考古学をひきつぐ「新実証主義」ともいえる研究に冒されつつあるように思われる。／今やその危惧から脱する道は、考古学における地域研究の充実を期すことであると信じたい」（一〇〇頁）と、戸沢がこう書いた一九八六年ころ、私自身は「ある種の外来の理論」（プロセス考古学）に関心を寄せつつあった。

『縄紋時代史Ⅰ・Ⅱ』

縄紋時代研究においても唯物史観の影響は長く続いた。岡本勇（一九三〇－九七）は縄紋時代が緩やかな発展の累積のなかにも、歴史的時期区分の指標としてふさわしい意味を担った段階が認められるとし、①成立段階（草創期および早期）、②発展段階（前期および中期）、③成熟段階（中期末から晩期前半）、④終末段階（晩期後半）の四段階を設定した。そしてそれぞれの上昇を基本的に導いたのは労働用具とその技術的進歩、単位集団の増加による共同労働の発展など、生産力の着実な発達であると考えた（岡本一九七五）。

戦後長く、農耕社会以前の縄紋時代の原始共同体は階級のない平等社会であると見なされてきた。「日本考古学には縄紋時代の共同墓地に無階級社会の証拠を読みとろうとする伝統がある。一九三〇年代半ばの禰津正志にはじまり、戦後は岡本勇に引き継がれ、私自身の葬制研究もその伝統を受け継いでいる」（林二〇〇四、二五五頁）と書いた林謙作（一九三七－二〇一〇）は、いずれモノグラフを書きたいという思いを抱きながら、縄紋時代史構築のための基礎的研究法を、『季刊考古学』に一〇年以上にわたり連載した。だが、病に倒れ未完のままに終わった。

林との間にどのような申し合わせがあったか知らないが、春成秀爾がほぼ連載順に並べて、前半二〇回分を『縄紋時代史Ⅰ』（第一章―第七章）、後半二一回分を『縄紋時代史Ⅱ』（第八章―第一一章）として出版にこぎつけた（林二〇〇四）。「第一章　研究の流れ」「第二章　縄紋人の素性」「第三章　縄紋文化の形成」「第四章　縄紋土器の型式」「第五章　縄紋人の生業」「第六章　縄紋人の領域」「第七章　縄紋人の〈交易〉」「第八章　縄紋人の集落」「第九章　縄紋人の住居」「第一〇章　定住集落の成立」「第一一章　定住集落の普及」という構成である。

アメリカでプロセス考古学の気運が生じつつあった一九六六年にウィスコンシン大学に留学した林謙作は、プロセス考古学の盛んであった一九七一・七二年にアメリカのエール大学人類学部訪問研究員であった鈴木公雄（一九三八―二〇〇四）と、この後取り上げる小林達雄とともに、「新しい縄紋研究世代」だと見なしてきたが、特に林の縄紋社会研究（『縄文社会の考古学』、二〇〇一）に注目していた。『縄紋時代史Ⅰ』の出版後、林から電話で直接に書評の依頼があった。そこで長い書評を書いた（安斎二〇〇五）。林の各論を読みつつ、縄紋時代史を構築するには、林が実践しきれなかった各論における「型にはまった見取り図の枠」を抜け出る必要があるとの感想をもった。そして次の文章で書評を終えた。「著者が校正・構成にかかわれなかったことがこの本の価値を大きく損なっている。その意味で、私が現時点での縄紋研究者の最高の一人に位置づける林の著作としては、期待に十分答えてくれたわけではない。それでもこの本は縄紋時代研究書中の最も重要な部類に入る。この玉石混交の労作をどのように読むのがいいであろうか。林が目指して果たせなかった「縄紋時代史」の叙述を目標として、継承的批判＝批判的継承を念頭に置いた読み方であろう」（四一頁）。

歴史の解釈

考古学は遺構・遺物に基づいて過去を復元する学問である。一般にそう考えられてきた。こうした伝統的な考古学観に対して、一九六〇～七〇年代のアメリカのプロセス考古学で異議が唱えられた。さらにまた、一九八〇年代の英国考古学に顕現したポスト・プロセス考古学では、歴史は過去についての解釈であり、解釈する人の認識は現在その人の置かれている状況によって構成される、と主張された。

考古学者は遺跡を発掘することで遺構・遺物を見つけだし、そのコンテクストを観察・記録し、発掘資料を整理・分析することを通して、直接的には観察できない過去の文化・社会・生活様式・行動・思考などについて、その地理的変異や経年的変化のモデルを方法論的に組み立て、そして考古資料を使ってその正誤を検証する。この帰納的かつ演繹的実践課程を、さらに未来を見据える世界観・歴史認識に即して弁証法的に止揚することによって、私は無文字社会の歴史を再構成することをその最終目的として設定した。

一見したところ、日本考古学は現在もモデル（考古学的経験則の整合的・統一的説明）の構築などとは無関係に、考古資料（遺物・遺構など）研究に集中しているように見える。しかしその中には、遺物・遺構を熟知していなくてはモデル構築の試行は空転してしまうという認識も見え隠れしている。発掘時の科学的観察や整理時の精密な分析は今後のモデル構築の基盤となり、それらはまた構築された作業仮説を検証する際の例証を提供するからである。考古記録の作製と、記録された考古資料の正確な概念化およびその全体的な理解とは、歴史構築過程の不可分な連鎖をなしている。

構造変動史観

一九七二年から一九八五年まで発掘調査が行われた福井県三方上中郡若狭町鳥浜貝塚は、「古三方湖（鳥浜湖）」の旧湖岸に位置する低地性遺跡である。報告書には木製品の樹種、植物遺体、緑豆、動物遺体、軟体動物、糞石、花粉分析、年代測定の項目が設けられ、自然科学者からの寄稿が載せられている。発掘調査に関わった安田喜憲はここから環境考古学を立ち上げ、西田正規は生態学的アプローチを立ち上げた。青森市三内丸山遺跡の発掘調査で頂点に達した〝豊かな縄文像〟は、西田の「定住革命」の提唱に始まる（西田一九八六）。

低地性遺跡の発掘調査が増えるに伴い、段丘・丘陵上の遺跡から失われていた、質量ともに豊かな有機質遺物の検出・分析結果が集積されてきた。その解釈には生態学・生態人類学や民族誌学の知見の応用を要した。渡辺仁（一九一九–一九八）は東京帝国大学理学部人類学科出身で一九六〇年代後半からこの方法論を追究していたが、考古学界での知名度は低かった。一九七二年に人類学科助教授から文学部考古学研究室の教授に転任したのち、私の指導教官であった。その業績が評価されるのは一九八九年のことである（安斎一九八九）。

縄紋人の生活世界もモノとモノ、モノと人、人と人との相互関係が複雑に絡み合った構造になっている。考古資料を社会生態学の方法で読み解いて、複雑に絡み合った生活世界の構造（エコ・システムとソーシャル・システムとの全体的関係性）を解明し、一万数千年間の長期にわたるその構造と変動・変遷を跡づけること、これが渡辺仁の研究を継承する本著のテーマである。

北米北西海岸の民族誌の応用

土器型式学に基づく編年研究が戦後も縄紋研究の主流となってきた。その一方で、山内清男による戦前の「縄紋人＝高級狩猟民」観と、戦後の「堅果・サケ・マス論」の系譜を引く、その弟子筋の論議が展開された。山内はいわゆるサケ・マス論で、縄紋人の主要食料はドングリ・トチの実・クリ・クルミなどの堅果類であるが、本州中部以北ではこれにサケ・マスを重要食料資源として加えることで、東北日本の縄紋文化の繁栄基盤を説明しようとした。「高級狩猟民」である「カリフォルニア・インディアン」と対比して、サンフランシスコ以北がドングリとサケの二本立ての「サケ地帯」、南はサケのない「ドングリ地帯」であることを指摘し、両者間の比較研究の重要性を示唆していた（山内一九六九）。

一九八〇年代後半に縄紋観の大きな転機を迎えた。一九八六年に「日本文化の源流」をテーマとする朝日カルチャーセンターの講座で、小林達雄が「日本文化の基層」と題して話をした。縄紋文化と同じような環境の中にいて、道具の種類も縄紋文化と共通しているアメリカ先住民のある部族は、縄紋人の社会・経済・文化と似たようなものをもっていたという前提に立って、①縄紋時代の遺跡の種類がいろいろあるように、縄紋人の社会にもそれだけ複雑な構造があったこと、②晩期になって耳飾りを装着する風習が一般化するなかでも、ていねいなものを装着する階層と、粗雑なつくりのものを装着する階層と、まったく何もつけない階層とがあったこと、③同じく晩期には男の身分のある者は鹿角製の腰飾りをつけることができたこと、④奴隷がいたこと、などに言及して、縄紋文化を担った縄紋人の社会において、彼らの役割分担を背景に構造的にも身分的にも階層的なものがすでに生まれていた、と述べた（小林一九八八）。

山内清男を師とする佐原真（一九三二—二〇〇二）も、同時期に類似したことに言及している。「北西海岸の人々は、魚、とくにサケに依存する食糧採集民でありながら、ひじょうに豊かであって、自由民は常勤の専門技術者をかかえ、そして奴隷を持っていた。彼らが奴隷を所有できたなら、生活基盤の勝ったわが縄紋文化に、とくに東北地方晩期の亀ヶ岡文化に奴隷がいたとしても不思議ではない。縄紋文化を復元するにあたっては、カリフォルニアとならんで北西海岸の人びとの実態を学習することが必要である」(佐原一九八七)。

『縄文土器の研究』

小林達雄は山内清男に言及するが、山内・佐藤達夫の土器の型式研究に批判的である。小林も、〝考古ボーイ〟として郷土の先達中村孝三郎(一九一〇―九四)との繋がりが強い。中村は小林も参加した新潟県東蒲原郡阿賀町小瀬ヶ沢洞窟や室谷洞窟の発掘調査を手掛け、信濃川流域の旧石器時代・縄紋時代遺跡の先駆的調査を行った在野の考古学者である。

一九六八・六九年にウィスコンシン大学人類学部、一九八三年にブリティッシュ・コロンビア大学社会人類学部、一九九三年にケンブリッジ大学考古学部に留学経験をもつ小林は、林謙作、鈴木公雄とともに〝新縄紋三羽烏〟とも、日本の〝新しい考古学先駆世代〟とも評され得る。「縄文カレンダー」や「縄文ランドスケープ」など、今日流布する縄文観の形成に大きく与っている。土器研究に限れば、山内が想定した「(型式網)に準拠した土器自身の変遷史」を、独自に形成しようとした。自身によるその研究が『縄文土器の研究』(小林一九九四)であり、小林に繋がる研究者らによる集大成が『総覧　縄文土器』(小林監修二〇〇八)である。

小林も土器の登場をもって縄紋文化の開始と見なす一人である。土器の技術的革新性と造形学的革新性、さらに土器使用によってもたらされる社会的・文化的・経済的効果を評価してのことだという。縄紋土器こそが縄紋文化の本体だという見解に立ち、草創期に始まって晩期に至るまでの変遷に、特に大きな画期を四回認めている。草創期の土器には「方形平底形式」と「円形丸底形式」の二つの器形があり、前者はそれまで慣れ親しんでいた編籠や樹皮籠の方形平底形態をまねたものと思われること、後者は既製の獣皮袋のイメージを想起させることから、「イメージの時代」と称する。早期になると、それまでの二つの器形が一つに減って円形丸底土器だけとなる。退歩のごときに見えるが、方形平底土器の製作を中止したのは、むしろ編籠などのイメージの桎梏から解放され、縄紋土器がはじめて焼き物としての主体性を確立し、自らの意思で歴史を大きく踏み出したという意味で、「主体性確立の時代」と称する。前期になると、それまでの土器が煮炊き用深鉢一本槍で突き進んできたのに対し、食物の盛りつけ用の浅鉢あるいは台付鉢などがはじめて作られることとなった。いよいよ縄紋土器の「発展の時代」到来であるという。中期に入ってますます多様な土器―有孔鍔付土器・双口土器・双子土器・釣手土器・器台形土器など―が作り出され、しかも、甕棺や炉体土器や埋甕など新規に社会的および精神的分野にまで進出した。この新気運は後期から晩期に継承され、注口土器の普及はじめ香炉形土器・多孔底土器・異形台付土器その他を加え、ヤキモノとしての縄紋土器の歴史は、名実ともに「応用の時代」に突入したというのである。

ところが、こうした小林が仮構した土器自身の変遷史によってでは、山内清男が縄紋土器研究の到達点に想定した、土器の変遷史によって「排列されたあらゆる文化細目の年代的及び分布的編成、その吟味…等」の歴史構築は及びもつかない。

小林の縄紋土器研究で私が注目するのは、「形式・型式・様式論」である。ただし小林の概念定義には同調しない。型式は山内の概念を採用する。また型式は「範型」ではなく「ハビトゥス」（松本二〇〇四）や「動作連鎖」（西秋二〇〇四）の概念に通じると考える。様式は「雰囲気」ではなく「系統」に通じる共通性をもつ型式群を一括する概念である。小林は、「同時に併存した勝坂式土器様式と加曾利E式土器様式を区別する必要を強調しながらも、いまのところその併存している様相をうまく表現する用語を決定するにいたっていない」（七八頁）と言っているが、そこは佐藤達夫の「異系統土器論」が有効である（佐藤一九七四b）。出現し、展開し、消滅する土器様式の三つの局面のうち、出現と消滅は社会的動静のより動的状態に、一定期間の展開は静的状態にかかわるという指摘は重要である（九五頁）。後述する気候の変動期は、土器型式の大別画期でなく、土器様式の変化期と関連している。また形式は小林の言うように、「文化的・社会的機能、役割分担の歴史的意義」に通じ、私の「過剰デザイン」は形式上の概念である。

『縄文式階層化社会』

私の師である渡辺仁は、東京帝国大学理学部人類学科の学生であったときの教授長谷部言人の進化論的なものの見方、八幡一郎の先史学とりわけ石器研究、英国の機能主義社会人類学に興味をもっていた杉浦健一の土俗学、この三人の講義から少なからぬ影響を受けた。

初期の石器研究である一九四八年の「北海道の黒耀石鏃」と「所謂石刃と連続割裂法に就いて」（『人類学雑誌』第六〇巻）や、「土俗考古学」の先駆的研究である一九六四年の「アイヌの生態と本邦先史学の問題」（『人類学雑誌』第七二巻第一号）と一九六六年の「縄文時代人の生態：住居の安定性とその生物学的民族史的意義」（『人類学雑誌』第七四巻第二号）などの学史的に重要な論文を発表し、さらに民族学・民俗誌学における画期的なシンポジウムであったシカゴでの“Man the Hunter”（1968）に参加し、“The Ainu Ecosystem:

Environment and Group Structure”（1972）を刊行するなどして、アイヌの民族誌的研究で世界に知られた。その後も「先史考古学・生態学・Ethnoarchaeology：方法論について」（『考古学ジャーナル』No. 72）ほか「土俗考古学」に関する異色の研究を発表していたが、私の再評価（安斎一九八九）まで、日本考古学界で評価されることはなかった。

一九七二年に理学部人類学教室から文学部考古学研究室に転任した後は、考古学研究に主軸を置いた。その代表作が北米北西海岸先住民などの民族誌的情報を援用した「縄文式階層社会」をテーマとする著作（渡辺一九九〇）で、その後の縄紋社会論のたたき台となった好著である。近年の縄紋時代階層化社会をめぐる研究状況については、その〝肯定派〟と〝懐疑派〟に分けて各論点を検証している山本暉久の論文に詳しく述べられている（山本二〇〇五）。

私自身はそれらの諸論とは一線を画して、渡辺の〝生業分化モデル〟の検証を行った。渡辺がモデルとした北方猟漁民の象徴的道具である回転式銛頭を手掛かりに、縄紋時代に北方猟漁民と呼びえる集団の存在を探った。結論を言えば、北海道礼文島の船泊遺跡を典型例として、少なくとも北海道沿岸の後・晩期の集団に階層化の兆候が見られた(安斎二〇〇六)。さらに階層化の契機についていえば、J・E・アーノルドのモデル(Arnold 1992）に啓発された。北米カリフォルニアの先史狩猟採集漁撈民社会においては、その階層化社会の出現は、海水温度の上昇に伴う海産資源の減少によって生じた人口と資源の急激なアンバランスと、それを契機とするエリートの台頭および彼らによる労働管理を基盤としていたという。こうして近年は特に気候変動による生態学的危機的状況に階層化の契機を探っている。

『縄紋人の生活世界』

放射性炭素年代値の暦年較正を積極的に推進し、「環境変遷史」という研究領域の開拓を図る工藤雄一郎は、更新世終末から完新世初頭の気候変動を五つの段階に設定し、考古学の編年と対比している。すなわち、最終氷期最寒冷期以降から約一万五五六〇年前の「細石刃石器段階」、約一万五五六〇年前から約一万三三六〇年前の「神子柴・長者久保系石器群＋無文土器」、約一万三三六〇年前から約一万一五六〇年前の「隆起線文期段階」、約一万一五六〇年前から約九〇六〇年前の「爪形文・多縄文期段階」、約九〇六〇年前以降の「撚糸文期段階」という区分である（工藤二〇一二）。

さらに工藤は〝ボンド・イベント〟に加え、中国南部のドンゲ洞窟の石筍の酸素同位体変動、鳥取県東郷池の年縞堆積物、関東平野の海水準・植生変化などのデータを参照して、後氷期の関東平野の環境史と土器型式の時間的対応関係を提示している（図3）。工藤は寒冷期と温暖期という対比より、気候の不安定な時期の土器型式と気候の安定した時期の土器型式に注目している。縄紋社会の安定期と動揺期とを考察する際の必須の視点である。

縄紋時代は土器型式の大別・細別により時期区分されている。しかし、その六期大別（草創期・早期・前期・中期・後期・晩期）は、縄紋人の生活世界（人と自然との関係性つまりエコ・システム、人と人との関係性つまりソーシャル・システム）上の変化とは、必ずしも一致してはいない。二〇一五年の『縄文人の生活世界』で私は、縄紋時代の複雑に絡み合った構造の安定と変化のリズムの解明にあたって、〝ボンド・イベント〟と呼ばれる完新世に入っての気候変動が、縄紋時代の生活世界の構造変動に関連していた可能性を探究した。ボンド・イベント（冷涼期）のピーク時に相当する縄紋土器型式を仮定し（例えば、約八二〇〇年前の鵜ヶ島台

図3 縄文土器とボンド・イベントの関係

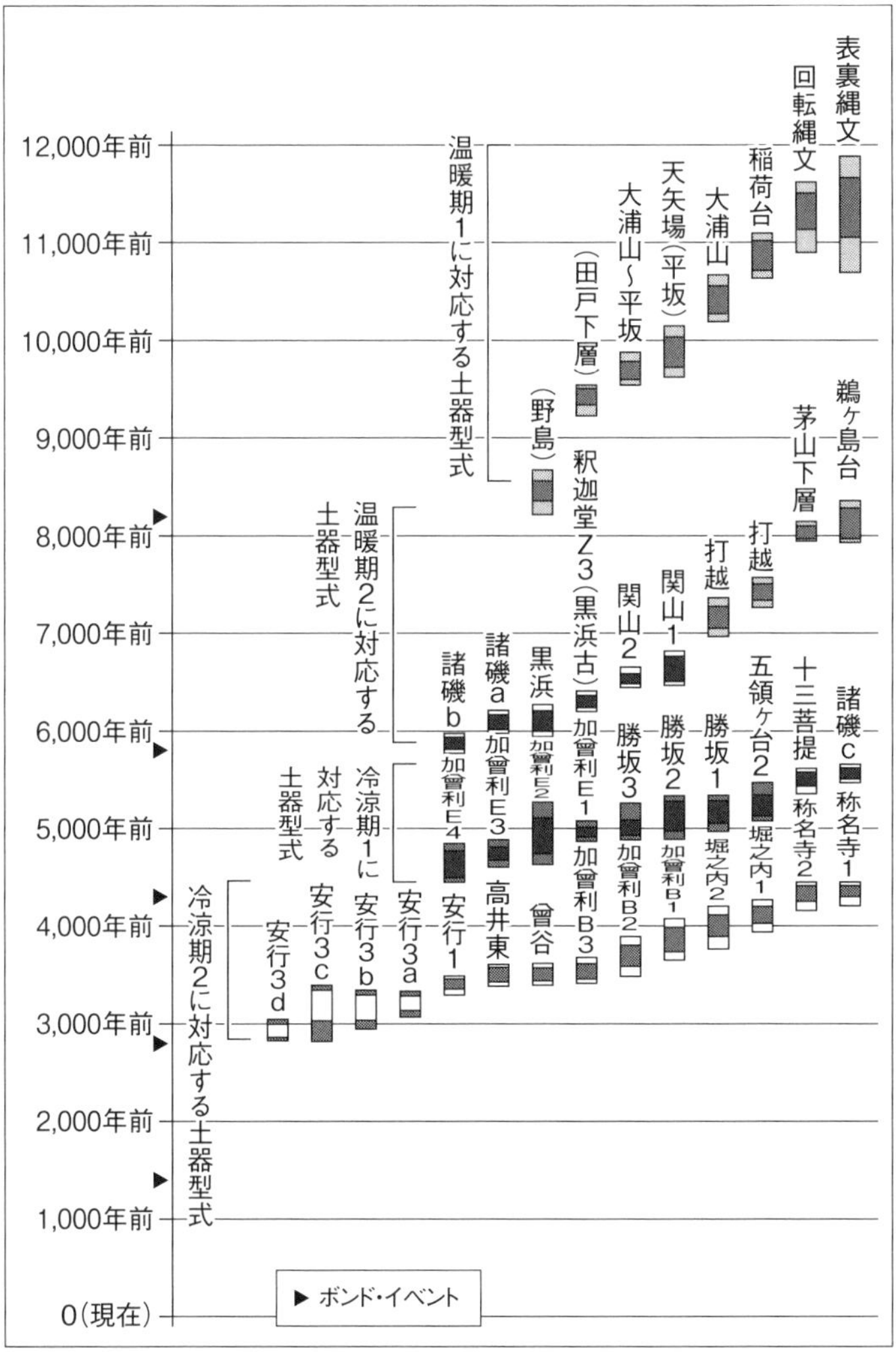

縄紋時代に起こった4回（8.2ka、5.8ka、4.3ka、2.8ka）のボンド・イベントを表示しているが、他にも少なくとも列島規模の気候の悪化を想定させる考古現象の大きな変化が見られる。地域に大きな影響を及ぼした火山爆発なども含めて、この3巻本で順次記述していく。

式土器)、その前後の土器型式(野島式・茅山下層式)期に見られる考古現象の変化に注目した。さらに他地域の並行期の考古現象の変化を探って、一連の変化が列島規模の構造的な変化であるかどうかを検討した。

気候変動の確かなデータが得られていない時期にあっても、考古資料から重要な変動が予想される時期の存在にも気づいた。すなわち早期前葉/中葉の移行期、中期中葉/後葉の移行期、後期中葉/後葉の移行期などである。温暖期にせよ冷涼期にせよ、長く気候が安定していた時期には、縄紋人は安定した長期継続型の定住集落を形成して、特定の社会・文化(信仰・風習・制度・技術など)を培い、伝統化した世界を構築していた。他方で、急激な冷涼化などで自然環境が不安定化した時期になると、大きな定住集落は維持できなくなり、分散居住して、技術的・生業的・社会的・精神的対応をしながら、新たな生活世界を構築したことが分かった。関東地方に限ったことであるが、私以外にも鈴木保彦が「気候変動と縄文集落の盛衰との関係を土器型式単位で照合し、要点をかいつまんで説明している(鈴木　二〇一七)。

引用文献

安達香織　二〇一六『縄紋土器の系統学―型式編年研究の方法論的検討と実践―』慶應義塾大学出版会。

網野善彦　一九九六「戦後歴史学の五〇年」『列島の文化史』第一〇号、一五三―一七九頁。

安斎正人　一九八九「生態人類と土俗考古―渡辺仁の学問世界―」『考古学と民族誌』三一五―三三三頁、六興出版。

安斎正人　二〇〇一「マルクス主義考古学の行方―現代考古学入門講座（3）―」『先史考古学論集』第一〇集、一一七―一二八頁。

安斎正人　二〇〇五「縄紋時代の研究法―林謙作著『縄紋時代史Ⅰ・Ⅱ』を読む―」『物質文化』七八、二七―四三頁。

安斎正人　二〇〇六「〝縄紋式〟階層化社会の一事例―生業分化モデルの検証―」『生業の考古学』五六―七二頁、同成社。

安斎正人　二〇一五『縄紋人の生活世界』敬文舎。

岡本　勇　一九七五「原始社会の生産と呪術」『岩波講座日本歴史1　原始及び古代』七五―一一二頁、岩波書店。

工藤雄一郎　二〇一二『旧石器・縄文時代の環境文化史』新泉社。

「考古学の道標」編集委員会編　二〇一四『考古学の道標―考古学者・戸沢充則の軌跡―』新泉社。

小林達雄　一九八八『日本文化の源流』学生社。

小林達雄　一九九四『縄文土器の研究』小学館。

小林達雄監修　二〇〇八『総覧　縄文土器』アム・プロモーション。

佐々木藤雄　一九九五・九六「水野集落論と弥生時代集落論―侵蝕される縄文時代集落論―（上）（下）」『異貌』拾四、五二―九九頁、拾五、五二―一三三頁。

佐藤達夫　一九七四a「学史上における山内清男の業績」『山内清男集』二―一一頁、筑地書館。（『日本の先史文化』河出書房新社に再録）

佐藤達夫　一九七四b「土器型式の実態―五領ヶ台式と勝坂式の間―」『日本考古学の現状と課題』八一―一〇二頁、吉川弘文館。

佐原　真　一九八七『日本人の誕生』（体系日本の歴史①）小学館。

佐原　真　一九八八「日本近代考古学の始まるころ―モース、シーボルト、佐々木忠二郎　資料に寄せて―」『共同研究　モースと日本』二四七―二九三頁、小学館。

佐原　真　二〇一七「縄文時代における気候変動と縄文文化」『二十一世紀考古学の現在』三五―四四頁、六一書房。

勅使河原彰　一九九五『日本考古学の歩み』名著出版。

戸沢充則　一九九〇『縄文時代史研究序説』名著出版。

西秋良宏　二〇〇四「動作連鎖」『現代考古学事典』三二五―三二九頁、同成社。

西田正規　一九八六『定住革命―遊動と定住の人類史―』新曜社。

林　謙作　二〇〇四『縄紋時代史Ⅰ』『縄紋時代史Ⅱ』雄山閣。

松本直子　二〇〇四　「ハビトゥス」『現代考古学事典』三六〇―三六三頁、同成社。
モースE．S．（近藤義郎・佐原　真編訳）　一九八三　『大森貝塚』岩波書店。
守屋　毅編　一九八八　『共同研究　モースと日本』小学館。
山内清男　一九六九　「縄紋文化の社会―縄紋時代研究の現段階―」『日本と世界の歴史』第一巻、八六―九七頁、学習研究社。
山本暉久　二〇〇五　「縄文時代階層化社会論の行方」『縄文時代』第一六号、一一一―一四二頁。
渡辺　仁　一九九〇　『縄文式階層化社会』六興出版。
Arnold,J.E. 1992 Complex hunter-gatherer-fisher of prehistoric California:chiefs.specialists and maritime adaptations of the Channel Islands. *American Antiquity* 57（1）:60-84.

［第二章］　縄紋人の祖先たち

一九八七年、カリフォルニア大学バークレー校の研究者だったアラン・ウィルソンとレベッカ・キャンが、ミトコンドリアDNAの分析によって、全人類の母系の共通祖先は二〇万年ほど前のサハラ以南のアフリカ人女性に系譜がたどれると発表した。大規模なDNA配列（ゲノム）解析で、今日では六万年前にアフリカを出た現生人類（ホモ・サピエンス）が南アジアを経由して、五万年ほど前に東南アジアからオーストラリアに到達し、さらに東南アジアから東アジアを通って、あるいはシベリアを経由して北東アジアへと進出したことが分かっている。

東アジアには東南アジアの集団が最初に流入した。北京郊外の田園洞で二〇一三年に四万年前のホモ・サピエンスの人骨が発見された。分析された人骨のミトコンドリアDNAのハプログループはBで、アジアに広く分布するハプログループの祖先型であることが示された。個々人のもつDNA配列であるハプロタイプ同士を結合して、ある程度まとめたものがハプログループで、ハプログループは共通の祖先をもつ集団と考えることができるからである（篠田二〇一五）。

今日、DNA分析の結果から、四万〜三万八〇〇〇年前頃に現生人類が日本列島に移動してきたと考えられている。移動ルートはシベリアからサハリン経由の北方ルート、中国北部から朝鮮半島経由のルート、中国南部から沖縄経由の南方ルートが考えられる（図4）。

北方ルートの有力な資料がシベリア地方バイカル湖付近、イルクーツク市の北西八〇キロにあるマリタ遺跡であった。だが、出土した幼児骨の全ゲノム解析の結果、ヨーロッパ旧石器人の系統であることがわかった。また、北海道には該当資料が見当たらない。沖縄県那覇市山下町第一洞窟から六歳くらいの子供の骨が出土していた。その^{14}C年代測定値は約三万七〇〇〇年前で、初期のホモ・サピエンスの骨であると判断されている。

図4 後期旧石器時代人の推定される日本列島への移動ルート

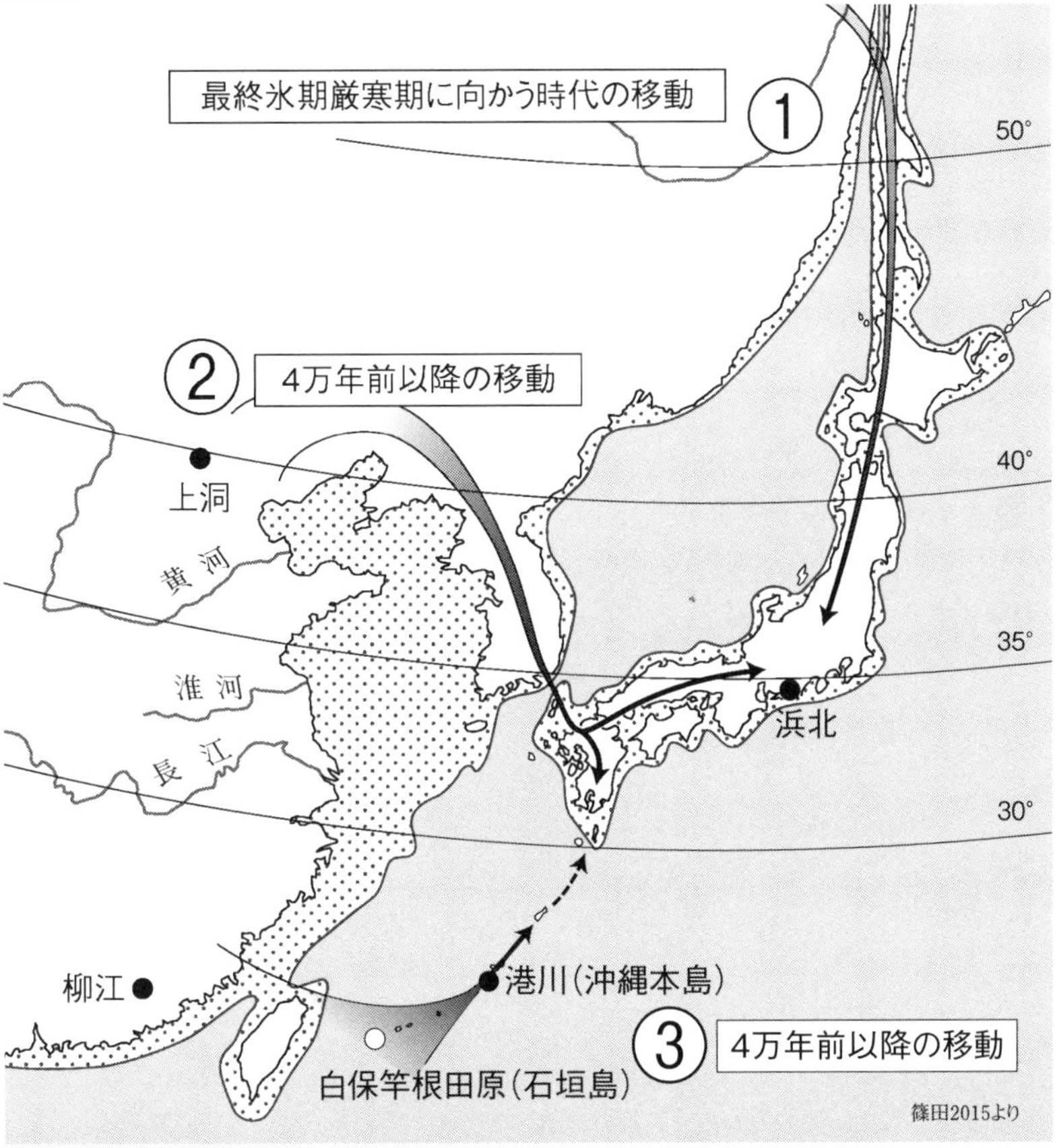

４万年前以前の先行人類の存否問題は未解決である。大陸からの集団移動ルートはサハリンルート、朝鮮半島ルート、先島・沖縄諸島ルートが想定される。石垣島白保竿根田原洞窟遺跡からの多数の人骨出土で、近年、南のルートが注目されているが、考古資料からは現生人類（ホモ・サピエンス）が最初に古本州島へ移動してきたのは朝鮮半島ルートだと考えられる。

図5-1 日本の現代人集団と縄紋・弥生人のハプログループ頻度

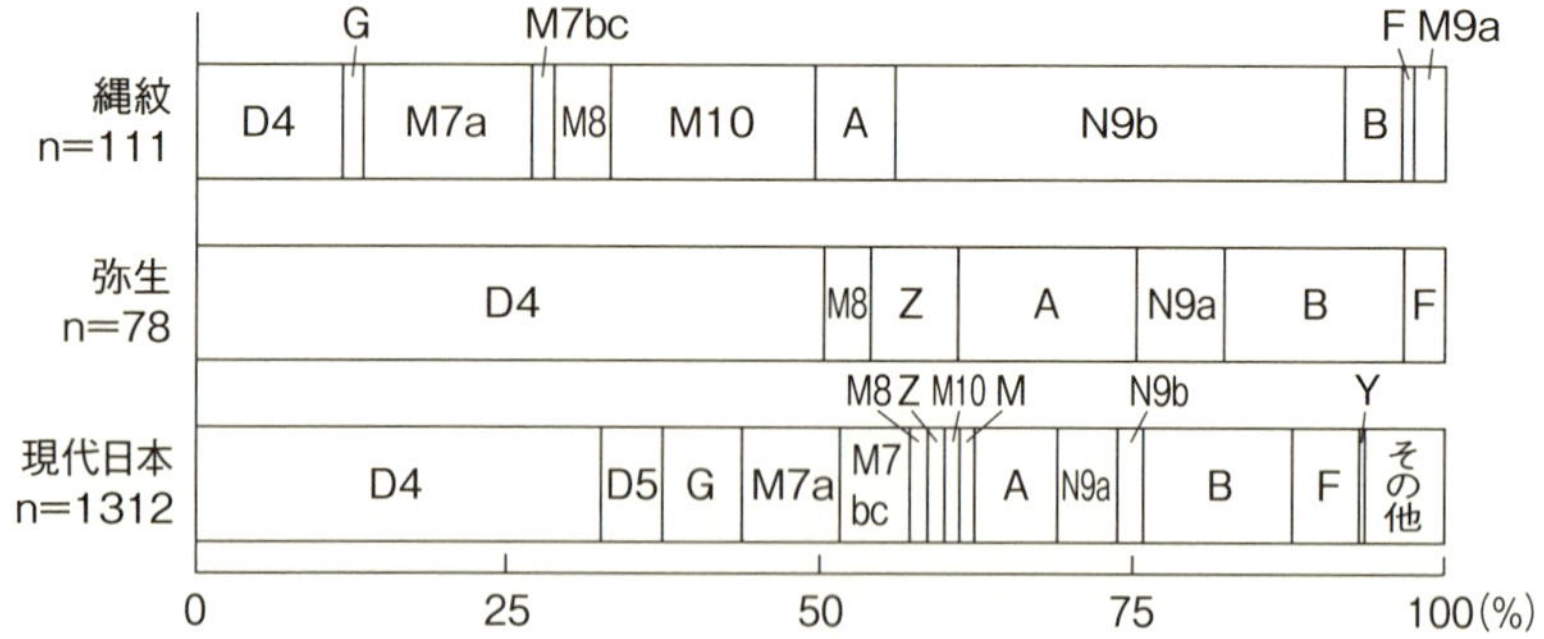

図5-2 現代日本の諸集団のミトコンドリアDNAハプログループ頻度

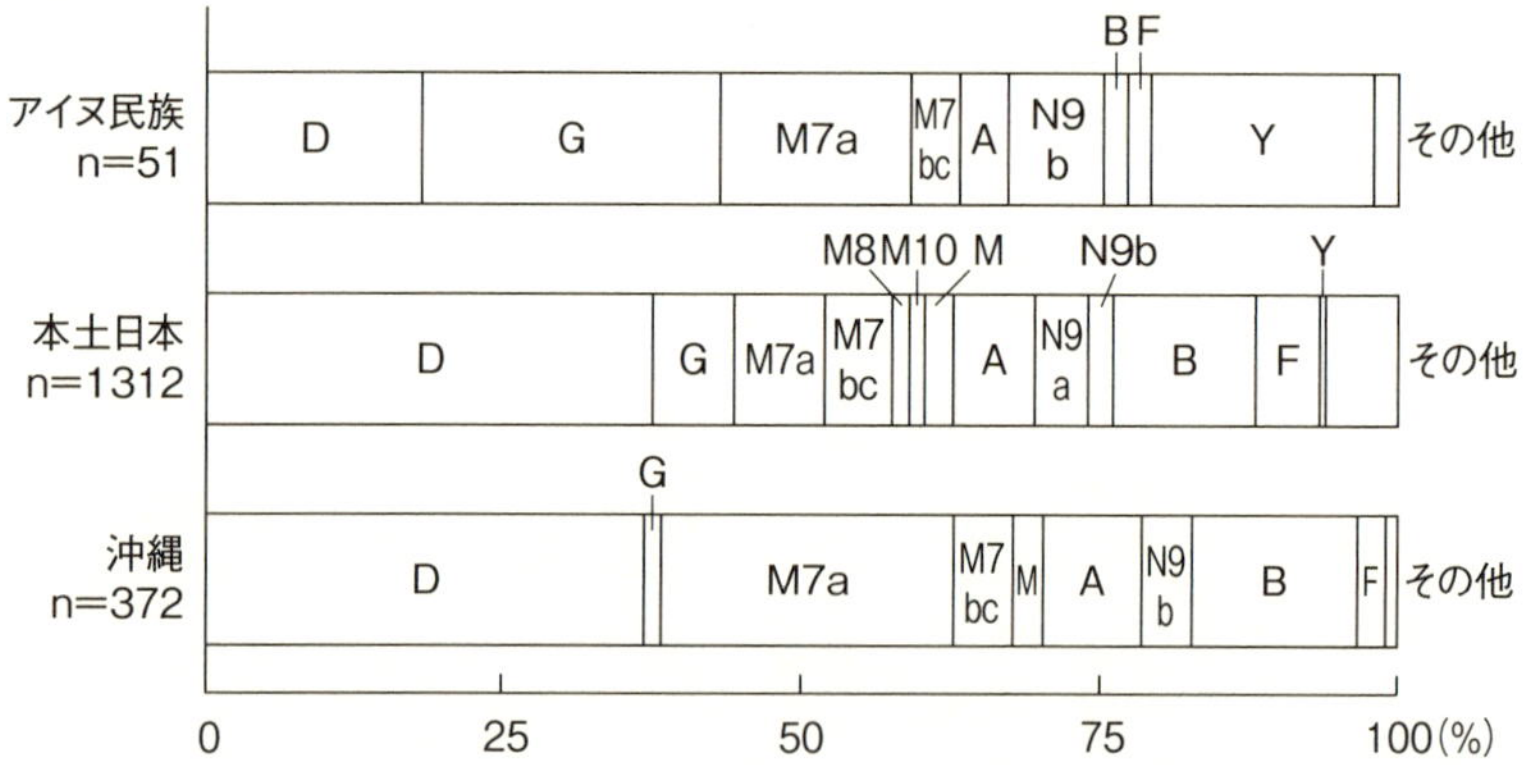

現代日本人は“縄紋人”と“弥生人”を基幹としているが、その形成にはさらにいくつもの集団との複雑な関係史があったことを示唆している。東北アジア、さらに広く東アジア、東南アジアに居住する諸民族のDNAハプログループ頻度を知ることが、「日本人とは何か」を理解することに繋がる。

しかし、八重瀬町港川フィッシャー出土の保存の良い四体の人骨の年代は約二万二〇〇〇年前で、この間が空白であり、しかも港川人はかつて東南アジアに分布していたオーストラリア・アボリジニに似た集団に近縁であるという。さらに、新石垣空港建設にともない見つかった白保《しらほ》竿根《さおね》田原《たばる》洞窟出土の人骨の年代も約二万年前で（山崎二〇一五）、最近、さらに古い年代が報告されたが、沖縄以北の諸島に有力な考古資料が見つかっていない。今のところは朝鮮半島経由ルートの可能性が高い。

旧人段階の人類が列島に先住していたかについては、二〇〇〇年の「前期・中期旧石器時代遺跡捏造」の発覚で、問題は白紙に戻ってしまった。ただしかつて盛んに議論された「前期旧石器存否問題」までが終焉してしまったわけではない（安斎二〇〇七ａ）。本著ではかつて中期／後期移行期の石器群と見なしていた資料を見直し、「鋸歯縁石器群」は現生人類が列島に持ち込んだ石器群と見なしている。

縄紋人を代表するＮ９ｂ（沿海州などの北方からの流入が想定される）と、Ｍ７ａ（南方からの流入が想定される）の二つのハプログループは、周辺地域にはほとんど存在せず、ほぼ日本列島固有のものといってよく、いずれも誕生の時間は二万年を遡る時代と計算されている。ユーラシア大陸のどこかで生まれ、旧石器時代から縄紋時代早期に列島に入ってきたと推定される。その複雑なハプログループの比率（図５）から、縄紋人は旧石器時代に遡るいくつもの時期に南北双方の周辺地域から移動してきた人々の子孫で、列島の内部で混成したと想定される。

旧石器時代の構造変動

工藤雄一郎が作成した「四万年前から一万年前の環境史と考古編年との時間的対応関係」図（工藤二〇一〇）を参照すると、三万～二万九〇〇〇年前の姶良Tn火山灰（AT）層より下位の三つの石器群、すなわち三万八〇〇〇年以前の初頭石器群、三万八〇〇〇～三万二〇〇〇年前頃の台形様石器群、三万二〇〇〇～二万九〇〇〇年前頃の武蔵野台地Ⅶ層上部・Ⅵ層相当期石器群の変遷は、おおよそ気候変動に対応している。しかしATの上位では、おおざっぱに二万五〇〇〇年前頃、一万八〇〇〇年前頃、一万五〇〇〇年前頃を境とする環境変化と石器群の変遷との対応関係は、依然として不明なところが残る。

『旧石器社会の構造変動』

私自身の研究を特徴づけるのは〝構造変動論〟である。旧石器時代石器文化の段階的発展論を批判し、代替案を模索する中でその素描を試みたのは、岩手県久慈市山形町早坂平遺跡の発掘調査報告書（安斎編一九九二）掲載の「日本旧石器時代構造変動試論」である。その後発表した諸論文を集成・再構成して学位論文『旧石器社会の構造変動』を早稲田大学に提出し、二〇〇三年に出版した。私の旧石器時代観の原型でもあるので、概要を述べておく。

第Ⅰ章の「旧石器時代の研究史」では、パラダイム史観的素描を行い、私と同期の一九四〇年代生まれの橘昌信・稲田孝司・木村英明・安蒜政雄・小野昭・白石浩之・鈴木忠司・松藤和人・岡村道雄・戸田正勝・萩原博文の研究を概観した。旧石器時代研究の黄金期（第二期）を牽引した諸氏である。

第Ⅱ章の「パラダイム転換のための基礎作業」では、脱伝播系統論、型式学の再構築、研究法の階層構造、重層的二項性について論じた。

第Ⅲ章の「中期／後期旧石器時代移行期」では、西ヨーロッパとフランス南西部、中央ヨーロッパと環カルパチア山地、レヴァント地方、カラ-ボム洞窟遺跡の当該期石器群を参照しつつ、長野県飯田市石子原遺跡、福島県伊達郡桑折町平林遺跡、東京都府中市武蔵台遺跡、愛知県新城市加生沢《かしおざわ》遺跡、栃木県栃木市星野遺跡、群馬県桐生市不二山遺跡と権現山遺跡の石器群を検討した。そして、「岩手県金取《かなどり》遺跡（金取遺跡調査団一九八六、菊池ほか二〇〇二）、栃木県星野遺跡の新資料（安斎二〇〇一）、静岡県ぬたぶら遺跡の石器群（高尾二〇〇二）、長野県竹佐中原遺跡（大竹二〇〇二）と仲町遺跡I区P列におけるスコリア質砂礫層出土の二七点の石器（野尻湖人類考古グループ一九九六、中村二〇〇二）、福岡県辻田遺跡（山手一九九四）、長崎県福井洞窟一五層および相当層（川道二〇〇〇）、熊本県大野D遺跡Ⅷ層（北森二〇〇三）、宮崎県後牟田遺跡（橘ほか編二〇〇二、佐藤二〇〇二）など中期旧石器時代から移行期へかけての石器群の理解は可能である」（六九頁）と結論づけた。ただし、福井洞窟一五層については最近の再調査で、測定試料に問題があって二万年前を遡らないことが明らかにされている。付け加えれば、本著では代表として竹佐仲原遺跡を取り上げ、従来、列島内での進化の観点から言及してきた如上の遺跡から出土した石器群を、大陸から移動してきた最初のホモ・サピエンスが残した石器類として見直している。

第Ⅳ章の「後期旧石器時代石器群の変動試論」では、後期旧石器時代を前半期と後半期に大別し、武蔵野台地Ⅶ層の下部と上部の間とその相当期に画期を置いた。そして後半期も前葉と後葉に二分し、後葉を両面加工の槍先形尖頭器と細石刃の出現で特徴づけた。

第Ⅴ章の「後期旧石器時代型構造の形成」では、中期／後期旧石器時代移行期と呼んできた時期を最初の構造変動期として捉え直した。後期旧石器時代開始期前後では、小型剥片石器モード（素刃石器・端部整形石器・台形様石器など）の出現が先行し、遅れて石刃石器モード（尖頭形石器・ナイフ形石器）が出現する。小型剥片石器モードと石刃石器モードとの二項的モードの最初の出現をもって後期旧石器時代の開始とする。この二項的モードは端部整形石器・尖頭形石器・台形様石器・ナイフ形石器それぞれの多様な組合せとして出現したが、後期旧石器前半期の研究史に照らして、すなわち小型剥片石器モードを台形様石器で、石刃石器モードをナイフ形石器で象徴させて「台形様・ナイフ形石器群」の時代と呼ぶことにする（八七頁）として、石刃技法の出現、台形様・ナイフ形石器群、二項的モード論を解説した。そして愛鷹山麓地域の石器群の変遷に多くのページを割いて持論を検討した。さらにそこを基盤として、箱根山麓初音ヶ原遺跡群、相模野台地吉岡遺跡群、下総台地の東峰御幸畑西（空港No.61遺跡）と中ノ台遺跡、利根川水系の三和工業団地Ⅰ遺跡と八風山Ⅱ遺跡と鏑川流域遺跡群の石器群を検討した。さらに北海道、東北地方の福島県笹山原遺跡群・秋田県七曲台遺跡群、信越地方の新潟県正面ヶ原D遺跡・長野県仲町遺跡と野尻湖周辺遺跡群、近畿・中国地方、九州の石の本遺跡・耳切遺跡・牟礼越遺跡などの石器群にも言及して、前半期の構造を特徴づける二項的モードが列島全域に及んでいたことを証明した。

第Ⅵ章の「姶良Tn火山灰（AT）降下前後の石器群」では、前半期／後半期の移行期について、角張淳一らの斬新な研究を紹介し、「Ⅶ層石器群」の千葉県東林跡遺跡と御山遺跡、群馬県後田遺跡を検討した後、各地のAT前後の石器群、すなわち東北地方の秋田県家の下遺跡・岩手県大渡Ⅱ遺跡、近畿地方の兵庫県板井寺ヶ谷遺跡、九州の熊本県狸谷遺跡・長崎県百花台《ひやつかだい》D遺跡を検討した。さらに九州における石器群の変遷を追い、後期旧石器時代後半期においても九州地域の石器群の変遷は構造変動論の視点から分析することが可能であるか、今後の課題を提示した。

第Ⅶ章の「後期旧石器時代後半期」では、槍先形尖頭器石器群について、「中部高地の尖頭器文化」、相模野台地で見られた変遷、房総半島の槍先形尖頭器石器群、北関東の槍先形尖頭器石器群、東北日本の槍先形尖頭器石器群の項目を設けて説明した。次に北方系細石刃石器群の南下として、東北アジアの細石刃石器群、北海道の細石刃文化期のモサンル遺跡・置戸安住遺跡・立川遺跡、湯の里4遺跡、美利河《ぴりか》1遺跡、石川1遺跡、新道4遺跡、祝梅三角山《しゅくばいさんかくやま》遺跡上層・メボシ川2遺跡の石器群を検討してから、東北日本の北方系細石刃石器群の青森県大平山元《おおだいやまもと》Ⅱ・Ⅲ遺跡、岩手県早坂平《はやさかたい》遺跡、新潟県樽口遺跡と正面中島遺跡、茨城県後野遺跡と額田大宮《ぬかだおおみや》遺跡、群馬県桝形《ますがた》遺跡、埼玉県白草遺跡、中部高地の遺跡を説明し、最後に相模野台地長堀北遺跡を取り上げて、「現在のところ、利根川以北に当石器群と同じ組成の石器群が見当たらないところから、石斧と槍先形尖頭器は長者久保石器群に繋がるのではなくて、中部地方方面の神子柴《みこしば》系石器群に繋がるものと思われる。／上《かみ》野《の》遺跡第1地点、相模野第149遺跡、寺尾遺跡、勝坂遺跡などの石器群も同様である」（二四四頁）と締めくくった。

最後の第Ⅷ章の「後期旧石器時代から縄紋時代へ」では、副題に「神子柴・長者久保石器群の再検討」と掲げた。社会生態学的背景として更新世／完新世移行期の気候変動を取り上げて、「環境変化と文化変化」および「環境史の重要性」の理解のため、比較研究例に南西ドイツの狩猟採集民の景観を取り扱った。主題の「神子柴・長者久保石器群」では、問題設定の後、神子柴に関する林茂樹の所見、長者久保に関する山内清男・佐藤達夫の所見を見て、その後の諸氏、すなわち森嶋稔、岡本東三、田中英司、栗島義明などの見解を批評し、一転して列島内発生の自説を展開した。そして今後の研究課題として、神子柴遺跡の文化的象徴性、景観考古学、象徴考古学、神子柴遺跡の場の機能、唐沢B遺跡、遺跡の自然景観と遺物の色彩象徴の各項目を論じて筆を擱いた。

『旧石器時代の地域編年的研究』

全国各地の地域編年研究の現状を把握し、構造変動究明のための全国編年網の可能性を探る目的で、「旧石器時代の地域編年とその比較」と題する公開シンポジウムを、二〇〇五年五月四日・五日の両日にわたって、東京大学法文二号館一番大教室で開催した。地域区分は便宜的にこれまでの常識的区分に従い、九州山地を挟んでその東南側と西北側、近畿・中四国地方、東海地方、中部地方、関東地方東部（西部は諏訪間編年がある）、東北地方、北海道の八地区とし、発表はその地域の石器群を熟知した宮田栄二、萩原博文、藤野次史、高尾好之、須藤隆司、田村隆、柳田俊雄、寺崎康史の各氏にお願いした。そして、できるだけ隣接地域の遺跡にも言及した編年案の提示を求めた。『旧石器時代の地域編年的研究』はこのシンポジウムを踏まえてその後に執筆された発表者各氏の論文と、シンポジウムの最後を飾った総合討論の記録からなっている。各地の事情に通じる人はそれほどいないと考えられるので、討論の司会に当たった佐藤宏之の解説を付してある。

ここでは、私の「序言　構造変動の探究を目標とする編年構築」の後半部を再録するにとどめておく。

「私たち構造変動派を代表した田村論文は、画期的な石材獲得戦略論にもとづいた諏訪間編年への対案である。全国一の優良層位が確認されている石器群を扱った高尾論文は、諏訪間編年との対比とその検証である。近年、大幅に構造変動派の主張を取り入れている須藤論文は、彼自身の新しい石器観・石器群観を組み込んだ編年案である。近年の編年的研究に出遅れている地域を担当した柳田論文は、姶良丹沢降下火山灰（ＡＴ）層下位の黒色帯相当層の探究を兼ねた編年の基盤づくりである。特異な石材（サヌカイト）環境に適応した瀬戸内沿岸を対象とする藤野論文は、さらにその周辺地域を組み込んでの規範的な編年案である。独自の長い経験に裏打ちされた萩原論文は、特別の細別編年案である。特異な生態的環境にあった地域に根を下ろした宮田論文は、最近の発掘成果を取り入れた新式編年である。日本列島というよりもアジア大陸の半島であった北海道に関する寺崎論文は、本州以南と根本的に異なる別種の編年案である。

かつて佐藤宏之によって試みられたこともある全国編年が進展をみなかった理由が浮き上がってきた。ＡＴのような広域降下火山灰層の発見以上に、今後は加速器質量分析（ＡＭＳ）法による^{14}C年代測定とその較正年代による比較が有効であろうが、私自身は石器の〝個体識別法〟にもとづいた〝異系統石器〟の共伴例に注目している。それにつけても、これまでの編年は「ナイフ形石器文化」の変遷を強調しすぎてきた。しかし、ナイフ形石器文化もナイフ形石器もともに実体のあやふやな概念であることが、各地の石器群を比較することで浮彫りとなった。伝統的に使われてきた古い概念・名称は放棄するか再定義するか、いずれにせよ早急な対応に迫られている。もう一つ重要なことは、各人が直接間接に言及している後期旧石器時代開始期以前の石器(群)の存在である。日本旧石器学会が組織的に取り組まなければならない研究課題であろう。

ところで、私たちは生業（とくに狩猟）に関連した道具の社会生態学的視点からの変遷観を基盤とした編年―石器の二項的モードの変遷―を考えている。石器の二項的モードは当初、佐藤宏之と田村隆によってナイフ形石器・石刃モードと台形様石器・小型剥片モードの二極構造・二項性として着想された。今日それは田村がいうように着柄型尖頭器と植刃型尖頭器の二項性として捉え直される。すなわち、列島の中央部をモデルとすれば、小口型石刃技法による尖頭形石刃を素材とする基部整形尖頭形石刃（管理・携帯型槍先）と、それを補完する多様な小型不定形剝片剝離技法による端部整形石器（臨機・臨場型植刃）の二項性の確立をもって後期旧石器時代の開始とする。その後、前者は周縁型石刃技法による石刃を素材とする背部整形尖頭形石刃へと進化し、同時に石刃は各種の工具類（彫器・掻器・錐器など）の素材ともなりえた。後者も連続横打剝離技法（典型は米ヶ森技法）による定形化した剝片を素材として、台形（様）石器など植刃だけでなく他の機能をもつ石器類の生産へと進展した。良質な頁岩の産地である東北の日本海側では石刃モードへの収斂化が起こったが、他の地域では石材の獲得・消費戦略に応じた二項性のさまざまな表現型が出現した。大きな画期は両面体モードの採用による二項性の解体、すなわち彼らが追求してきた効率的・機能的な着柄型尖頭器のある意味での到達点である両面加工尖頭器（槍先形尖頭器）の出現に求められる（拙著『旧石器社会の構造変動』同成社、二〇〇三、拙論「東北日本における『国府系石器群』の展開―槍先形尖頭器石器群出現の前提―」『考古学Ⅱ』二〇〇四）。他方で臨機・臨場型であった幾何形小型剝片・小型ナイフ形石器などを植刃とする尖頭器も、細石刃技法の導入により管理・携帯型槍先に変貌した。

他の地域にこの変遷モデルを直接的に応用することは難しいが、石器モードの二項性モデルは有効であろう。全国を視野に入れた変動論はいまだ着想の段階を超えていないが、たとえば、九州での剝片尖頭器から三稜尖頭器への交替は尖頭形石刃石器から両面加工尖頭器への変換と相同の現象であり、瀬戸内地方の国府型ナイフ形石器と角錐状石器との関係も相似現象として捉えられるであろう。いずれにしても従来ナイフ形石器の範疇でとらえられてきた石器類のこの視点からの腑分けと再編によって、旧石器社会の列島規模での構造変動に関する新規の問題設定が可能になる」（安斎・佐藤編二〇〇六）。

田村隆の異色な、独創的モデルの浸透と展開を切望していたが、この提案は一〇年経った今日、忘却されてしまったかの感がある。私自身も、山形市にある私立大学への転勤を機に、旧石器時代の構造変動研究から縄紋時代の構造変動研究に軸足を移していて、田村をバックアップし得ていない。とここまで書いてきたとき、「^{14}C測定年代を利用した分析手法によって、日本列島における更新世後半期の人口変化を推定し、その時間的推移を観察」した、田村の新しい論考（田村二〇一七）を読むことができた。その結果、中期／後期旧石器時代の画期はH4（ハインリッヒ4イベント）と、後期旧石器時代前半期／後半期の画期はH3と、後半期前葉／後葉の画期はH2と、神子柴石器群はH1と、縄紋時代開始期は新ドリアス期終了・完新世開始と関連していることを理解した。田村は気候変動にともなう人口の増減が文化変化の要因であるとして、「人口ユニット」の概念を創出している。

更新世の気候変動

気候変動は地球の太陽に対する天文学的な関係の変化によって引き起こされる。地球の公転軌道は九万六〇〇〇年周期で楕円の幅が広がったり狭まったりする。地軸の傾きは四万一〇〇〇年周期で二一・八度から二四・四度の範囲で変化する。また。地軸が円を描くように振れる歳差運度が二万一〇〇〇年周期で起きている。地球の公道の変化にともなって地球のさまざまな地域で受ける太陽光の量（太陽エネルギー）も増えたり減ったりする。気候変動は離心率の変動に応じて一〇万年周期で起きるだけでなく、地軸の傾きの変動によって四万一〇〇〇年周期でも起き、さらには地球の歳差運動によって二万三〇〇〇年と一万九〇〇〇年の周

図6 最近10万年間の気温の変化

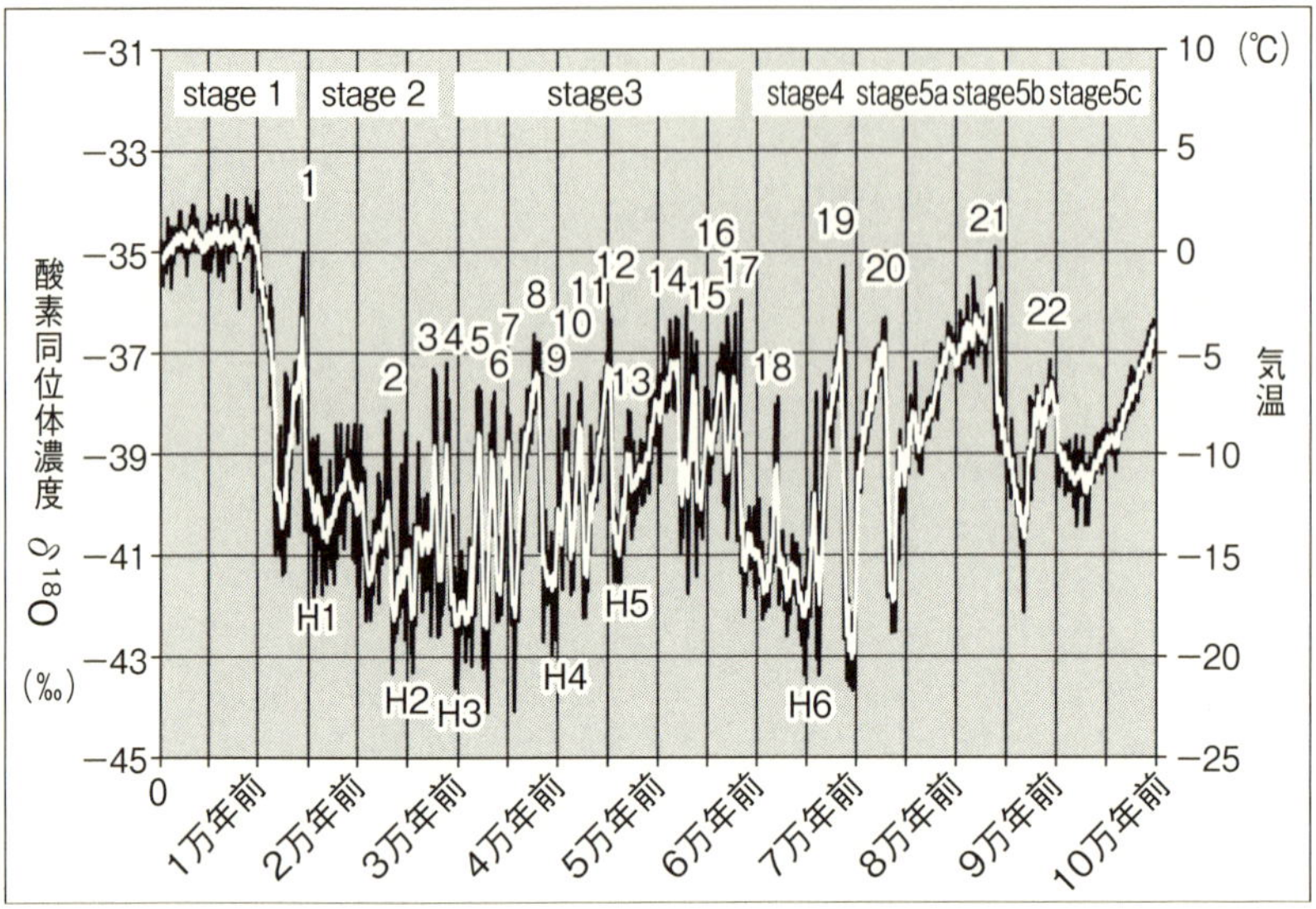

H：ハインリッヒ・イベント、アラビア数字：ダンスガード・オシュガー・サイクル、stage：海洋同位体ステージ

期でも起きていることがわかっている。

二六〇万年前頃、新第三期の温暖で穏やかな気候から二〇万年足らずの間に、氷期に入ったようである。そして気候変動が激しくなった第四紀更新世の間に五〇以上の氷期があったことがわかった。さらに、氷期・間氷期のサイクルは、二五〇万年前から一〇〇万年前までは四万一〇〇〇年周期で起こり、一〇〇万年前からは一〇万年周期で起きていることも判明している。この気候の変化は「中期更新世の気候大変動」と呼ばれている。

一〇〇万年前より前の間氷期の中で、直近の五回の間氷期と同程度の温かさとなったのは、一一〇万年前、一三〇万年前、二二〇万年前の三回だけである。一〇〇万年前以降の気候の記録は「のこぎりの歯」のような形になっており、氷期に入るまでの寒冷化が八万年もかかっているのに対し、間氷期に向けた温暖化が四〇〇〇年足らずで終わっている。五〇万年前以降に起きた五回の間氷期（およそ四二万年前、三四万年前、二四万年前、一三万年前、一万二〇〇〇年前）には、CO_2濃度がきわめて高かったことがわかっている。

過去四〇万年間は鋸歯状の寒暖のパターンが一定している。長くゆっくりした冷涼な時期と、急激な気温の上昇によって突然に終わる氷期があり、そして一〇万年ごとに現われておよそ一万年間続く間氷期が挟まる。この長期のパターンにおよそ二万年ごとの短期的な周期性がかぶさっている。最後の氷期の間には七万五〇〇〇年前から一万五〇〇〇年前に、一過性の急激な温暖化現象が約一五〇〇年ごとに二〇回くらい認められる。発見者二人の名前を付けて「ダンスガード・オシュガー・サイクル」と呼ばれている。グリーンランドで五〜一〇度気温が高くなった。気温上昇後の数百年間で冷涼化していって寒期となる現象である。もっとも寒さが厳しかったのは二万五〇〇〇年前から一万八〇〇〇年前で、最寒冷期と呼ばれている（Burroughs 2005）。

気候変動イベントのなかでも最も劇的な変化を起こすものが「ハインリッヒ・イベント」で、約七万年前から一万六〇〇〇年前の間に六回確認されている（図6）。北大西洋に膨大な量の氷を流出させた北アメリカのローレンタイド氷床の大崩壊の事を指す。海洋学者のハルトムート・ハインリッヒが大西洋北東部の深海底堆積物中の岩砕を根拠に、一九八八年に記載した（Heinrich 1988）。この岩砕層は歳差運動の半期（一万一〇〇〇±一〇〇〇年）ごとに形成されている。日射量が冬季に少なく夏季に多い時期と、夏季に少なく冬季に多い時期に浮氷が出現するからである。ハインリッヒ・イベントがおきると、氷期の寒冷な状態からさらに気温が三〜六度下がることが、グリーンランドの氷床コアの分析からわかっている。日本海でも大きな気候変動の跡がのこっている。

図7 後期旧石器時代の人口推移モデル

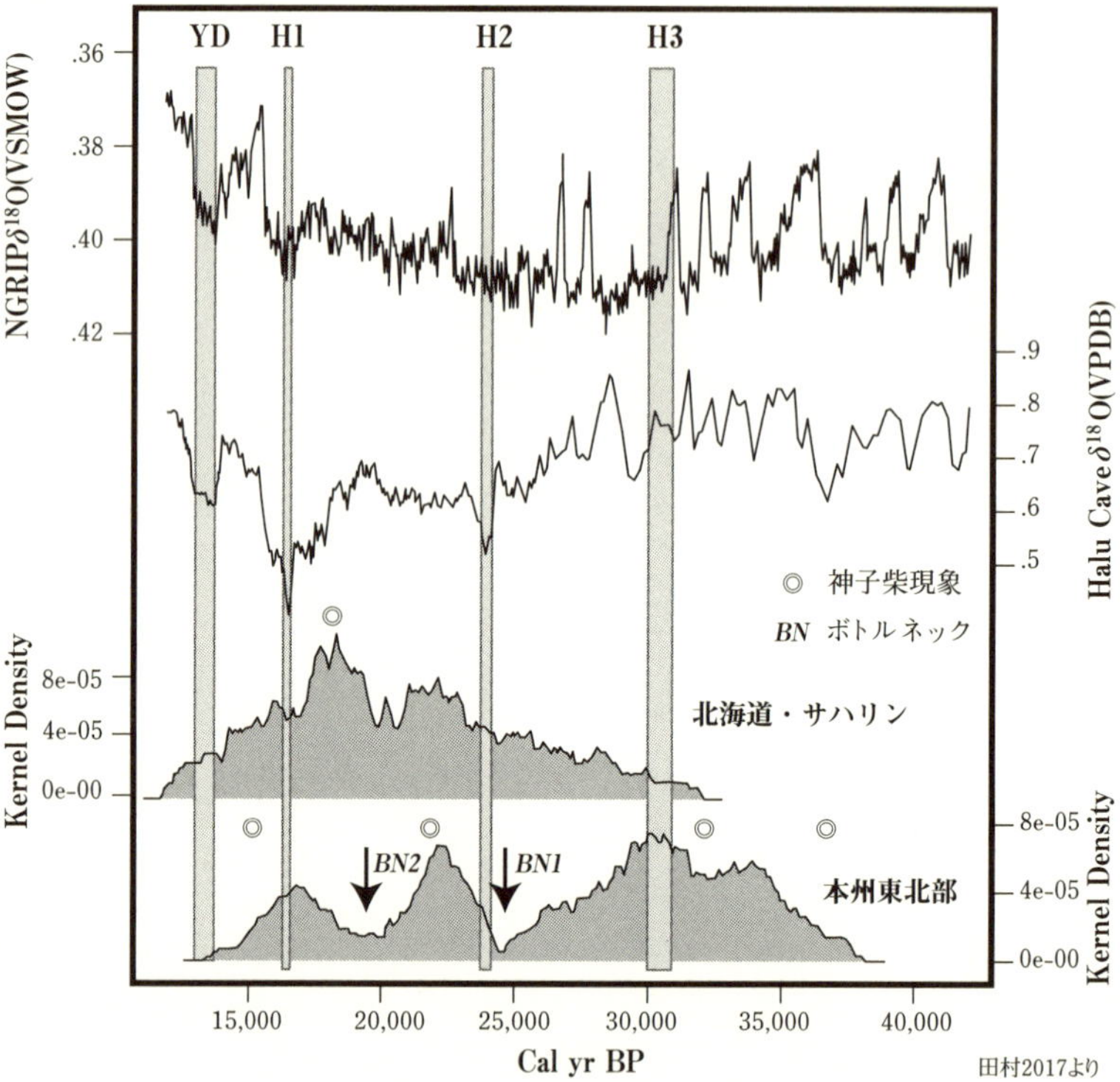

田村2017より

田村論文に掲載された図で、この分析手法を熟知する研究者による検証を要する。

^{14}C測定年代を利用した分析手法によって人口の増減を推定することが可能になってきた。この手法を使って田村隆が最近、気候変動を契機とする旧石器時代の人口増減と文化変化の関係をモデル化している（田村二〇一七）。ハインリッヒ3～1に関わる三単位の人口ユニット（人口が増加し、やがて減少することによってつくられる一連のまとまり）を識別する。約二万四五〇〇年前、約二万～一万八〇〇〇年前、新ドリアス期相当に人口が底をつく。ボトルネック現象である（図7）。

列島内での集団移動と混交

一九四九年、群馬県みどり市笠懸町にある岩宿遺跡の発掘調査が杉原荘介の指導の下に明治大学考古学研究室によって行われた。ここに始まる旧石器時代の戦後研究史を三期に分けて理解している。第一期は技術形態的特徴を有する示準石器を指標とする「石器文化」段階の設定、およびその編年と系統に研究者の思考が枠づけられていた時期で、この時期の研究成果は、一九六五年の河出書房版『日本の考古学』で一応の総括がなされた。

第二期は前期のパラダイムの通常化・精密化が徹底した時期である。複数の「文化層」をもつ重層遺跡の発掘調査によって、「武蔵野編年」「相模野編年」のような地域の石器群の段階的変遷が把握された。また、広域に降下した姶良Tn火山灰（AT）の検出により、全国編年の統一的基準が提供されて地域間対比が可能になった。さらに埼玉県所沢市砂川遺跡での「砂川方式」をモデルとする「個体別資料」の接合作業に基づく剝片剝離の技術的研究と、「遺跡構造」の用語に象徴されるような石器の平面的分布（ブロック・ユニット）の設定、およびブロック間の接合による遺跡内外への石材・石器の搬入・搬出の解明に研究動向が移っていった。この時期の研究成果は一九八五・八六年の『岩波講座　日本考古学』で隣接諸科学の成果を取り入れてまとめられた。

最近の第三期は大規模な「行政調査」「緊急調査」によって生じた大量の考古資料が従来の方法では処理しきれなくなった現実に直面し、蓄積された資料の記述から新たな分析・解釈への移行を、多様な分析概念・方法論を導入しながら「パラダイム転換」を試みている時期である。一九九〇年の拙著『無文字社会の考古学』

を嚆矢として、一九九二年の佐藤宏之著『日本旧石器文化の構造と進化』を経て、二〇〇三年の拙著『旧石器時代の構造変動』および二〇一一年の田村隆著『旧石器社会と日本民俗の基層』で「構造変動・石器モード」論の確立に至っている。蛇足ながら付け加えれば、私と田村の研究は一九六九年の佐藤達夫の論文「ナイフ形石器の編年的一考察」（『東京国立博物館紀要』五）を出発点にしている。

ここでは二〇〇三年の『旧石器社会の構造変動』の上書きをするのではなく、縄紋人のDNAハプログループ（四六頁図5－1参照）で示唆された、列島内での旧石器時代人の集団移動と混交の可能性を、石器群の動きから探ってみる。ハインリッヒ4イベントを契機とする鋸歯縁石器群を有する現生人類（ホモ・サピエンス）の列島への移動と拡散、ハインリッヒ3イベントに関わる剥片尖頭器石器群を有する集団の朝鮮半島から九州への南下と拡散、そしてその動きに連動した国府石器群を有する瀬戸内集団の周辺地域への拡散、ハインリッヒ2イベントを契機とする細石刃石器群を有する集団のシベリアから北海道への南下と、ハインリッヒ1イベントに関わる湧別技法を有するその後裔集団の本州への南下を取り上げる。おそらく縄紋人のDNAハプログループ構成に与ったこれらの集団移動の誘因は環境変化、特に寒冷化と直後の急激な温暖化などの気候変動にあったと考えている。

直系祖先の日本列島への到来

日本における後期旧石器時代は、当初、いわゆる台形様石器群（佐藤一九八八）の出現をもってその開始とする、と考えてきた。さらにその後の研究の進展で、小口型石刃技法による尖頭形石刃を素材とする基部加工尖頭形石刃石器（尖頭形石器）と、多様な小型不定形剥片剥離技法による小型剥片石器類（端部整形石器・台形様石器)、すなわち田村隆のいう石刃モード石器と剝片モード石器の二項性の確立(田村二〇〇六)をもって後期旧石器時代の開始とした。ただし、大陸側の資料を見ると、台形様石器や基部加工尖頭形石刃石器が列島への最初の移住者たち(現生人類、ホモ・サピエンス)の装備とは考えられない。そこで、近年明らかになりつつある台形様石器群に先行する石器群がその候補となる。

鋸歯縁石器群

鋸歯縁石器群は中国の中期旧石器時代を特徴づける石器群である(麻柄二〇一五)。朝鮮半島では鋸歯縁石器群は前期・中期旧石器時代から後期旧石器時代に至るまで長期間にわたって存在した。長井謙治によれば、朝鮮半島では四万五〇〇〇~三万年前頃、硅岩・石英岩製の嘴状石器、抉入石器、鋸歯縁石器、削器からなる小型剝片石器を主体とする鋸歯縁石器群が多くなり、この一群は石英岩や石英脈岩の打割において頻繁に起きる偶発的な割れ現象に高度に適応しているのが特徴だという。そうした状況もあってか、長井は、「H4(ハインリッヒ4イベント…安斎註)前後の石器文化伝統の列島への拡散現象は、朝鮮半島域に居住した中期旧石器時代人が、生活環境の変化にともないレフュジア(逃避地)を探し求めた結果として理解できるかもしれない」、との結語で論文を終えている(長井二〇一六b)。しかし列島の鋸歯縁石器群の加担者は現生人類であろう。朝鮮半島では伝統的な石器群からハンドアックスが抜け落ち、各種の石器群が乱立し、鋸歯縁石器群が一グループとして顕在化した時期があるという。その現象が現生人類の朝鮮半島への到来、そしてその後の列島への到来を示唆していると考えるからである。

九州における最古の石器群で確実な資料は、熊本県益城郡城南町沈目《しずめ》遺跡や約三万八〇〇〇~三万五〇〇〇

図8 沈目遺跡出土の朝鮮半島系石器

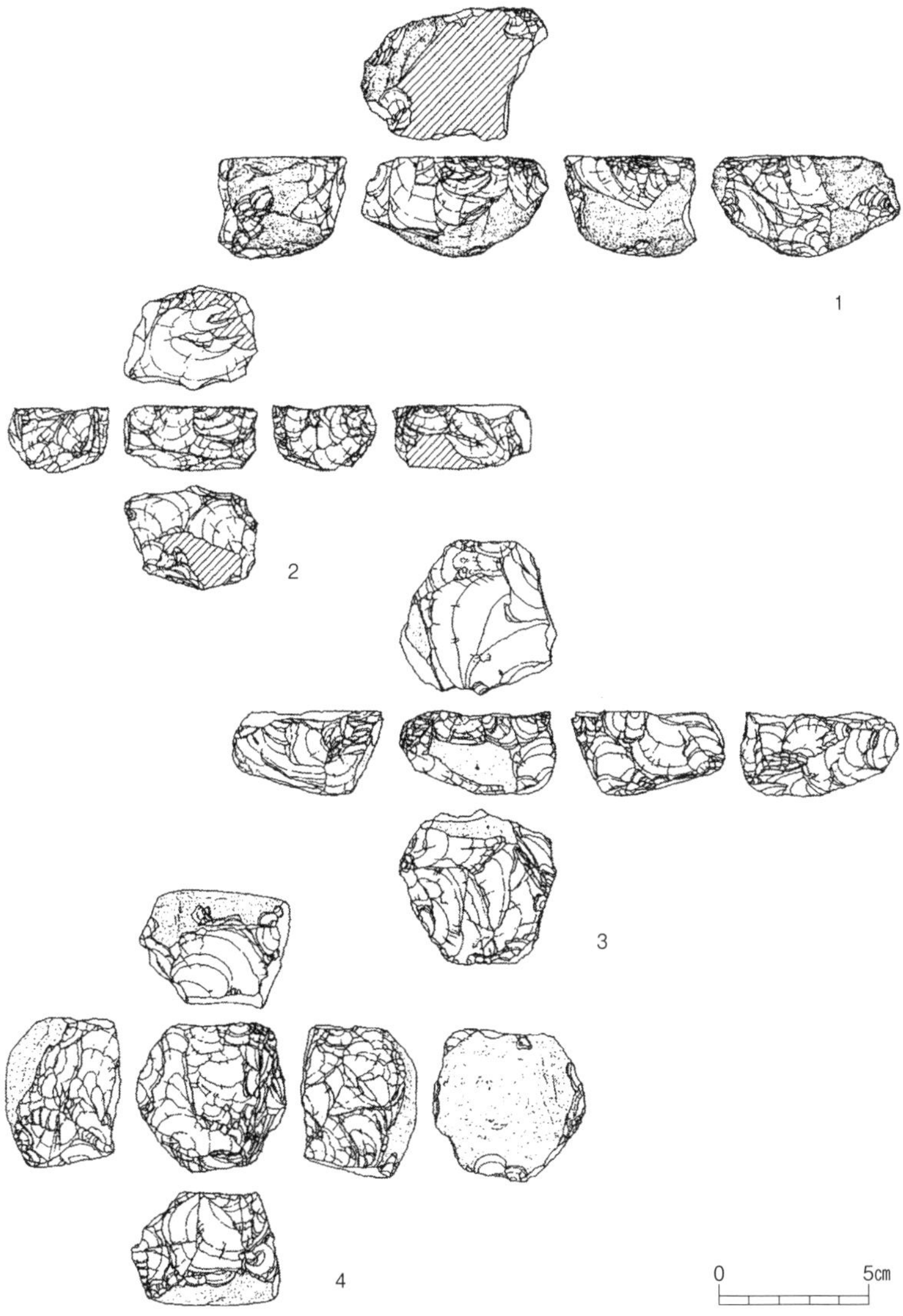

長井謙治によれば、下段4が石球（多面体石器)、他は「複合石器」である。

年前の熊本市石の本遺跡群八区出土の石器類である。沈目遺跡からは約三五メートル×五メートルの範囲に、素材剥片を周囲から粗く整形した後、端部に鋸歯縁の刃部を作り出す「鋸歯縁石器」など三七三点の石器が出ている。沈目遺跡の石器は輝緑凝灰岩製が二八三点あって、長井はその中に輝緑凝灰岩製の石球（多面体石器）一点を認め、そこに朝鮮半島の石英製石球（自然面と平坦面を「コ」の字状に三面残す）に通じる製作技術を見る。木崎康弘が北ユニットから出た敲石とした石器である（木崎二〇一〇）。また嘴状の刃部を有する甲高の石核トゥール四点を認め、その中に韓国でいう嘴状石器と石核の「複合石器」があるという（図8）（長井二〇一六b）。

ここで示唆されているのは、九州に移動してきたホモ・サピエンス集団はすぐに在地の石材環境に適応し、石材に応じた新しい石器製作技術を獲得する能力をもっていたということである。

石の本遺跡

熊本市石の本遺跡では八区Ⅵb層で南北二〇メートル余りの間に三ヶ所の炉跡（二×一・三メートルの楕円形土坑状遺構と炭化物集中、礫群と炭化物集中、大型炭化材と炭化物集中）がほぼ一列に並んで検出された。それぞれ個性的な特徴をもっている。報告者の池田朋生によれば、石器群は「台形様石器一一点、スクレイパー三一点、チョッパー五点、ピック四点、刃部磨製石斧片一点、石錐二点、尖頭状石器二点、楔形石器片二点、敲石六点」などで構成されている（池田編一九九九）。

八区Ⅵb層出土の石器群およびⅥa層出土の石器群（いわゆる台形様石器群）に在地適応の片鱗が窺える。Ⅵb層出土の石器群は約三〇メートル×二五メートルの不整形の楕円形に三一八二点の石器類が分布していた。

本石器群を特徴づけるのが厚手剥片または残核を素材とした断面三角形または台形を呈する四点の嘴状石器（図9：1～4）と、鋸歯縁石器（同：5～8）などの削器三一点である。一一点の台形様石器（同：9～16）と先端部のみであるが刃部磨製石斧一点が、来るべき後期旧石器時代初頭石器群の先駆けである。他に片刃礫器五点、尖頭状石器二点などで構成されている。石核は側縁から求心状に剝片剥離を行うものと、平坦な剥離面あるいは自然面を打面とし垂直に近い打角で剥離を行うものがあり、後者は打面を転移しながら剥離を進行して多面体を呈するようになる。利用石材の九七・三％を多孔質の安山岩が占める。Ⅵａ層になると、なお安山岩の割合が高いものの、チャートや黒曜石の利用が増えている（萩原二〇〇六）。

萩原博文は沈目遺跡やこの石器群のあり方を前・中期旧石器時代の特徴と捉えている。私も近年まで中期／後期旧石器時代移行期の石器群と捉えていたが、ＤＮＡハプログループ研究成果や較正年代、朝鮮半島の当該期石器群の様相など近年の研究を勘案して、朝鮮半島から移動してきた現生人類（ホモ・サピエンス）が当初に残した石器群と考えるようになった。

図9 熊本県石の本遺跡出土の鋸歯縁石器群

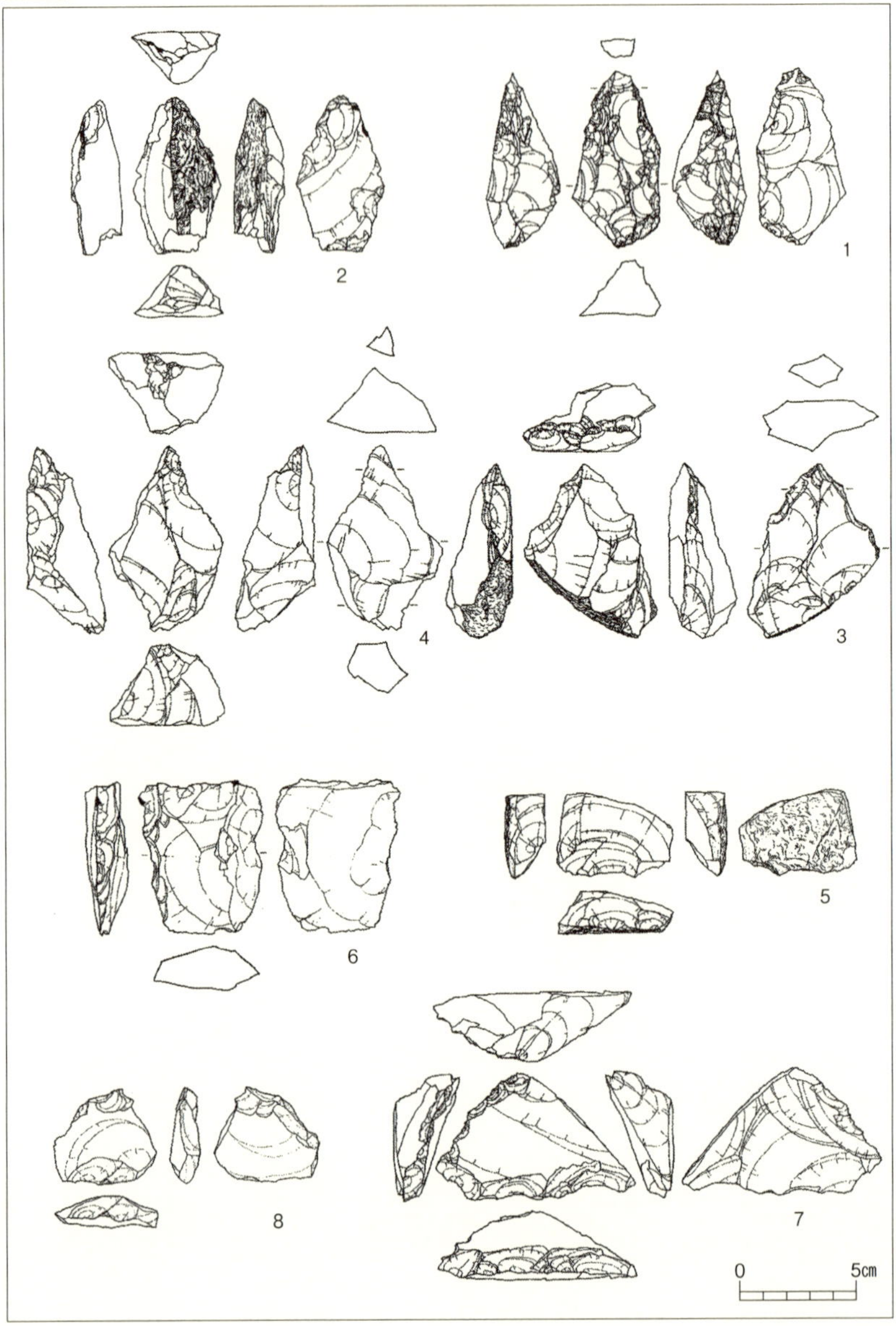

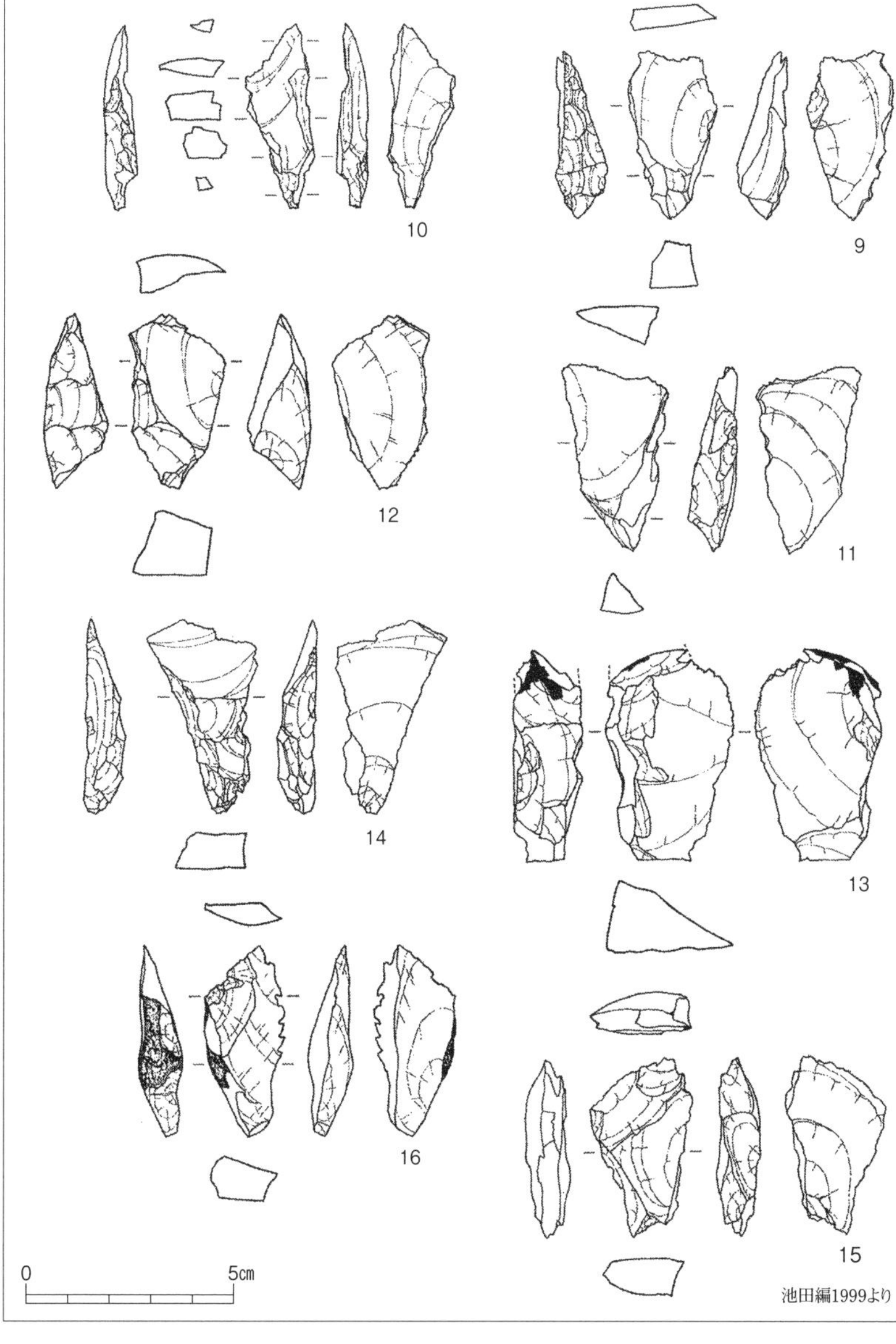

池田編1999より

列島全域への拡散

朝鮮半島から九州の地に至った私たちの最初の祖先ともいうべき集団は、南は種子島（横峯C遺跡・立切《たちきり》遺跡）から北は北海道まで、比較的短期間に未知の列島各地に適応拡散した。

九州東南部の地域編年において、宮田栄二が0期とⅠ期に置いた宮崎県川南町後牟田遺跡、同佐土原町音明寺第二遺跡、同高野原遺跡第五地点、鹿児島県中種子町立切遺跡、同南種子町横峯C遺跡などから出土した石器群は彼らが残したと見られる。Ⅱ期は台形様石器群で、ここには石刃技法が見られない（宮田二〇〇六）。

九州島外では、広島県三次市下本谷遺跡出土の流紋岩を主体とする片刃礫器や尖頭状石器はその可能性があるが、堆積状態がよくなく、明確な結論を引き出せない。資料のない中間地域を飛ばして、近年に関連資料が増加しつつある中部地方の遺跡を見ておきたい。

竹佐中原遺跡

長野県飯田市竹佐中原遺跡は市街地の南西方向一〇キロほど、標高一三九七メートルの高鳥屋山麓部に発達した扇状地に形成された丘陵上平坦部にある。北隣の丘陵に「前期旧石器論争」で知られた石子原遺跡がある。遺跡はホルンフェルスを主体の五六点の石器（口絵2）が出土したA地点、A地点の南東約六五メートルに位置し、珪質凝灰岩と緑色凝灰岩を主体の一二点の石器が出土したB地点、B地点とは一六メートルほどの近さでホルンフェルス主体に石英岩・片麻岩・珪質凝灰岩など多様な石材の七六九点の石器類が出土したC地点、C地点の南東二四メートルの丘陵縁辺に近い南斜面から二点の局部磨製石斧など八点の石器が出土したD地点で構成されていた（鶴田編二〇一〇）。D地点と遺物集中地点以外から局部磨製石斧が出ていることも、いわゆる台形様石器群と近い時期を示唆している。

最終的に石器は礫塊石器群（台石・敲石・砥石・礫）と剥片石器群（石核・剥片・砕片）に分けて報告されたが、特に「厚手扇形刃器」（嘴状石器・尖頭状石器）、両面加工礫器、錐状石器、「鋸歯状石器」、抉入石器、「縦形刃器」（厚手縦長剥片）などが当該期の石器群であることを示唆している。C地点の石器群には二次加工を施した石器が確認されない一方で、七六点の「有刃剥片」（素刃石器）が報告されている。

光ルミネッセンス分析、火山灰分析、植物珪酸体分析、^{14}C年代測定が行われたが、該当するような成果は出なかった。しかし、報告者の鶴田典昭は、周辺地域では石子原遺跡を除いてあまり用いられない石英岩を剥片石器群の石材として用いていること、形状整形を行う定型的石器が見られず、調整加工が施されない「刃器類」を主体とする石器群で、「厚手扇形刃器」、「厚刃刃器」、「縦形刃器」が特徴的であること、朝鮮半島などの中期旧石器時代以前に認められる石英岩製石器を想起させることなどから、古い様相を示すと見なした。

愛鷹山麓の遺跡群

静岡県沼津市の北に位置する愛鷹山の南東麓では、運動公園建設に伴う発掘調査によって、上部ローム層の下部からNL（ニセローム）層まで、スコリア層と埋没古土壌である黒色帯とが交互に現れる堆積層（図10）によって、この地域の後期旧石器時代前半期の石器群変遷が明示された。さらに現在、第二東名建設に伴う発掘調査により、上部ローム層の最下部からも石器群が見つかってきている。

中村雄紀が第Ⅳスコリア（SCⅣ）層から第Ⅳ黒色帯（BBⅣ層）までの石器群（約三万八〇〇〇～三万四〇〇〇年前）を四期に分けて提示している。最古の石器群はSCⅣ層とBBⅦ層から出土する（図11）。鋸歯縁石器群の様相を残しながら基部加工尖頭形石器や「台形様石器」を組成する。井出丸山遺跡第Ⅰ文化層、追平《おうだいら》B遺跡第Ⅱ文化層、秋葉林遺跡第Ⅰ文化層出土などの石器類である（中村二〇一二）。第Ⅶ黒色帯期以降、黒曜石製の台形様石器と剝片を縦に使った基部加工尖頭形剝片石器に局部磨製石斧を特徴とする石器群の展開が見られるが、石刃モードの発生は見られず、当地では背部加工尖頭形石刃石器（ナイフ形石器）が遅れて第Ⅲスコリア帯以降で出現する。石刃モードの発達は関東地方東部に見られ、顕現するのは愛鷹山麓第Ⅵ黒色帯相当期の武蔵野台地Ⅹ層下部（約三万六〇〇〇年前）である。後期旧石器時代前半期を特徴づける石器群の二項性（二項モード）はここに始まる。

　遺跡ごとにもう少し詳しく見ておこう。

　元野遺跡（第二東名No.19地点）では第Ⅳスコリア（SCⅣ）層から三点、第Ⅶ黒色帯（BBⅦ層）から一二点の剝片が出ている。石材はホルンフェルスが主であるが、黒曜石（和田土屋橋北産）と流紋岩が一点ずつある。

図10　愛鷹山麓の標準土層

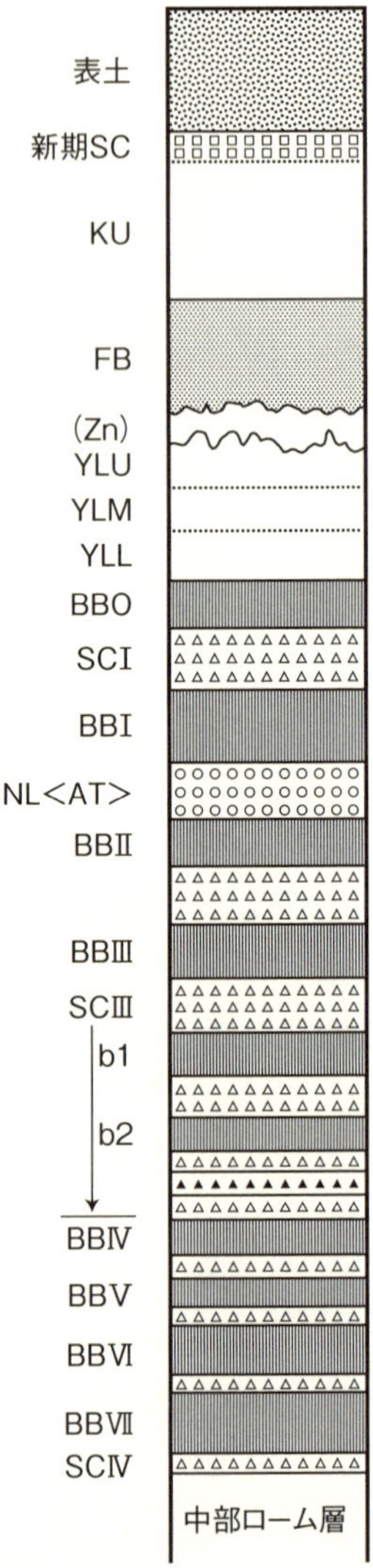

BB Ⅵ相当期の石器群に二項性が現れる。

図11 第Ⅳスコリア層・第Ⅶ黒色帯の石器群

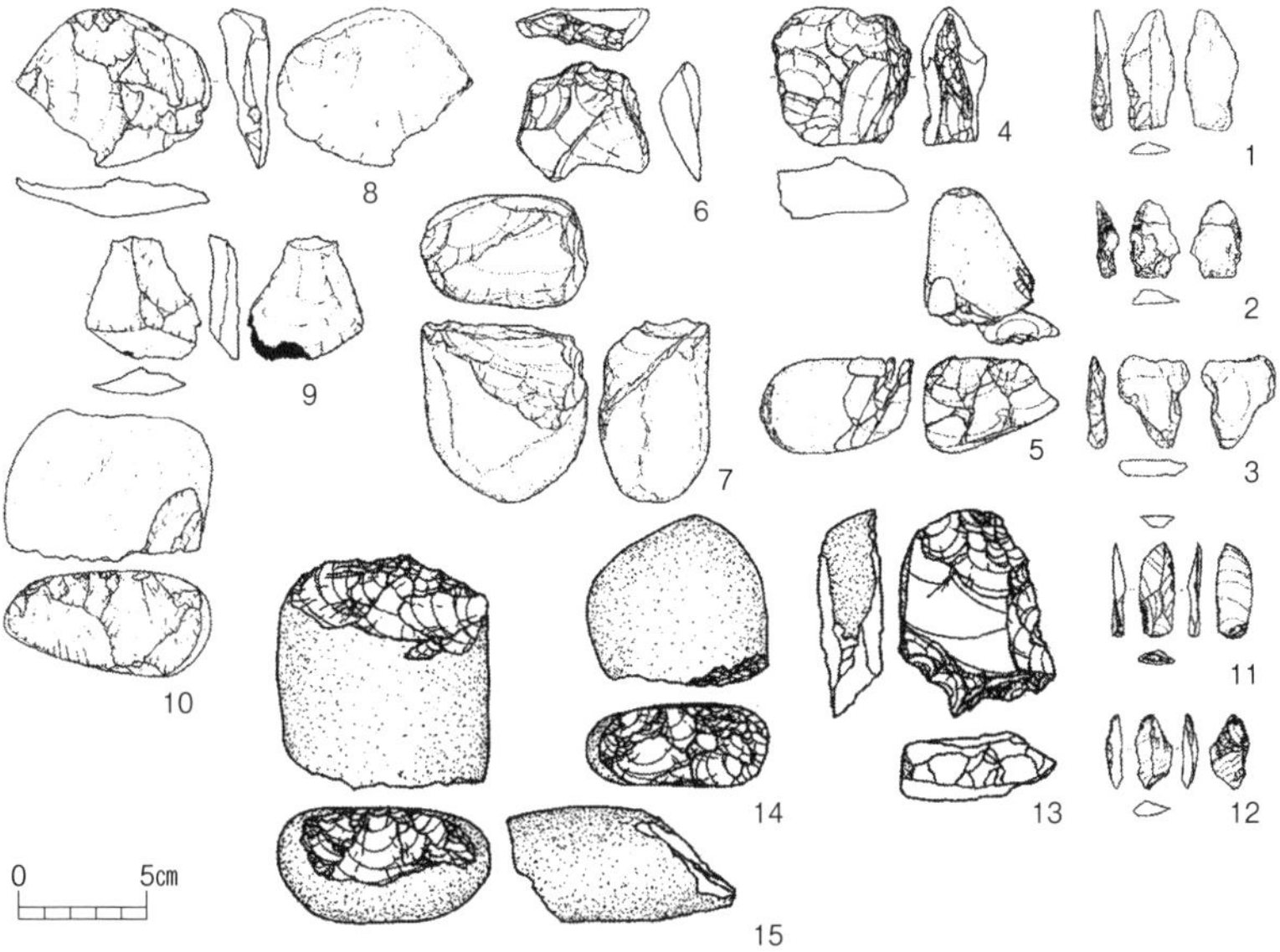

1〜7：井出丸山遺跡第Ⅰ文化層、8〜10：秋葉林遺跡第Ⅰ文化層、11〜15：追平B遺跡第Ⅱ文化層第1〜5号石器ブロック

中村2012より

第Ⅳスコリア（SC Ⅳ）層〜第Ⅶ黒色帯（BB Ⅶ層）出土石器類が列島最古の石器群の一つで、その下の中部ローム層からは遺物は出土していない。

BBⅦ層から出た礫は二点とも被熱で赤化している（柴田ほか編二〇〇八）。

秋葉林遺跡（第二東名No.25地点）は南麓の標高一二〇〜一五〇メートルにある。BBⅦ層下部から石核（あるいは片刃礫器）二点と剥片四点が出た。わずか六点ですべてホルンフェルス製である（阿部編二〇〇九）。

井出丸山遺跡は愛鷹山の丘陵裾部の標高五一メートルにある。SCⅣ層を主体に、台形様石器・基部加工尖頭形剥片四点、錐形石器二点、削器一点、二次加工ある剥片一点、石核一八点、剥片一二〇点、横長剥片二一五点、砕片九六九点の出土が報告されている。主に在地のホルン

図12 梅ノ木沢遺跡第Ⅰ文化層「斧形石器」と第Ⅱ文化層局部磨製石斧

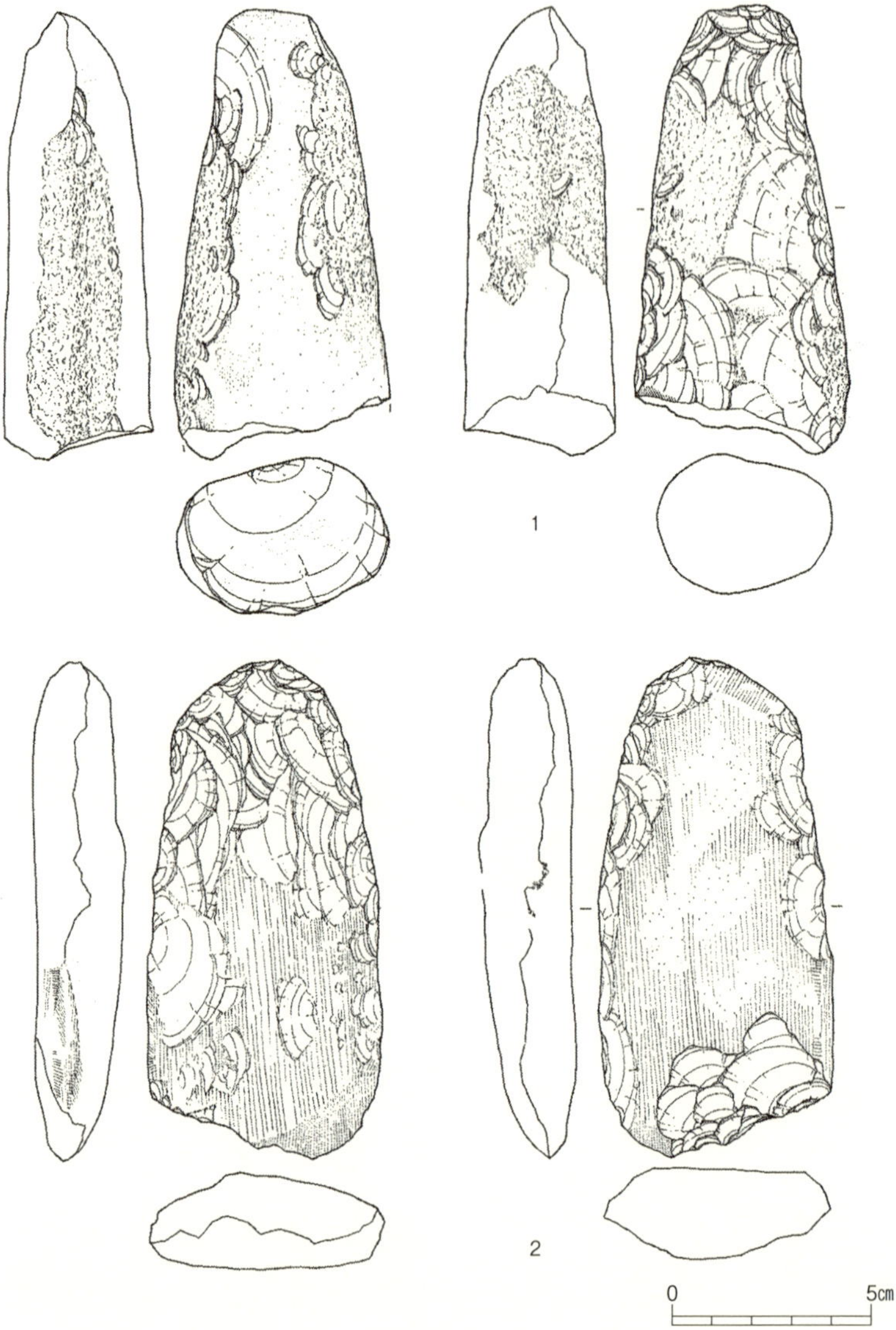

列島における石斧の出現過程を示唆する事例である。

フェルスを使っているが、在地の珪質頁岩、信州和田鷹山産と蓼科冷山産及び神津島恩馳島産黒曜石、飛騨下呂石もわずかに残されていた（原田編二〇一一）。約三万八〇〇〇〜三万六〇〇〇年前で、石器の二項性を示唆する現在最古の石器群である。

梅ノ木沢遺跡（第二東名No.143―2地点、CR35地点）のBBⅦ層からもガラス質黒色安山岩の剝片一三点と緑色凝灰岩製「斧形石器」一点と礫一二点が出ている。「斧形石器」は直径五・三〜三・三センチの円柱状を呈し、分割礫を素材としている（図12―1）。剝離によって形状を整えた後、左右両端部を中心に敲打を施し仕上げていて、一般的な局部磨製石斧（図12―2）とは製作工程が大きく異なる。上層のBBⅥ層からは箱根畑宿産黒曜石を主材として縦長剝片を指向したエリアA、局部磨製石斧が集中するエリアB、石刃状剝片〜縦長剝片を剝離したエリアCなどから、基部加工尖頭剝片を含む台形様石器五点、錐形石器二点、二点の鋸歯縁石器を含む削器類一〇点、石刃状剝片九点、緑色凝灰岩製六点・凝灰岩製一点・カンラン岩製一点の局部磨製石斧など五八一点の石器類が出ている（笹原編二〇〇九）。

富士石遺跡（第二東名No.142地点）のBBⅦ層では相互に数一〇メートルから一〇〇メートル離れた五つの集中地点から、ホルンフェルスを主材に、和田鷹山（九七点）・蓼科冷山（一三点）・諏訪星ヶ台（五点）や天城柏峠（五一点）および神津島恩馳島（一点）産黒曜石や珪質シルト岩の石器類が出ている。石器集中一で台形様石器四点とホルンフェルス製打製石斧片（大型の礫または剝片の周縁を打撃または敲出して整形し、両側を緩やかに内湾させている。基部と刃部の両端が失われているので全体形状は不明）、石器集中二で台形様石器二点、石器集中三で台形様石器一点、基部加工尖頭形剝片と小形尖頭形剝片（「ナイフ形石器」）三点、石器集中五で輝石安山岩製打製石斧片（扁平礫の周縁を整形して基部を作出しているが、刃部側が大きく失われているので

図13 中性子放射化分析による神津島産黒曜石の検証

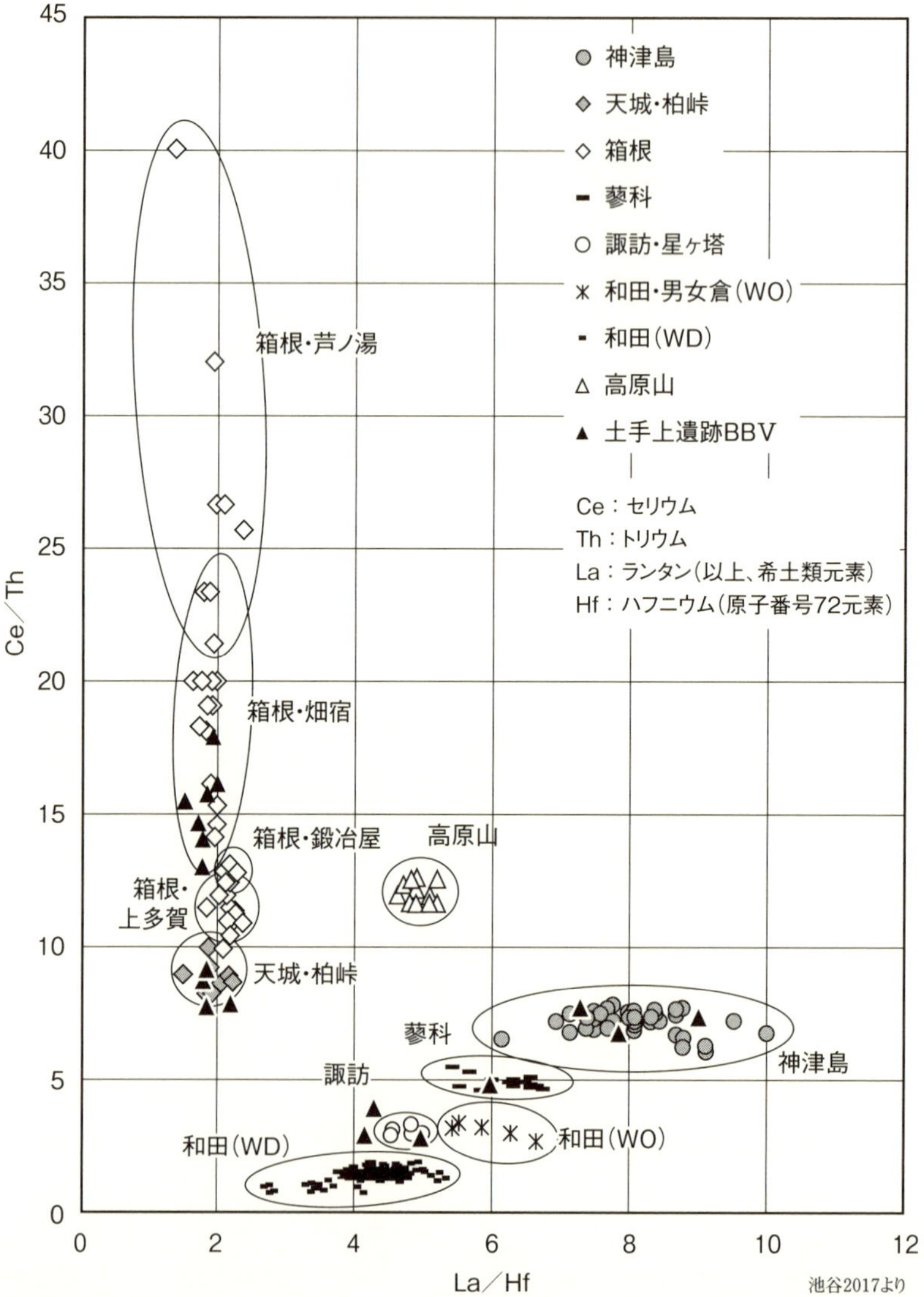

池谷2017より

黒曜石は産地、生成過程の違いによって化学組成が異なる。蛍光X線分析法や中性子放射化分析法により化学組成、とりわけ微量元素の分析で産地の同定を行っている。

図14 愛鷹・箱根山麓における黒曜石原産地構成の変遷

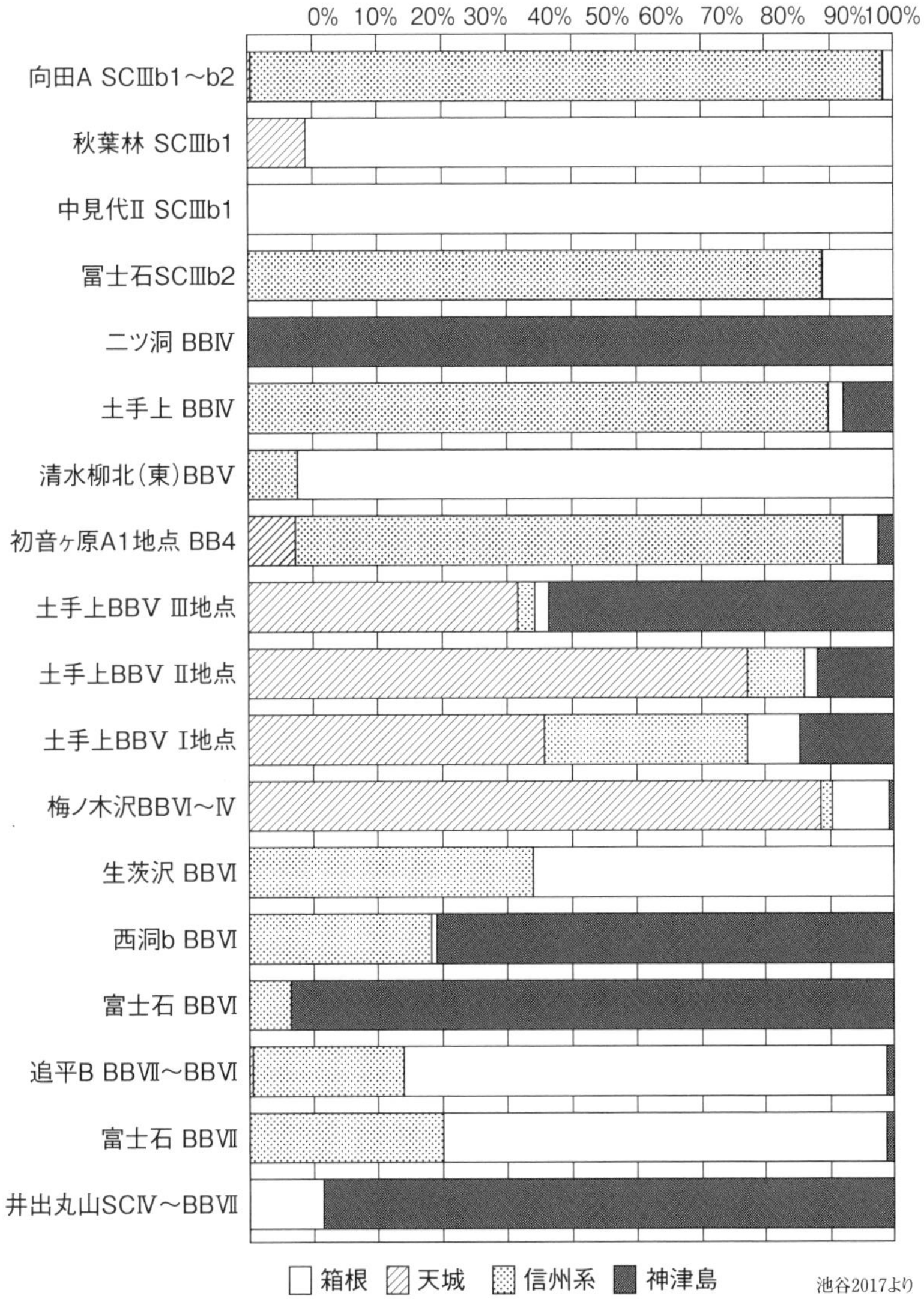

池谷2017より

神津島産黒曜石は、後期旧石器時代初頭に利用が始まるが、第Ⅲスコリア層期以降、長らく利用が止まる。再び利用が活発化するのは細石刃石器群期にはいってのことである。

全体形状は不明）一点が検出されている。他に単体でBBⅥ層から緑色凝灰岩製磨製石斧の刃部片が出ている（阿部・岩名編二〇一〇）。

神津島産黒曜石（図13）は未開地への彼らの広い好奇心と開拓精神を示唆している。だが、わからないのは、彼らにとって処女地である海上の島に産する黒曜石の情報をどのようにして得て、なぜ渡海してまで取りに行ったかということである。もっとも古い井出丸山遺跡（SCⅣ〜BBⅦ層）から最終段階の二ッ洞遺跡（BBⅣ層）に至るまで、神津島産黒曜石が継続的に搬入されている（図14）。池谷信之はスキンボートでの渡海を想定している（池谷二〇一七）。

草刈六之台遺跡Jブロック・Nブロック

下総台地最古の石器群は千葉県市原市草刈遺跡Ⅺ層出土の石器群で、田村隆は中期旧石器時代に位置づけている。本書では列島最初の現生人類の遺物に編入している石器群の系譜とする。後続する草刈六之台遺跡Jブロック・Nブロックの石器群は次のような特徴をもつ。①鋸歯縁状の細部加工のある削器を伴う。②整った縦長剝片が存在する。③大型カッティング・トゥールの一員として局部磨製石斧が加わる。④黒曜石の消費が開始される。⑤石器石材の種類が豊富になり、複数産地の石材がまじりあう（田村二〇一一）。

後期旧石器時代の始まり

旧石器時代の構造変動論に欠かせないのが石器群の二項的モードの概念である（田村一九八九）。石器製作者による石材選択→剝片剝離技術選択→目的剝片生産→整形技術選択→目的石器生産という連鎖的作業の一連の過程をここでは「モード」と呼ぶ。先に見てきたように、日本列島の後期旧石器時代開始直前では、鋸歯縁石器群の中に小型剝片石器類（素刃石器・端部整形石器）が組成されるようになり、遅れて粗雑な石刃剝離技術（小口面型石刃技法：打点をジグザグに後退させながら石核の小口面から尖頭形石器の素材である尖頭形縦長剝片を量産する技術）が出現し、石刃石器（基部加工尖頭形石刃石器あるいは基部加工尖頭器）と小型剝片石器類（端部整形石器・台形様石器）が共用された。

石材消費型の小口面型石刃技法は、多数の大型縦長剝片の剝離が可能な場所である安山岩などの石材産地を遊動域にもつ、〝埋め込み〟（狩猟・採集地間を移動する行程中に石材産地を組み込む）戦略をとる集団によって工夫された。石材管理・吝嗇型（石刃石核リダクション）の周縁型石刃技法（真正の石刃剝離技法）は、良質の石材を獲得できる原産地を遠く離れた下総台地のような地域を遊動していた集団によって新たに工夫された技術で、一個の原石から量産される石刃は尖頭器（「ナイフ形石器」）だけでなく彫刻刀形石器・掻器・錐形石器など他器種の素材ともなる。

小口面型石刃技法は長野県佐久市八風山Ⅱ遺跡の石器群で、また周縁型石刃技法は千葉県市原市押沼遺跡群の石器群で、技術形態学的に明確な説明が与えられた（田村二〇一五）。田村隆は日本列島での石刃石器群の成立にホモ・サピエンスの到来（まれびとの訪い）を見ている。列島での石刃石器群の出現に関連して、私はかつて、斜軸尖頭器→基部加工長狭三角形剝片石器→基部加工尖頭形石器→背部加工尖頭形石刃石器（いわゆるナイフ形石器）という列島内での進化の過程を考えた。その後の「捏造」発覚と「ホモ・サピエンスの出アフリカ」説を受けて本書を書いている。いまは小口面型石刃技法の出現を技法自体の大陸からの伝来とみるのでなく、小口面型石刃技法の発現と周縁型石刃技法への技術進展の背後に、石器製作の進化論的長い経験を有

図15 高井戸東遺跡X層出土の二項的モード石器群

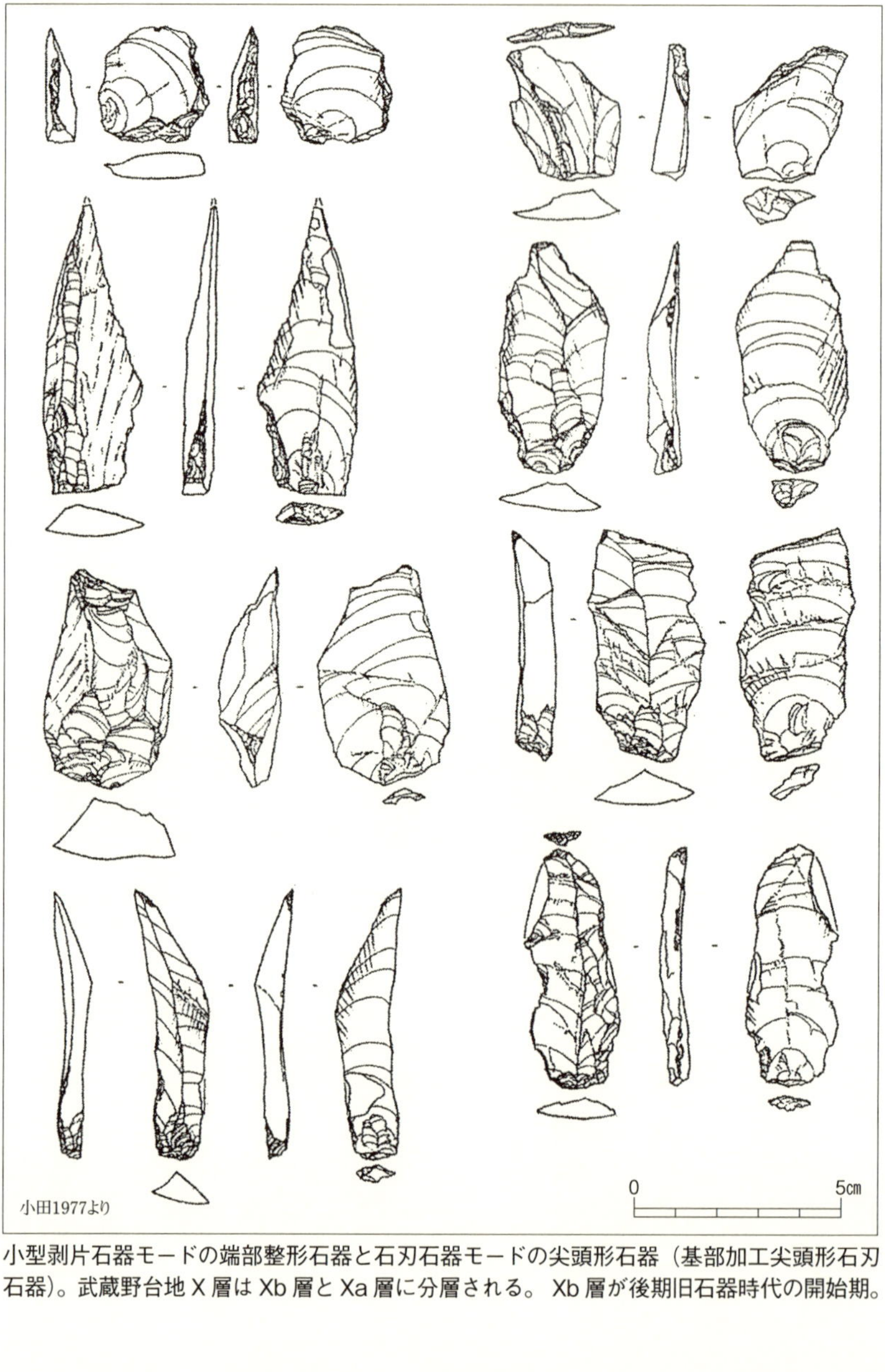

小田1977より

小型剥片石器モードの端部整形石器と石刃石器モードの尖頭形石器（基部加工尖頭形石刃石器）。武蔵野台地X層はXb層とXa層に分層される。Xb層が後期旧石器時代の開始期。

するホモ・サピエンスと彼らを取り巻く石材環境の〝アフォーダンス〟（環境の中に実在する行為の資源）（佐々木二〇一五）を見ている。言い換えれば、列島を含め世界各地で起こり得たことなのである。

小型剥片石器モードと石刃石器モードとの二項的モードの最初の出現をもって後期旧石器時代の開始とする（図15）。先に見たように、石器群には当初から局部磨製石斧も主要石器として組成される。この二項的モードは後期旧石器時代前半期を特徴づけていて、端部整形石器・台形様石器・台形石器・基部加工尖頭形剥片石器（「ペン先形ナイフ」）・基部加工尖頭形石刃石器（基部加工尖頭器）・背部加工尖頭形石刃石器（「ナイフ形石器」）などの器種が、各地の社会生態学的条件下でそれぞれ多様な組み合わせとして出現・展開した。この構造的変動は下総台地の遺跡群に最も顕著に表出されている。

下総台地

田村隆は関東地方東部における後期旧石器時代開始期前後の構造変動の実相、言い換えれば、千葉県柏市中山新田Ⅰ遺跡で初めて確認された後期旧石器時代の基本構造（二項性）の、地理的構造（ギャザリング・ゾーン）を背景とする確立過程を、市原市草刈遺跡C13―Bブロック・C77―8ブロック出土の石器群（中期〜後期旧石器移行期）、四街道市御山遺跡第二ブロック石器群（端部整形石器群）、成田市東峰《とうほうみ》御幸畑西《ゆきばたにし》遺跡エリア2出土石器群（台形石器石器群）、東峰御幸畑東遺跡（初期石刃石器群）、草刈六之台遺跡第三文化層出土石器群（確立期石刃石器群）などを使い、明確に跡づけている。注目されるのは、三ヶ所の大規模な遺物集中地点がある東峰御幸畑西遺跡第一文化層で、エリア3→エリア2→エリア1という序列が示唆されている。つまり、端部整形石器群、台形石器群そして出現期「有背尖頭刃器」石器群という変遷である（田村二〇〇六）。特定の地域を遊動する集団が社会生態学的条件下で石器製作を工夫・変換していたことが理解できる。

東峰御幸畑西（空港No.61）遺跡

遺跡は利根川水系と太平洋水系との分水界に位置しており、利根川水系支流香取川に開析された支谷の最奥部に、南に舌状に張り出した半島状の台地、標高約四〇メートルの部分にある。石器の集中地点は零細なものを含めて四九ヶ所検出され、大きく三つの時期に分けられた。ここで取り上げるのは第二黒色帯～X層上部に集中し、三つのエリアのブロック（二つはいわゆる環状ブロック群）および炭化物集中地点三ヶ所（石器集中地点からやや離れたエリア1西端、エリア2の環状ブロック群の外周部、エリア2環状部の石器集中二四と重複）が検出された「第一文化層」の石器群である。

報告者の永塚俊司によれば、「エリア1は円弧状に数条並列するような分布形状を示している。エリア1～3は石器集中が環状に広がる、いわゆる『環状ブロック群』を形成している。エリア1～3からは台形様石器・ナイフ形石器・局部磨製石斧・打製石斧・掻器・削器・石核・剥片・砕片等、総数二一八四点の遺物が出た」ということである（宮・永塚編二〇〇〇）。

エリア3　舌状台地先端部東端の緩斜面にブロック三八を中心にブロック三一～三七が径約二五メートルの小型の環状ブロック群を形成していた。出土層位は第二黒色帯下部～X層上部に相当する。永塚によれば、石器群は「台形様石器一七・削器一・楔形石器三・局部磨製石斧一・打製石斧一・石斧調整剥片四・使用痕のある剥片二一・調整痕のある剥片六・剥片一一三・砕片二一・石核二六・磨石一・敲石三・礫二点が出土した」（図16）。楔形石器の多いのが特徴であると記述されている。「台形様石器」は形状が不安定で、素材の形をそのま

図16 東峰御幸畑西（空港No.61）遺跡「第Ⅰ文化層」エリア３の石器群

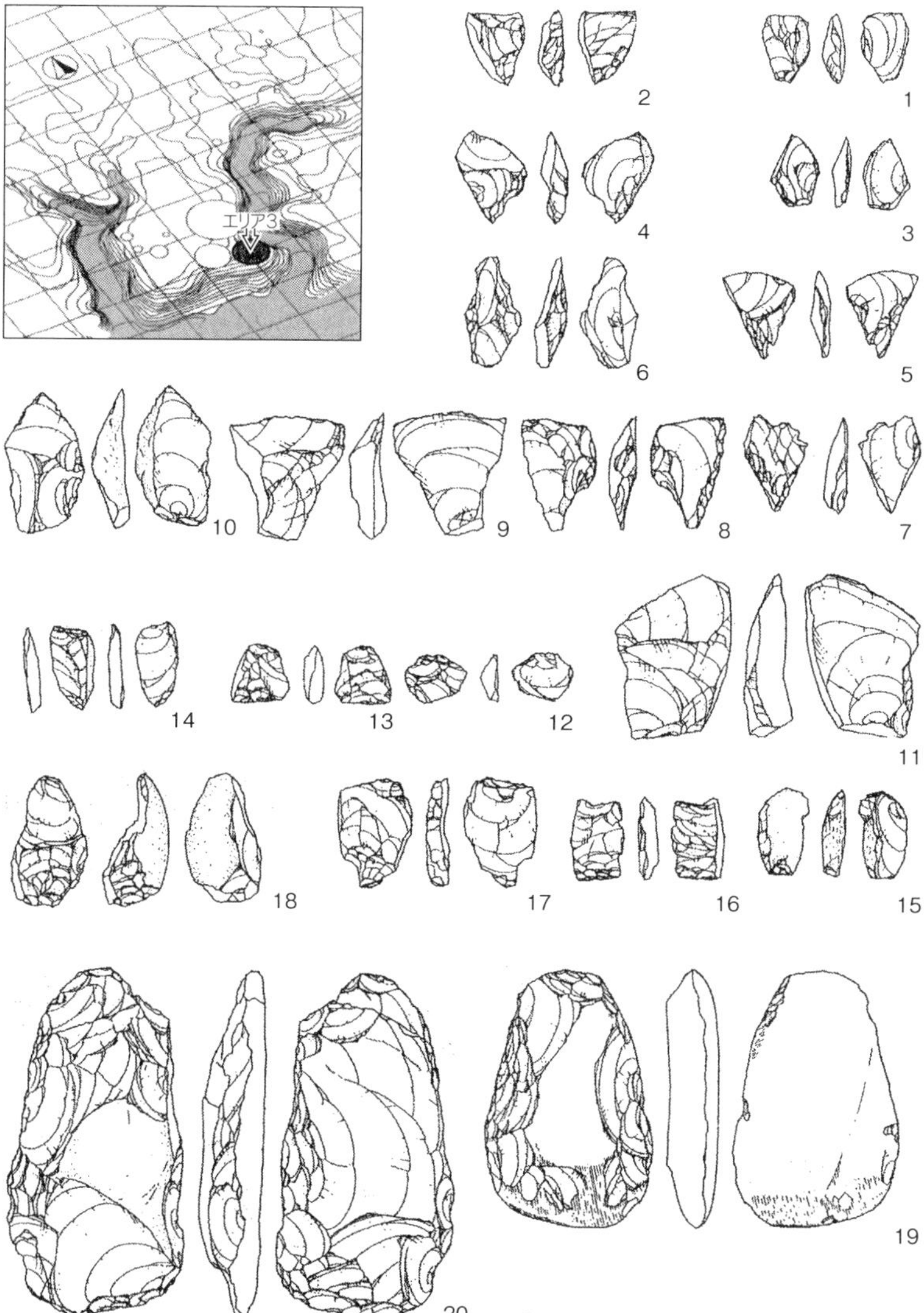

宮・永塚編2000より

小型剥片石器モードの端部整形石器群である。「台形様石器」は、形状が不安定である。

ま用い、片側を切断したものが多い。その中に比較的丁寧な調整のものが数点混じっている。田村のいう「端部整形石器」である。小型剥片石器モードに偏った石器群であって、石材は房総半島南部の嶺岡山地白滝層の珪質頁岩が比較的多いほか、安山岩・チャート・メノウなどもあり、利用石材が著しく偏らない。ブロック三二は珪質頁岩・チャート・安山岩が主体の「台形様石器」製作を中心とするブロック、ブロック三三はチャート・メノウ・ホルンフェルス・黒色頁岩が主体の楔形石器製作を中心とするブロックなど、ブロック間の差異が顕著である。ブロック間に接合関係が見られる点も他のエリアと異なっている。

エリア2　舌状台地先端部中央やや東寄りの台地縁辺部に、ブロック二九を中心にブロック一九（図17）～二八が径約二〇メートルの小型の環状ブロック群を形成していた。ほかにブロック二六と重なりながら、またブロック二三に近接して炭化物の集中が二ヶ所見られた。永塚によれば、石器群は「ナイフ形石器一・台形様石器三八・削器四・石斧調整剥片二・使用痕のある剥片一八・調整痕のある剥片九・剥片四九四・砕片一三一・石核五二・原石一・敲石二・礫一二・礫片三点が出土した」。「ナイフ形石器」とされたものは小型の縦長剥片の先端部に斜めの調整を施して尖頭形にしたもので、基部は未加工である。田村のいう「端部整形尖頭器」の部類である。「台形様石器」は素刃石器・端部整形石器・台形様石器などの小型剥片石器の混成であるが、武蔵野台地Ⅸ層下部を特徴づける定形化した台形様石器に近似の例が目につく。残核すべてを含めて小型剥片石器モードに偏った石器群である。主要石材の黒色ガラス質安山岩の原石は一〇センチ以下の礫が多く、ブロック全般にいきわたって接合関係も各ブロック内で完結している。いわゆるトロトロ石はブロック20と29の二地点に集中し、チャートもチャート一＝ブロック二三、チャート二＝ブロック二七、チャート三＝ブロック二七、チャート九＝ブロック二〇のように消費母岩とブロックの密接な対応関係が認められ、全体的に各ブ

図17 東峰御幸畑西遺跡エリア2のブロック19

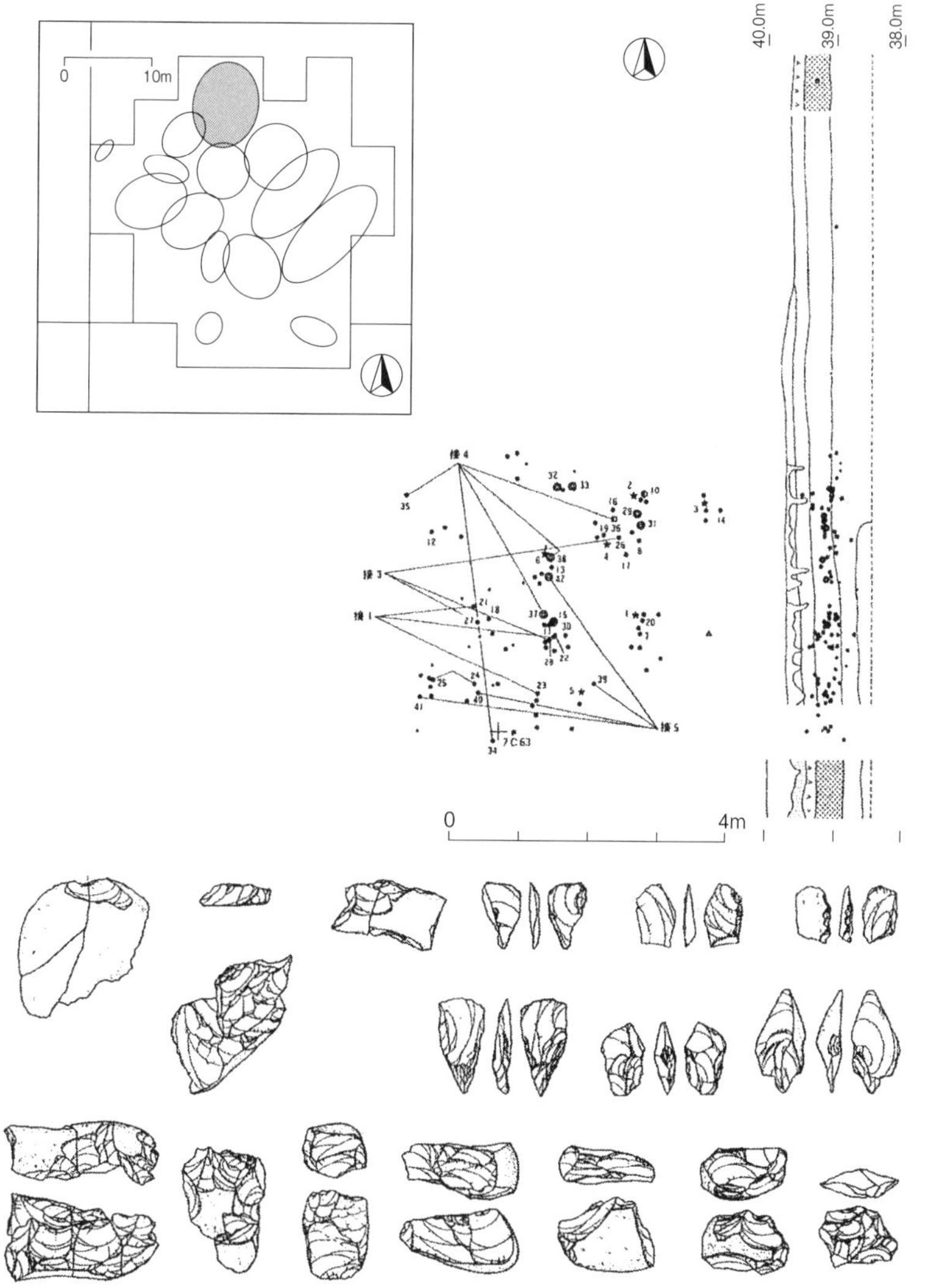

宮・永塚編2000より

小型剥片石器モードの台形様石器群である。素刃石器・端部整形石器・台形様石器の混成であるが、台形様石器の定形化が認められる。

ロックは等質的である。ブロック二五のみがメノウと珪質頁岩が伴い、他のブロックとは様相が若干異なると記述されている。安山岩を中心としてチャートや玉髄などの多様な小円礫から構成される点からみて、房総半島南部上総丘陵の万田野層産の石材と推定される。

エリア1　開析された地形を三重に囲むように径約五〇メートルにわたって一八の石器ブロックが扇形に分布していた。環状ブロックを形成していない。永塚によれば、石器群は「ナイフ形石器一一・台形様石器九・削器二・掻器二・楔形石器一・彫刻刀形石器一・局部磨製石斧四・石斧調整剥片七・使用痕のある剥片一〇八・調整痕のある剥片一三・剥片七〇一・砕片九九・石核二二・礫一三・礫片一一点」（図18）で構成される。「ナイフ形石器」は基部加工尖頭形石刃石器（尖頭形石器）、尖頭形石器を祖形として発達した基部と先端部に調整を加えた「優美な」柳葉形のもの、やや厚みをもつ急角度調整の二側縁加工のもの、打面を残す一側縁加工のもの、小型石刃を素材としたものなどからなる。いわゆる「Ⅶ層石器群」と呼んできた石器群の先駆的な様相で、広く武蔵野Ⅸ層上部相当期の石器群として捉えておく。石刃石核は小口面を中心に剥離を行うものと、「打面を再生したり、作業面から側面へ向けて稜調整を行って稜付き剥片を剥取」する単設打面・両設打面のものとがある。後者を明示する円筒形の石刃石核の接合資料と、タブレット状を呈する打面再生剥片が出ている。「台形様石器」は「剥片の形状をなるべく生かして調整を最小限にとどめたもの」と「切断により逆三角形に整えたもの」で、厳密には台形様石器の範疇に入れにくいものばかりである。関東地方の小型剥片石器モードの末期的様相である。全長二二・九センチ、重量一キロの大形の片刃打製石斧が注目される。

田村隆らによる石材産地の踏査研究によれば、珪質頁岩は栃木県矢板市にある高原山南麓に分布する寺島塁層上部に産するもの（珪質頁岩B）、高原山北麓に分布する鹿股沢層産のもの（珪質頁岩C）で、「珪質頁岩A」

図18 東峰御幸畑西遺跡「第Ⅰ文化層」エリア１の石器群

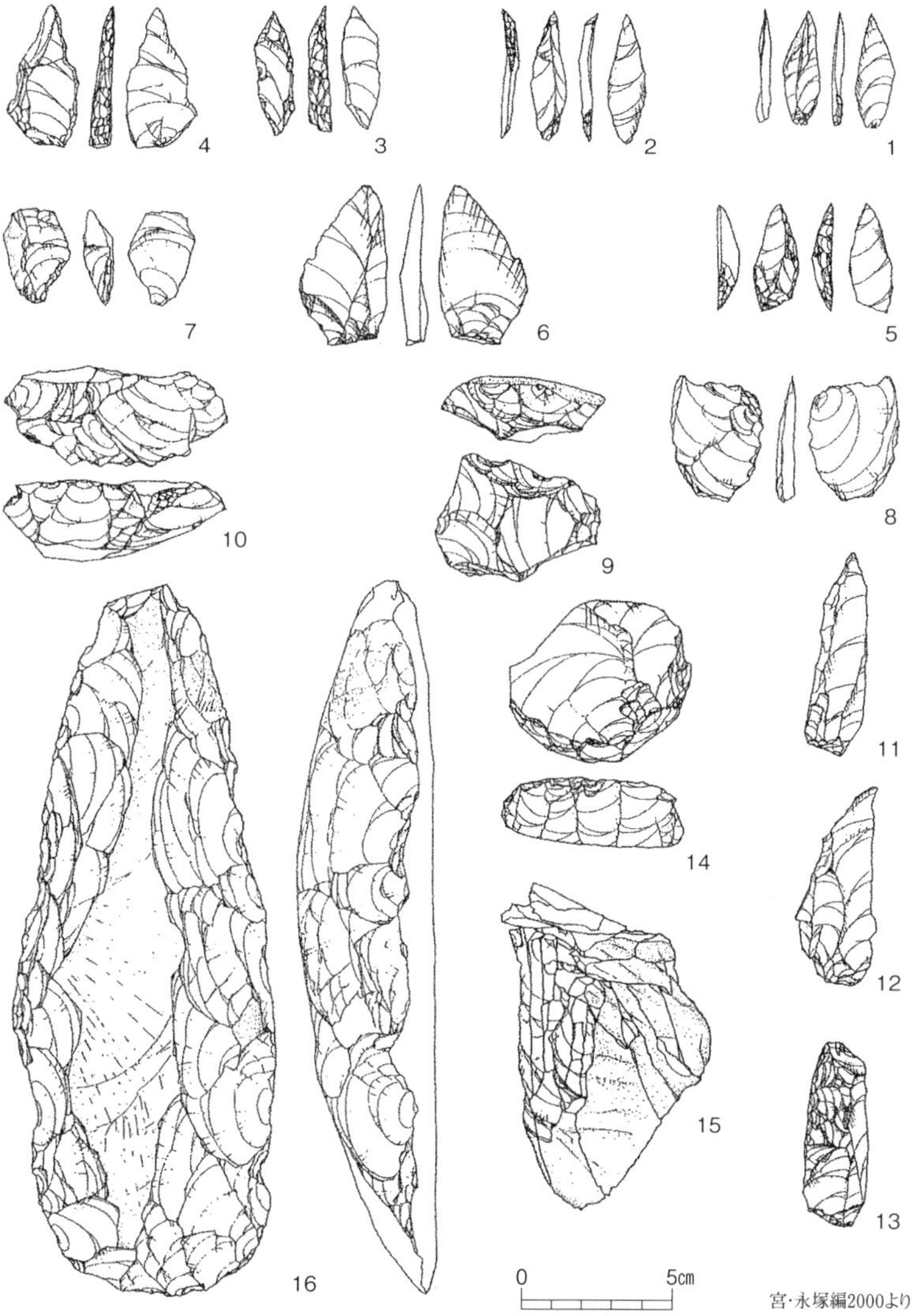

武蔵野Ⅸ層上部相当期の石刃モード石器群である。関東地方の小型剥片石器モードの末期的様相が認められる。

とされたものも高原山周辺で採取可能な流紋岩である（田村ほか二〇〇三）。注目されるのは、下層のエリア3と2（小型剥片モード）の時期には距離の近い房総半島南部から石材を獲得していたのに対し、上層のエリア1（石刃モード）の時期になると距離が離れた北の高原山方面に移っていたことである。

愛鷹山南麓

東海地方東部の石器群変遷は、愛鷹南麓・箱根西麓で観察できるスコリア層と土壌化が進んだ黒色帯の互層堆積中から出土する石器群が明示している（七〇頁図10参照）。高尾好之はこれを五期に区分し、第五黒色帯（BBⅤ：武蔵野Ⅸ下層並行）期と第三黒色帯（BBⅢ：武蔵野Ⅶ層並行）に遺跡の大規模（人口増）化を、ニセローム（NL）～休場層（YL）直下黒色帯（BB0）期に遺跡の小規模・分散化を、そして休場層中に遺跡数の増加と大規模化を見ている（高尾二〇〇六）。なお、未発表資料として先一期の遺跡名を挙げているが、これらの遺跡については先に述べたとおりである（六九―七六頁）。

第一期とするのがBBⅦ～BBⅣ層出土のいわゆる「台形様石器群」で、縦長剥片製の基部加工尖頭器がわずかに見られるが、ここでは小口型石刃技法が現れていない。石材環境のアフォーダンス（環境の中に実在する行為の資源）問題である。鋸歯縁石器が前半期まで残るようである。背部加工尖頭形石刃石器（ナイフ形石器）が作られ、確立した二項性構成の石器群が現れるのは第三スコリア帯の上部（SCⅢb2・b1）からである。

中部高地

中部地方は石材環境と他地域との交通関係から、日本海沿岸地域（北陸・北信）、中部高地（東信西部、中・

南信）、東部高地（佐久地方・山梨）に地域区分できる。現生人類が中部高地にも早くに進出して鋸歯縁石器群を残していたことはすでに述べた。竹佐中原遺跡D地点からは局部磨製石斧が出ている（六八頁）。

長野県八風山は群馬県境にそびえるガラス質黒色安山岩の原産地である。佐久市八風山Ⅱ遺跡は小口型石刃技法で基部加工尖頭器を製作した原産地遺跡で、崖錐性堆積物を基盤とした尾根上の標高約一〇六〇メートルの平坦面にある。石器群の出土層はAT層（Ⅷ層）や八ヶ岳4テフラ（Xa層）より下位のXb層中に当てられている。発掘調査を担当した須藤隆司によれば、「ナイフ形石器二一点、掻器一五点、削器四四点、刃部磨製石斧一点、微小剥離痕石刃一四点、石刃二八九点」ほか計五七九四点を数える。発掘区は分布の中心を外れているので、遺跡全体の石器数は計り知れない。「総数二三八点、総重量二四キロ弱、掻器三点、微小剥離痕のある石刃一四点、石刃七〇点、微小剥離痕のある剝片一一点、剝片一二一点、砕片四点、石核七点から構成される原石の状態に復元された接合例」に典型的に見られるように、原産地における尖頭形石刃とそれを素材とする尖頭形石器の製作遺跡である（須藤編一九九九）。石刃の剝離技術や石刃の形態が安定していないこと、基部加工技術も多様で定形化が見られないことなどからみて、武蔵野台地Xa層相当期である（図19）。

須藤隆司はこうまとめている。「第Ⅰ期前半の遺跡間連鎖における石刃消費過程を一般化すれば、ガラス質黒色安山岩・珪質頁岩原産地製作遺跡での石刃生産と広域遊動生業地遺跡での石槍・石刃製製品の搬出入による消費と規定できる。現状では黒曜石原産地（中部高地）に製作遺跡は存在しない（背景は上述した黒曜石のサイズ・質によると考えられる）。また詳細は不明であるが、山梨県一杯窪遺跡は細粒ガラス質凝灰岩の原産地製作遺跡と推定される。その一方で、（野尻湖遺跡群の…安斎加筆）大久保南遺跡は黒曜石原石搬入から開始された石刃生産を示す。調整加工技術の発達による多様な素材対応の表れと石刃生産の量産化の過程的段階

図19 八風山Ⅱ遺跡出土の基部加工尖頭形石刃石器（尖頭形石器）

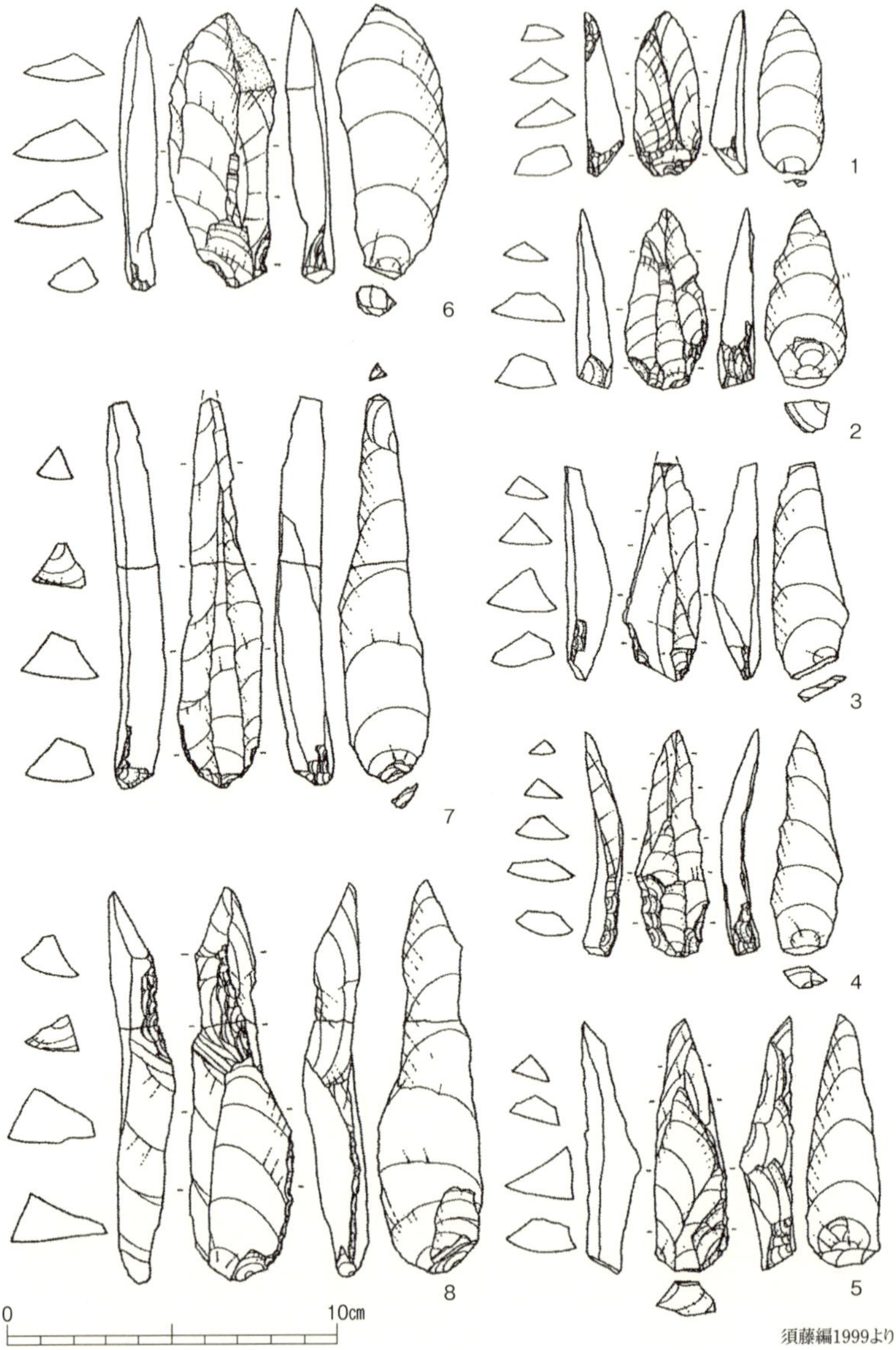

須藤編1999より

が示され、第Ⅰ期後半段階の特徴といえる」（須藤二〇〇六）。

八風山麓に源を発する鏑川は東流して利根川の支流である烏川と合流する。流域一帯は中部地方と関東地方を結ぶ交通の要衝的地域である。鏑川右岸に発達する上位段丘面は中小河川とその枝谷によって分断され、いくつもの舌状に延びる台地を形成している。台地の先端あるいは縁辺部にある遺跡（白倉下原《しもくらしもはら》遺跡A区、同B区、天引狐崎《あまびききつねざき》遺跡、天引向原《あまびきむかいはら》遺跡）から、尖頭形石器あるいはナイフ形石器と端部整形石器・台形様石器・小型尖頭形剥片石器（ペン先形）に局部磨製石斧を組成する石器群が出土している（図20）（関口編一九九四）。各時期を通じて八風山産（あるいは荒船山産）の黒色安山岩を素材とした小型剥片に偏った剥片石器モードが卓越していて、石刃の生産は見られず、尖頭形石器やナイフ形石器は搬入されていた。

長野県上水内郡信濃町仲町遺跡は野尻湖西岸、立が鼻の西約三〇〇～四〇〇メートルの仲町丘陵上にある。一九九四年に行われた丘陵北端の底面（Ⅰ区）での発掘で、灰褐色スコリア質砂礫層から「へら形石器、スクレイパー、基部加工剥片」など二七点の石器類が検出された（図21）。「基部加工剥片」は一九七九年に行われた発掘の際に出た石核と接合する。接合資料から縦長の尖頭形剥片が連続して剥離されていたことがわかる。無斑晶安山岩を主体に碧玉・黒曜石・安山岩が使われている（野尻湖人類考古グループ一九九六）。

野尻湖遺跡群の日向林《ひなたばやし》B遺跡や貫ノ木遺跡、富山県の立野ヶ原石器群では、〝精製の〟台形石器、基部加工尖頭形剥片石器（「ペン先形ナイフ形石器」）、端部整形石器（「立野ヶ原型ナイフ形石器」）など特徴的な小型剥片製石器類の発達が著しい。典型的な環状ブロック群が残されていた日向林B遺跡からは、台形石器五九点、局部磨製などの石斧六〇点、端部整形石器一四五二点（「掻器状石器」二七六点・「貝殻状刃器」一一七六点）

図20 鏑川流域の遺跡群

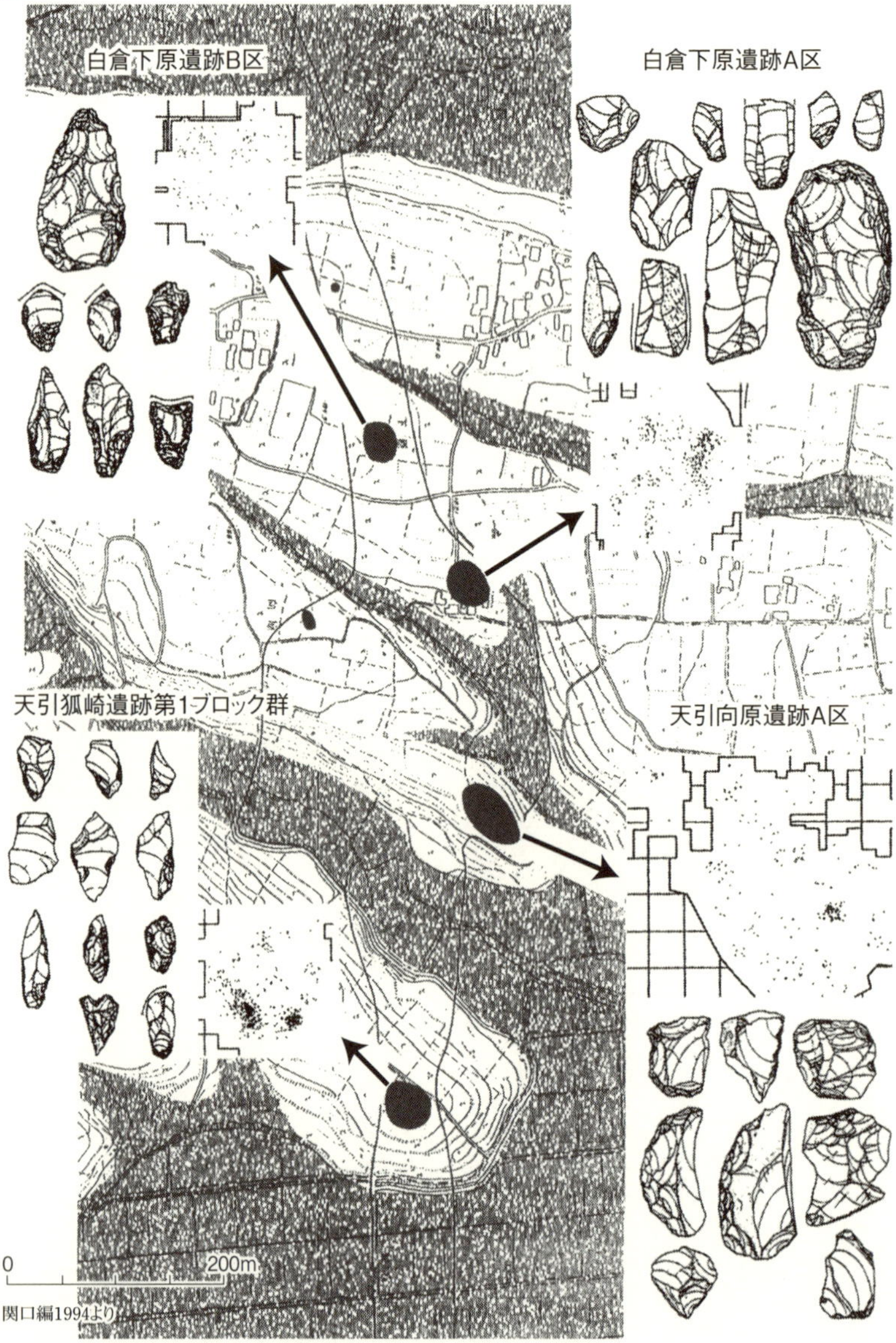

剥片モード主体の石器群で、尖頭形石刃石器は搬入品である。

図21 仲町遺跡Ｉ区P列出土の石器群

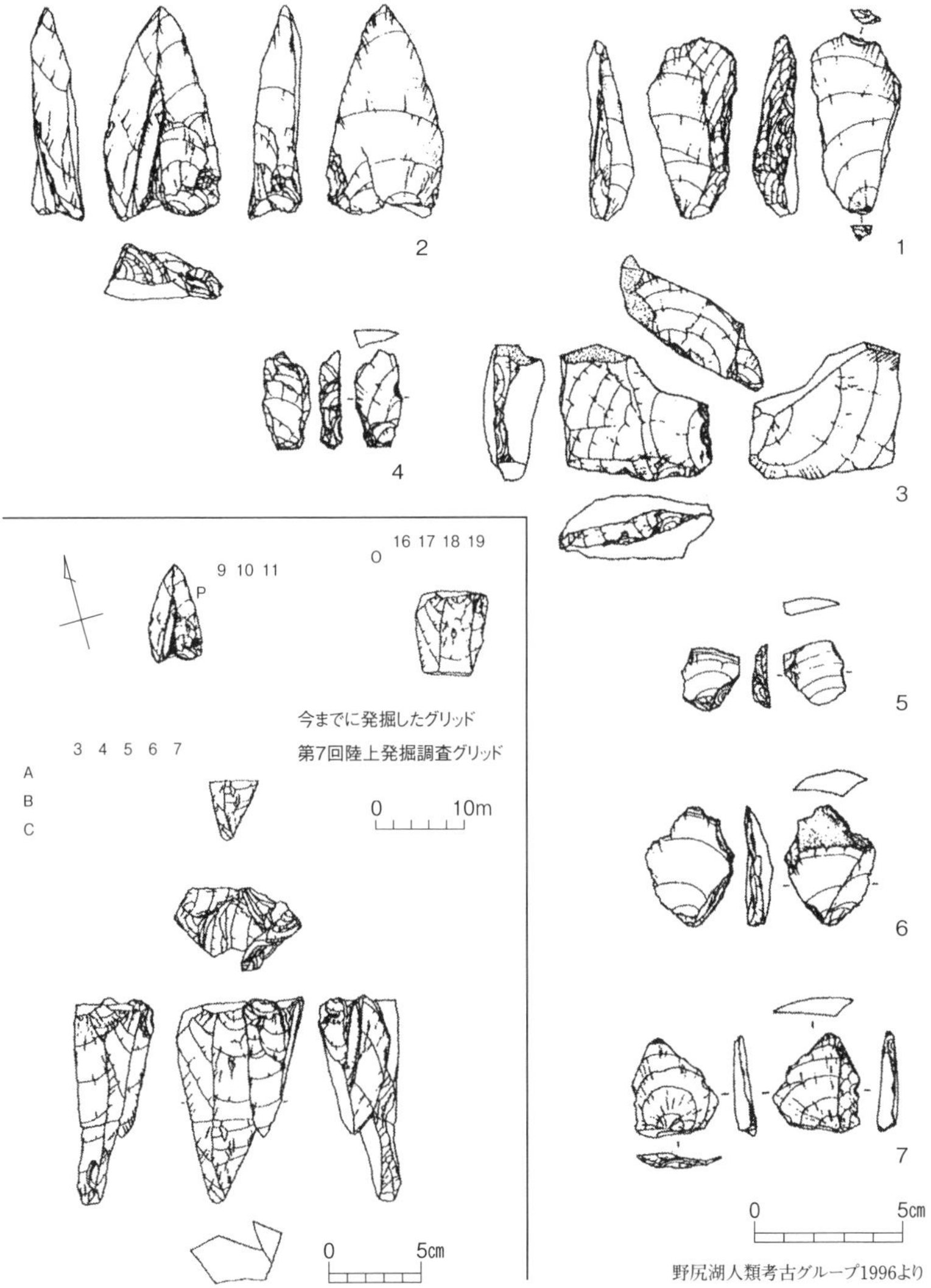

野尻湖人類考古グループ1996より

小型剥片モード（端部整形石器）と石刃モード（基部加工尖頭形石刃石器）の二項的石器群である。

図22 日向林B遺跡「日向林Ⅰ石器文化」の石器

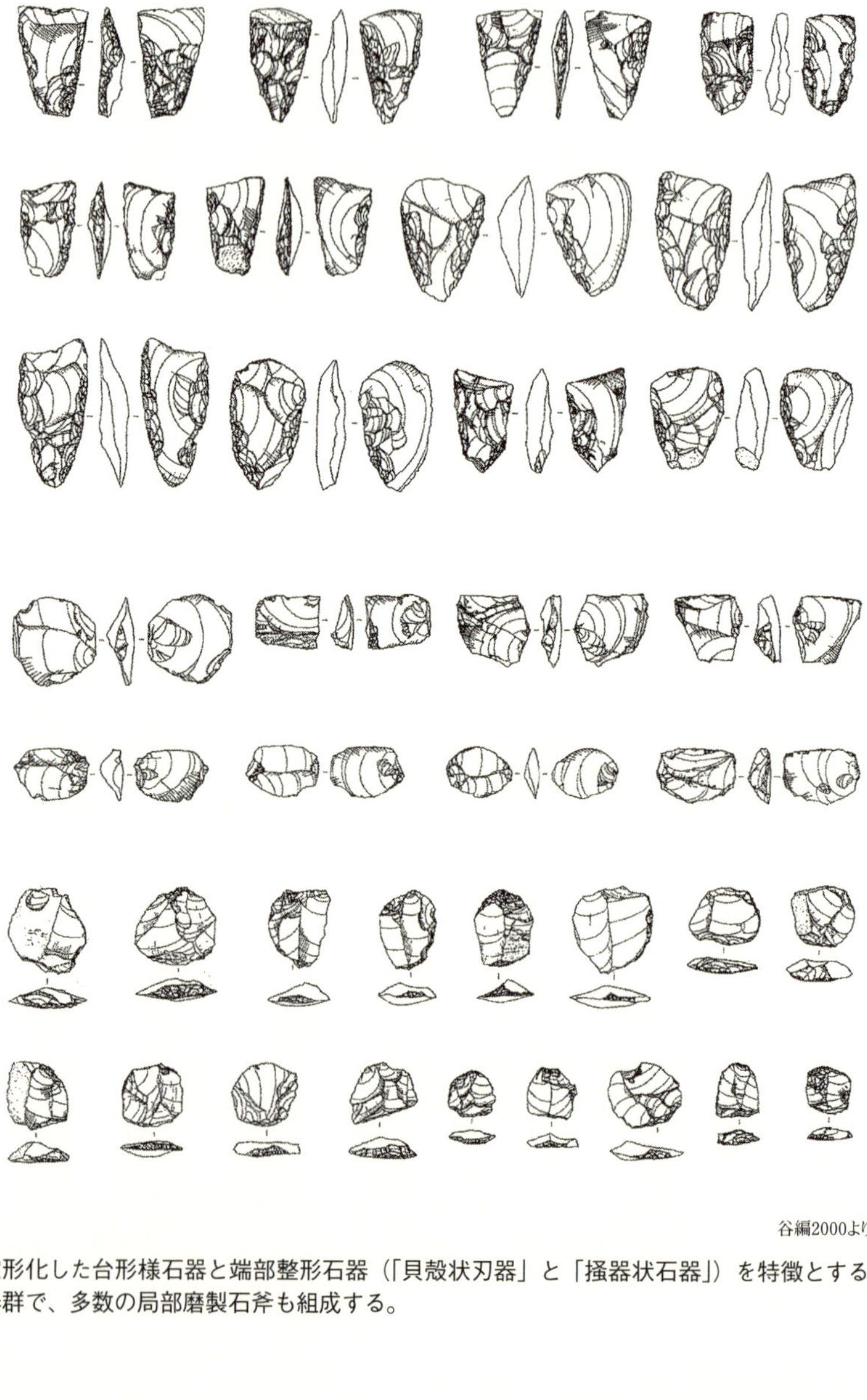

谷編2000より

定形化した台形様石器と端部整形石器（「貝殻状刃器」と「掻器状石器」）を特徴とする石器群で、多数の局部磨製石斧も組成する。

など九〇〇〇点の石器類が出土した（図22）。地域に適応した伝統集団の成立が窺える。

野尻湖遺跡群は多数の局部磨製石斧が特徴である。日向林B遺跡六〇点、貫ノ木遺跡四六点、仲町遺跡四三点、大久保南遺跡二二点、東裏遺跡一二点などである。中村由克によれば、これまで蛇紋岩製と言われてきた石斧の大部分が透閃岩製である。透閃岩の主原産地は姫川流域の青梅・蓮華地域で、その場の河川礫を割って剥離加工した素材を野尻湖遺跡群に搬入して、刃部等の研磨を中心として仕上げ加工を行ったと、中村は推定している（中村二〇一五）。透閃岩製の磨製石斧は富山、石川両県でも多く出ている。また新潟県新発田市坂ノ沢C遺跡、岩手県西和賀町大台野遺跡、秋田市地蔵田《じぞうでん》遺跡でも確認されていて、中村は日本海沿いの透閃岩製石斧の流通ルートが既に存在していたと見ている。このルートを集団が北上し、北海道に至ったことについては後述する。

東北地方

東北地方では良好な層位的出土事例が少なく、石器の技術形態的特徴や組み合わせから類推することになる。後期旧石器時代開始期前後の石器群の様相ははっきりしない。その最有力候補は岩手県和賀郡西和賀町峠山牧場Ｉ遺跡Ｂ地区第一遺物集中区の石器群である（吉田編一九九六）。石材の主体は碧玉・玉髄・メノウ類で、後期旧石器時代を通して頁岩が主体のこの地域にあって異色である。石器は石核三点（円盤状・サイコロ状・ポジの剥離面から貝殻状小型剥片を剥離するタイプ）、斜軸尖頭器状削器一点、端部整形石器（プロト・米ケ森型小型剥片？）数点、基部加工尖頭形剥片（あるいは端部整形尖頭器）二点などで構成されている。

福島県会津若松市笹山原遺跡群は猪苗代湖西岸にある。No.７遺跡→Ａ遺跡→No.８遺跡という流れで、Ａ遺跡からは「ナイフ形石器、彫刻刀形石器、スクレイパー、敲石、石核、剥片、砕片類」が約八五〇点、No.８遺跡からは「ナイフ形石器、ペン先形ナイフ形石器、台形石器、類米ヶ森型台形石器、錐形石器、スクレイパー、石斧、敲石、磨石、石核、剥片、砕片類」が二一六点検出された（柳田一九九五）。石刃および石刃素材の尖頭形石器の形態とその他の石器組成からみて、A遺跡石器群は武蔵野台地Ⅹ層上部、No.８遺跡石器群はⅨ層中～上部並行期と考えられる。関東地方東部で見られたような二項的モードの確立過程が見られ、おそらく鬼怒川ルートで集団が移動してきたと考えられる（図23）。

他方、秋田県秋田市七曲台遺跡群（風無台Ⅰ・Ⅱ遺跡、松木台Ⅱ・Ⅲ遺跡）（図24）や岩手県西和賀町峠山牧場Ⅰ遺跡A地区、同奥州市上萩森《かみはぎもり》遺跡の石器群は、基部加工尖頭器や端部整形石器・台形石器・尖頭形剥片石器（ペン先形）などの特徴からみて、荷担集団は日本海沿岸ルートを北上してきたと見られる。

北海道

北海道の遺跡においては、層位的事例に恵まれず、同一の層位においても時期の異なる石器群が混在していることが多く、石器群の編年に困難をきたしてきた。細石刃の出現をもって後期旧石器時代後半期とし、それ以前を前半期とすることは研究者間で共通している。

寺崎康史は一四の石器群を抽出し、五群を前半期、九群を後半期に編入している。そして前半期を三期に分けている。すなわち、第一期に函館市桔梗２遺跡、千歳市祝梅三角山《しゅくばいさんかくやま》遺跡、清水町共栄３遺跡、帯広市若葉の森遺跡、遠軽町奥白滝１遺跡ブロック一～六、上白滝８遺跡ブロック一～九・一一～一三などの「台形様を主体とする石器群」（白滝遺跡群の成果から白滝Ⅰ群と呼ばれている）、第二期に今金町神丘２遺跡Ｂ群、北見

図23 笹山原遺跡群出土の石器群

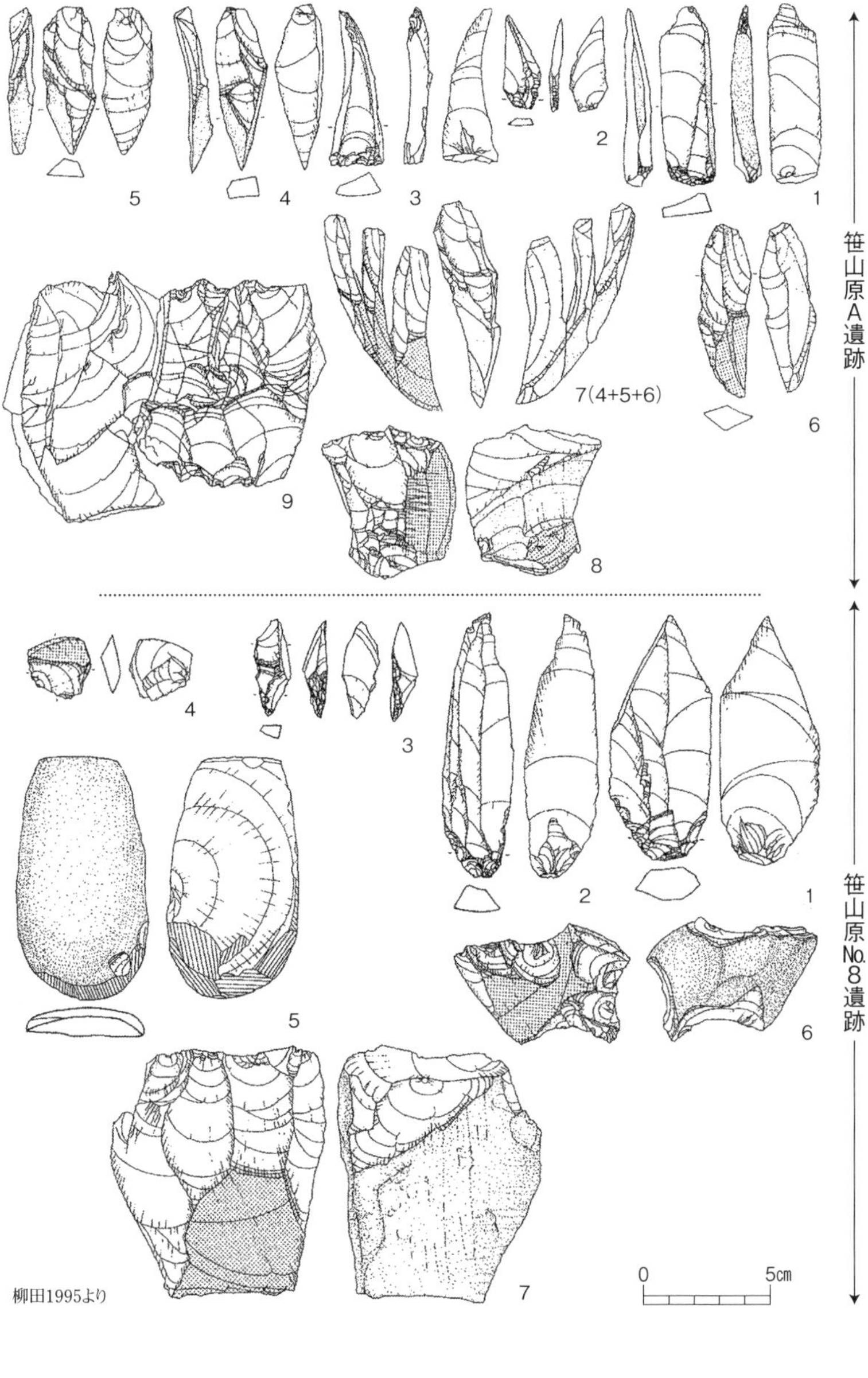

柳田1995より

図24 七曲台遺跡出土の石器群

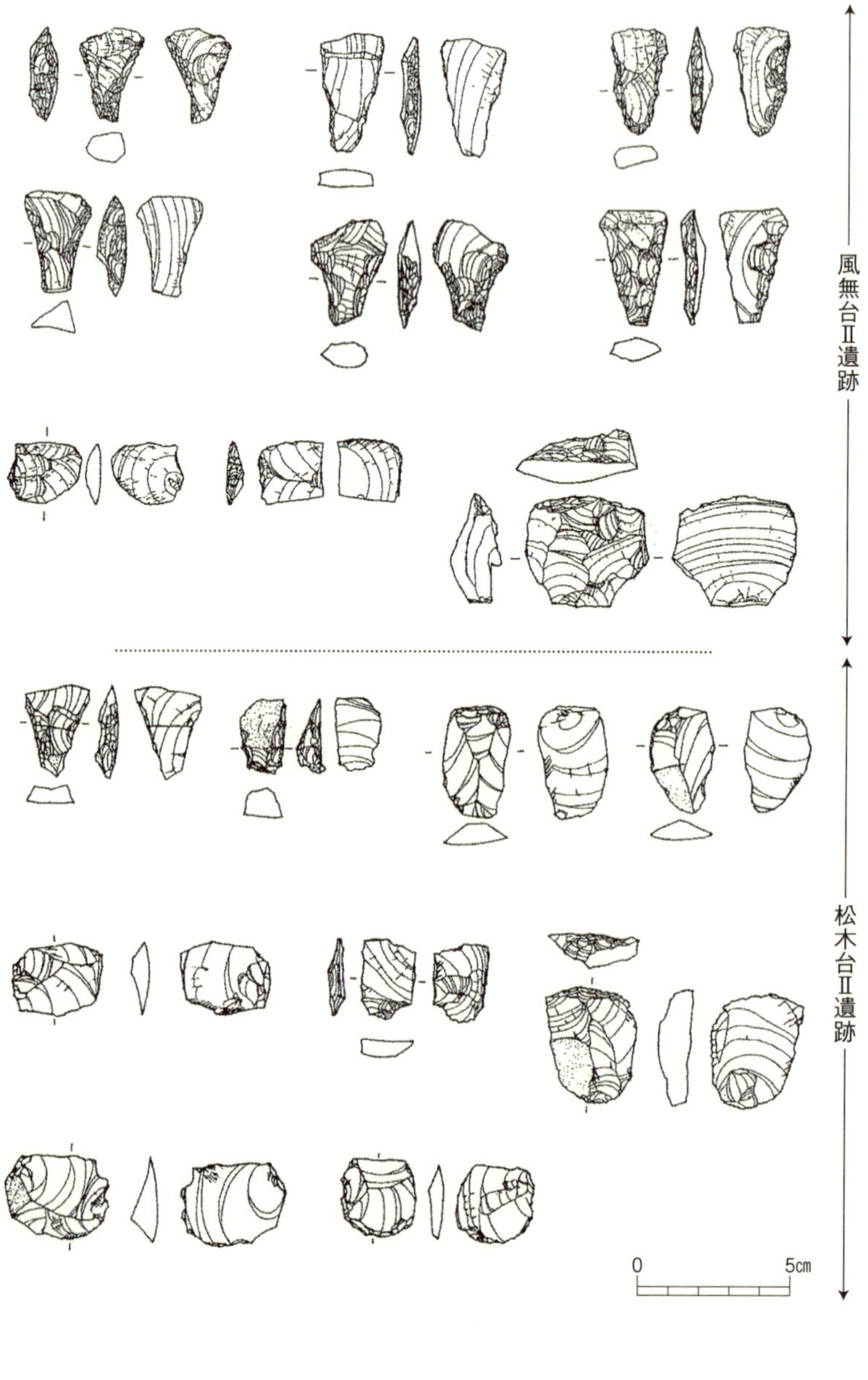

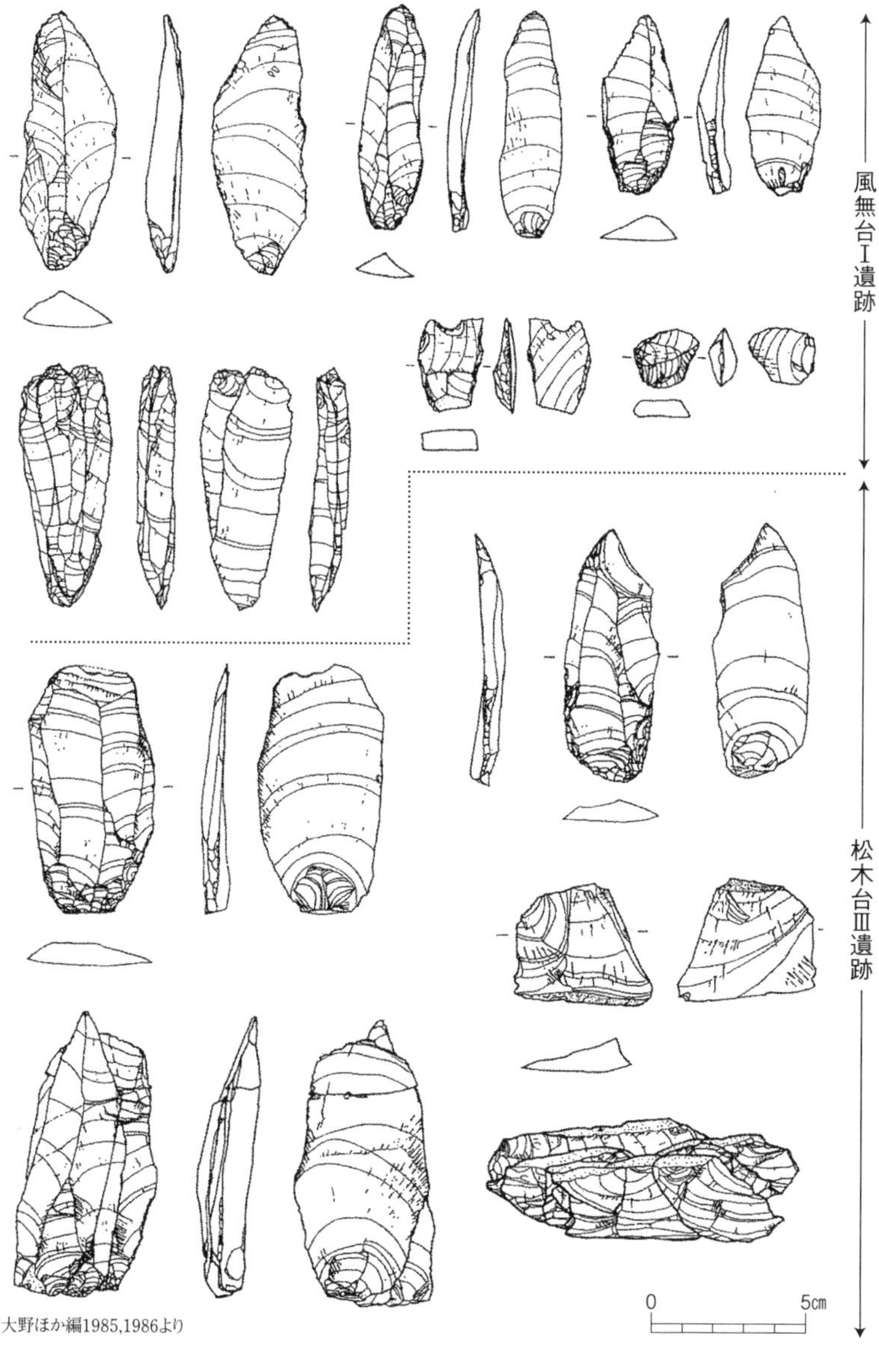

大野ほか編1985,1986より

市広郷8遺跡、上白滝7遺跡ブロック四〜一〇、上白滝8遺跡ブロック六一などの「広郷型尖頭状石器を主体とする石器群」と、長万部町オバルベツ2遺跡ブロック三の八点と神丘2遺跡B群の五点、上ノ国町四十九里沢A遺跡表採一点の「基部加工ナイフ形石器群」、そして第三期に石刃を伴う帯広市川西C遺跡、同空港南A遺跡、および石刃を伴わない上士幌町嶋木遺跡、帯広南町2遺跡スポット一、千歳市丸子山遺跡En－a下位石器群、同柏台1遺跡などの「不定形剝片石器群」と「掻器を主体とする石器群」である（寺崎二〇〇六）。

第一期の「台形様を主体とする石器群」（図25）は端部整形石器群に類似し石刃モードを欠いていて、きわめて早い時期に日本海側を北上してきた集団の関与が考えられる。詳細は後述する。その後も気候が比較的温暖な時期に本州から北海道へ移動した集団があったことは、基部加工尖頭器や台形石器が示唆している。広郷型尖頭器や掻器は彼らが北海道の生態系に適応していったことを示す石器である。

図25 北海道の第一期石器群（「湧別Ⅰ群」）

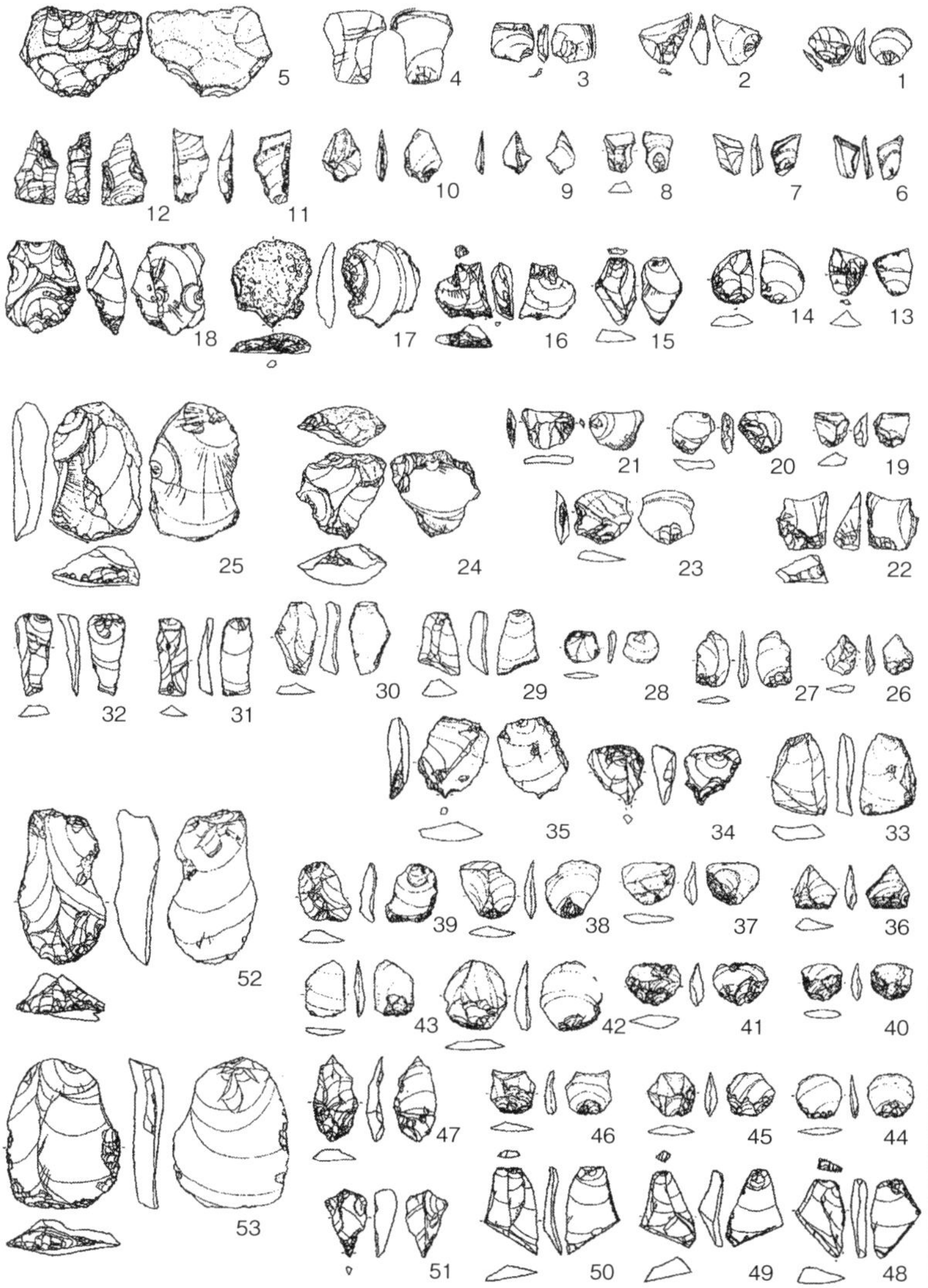

1～5：桔梗2、6～12：祝梅三角山、13～18：若葉の森、19～25：共栄3、26～33：奥白滝1・石器ブロック1～3、36～53：上白滝8・石器ブロック1～13

朝鮮半島からの再度の移住集団

九州における旧石器時代後半期の石器群構成は複雑で、「剝片尖頭器」、「角錐状石器」、三稜尖頭器、両面加工尖頭器、「ナイフ形石器」など槍先と考えられる石器と、小型剝片石器類との共伴例が少なくない。確実な層位的出土例が少ないため、それらの時間的前後関係が決められないできた。近年、鹿児島県と宮崎県で層位的な条件の良好な遺跡が多数発掘調査され、編年が整備されつつある。

一九八三年から一九八五年にかけて発掘調査が行われた韓国のスヤンゲ遺跡から、「剝片尖頭器」石器群が出土した。松藤和人はいち早く出土した「剝片尖頭器」に注目して、九州の「剝片尖頭器」は始良Tn火山灰降下（AT層）以後に、九州に彼の地から渡来したものであるという見解を表明した（松藤一九八七）。渡来説は今日通説となっている。

ちなみに、本品は名称と異なり、石刃素材の石器である。近年の新しい研究動向のひとつは石器の名称変更にも表れている。狩猟具と想定されてきた石器はこれまで「石器文化」の段階的発展を念頭に置いて、「茂呂型ナイフ形石器」や「槍先形尖頭器」など「ナイフ形石器」と「尖頭器」が一般に使い分けられている。これが「尖頭器」に統一されつつある（安斎二〇〇七b、二〇〇八）。「ナイフ形石器」の究極的細分を試みていた須藤隆司もこの傾向を踏まえ、近年の論考で、剝片尖頭器→有柄尖頭器、国府型ナイフ形石器→国府型尖頭器、角錐状石器→角錐状尖頭器、三稜尖頭器（変更なし）のように用語を変更している（須藤二〇一〇）。用語の統一にはいましばらく時間がかかるであろう。

「剥片尖頭器」石器群

過去五万年間の朝鮮半島における旧石器時代石器群は、おおむねハンドアックス・石球・鋸歯縁石器群→石球・鋸歯縁石器群→石球・鋸歯縁石器・「剥片尖頭器」石器群→「剥片尖頭器」・細石刃石器群→細石刃石器群と変遷した。

正荘里遺跡三区から石球・「剥片尖頭器」などに伴い、石英製「剥片尖頭器」二点、禾岱里遺跡二文化層から鋸歯縁石器・抉入石器・嘴状石器・削器などに伴い斑岩製「剥片尖頭器」三点が見つかっていて、三万五〇〇〇年前頃だという。

松岩里遺跡では上下二枚の文化層が見つかっていて、下層の方からはチョッパー・石鉋・石球・抉入石器・削器・掻器などに混じって、剥片素材の石英製「剥片尖頭器」（有茎石器）が見つかっており、四万年前頃に遡る可能性が指摘されている（長井二〇一六a）。これは先に朝鮮半島に移動してきて在地化した現生人類（ホモ・サピエンス）が作り出したと考えられる。三万年前頃には石刃素材の「剥片尖頭器」が出現する。

佐藤宏之は朝鮮半島から「古北海道半島」までの大陸側の環日本海地域と、「古本州島」という地理的視点を入れて、後期旧石器時代後半期に大陸系の細石刃石器群がいち早く招来され、朝鮮半島南部ではそれ以前から長期間存続している「剥片尖頭器」石器群に重層化したのち、「古本州島」に最初に石刃石器群中の「剥片尖頭器」が、続いて細石刃石器群中の船底形石器が伝播したと考えている。その際、前者は素材石刃を大型断面三角形石刃に変換させて受容され、後者は「角錐状石器」に機能転換した形で受容されたというのである（佐藤二〇〇七）。

佐藤説の当否は一応置いておいて、もう少し想像してみると、ハインリッヒ3イベントの寒冷化を避けて朝鮮半島に南下してきた細石刃集団に押される形で、あるいは「剝片尖頭器」集団自身も寒冷化を避けて一部がさらに南の列島へと移動してきたのかもしれない。

木崎康弘はAT降灰後に九州に現れた「剝片尖頭器」、三稜尖頭器、「角錐状石器」、槍先形尖頭器を石槍の出現と捉え、彼のいう「九州ナイフ形石器文化の第Ⅲ期」を「九州石槍文化」と呼称することを提唱した（木崎一九九六）。複数器種の出現というこの画期的な出来事を、木崎は寒冷化にともなって朝鮮半島から南下してきた大型獣狩猟者たちに帰している。ただし大型獣が何を指すのかには言及していない。

岩谷史記は三稜尖頭器・「角錐状石器」をA型、B型、C型の三類型に分け、A型は「剝片尖頭器」の退化形態、B型は国府型「ナイフ形石器」と同一系統上の石器、C型は「狸谷型ナイフ形石器」と同一系統上の石器として捉えている（岩谷一九九七）。異系統石器類の収斂現象という解釈である。ただしそれぞれの石器の型式的変形過程が検証できない。

杉原敏之は「剝片尖頭器」と三稜尖頭器・「角錐状石器」は系譜を異にする大型狩猟具であると考える。「舟形石器」・三稜尖頭器の伝統をもつ中国大陸から列島西端の九州西北部に導入された「角錐状石器」（Ⅰ期）は、サヌカイト原産地周辺地域で韓国から導入されていた「剝片尖頭器」の製作技術の影響を受けて（Ⅱ期）、さらに国府系石器群の影響による横長剝片剝離技術と融合しつつ（Ⅲ期）、小型化し多様化して衰退・消滅する（Ⅳ期）、という変遷観である（杉原二〇〇五）。机上操作で層位的実証例はない。

北九州の事例

朝鮮半島から「剝片尖頭器」を携えて、おそらく西北九州に渡って来た当初の集団の痕跡は確認できていない。長崎県諫早市西輪《にしわ》久《く》道《どう》遺跡の層位的出土例から判断すると、「剝片尖頭器」にともなうのは、おそらく在地の伝統的石器であるAT下位の「切出形石器」に繋がる小型剝片石器類で、特に原の辻型台形様石器を特徴とする。上層では「剝片尖頭器」の形態が崩れる一方で、「角錐状石器」や、おそらく国府系石器群に繋がる横打剝片製「ナイフ形石器」が、枝去木型台形様石器など伝統的な台形様石器類に加わってくる（図26）（阿部二〇〇七）。「角錐状石器」は安山岩の原産地遺跡である佐賀県小城市老松山《おいまつやま》遺跡から、一連の製作過程を示す資料が大量に採集されているが、編年的位置づけはできていない。大型品も多いが、ほとんどが未製品である。三稜尖頭器の大型品は福岡県小郡市宗原《そうばる》遺跡出土のもの（図27）がよく知られているが、後述するように大型品は瀬戸内地域に集中している。

九州の国府石器群あるいは国府系石器群を考える時、佐賀県神埼市船塚遺跡出土資料が重要である。国府型「ナイフ形石器」や安山岩製盤状剝片石核は瀬戸内集団の手になることを示唆している（松藤一九八五）。渡来集団が瀬戸内地方に進出・展開しなかった理由は在地集団が壁となっていたのであろう。共伴する「剝片尖頭器」には安山岩製と黒曜石製とがあり、後半期のものである（図28）。

瀬戸内地方に隣接する九州東北部では、大分県豊後大野市にある岩戸遺跡第一文化層、百枝《ももえだ》遺跡C地区第二文化層、駒方池迫遺跡などからの出土石器群で見ると、「剝片尖頭器」を含まないか、末期の「剝片尖頭器」に「角錐状石器」と小型剝片石器類で構成される石器群、国府あるいはその直系の国府系石器が組成される。瀬戸内集団の移住については別に後述する。

「剝片尖頭器」は原産地で製作される石材消費型の大型尖頭器で、消費地遺跡では在地石器群の周縁で搬入された形で出土する。移住集団は少なくとも在地集団と排他的関係ではなく、順次融合していったと思われる。

図26 西輪久道遺跡A区の石器群

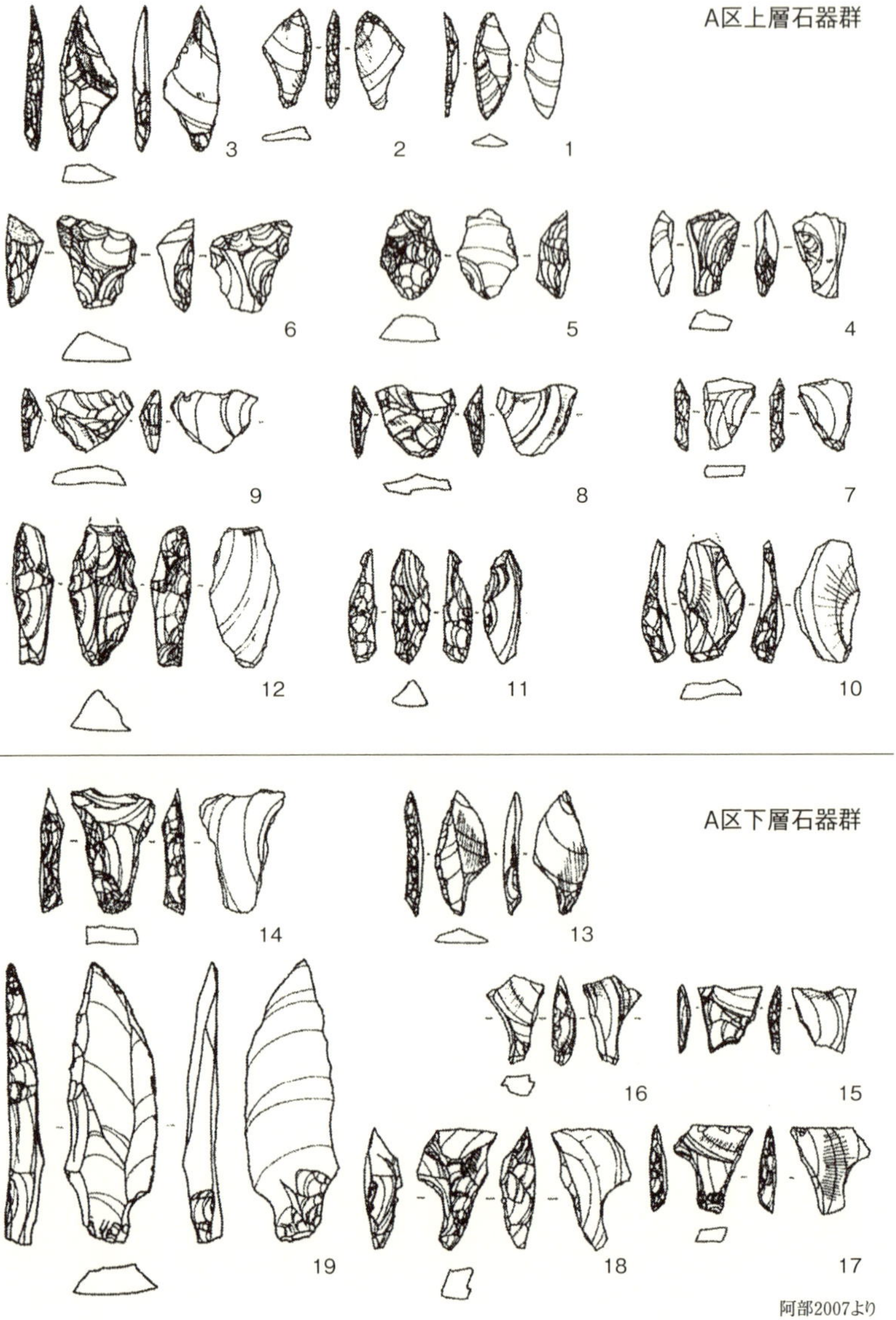

阿部2007より

図27 宗原遺跡出土の三稜尖頭器

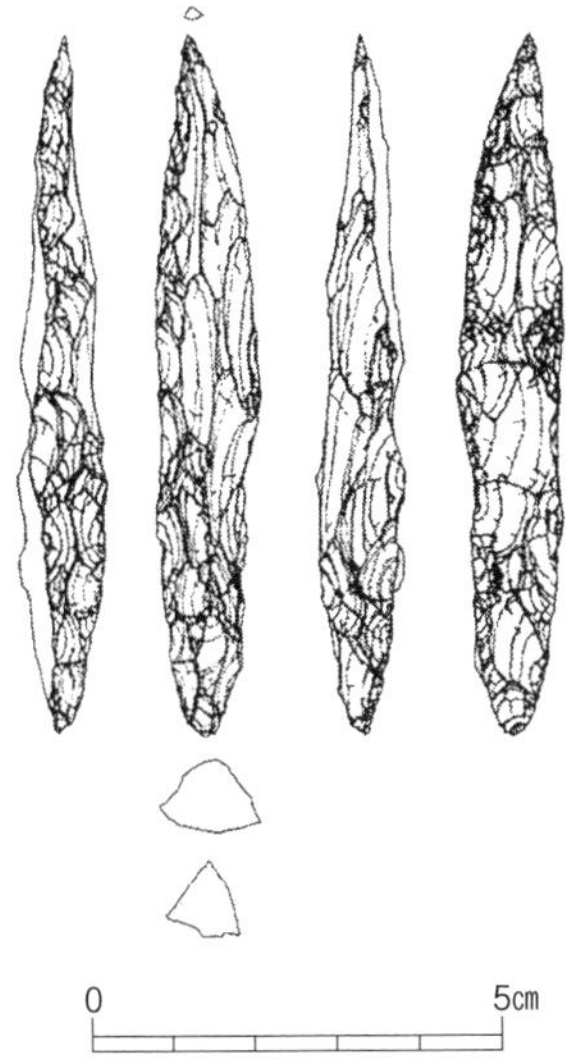

三稜尖頭器は、主に分布する九州において、細身長形の角錐状石器（「角錐状尖頭器」）との器種分類、出自関係があいまいなままである。本文の中間西井坪遺跡の項を参照されたい。

図28 船塚遺跡出土の石器群

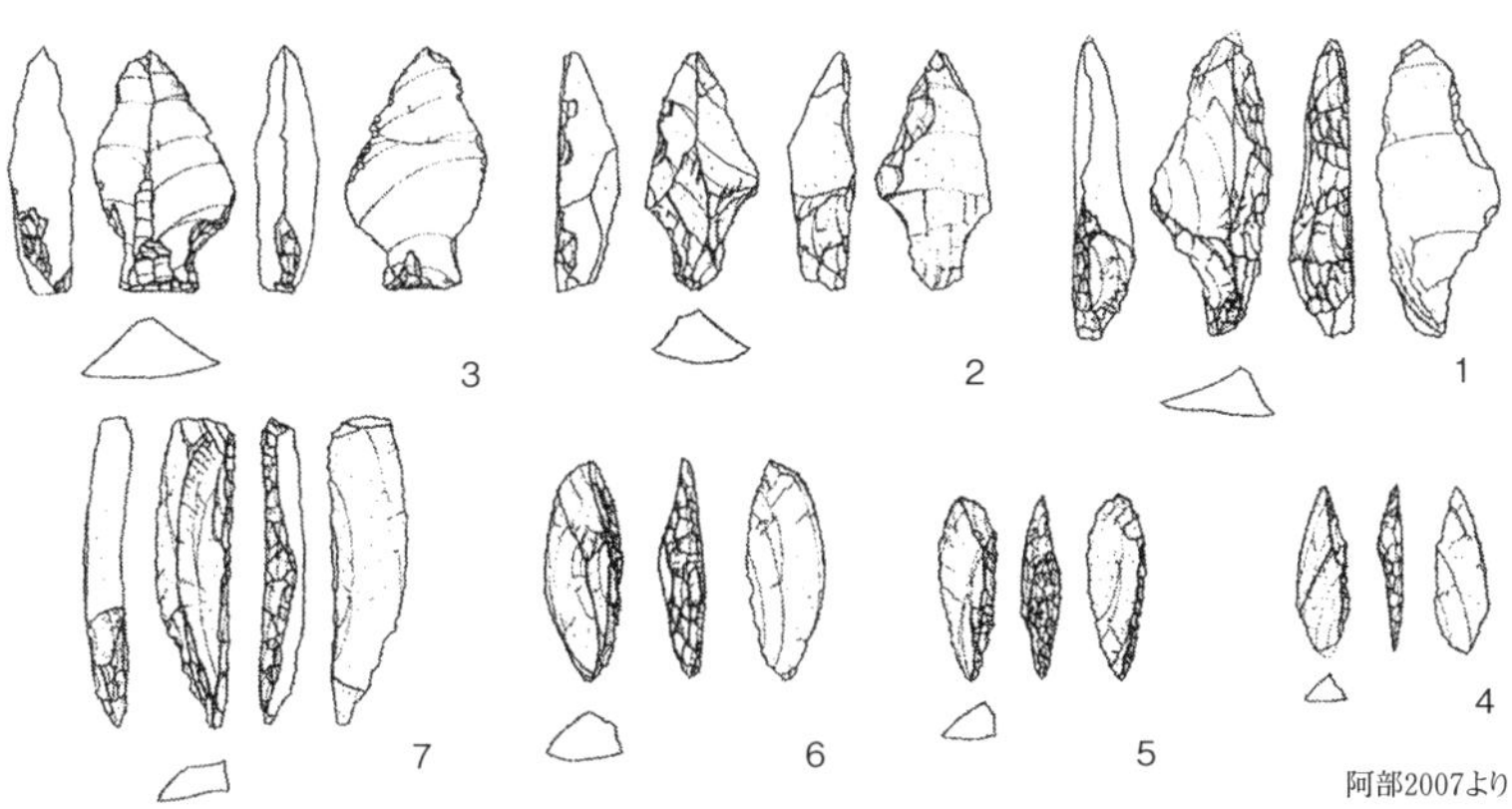

渡来系の「剥片尖頭器」と瀬戸内集団の手になる「国府石器群」が共伴している。

南九州の層位的事例

約三万〜二万九〇〇〇年前の姶良カルデラの大爆発によって、九州地方、特にその南部地域の集団は消滅したと考えられてきた。しかし宮崎県でAT直下から小型「ナイフ形石器」がまとまって出土する例が増加し、AT直上にも類似した石器群があることから、橘昌信が指摘したように、系統は途絶えていなかったようである（橘一九九〇）。しかし九州北部と違い、在地集団の人口は極端に減少したと考えられ、渡来集団とその後裔たちは急速に行動領域を拡大していった。

新しい出土資料を基に宮田栄二がAT直上からの石器群の変遷を、「二側縁加工ナイフ形石器と掻器などが主体」（Ⅳ期）→「幅広剥片を使用した厚みのある切出し形の石器、いわゆる狸谷型ナイフ形石器を指標とする時期」（Ⅴａ期）→「剥片尖頭器が主体となる時期」（Ⅴｂ期）→「基部加工のナイフ形石器や今峠型ナイフ形石器、そして台形石器が主体となる石器群を指標とする時期」（Ⅴｃ期）→「三稜尖頭器が主体となり盛行する時期」（Ⅵ期）、と捉えた（図29）（宮田二〇〇六）。

石器モード論・石材消費戦略論の視点から編年的枠組みの再構築を図る阿部敬は、当該期の諸石器群を、基部加工尖頭形石刃石器（「剥片尖頭器」）や背部加工尖頭形石刃石器（「ナイフ形石器」）などの石刃製石器群と、切出形石器・台形様石器・小型剥片製石器などの剥片製石器群とを軸として、背部加工尖頭形剥片石器（国府系「ナイフ形石器」）など横打剥片製を主体とする剥片製石器群と、「角錐状石器」などリダクション型石器群が付加された様相と理解する。宮崎平野の中央部にある新富町東畦原《ひがしうねわら》第二遺跡では、国府系石器群と「角錐状石器」群がおよそ二〇メートル離れて異なるブロックを形成していた（阿部二〇〇七）。

伝統的手法の宮田編年を、構造変動論に依拠して森先一貴が次のように修正している（森先二〇一〇）。①

図29 宮田栄二による大隅半島北部を中心とした編年

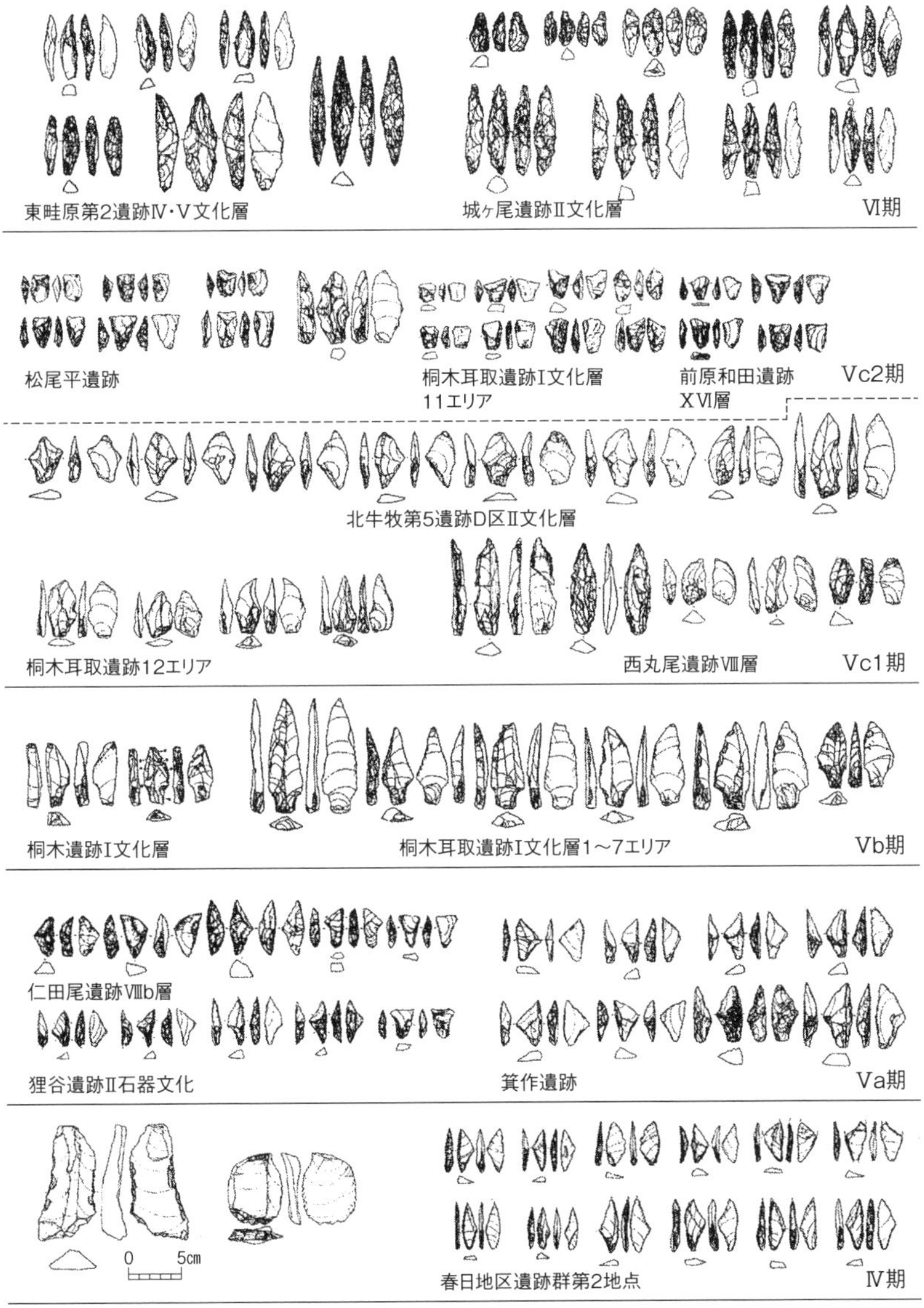

森先2010より

基部周辺に加工が集中する石刃製長狭形「剥片尖頭器」や尖頭形石器に台形様石器や平坦剥離を併用した切出形石器が組み合わされ、まれに中・小型の角錐状石器や小型の国府系「ナイフ形石器」、両面加工石器を伴う石器群、②石刃モードの痕跡が乏しくなり、縦長剥片を素材とした大型の二側縁加工「ナイフ形石器」、短寸形「剥片尖頭器」、横長剥片による中・小型の国府系「ナイフ形石器」、今峠型尖頭形剥片石器、台形様石器、狸谷型切出形石器等の多様な石器に、まれに特大品を含む「角錐状石器」（三稜尖頭器）が伴う石器群、③横長剥片剥離技術を中心とする剥片モードが主体となり、大型石器が「角錐状石器」と大型切出形石器、前時期より不整形なものを中心とする縦長剥片製の一側縁「ナイフ形石器」、中・小型石器が「角錐状石器」や尖頭形石器、国府系「ナイフ形石器」などからなる石器群という変遷で、それぞれ武蔵野編年のⅤ層下部並行期、Ⅴ層上部並行期、Ⅳ層下部並行期に対比している。そうだとすればこの複雑な様相は、在地集団、朝鮮半島から南下してきた集団、瀬戸内集団などの異系統石器群が混在する状況から、新しい地域伝統が形成されていく過程を示唆している。

馬籠亮道によれば、宮崎県川南町前ノ田村上第二遺跡、高鍋町野首第二遺跡などの出土資料から、石材的な運用規制の強い「剥片尖頭器」が石材環境に適用して短期間で変容を余儀なくされた状況、すなわち「剥片尖頭器」石器群→大型背部加工尖頭器（二側縁加工「ナイフ形石器」）・大型三稜尖頭器→「角錐状石器」・国府型尖頭器（「ナイフ形石器」）→背部加工石刃尖頭器・小型台形石器という層位的変遷が確認された。大型背部加工尖頭器は縦長剥片素材で、片方の縁辺に鋭利な縁辺を残し、対する縁辺に急角度の二次加工を施す形態を基本とし、基部剥離面加工や稜状調整が施されるものがあり、この石器を介することで、素材生産技術や二次加工技術の面で「剥片尖頭器」から三稜尖頭器への移行過程が理解し易くなった（馬籠二〇一〇）。三稜尖頭器の編年的位置が古くなると、香川県の中間西井坪《なかつまにしいつぼ》遺跡で多数製作されている「瀬戸内型角錐状尖頭器」との関係が注目される。

中間西井坪遺跡

香川県高松市中間西井坪遺跡からは二八四五平方メートルの発掘区から一万二八一一点の石器類が検出された。大型で細身の「瀬戸内型角錐状石器」（森先二〇一〇）の製作跡を主体とする遺跡である。相互に距離を隔てる調査区（1b区・3a区・3b区・3c区・5区）では石器群の様相が違っている。総出土点数が二一一点の「角錐状石器」と一六六点の国府型「ナイフ形石器」に注目すると、国府型「ナイフ形石器」のみが出ているブロック（3b区、3a区エリア3の各ブロック）と、両者が共伴するブロックに分かれる。後者はまた比較的国府型「ナイフ形石器」の多いブロック（5区、1b区の各ブロック）と、「角錐状石器」が主体であるブロック（3a区エリア1・2の各ブロック：1cブロックは「角錐状石器」のみ、3c区ブロック三など）に分かれる（図30）。

報告者の森下英治によれば、3b区、3c区ブロック二、3a区エリア3では、瀬戸内技法により国府型「ナイフ形石器」が製作されており、特に3b区で片面に作業面を固定する石核が多い。対照的に、3a区エリア1と2では「角錐状石器」がブロックごとに製作段階を違えて作られている。3c区ブロック三も「角錐状石器」の製作跡であるが、剝片を素材とする比率が高く、かつ国府型「ナイフ形石器」を伴う。5区と1b区の石器群は、①小型「ナイフ形石器」が多い、②ハリ質安山岩製石器を保有する、③「角錐状石器」は剝片周辺を軽度に加工したものが主体である、④金山産石材の利用が多い、などの諸特徴から他のグループから分けられるかもしれない（森下編二〇〇一）。

図30 中間西井坪遺跡の「角錐状石器」石器群

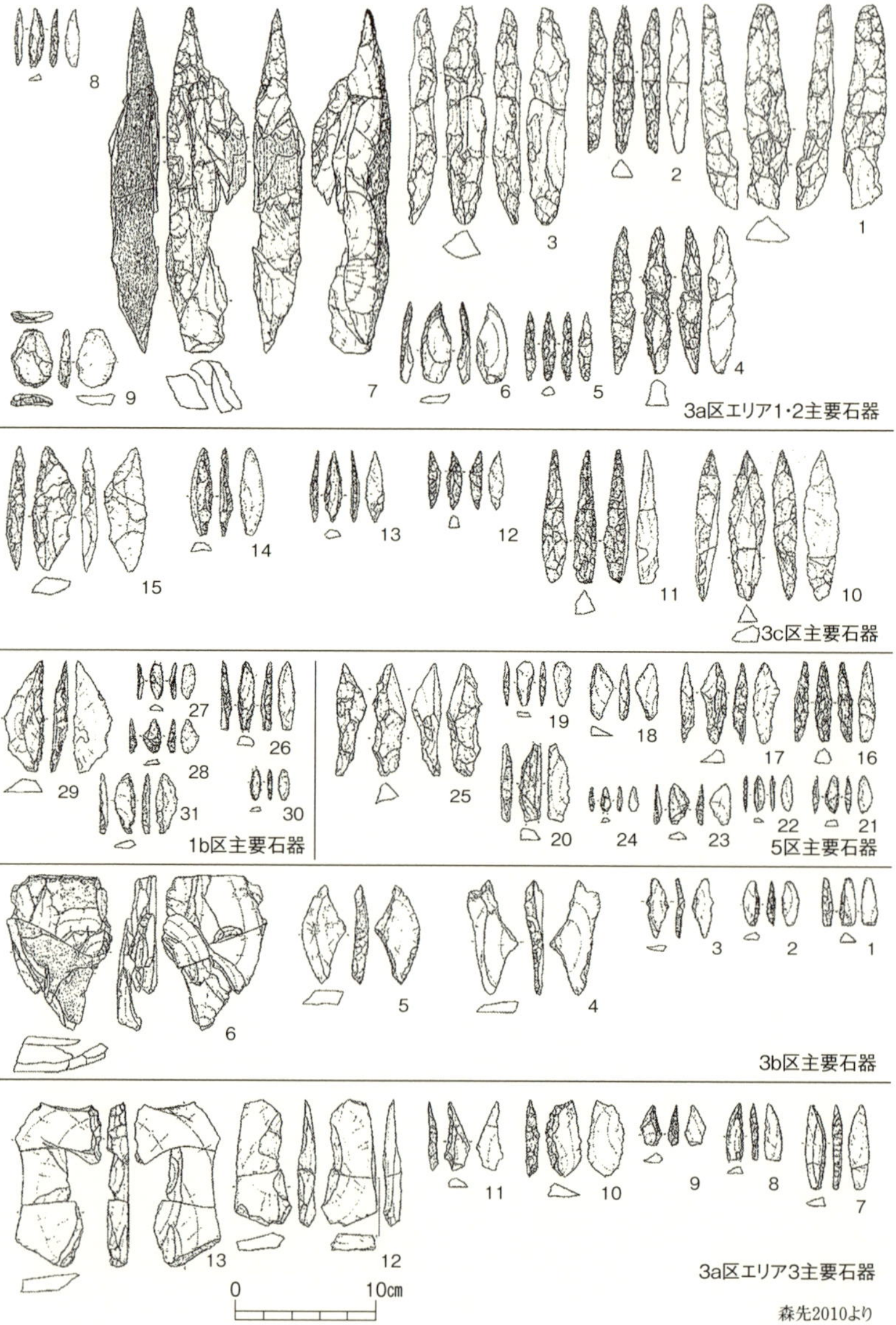

森先2010より

3a区エリア1ブロック一―Aからは三一点の「角錐状石器」が出ている。完形品は五点で、八～六センチの中型が四点、一〇センチを超える大型が一点である。折損品でも一〇センチを超える大型品と思われるものが五点あり、うち一点は現存長で一五センチを超える超大型品である。3a区エリア1ブロック一―BLから一六点の角錐状石器が出ており、完形品の三点は五センチ強、八センチ強、一六・五センチと各サイズがそろっている。3a区エリア2Aでは整形初期の大形の「角錐状石器」が複数見られる。先端部が入念な加工により尖る長さ二三センチを超える例は、先端部が欠損した後に再加工が施されている。その時点で一七・六センチを測る。さらにそれは折半した状態で出土している。3c区ブロック三からは五二点の「角錐状石器」が出ている。完形品一九点の内訳は、五センチ以下の小形品五点、九～五・五センチの中型品一一点、一〇センチを超える大形品三点で、その他に整形過程初期段階の大型品が三点ある。

森先一貴は従来「角錐状石器」とされてきた石器類を「角錐状尖頭器」、「複刃厚形削器」、「厚形錐器」の三類型に再分類した。そして「角錐状尖頭器」の変遷を関東西部のV層下部・V層上部・Ⅳ層下部に対応する三段階で捉え、V層下部並行段階に出現し、V層上部並行段階に尖頭器化し、Ⅳ層下部並行段階に盛行したと見なす。亀田直美（一九九六）がI段階からⅢ段階までを大型品からの小形化の傾向として捉えたのに対し、森先はⅣ層下部が中・小型品を中心に大型品もまじえて「角錐状尖頭器」の盛行期とみる。近年発掘資料が急増する九州島南部も型式的差異を見せるものの、石器群にはほぼ時間的に共通する技術構造の変化が見られるとして、「角錐状尖頭器」の盛行期をⅣ層下部段階に対比するのである。また大形尖頭器として発達するのは主に瀬戸内海を取り囲む地域で、このきわめて長狭で側縁の調整も非常に入念な類例を「瀬戸内型角錐状尖頭器」と呼ぶ。この石器の製作は石材を浪費するので、石材産地から距離のある関東では、大形刺突具の製作手法として石器製作技術中に取り込まず、主に中・小形の「角錐状尖頭器」「複刃厚形削器」「厚形錐器」が製作されたと、地域間の変異を説明する（森先二〇〇七）。

森先のいう「瀬戸内型角錐状尖頭器」は豊富な資料を出した中間西井坪遺跡を標識として〝中間西井坪型尖頭器〟と呼びたいところであるが、鹿児島県姶良郡福山町城ケ尾《じょうがお》遺跡、日置郡本町前山遺跡、宮崎県児湯郡川南町前ノ田村上遺跡、宮崎市中ノ迫第二遺跡、大分県三重町百枝C遺跡、熊本市下城《しもんじょう》遺跡、福岡県宗原遺跡など九州の三稜尖頭器との系統関係は未解決である。

瀬戸内集団の拡散

山形県越中山遺跡K地点の石器について、「国府型ナイフ形石器、城山の舟底様石器に類するもの、瀬戸内技法による剝片等を含み、ほとんど純粋な国府型の文化を表している」（佐藤一九六九）と、国府型の東方への波及を最初に指摘したのが佐藤達夫である。「ナイフ形石器」を伴わずに切出形石器を出土する関東・中部の遺跡は等しく瀬戸内の文化に系統的な関係があると見なして、野辺山B5地点の「関型石器」や舟底様石器などに関係がありそうな表面両側を加工した石槍様の石器、瀬戸内技法による剝片に類似するもの、および武蔵関の瀬戸内技法に関係のありそうな剝片、岩宿Ⅱの片側加工の石槍様石器をその証拠に挙げている。「石槍は石槍から出現したに違いない。…中部・関東の石槍がしばしば横打剝片を素材とすることは、石槍の系統を暗示するように思われる。おそらく南西方からの新たな流入が起こったのであろう」という佐藤が述べた見通しを、後年、研究のパラダイム転換を念頭に置いて、読み替え作業を行ったのが二〇〇四年の論考であった（安斎二〇〇四b）。

ここではさらに近年の研究成果、特に森先一貴の学位論文『旧石器社会の構造変動と地域適応』を参照し、また縄紋人の多様なDNAハプログループ構成を念頭において、縄紋人の直系の祖先である旧石器時代人たちの集団移動・集団混交の一例に読み替えてみる。

瀬戸内地方外に分布する国府系石器群の荷担者を同定することは容易でない。三浦知徳は、「瀬戸内系石器群の安山岩指向の変容プロセスとその加担者との関係」を次のように考えている。「①安山岩の入手が可能な

図31 瀬戸内技法（上）と瀬戸内概念（下）

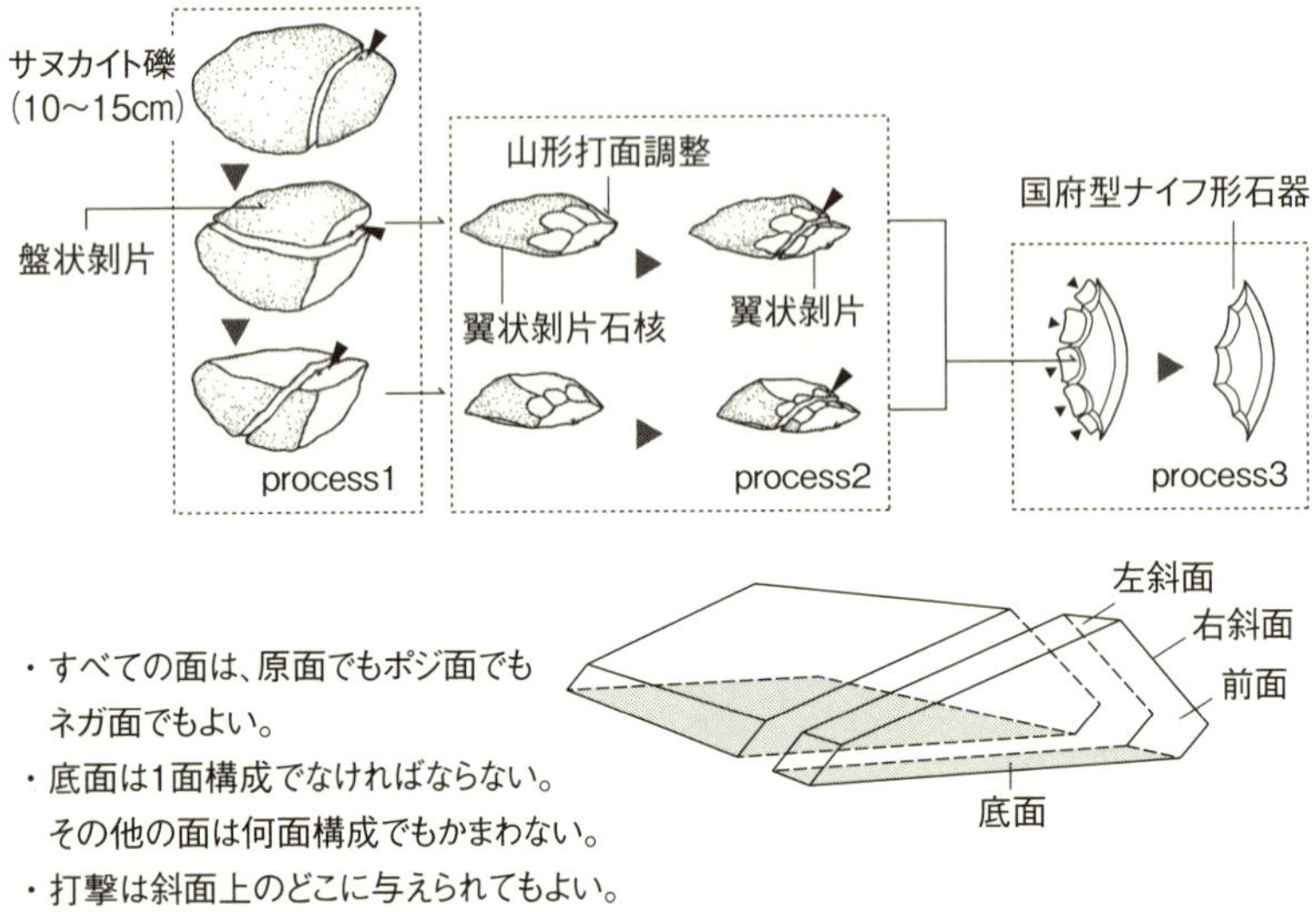

地域における『安山岩指向』の変容は、技術伝統の違いという壁を介した加担者の違いである可能性が高い。②安山岩の入手が困難な地域における『安山岩指向』の変容は、世代を超える際と技術伝統の壁を超える際の両方において起こり、その加担者には瀬戸内系の人間と在地の人間との二者が想定できる。しかし、『安山岩指向』の変容があっても、そこに明確なかたちでの技術伝統の存在が認められる場合は、その加担者は前者である可能性が高い。逆に、技術伝統の変容が大きい場合には後者の可能性が高くなる」（三浦二〇〇三）。

　近年、森先一貴が動作連鎖の概念を使って、国府石器群・国府系石器群の荷担者の問題の解決を図ろうとする（森先二〇一〇）。高橋章司の「瀬戸内概念」（図31）つまり「板状の材を用い、一面からなる大平坦面と、それに対し鈍角に開く横長面がある場所で、かつ、大平坦面の反対側に、山形をなす二つの斜面をもつところを選んで、大平坦面と横長面とが接する部分を帯状に取り込みながら、横長面の全体を平行に後退させて、目的剝片をとってゆくこと」（高橋二〇〇一）を引用して、石材に関係なく、薄手／長狭の国府型「ナイフ形石器」を製作している場合を国府型、厚手／幅広の国府型「ナイフ形石器」を製作している場合を国府系に分けて、瀬戸内地方出自の集団関与を判定しようとする。

これに対し久保弘幸は松藤和人の「瀬戸内技法」を維持しつつ、高橋の「瀬戸内概念」については高橋が分析した翠鳥園《すいちょうえん》遺跡上層石器群が時期的な特徴を示すにすぎない可能性を述べている（久保二〇一四）。この高橋の概念は周辺地域に瀬戸内集団が拡散していった過程での、瀬戸内技法の諸工程（第一〜第三工程）の変質の指標となる可能性もはらんでいる。

瀬戸内集団

瀬戸内技法を特徴とする国府石器群は瀬戸内海に面する地域（環瀬戸内海地域）、とりわけその中部から東部に分布の中心がある。それぞれ高松市北西部にある国分台と奈良・大阪境にある二上山のサヌカイト（讃岐岩）原産地を背景にしている（図32）。氷期の寒冷期には瀬戸内海は陸化して幅五〇キロ、延長四〇〇キロほどの盆地状地形を呈していて、瀬戸内集団の遊動領域の中心をなしていたとみられる。生業活動で石材を消費し尽くす結果、原石（サヌカイト）産地への回帰が必然化する限界域が国府石器群の分布域（山口一九九四）、言い換えれば、瀬戸内集団の遊動領域である。木村剛朗の「豊予川仮説」に基づき、当時陸化していた瀬戸内海・豊後水道には、東流する「紀淡川」と西流する「豊予川」があったと想定し、私はかつて「紀淡川」が二上山に回帰する国府集団と国分台に回帰する国府集団を分離し、「豊予川」が四国西部と中国地方西部・九州

図32 国府石器群・国府系石器群の分布

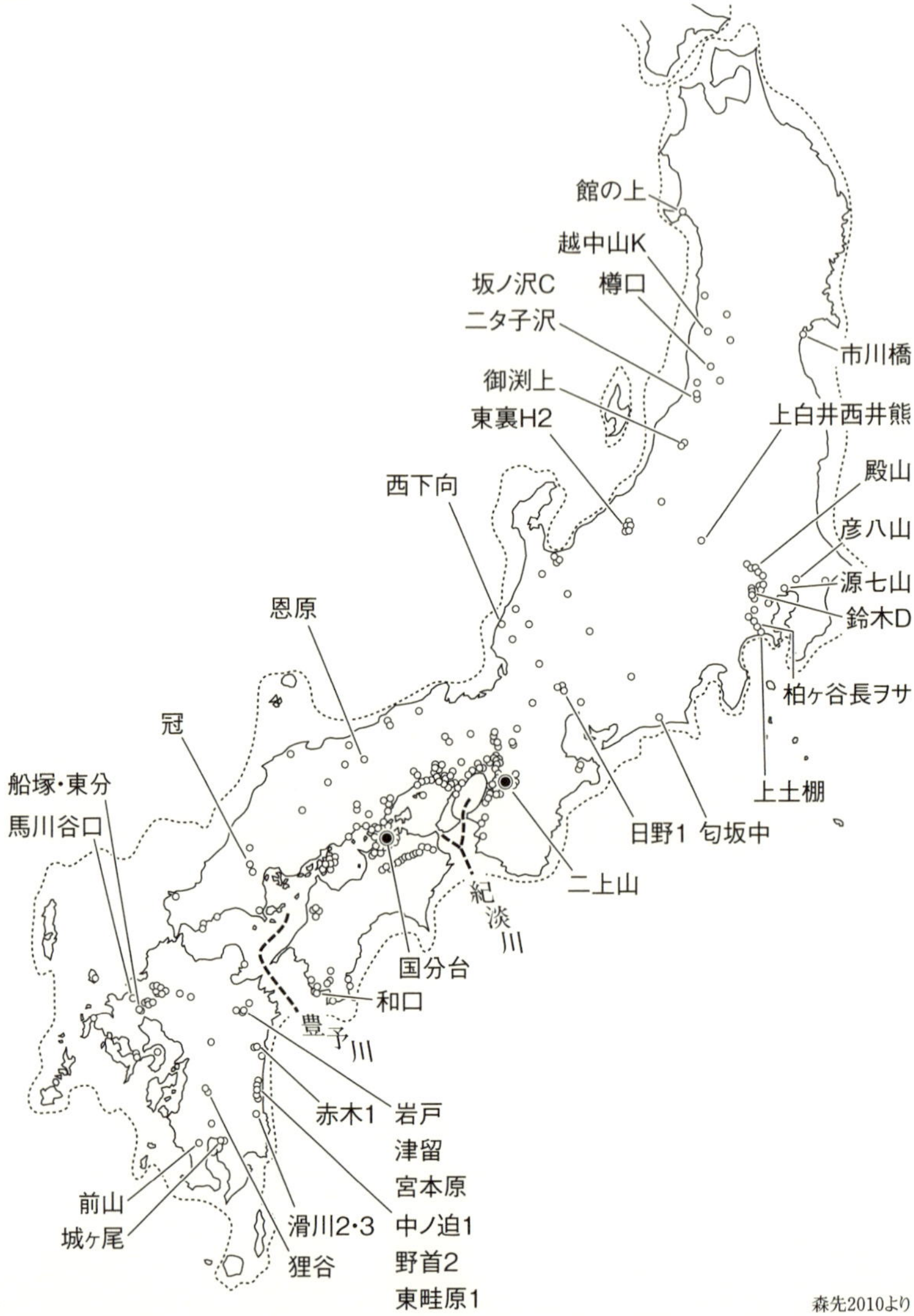

森先2010より

「紀淡川」と「豊予川」は、陸地化した瀬戸内地域を流れていたと考えられる仮定の川である。

の国府系集団を分離していたと考えた（安斎二〇〇四ｃ）。

北側を見てみると、鳥取県との県境に近い岡山県恩原高原にある恩原2遺跡S文化層から一三六五点の石器類が検出された。国府型「ナイフ形石器」や横長剝片製「ナイフ形石器」を含む「ナイフ形石器」七一点、剝片素材の盤状石核を転用した削器など一五点、石刃九点、石核六一点などの器種を含み、石器石材では、サヌカイトなど硬質安山岩五五七点、玉髄四七一点、黒曜石一五四点、水晶一三三点の四種が全体の九六％を占める。恩原1遺跡からも同様の石器群が出ている。瀬戸内技法を逸脱していて、在地化した第二世代以降の集団の痕跡であろう。サヌカイトは香川県坂出市周辺の原産地産、玉髄は島根県松江市の花仙山産、黒曜石は隠岐産で（稲田二〇一〇）、この集団は備讃瀬戸地域（「紀淡川」と「豊予川」との分水嶺）、花仙山、隠岐という三つの石材産地を遊動域に組み込んでいたと考えられる。

東方の東海地方方面への瀬戸内集団の遊動域ははっきりしない。岐阜県各務原台地でサヌカイト製国府型「ナイフ形石器」が単品で出ている。日野1遺跡で国府型「ナイフ形石器」製作に関わる接合資料が出ているものの、在地の板取系珪質溶結凝灰岩を使っている。瀬戸内集団の遊動域というより、集団の移住先であろう。さらに東側では関連資料が極端に減少し、瀬戸内集団が太平洋岸を東に移動していった証拠はない。主要河川は脊梁山脈から太平洋に南流し、太平洋岸沿いに東西をつなぐ流路がないのが主因だと思われる。

南西方面の愛媛県南宇和郡愛南町に和口遺跡がある。遺跡は豊後水道に面した御荘湾の背後を形成する低丘陵上にあったが、ミカン園の造成時に消滅した。発見者の猪石広明の採集遺物は数千点にものぼるという。木村剛朗が所有の一〇〇〇点余の石器中、国府型「ナイフ形石器」一五一点、横剝ぎ「ナイフ形石器」・小型「ナイフ形石器」、「角錐状石器」六点、翼状剝片二一七点、翼状剝片石核三一点、横長剝片石核、縦長剝片石核、横長剥片・縦長剥片など良好な石器類四〇五点を図示している。「角錐状石器」一点の赤色珪質岩を除き、すべて遺跡の裾部を流れる和口川で入手できる頁岩製である。この頁岩は「黒色をなし、しかも硬質で金属音を発するなどサヌカイトに似ている」と木村が想定するように（木村二〇〇三）、瀬戸内集団の移民第一世代が残したものであろう。陸化していた豊後水道の「豊予川」を渡河して、第二世代以降の人々が南九州へ移動した可能性もある。

西北部九州でも佐賀県神埼市船塚遺跡の国府石器群などは移住した瀬戸内集団の手になるものと考えられる。ところが松本茂は多久・小城安山岩原産地と筑後平野を控える国府石器群の揺籃地と見なしている（松本二〇一一）。そうだとすれば、宮崎平野などの関連遺跡はこの集団の後裔が残した可能性が出てくるが、西北部九州を瀬戸内集団の遊動域に編入するだけの資料はない。

瀬戸内集団の系譜

瀬戸内技法は非晶質の岩石で内部が薄い板を重ねたような構造（流離構造）をもつサヌカイトの物理的特性に応じた剥片剥離技術である。サヌカイトの横長剥片を素材とし、対向調整による一側縁加工の薄手柳葉形小型「ナイフ形石器」を特徴とする石器群が、兵庫県丹波市七日市遺跡、大阪府八尾市八尾南遺跡第六地点、大阪市長原遺跡八九―三七次調査地点、香川県中間西井坪遺跡などのＡＴ直下から出土している。石核の長軸に打点を並行移動させて中・小形の横長剥片を剥離するのが特徴で、有底横長剥片を剥離する例も含まれる。国府石器群とは異なるが、後期旧石器時代前半期／後半期の変動期に位置するこの石器群の加担集団こそ、ここで言及する瀬戸内集団の先代である。瀬戸内技法が見られなくなっても、有底横長剥片剥離技術によって特徴づけられる石器群は継続していた。

森川実が関連する横剝ぎ「ナイフ形石器」をその大きさ（長さ四〇ミリ以下の小型品、六〇ミリ以上の大型品、その中間の中型品）と、「調整手法」（台石等の上に素材を据え、挟み打ちで背部を作りだすa手法、片手に保持した石器の素材に対し、もう一方の手に握った玉石程度の敲石や小形の軟質ハンマーで打撃を加えて背部を作りだすb手法）とによって類型化し、その変遷を追っている。そしてAT層直下から三瓶U2火山灰層までの変遷を五群に分けて理解している（森川二〇一二）。瀬戸内技法を含め、この横剝ぎ「ナイフ形石器」を使い続けた集団に、「動作連鎖」や「ハビトゥス」を念頭に置いて特有のDNAハプログループを想定してみる。

ところで、国府石器群の標識遺跡である大阪府藤井寺市国府《こう》遺跡においては、異なる二つの石器群が知られていた。第三地点で検出された瀬戸内技法により製作された国府型「ナイフ形石器」を標識とする石器群と、第六地点の瀬戸内技法によらない横長剝片の「角錐状石器」を標識とする石器群である（一瀬編一九九〇）。前者の様相は高槻市郡家今城《ぐんげいましろ》遺跡C地点で、後者は同市郡家川西遺跡で顕著である。この二つの石器が共伴する遺跡もみられる。一般に前者が古く、後者は新しいと見られている（帝塚山考古学研究室編一九八〇）。

国府型尖頭器（「国府型ナイフ形石器」）自体においても経年変化が見られる。須藤隆司は翠鳥園遺跡では大型形態に刺突・解体槍と投槍が存在し、郡家今城遺跡の大型形態は投槍に限定されると見ている（須藤二〇一〇）。

AT層を挟んで上下二枚の「文化層」が確認された兵庫県篠山市板井寺ケ谷遺跡は、「角錐状石器」群が出土した代表的な遺跡で、AT直上の三ケ所から破砕・被熱礫の集中部と、一一五×八三×一〇センチの浅い皿状の土坑を伴って、「角錐状石器」、掻器、削器、二次加工・使用痕を有する剝片など五二四点の石器類が検出された。石器ブロックは礫群に重なる。「角錐状石器」は二点の未製品を含めて一二点が出土し、うち二点に整形時の剝片・砕片が接合する。すべてサヌカイト製で、瀬戸内系横長剝片剥離技術の所産とは考えられない厚手の板状剝片を素材としている。「複刃厚形削器」を一点含むが、他は尖頭器である。八・二センチを最長として、長さが七・五〜四・一センチ、長幅比が四対一〜三対一の中小型品である。石器群はATの風化・土壌化した暗灰色火山灰中にあったので、調査者の山口卓也は、「角錐状石器の出自と列島内での分布の拡大、在地石器群のその受容は、近畿地方中央部でのサヌカイト石材への展開に端を発し、その範囲を広げていったのかもしれない」（山口編一九九一）、と考えた。しかし「角錐状石器」は国府系石器群とは分布のあり方が異なっており（森先二〇一〇）、先に見てきたように、九州に広く分布した石器である。その加担集団はよくわかっていない。

翠鳥園遺跡

瀬戸内海が陸地化していて、大阪平野は西を淡路島（山地）、北を北摂山地、東を生駒山地・金剛山地、南を和泉山脈に取り囲まれた盆地状の地形であった。瀬戸内集団の中核地のひとつである。金剛山地の北端にサヌカイトの原産地である二上山があり、大阪平野の南西部にある羽曳野丘陵の東側を北流する石川の中・下位段丘上には国府遺跡、住居状遺跡や土坑が検出されたはさみ山遺跡など多くの遺跡が分布する。

羽曳野市翠鳥園《すいちょうえん》遺跡は羽曳野丘陵末端部東縁にある国府遺跡から直線距離にして南西二・八キロ、石川の低位段丘上に立地する（図33）。検出された五四ヶ所の石器集中部（図34）は国府型「ナイフ形石器」のいろい

図33 翠鳥園遺跡の位置

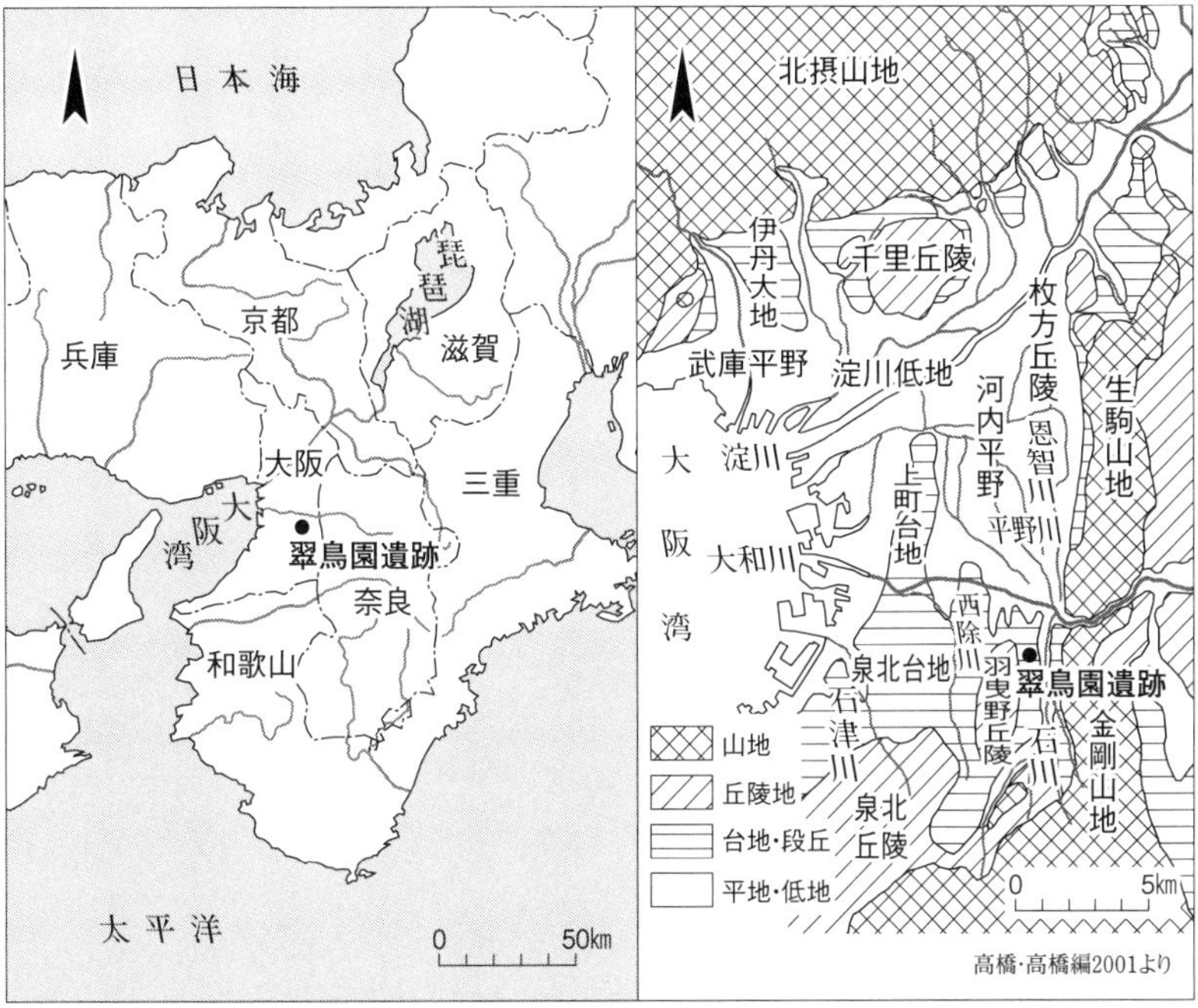

大阪湾は陸化していて、淀川や大和川をあわせた「紀淡川」が盆地内を南流していたと想定される。

ろな製作過程を示していたが、報告者の高橋章司はこの用語に配慮した分類を避け、尖頭部を有する「背付尖頭器」と尖頭部をもたない「背付石器」の名称を採用している（図35）。出土した石器は「背付尖頭器」が最も多くて三二八点、次いで多い「背付石器」が二九二点、他に掻器三二点、薄形削器六六点、厚形削器一〇点、抉入石器一〇点、錐形石器三点、二次加工のある翼状剥片二五四点、二次加工のある剥片一一七点である。「背付尖頭器」は一側縁・基部整形・両縁・両縁切取・短形・三角形・半縁・その他の八型式に分類されている（高橋・高橋編二〇〇一）。

　翠鳥園遺跡は最も遺存状態の良い石器製作跡（口絵3・4）で、それまで

図34 翠鳥園遺跡の石器集中部の分布

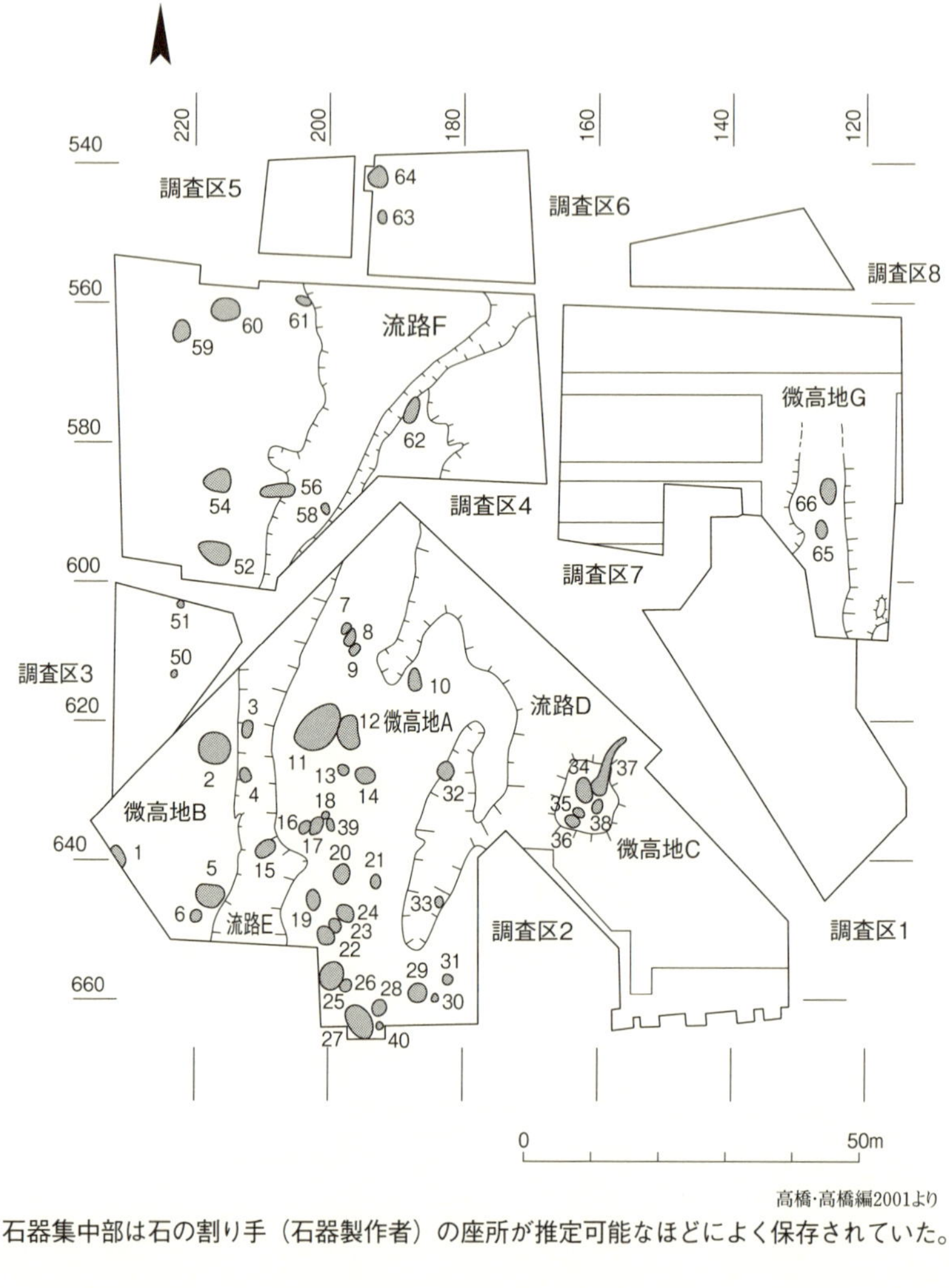

高橋・高橋編2001より

石器集中部は石の割り手（石器製作者）の座所が推定可能なほどによく保存されていた。

図35 翠鳥園遺跡石器集中部23出土の石器類

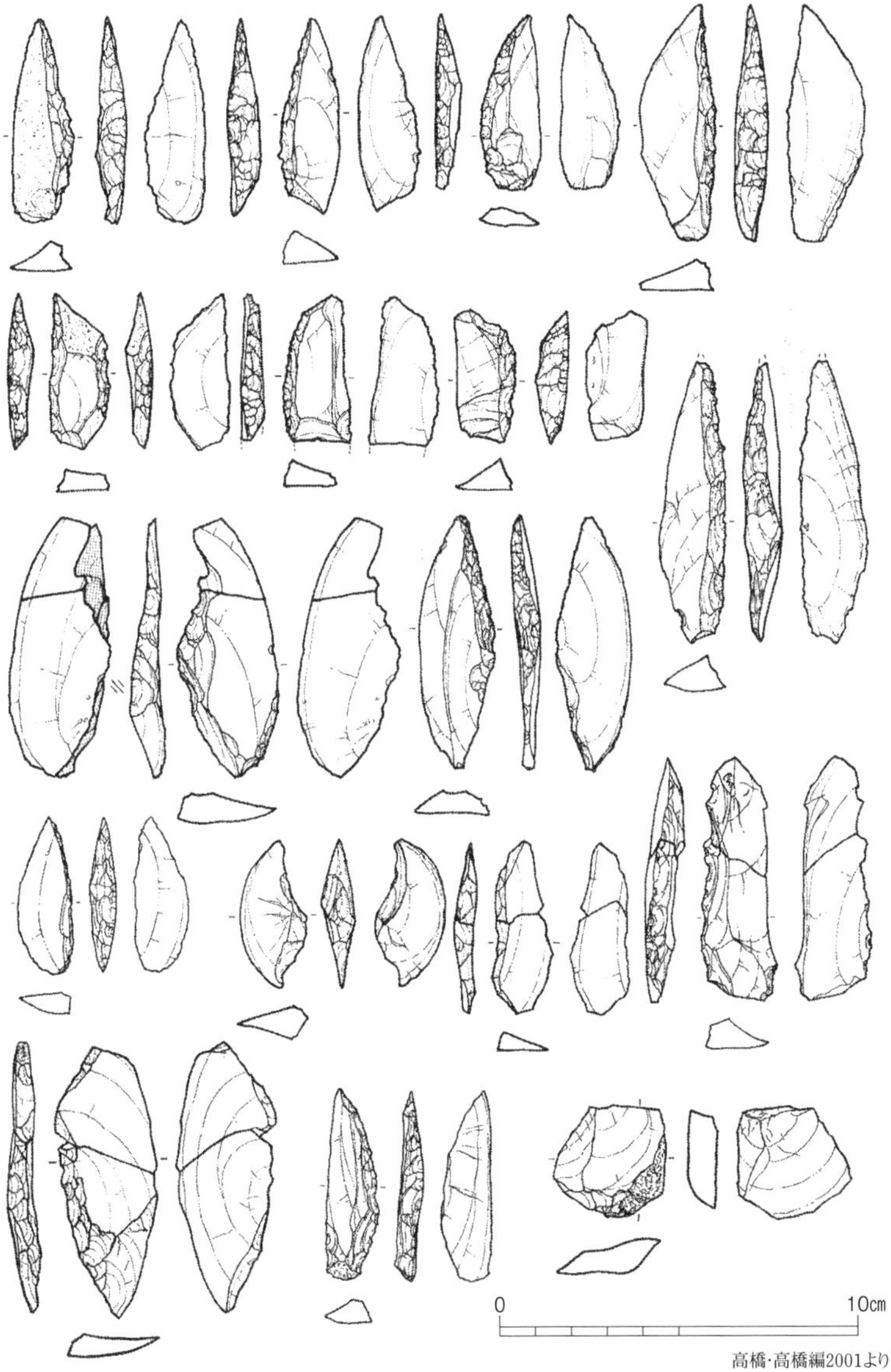

高橋・高橋編2001より

の国府型「ナイフ形石器」および瀬戸内技法に関する見方に大きな変更を迫る調査結果であった。また高橋章司による遺跡構造分析はいわゆる「砂川方式」を大きく前進させた。豊富な接合資料を使って「瀬戸内技法」にはいくつもの方式があることも明示して、瀬戸内概念に一般化された（一一四頁図31参照）。石材は石川や飛鳥川の河原でなく、噴出口近くの崖錐から大型礫が持ち込まれ、ときには遺跡内での「素材漁り」があったようである。「剥離の座」（割り手）を中心とする石器集中部は五つの系列（集団？）にまとめられた（高橋二〇〇一）。

郡家今城遺跡

サヌカイト原産地の二上山北麓から約四〇キロ離れた郡家今城遺跡では、A～Hの八つの石器ブロックが検出された。さらにC群はC1～C4の四つの小単位に、D群、F群、H群も同様に四つの小単位に分けられた（冨成・大船編一九七八）。

桂川、宇治川、木津川が合流して淀川となるが、その支流の芥川が形成した低位段丘上に遺跡がある。A群からH群まで八つのブロックから、「ナイフ形石器」七七点（完形品四二点、破損品三五点）、掻器一一点、彫刻刀形石器四点、二次加工のある剝片二点、使用痕のある剝片一一点、翼状剝片六七点、縦長剝片八点、剝片九二八点、翼状剝片石核一一点、縦長剝片石核一点、敲石四点など総計一一一四点の石器類が検出された。「ナイフ形石器」は背部調整により先端を鋭利に尖らせ、幅を一定に狭めるとともに、先端を中央線上にもってくるようにしている（I類）。この手の国府型「ナイフ形石器」は国府型尖頭器と呼ぶにふさわしい。長さは五～六センチのものが多く、七～八センチのものは六点で、最大例は九・一×一・八×一・二センチである。他に数は少ないが先端のあまり尖らないものもある（Ⅱ類）。

F1ブロックで一・四メートル×〇・七五メートル、深さ一五センチの土坑が検出され、そこから径約五センチのチャートの円礫、硬質頁岩製掻器、珪岩製敲石、サヌカイト製国府型「ナイフ形石器」と翼状剥片二点が出た。D2ブロックからも硬質頁岩製の剥片一点が出土している。利用石材はサヌカイトのほかに、チャート（掻器一点、彫刻刀形石器三点、使用痕のある剥片三点、縦長剥片三点）、硬質頁岩（掻器一点）、溶結凝灰岩（使用痕のある剥片一点）、鉄石英（使用痕のある剥片三点）、流紋岩（縦長剥片一点）、珪岩（敲石一点）、粘板岩（敲石三点）で、多くは近畿地方に産出しないので北陸方面から持ち込まれたと見なされている。そうだとすれば、この石器群を残した集団は二上山と北陸地方の特定地域を南北二極とする振り子状の遊動を行っていたと想定される。問題は硬質頁岩石刃製掻器である。これが異系統石器であるとすると、頁岩地帯の集団との接触も考えられる。

瀬戸内集団の移住

瀬戸内集団がなぜ動き出したか定かでないが、九州での「剥片尖頭器」集団とその後裔の動きが一因であったと考えている。瀬戸内集団の東北方面への移動を見るとき、新潟県三条市御淵上《みふちがみ》遺跡が信濃川支流の五十嵐川と守門川の合流点に、新潟県岩船郡朝日村樽口遺跡が三面川と末沢川との合流点に、山形県鶴岡市越中山遺跡K地点が大鳥川と梵字川とが合流して赤川となるその右岸の段丘上に立地することが注目される。

北陸地方の国府（系）石器群

一九六六年の福井県越前市安養寺遺跡の報告以来、一九八四年の時点までに富山県内では二〇数ヶ所の遺跡が知られていた（麻柄一九八四）。安養寺遺跡からは「小坂型彫器」を含む「東山系」の石器群と安山岩製「ナイフ形石器」三点と掻器一点が採集されている。「東山型ナイフ形石器」と掻器の出土で知られる中新川郡上市町眼目《さつか》新《しん》遺跡では、数十メートルと二〇〇メートル余離れた地点から安山岩製「角錐状石器」と「ナイフ形石器」が採集されている。その後にも麻柄一志は富山市御坊山遺跡から採集された輝石安山岩製の横剥「ナイフ形石器」、剥片石核、剥片を報告している（麻柄二〇〇三）。

富山市直坂《すぐさか》Ⅱ遺跡では一一のブロックが確認され、「立野ヶ原型ナイフ」の一群→「直坂Ⅰ遺跡出土のナイフ形石器」→「瀬戸内系石器群」→「黒曜石製尖頭器」の一群→「縄文時代草創期の尖頭器」を主体とする一群、という層順で検出された。「瀬戸内系石器群」の「第八ユニット」は四〇点を超える安山岩製の石器群である。安山岩を主に用い、剥片素材の石核から剥離された横長剥片製「ナイフ形石器」を中心とする国府石器群の影響下に成立した石器群を、麻柄一志が「瀬戸内系石器群」と呼んだのである。近年は富山平野の原産地周辺に無斑晶質安山岩を主体に下呂石も使用している当該石器群を「直坂Ⅱ石器群」と称し、木曽川下流域を含む下呂石地帯と富山平野の無斑晶質安山岩地帯とを定点として、飛騨川・木曽川・神通寺川沿いを遊動する集団の存在を想定している（麻柄二〇一一）。地域に適応した瀬戸内集団の後裔であろう。

福井県坂井市西下向《にししもむかい》遺跡からは約一三〇点の安山岩製石器群が出土した。「瀬戸内技法」と異なる横長剥片剥離技術によっても国府型「ナイフ形石器」の製作が可能なことがわかり、この資料に基づいてかつて「三国技法」が提唱された（平口ほか一九八四）。提唱者の平口哲夫は横剥技法の諸類型――（「瀬戸内技法」「三国技法」「冠技法」「櫃石島技法」）――に年代差を認め、この順で瀬戸内技法が崩壊していったと考えた。だが今日の石器技術論は「石材消費戦略」や「動作連鎖」・「ハビトゥス」や「石器モード」といった概念を使って技法の多様性を強調する。

野尻湖遺跡群

長野県北、新潟県境に近い野尻湖の西岸から流れ出る池尻川は関川を経て日本海へと注ぐ。南西部の鳥居川は千曲川の支流である。池尻川と鳥居川の両水系の分水嶺にあたる重要な位置に野尻湖遺跡群がある。上信越自動車道建設に関連して行われた大規模発掘により、野尻湖周辺から日向林B遺跡をはじめとする東裏遺跡、上ノ原遺跡、西岡A遺跡、大久保南遺跡、貫ノ木遺跡、仲町遺跡など多数の遺跡が見つかり、大量の石器類が検出された。全体に堆積状況が不安定なため、石器群の層位的な把握は正確さを欠くところがある。

貫ノ木遺跡の石器群はAT降灰以前の「貫ノ木Ⅰ石器文化」、AT降灰前後の「貫ノ木Ⅱ石器文化」、槍先形尖頭器出現期の「貫ノ木Ⅲa石器文化」、槍先形尖頭器は少なく「ナイフ形石器」が目立つ時期の「貫ノ木Ⅲb石器文化」、両面調整の槍先形尖頭器を特徴とする時期の「貫ノ木Ⅲc石器文化」にわけられている。横剝「ナイフ形石器」が「貫ノ木Ⅱ石器文化」に含まれる。西岡A遺跡の石器群もAT降灰前後の「西岡Ⅰ石器文化」、「神山型彫器」を特徴とする「西岡Ⅱa石器文化」、AT降灰以降の「西岡Ⅱb石器文化」、黒曜石製小型槍先形尖頭器を特徴とする「西岡Ⅲa石器文化」、横剝「ナイフ形石器」を特徴とする「西岡Ⅲb石器文化」、両面調整の槍先形尖頭器を特徴とする時期の「西岡Ⅲc石器文化」に分けられている（大竹編二〇〇〇）。

野尻湖周辺は旧石器時代人の生業活動にとって重要な地域であったらしく、各地の集団がその遊動領域に組み込んでいたようである。大竹憲昭と谷和隆が「石器文化」として構成した石器群は、石器包含層の堆積状況が不安定なこともあって、異系統の石器と時期の異なる石器との複合石器群となっている。在地伝統の石器群(異系統石器の複合石器群)→国府系石器群の共伴→非対称形槍先形尖頭器石器群の出現→「有樋尖頭器」石器群の出現→発展型両面調整の槍先形尖頭器石器群というように変遷している。なお、西岡A遺跡からは「ナイフ形石器」が五五点出ているが、石刃・縦長剝片製の尖頭形石器・「ナイフ形石器」はブロック二一〜五、七といった北調査区東側のブロック群からまとまって出土し、無斑晶安山岩製の横剝「ナイフ形石器」二四点はブロック一〇、一二、一五、一七といった北調査区西側のブロック群からまとまって出ている。「角錐状石器」はブロック一一で二点、一四と一五で各一点と少なく、また「ナイフ形石器」と分布を異にする傾向が見られる。

東裏遺跡ではH1地点のⅢ石器群について、「ナイフ形石器には横長剝片を横に用いるものが見られ、国府型ナイフと呼べるものも含まれている。縦長剝片を縦に用いて二側縁に加工が施されるナイフ形石器も見られるが、加工部位が広く刃部が狭いため、周縁加工の槍先形尖頭器や角錐状石器的なものとなっている」というのが報告者の谷和隆の所見である。そしてH2地点のⅡ石器群は基部に抉りをもつ「ナイフ形石器」、台形石器を特徴とする石器文化で、国府型「ナイフ形石器」も見られるという(谷編二〇〇〇)。黒曜石製国府型尖頭器は半折品であるが、みごとな作りで、製作者の技術のたしかさを示している。森先一貴は、薄手・長狭型で鋸歯縁加工の発達する安山岩製の中・大型国府型「ナイフ形石器」を複数有し、その特徴が新潟県御淵上遺跡によく類似するという。

新潟県各地の遺跡

野尻湖の南西部に広がる丘陵地帯から鳥居川を下ると千曲川(信濃川)に合流する。信濃川流域でも伝統的な石刃石器モード群中に国府系石器群が貫入したことを示す遺跡が知られている。信濃川と清津川の合流付近に発達する津南段丘に立地する遺跡群を長年にわたって調査してきた佐藤雅一は、遺跡の段丘上の立地、遺跡での石器群の出土層位、石器群の技術形態的特徴などから、AT直下と思われる正面ヶ原D遺跡の「基部調整ナイフ形石器」（基部加工尖頭形石刃石器）と「斧形石器」（局部磨製石斧）の石器群→AT前後の大原北I遺跡の二側縁加工「ナイフ形石器」石器群→正面ヶ原B遺跡とかじか沢A遺跡の「国府系石器群」→洗峰A遺跡の「基部調整ナイフ形石器」（基部加工尖頭形石刃石器）→貝坂遺跡・神山遺跡・下モ原I遺跡・居尻A遺跡・向原A遺跡・楢ノ木平遺跡の「杉久保型ナイフ形石器」石器群→すぐね遺跡の「有樋尖頭器」を含む上層石器群→道下《みちした》遺跡・貝坂桐ノ木平A遺跡の両面調整・周縁調整・半両面調整の槍先形尖頭器石器群→越那《こしな》A遺跡のやや大型の槍先形尖頭器を伴う「ナイフ形石器」石器群→上原E遺跡の北方系細石刃石器群→正面中島遺跡の北方系細石刃・大型槍先形尖頭器石器群→寺田上A遺跡の大型槍先形尖頭器石器群、以上のような編年で当地の石器群を紹介している（図36）（佐藤二〇〇二）。

正面ヶ原B遺跡では、安山岩製の国府型「ナイフ形石器」と安山岩製の「角錐状石器」がそれぞれ単独で、基部を浅く抉り込んだ「ナイフ形石器」とともに出ている。かじか沢A遺跡からは無斑晶ガラス質安山岩製の「角錐状石器」が三点出ている。

三条市御淵上遺跡は信濃川に合流する五十嵐川（分水嶺を超えると福島県側の只見川の支流がある）が守門川と合流する地点の河岸段丘上にある。高さ約二〇〇メートルの石英粗面岩の絶壁がランドマークになっている。一九六九年に中村孝三郎により発掘調査された。二二〇平方メートル余の発掘面積から一七四二点の国府系石器群と槍先形尖頭器石器群とが伴出した。両石器群は前後の時期のものであろう。石器群を実見した麻柄

図36 津南段丘にみる石器群の変遷

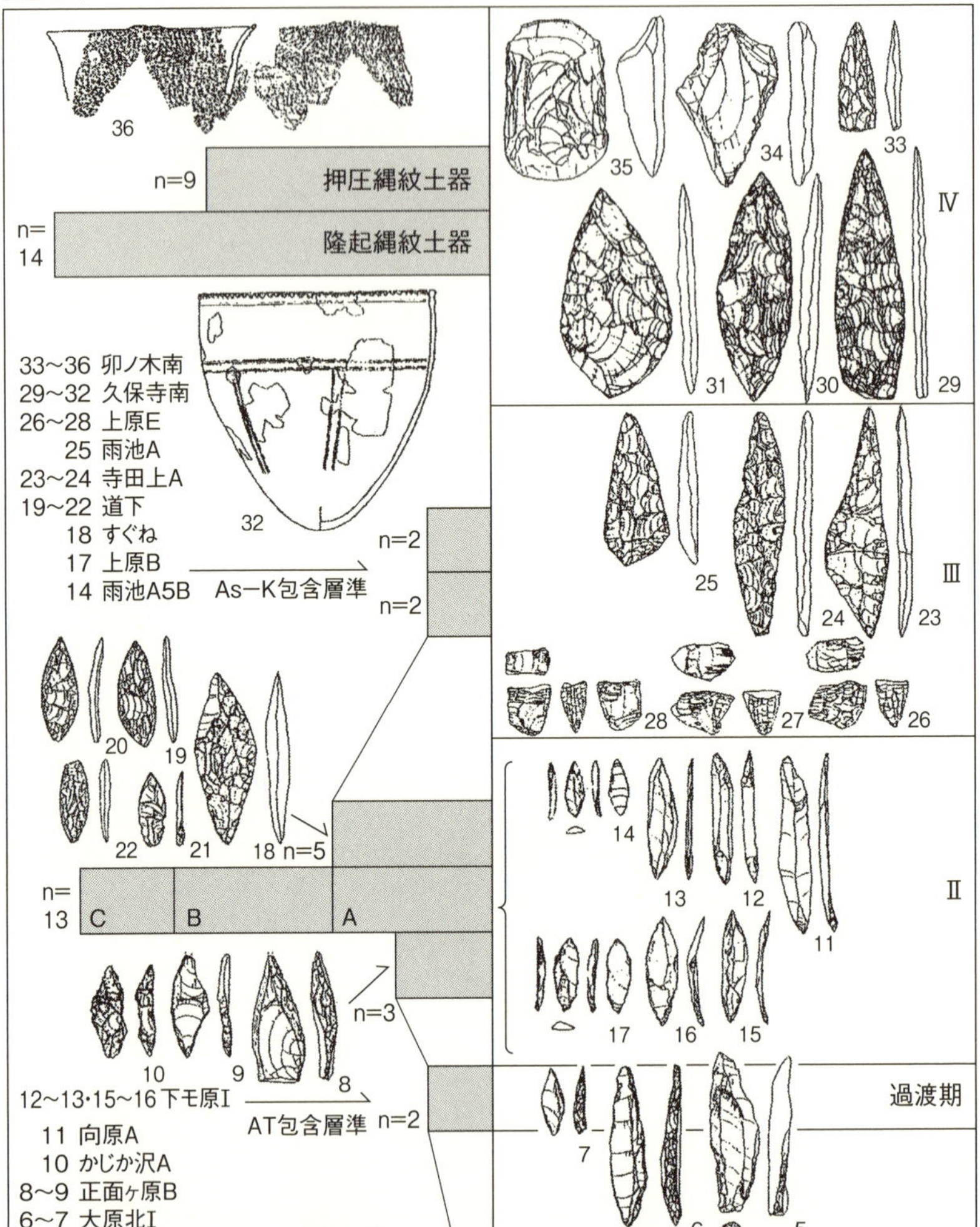

佐藤2002より

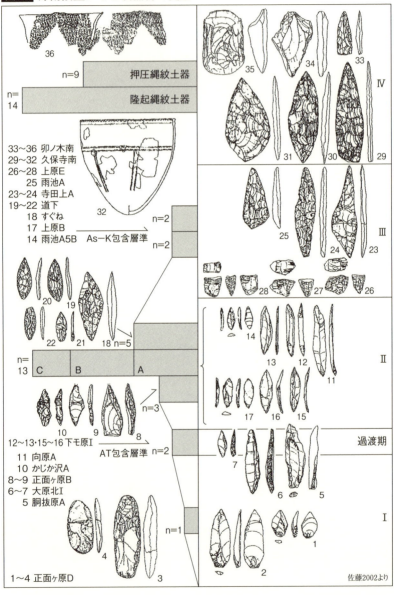

一志と古森政次が、翼状剝片・横長剝片を一五点、翼状剝片石核・横長剝片石核を一八点、盤状剝片を四点、盤状剝片石核候補を二点図示・紹介している。利用石材はサヌカイトに類似した輝石安山岩・輝石凝灰岩を主にチャート・鉄石英が混じる（麻柄・古森一九九二／九三）。

新潟県胎内市から新発田市にかけて南北一四キロの櫛形山脈から南に延びる馬の背状尾根の標高六五メートルに立地する新発田市二タ子沢《ふたござわ》B遺跡からは、頁岩製の「横剝ナイフ形石器」と素材となる横長剝片が採集されている（高橋一九八九）。さらに北上して、三面川と荒川の中間地、旧岩船潟を中心として広がる沖積平野に面して、櫛形山から西に延びる丘陵先端部近くの北側、標高三二メートルの洪積台地上に立地する村上市大聖寺遺跡で、頁岩製の国府型「ナイフ」が表採されている（佐藤・磯部一九八八）。二タ子沢B遺跡、新発田市坂ノ沢C遺跡、大聖寺遺跡、朝日村樽口遺跡の石器属性分析を行った吉井雅勇は石器群の変容の原因を、サヌカイトに馴染んできた（ハビトゥス）製作者の剝離技術と新たな石材との間に生じたズレだと解釈している（吉井二〇〇〇）。

樽口遺跡

新潟県と山形県の県境をなしている朝日連峰に源を発する三面川と末沢川との合流地点南側、三面川左岸の狭い段丘上に樽口遺跡は立地する。日本海側の頁岩地帯では基部加工尖頭形石刃石器の伝統が長く続いたのであるが、ここ樽口遺跡ではその伝統に貫入したかのように国府系石器群が共伴していて、異系統石器群共伴の好事例となっている。「A－KSE文化層」からは一〇ヶ所のブロックに分かれて、「ナイフ形石器、角錐状石器、彫器、彫器削片、掻器、彫掻器、スクレイパー、台形状の石器、楔形石器、石斧、石核、石刃、剝片」

図37 樽口遺跡「A-KSE文化層」出土の国府系石器群

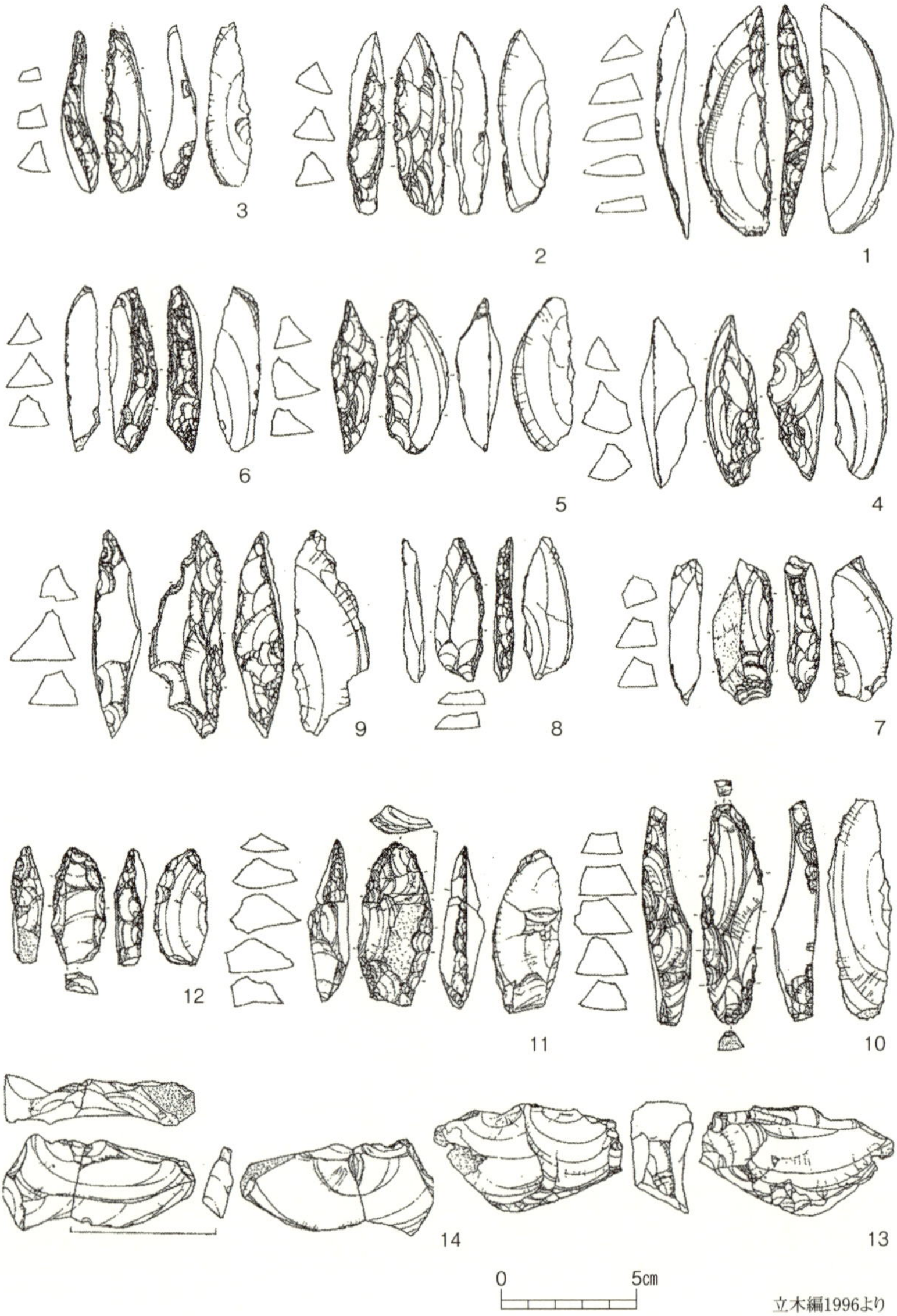

立木編1996より

が三三四五点検出された（図37）。第一〇ブロックから「角錐状石器」三点がまとまって出たことが特記されているが、ブロックと集団との関係が読み解かれるような出土状態ではなかった。「横剝ナイフ形石器」一五点と「角錐状石器」三点が基部の抉りの深い切出形石器三点とともに、岩手県の和賀川支流にある大渡Ⅱ遺跡「第二文化層」の石器組成に類似した石器群と共伴している。「横剝ナイフ形石器」の素材となる横長剝片が七点検出されているが、底面をもつ盤状石核は確認されていない（立木編一九九六）。

越中山遺跡K地点

山形県庄内平野の南端部、朝日連峰を源とする大鳥川と、月山西斜面から流れ出る梵字川とが合流して赤川となるその右岸の段丘上に越中山遺跡群がある。調査者の加藤稔がK地点の出土石器群の石材に注目して、「素材に凝灰質砂岩、流紋岩、玉髄質、硬質頁岩、黒曜石を用いている。硬質頁岩を常用した東北地方の後期旧石器のなかにあって、この石材選択は異例のもので」、「それが単に地質学的環境にのみ左右されるものではなく、深く石器文化の本質とかかわりあっている」と見なした（加藤一九七五）。「石器文化の本質」を「異系統石器群の共伴の本質」と読み替えておく。翼状剝片など八点の剝片と二点の石核が接合した接合資料（会田容弘の母岩2個体Ⅰ）が詳しく紹介され、同時に国府型「ナイフ形石器」が図示されている。石材は「硬質頁岩」である（加藤・鈴木一九七六）。

一九六八年の第一次調査以来一九八三年まで七回の発掘調査が行われ、約二四〇平方メートルの調査面積から互いに接合し、母岩を共有する三ヶ所の遺物集中地点が確認された。資料総数一二九二点で、「彫器九、掻器九、厚形削器三七、薄形削器一四、ノッチ八、鋸歯縁石器一六、背付き石器五二、切断り石器三、基部整形

図38 越中山遺跡群K地点出土の石器群

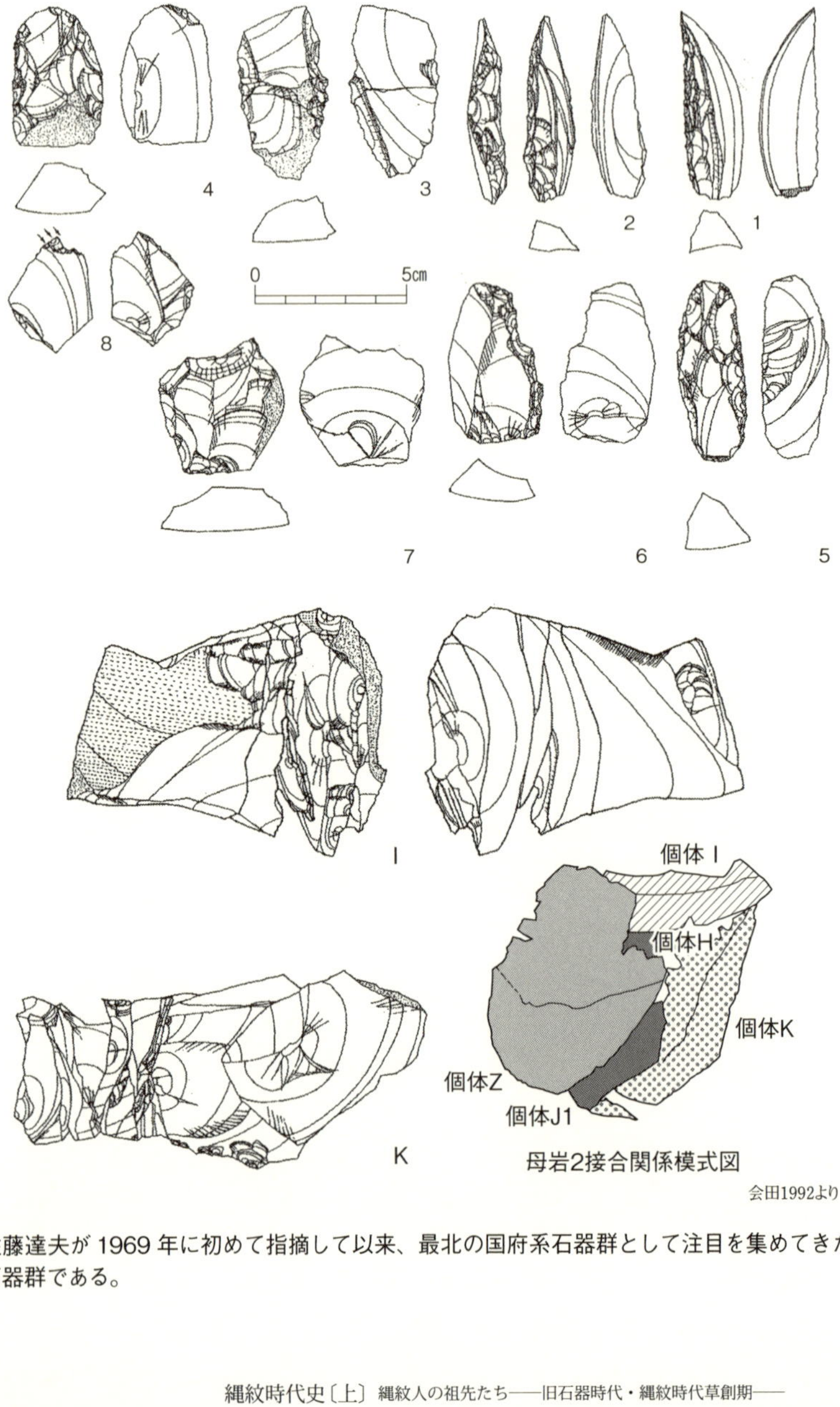

会田1992より

佐藤達夫が 1969 年に初めて指摘して以来、最北の国府系石器群として注目を集めてきた石器群である。

石器一、剥片尖頭器二」の計一五一点の石器を組成するとして、会田容弘が母岩2の個体H、I、K、Zと母岩四〜六、一一、一八の接合資料を紹介した（図38）（会田一九九二）。だが、調査報告書が未刊行なので遺跡・石器群の詳細はよくわからない。一九八七年の論文では、約一二メートル×八メートルの範囲に三ヶ所の遺物集中地点を確認し、「横剥のナイフ形石器」五三点、「底面を持つ横形剥片」（越中山K地点では山形の打面調整と底面を持つ翼状剥片のみ抽出）五〇点、「小形舟底状石器」二一点、翼状剥片石核五四点、「盤状剥片石核」一点のように記している（会田一九八七）。その後、「石器総数二三〇九点。使用石材は凝灰質泥岩、頁岩、凝灰質砂岩、鉄石英、流紋岩、玉ズイ、安山岩。石器は一五一点、構成は背付き石器五二点、厚形削器三七点、鋸歯縁石器一六点、薄形削器一四点、彫器九点、掻器九点、ノッチ八点、切断り石器三点、剥片尖頭器二点、基部整形石器一点である。形式判定が可能な剥片は九九七点あり、その構成は剥片六二五点、横形剥片二九二点、翼状剥片五二点、石刃状剥片二五点、石刃三点で構成されている。翼状剥片石核は五四点、石核は五〇点出土している」と記し、また「瀬戸内技法関連資料」の欄で、「翼状剥片石核五四点（頁岩六点、凝灰質泥岩四七点、凝灰質砂岩二点）、…瀬戸内技法の存在を指摘できるのは頁岩三母岩、凝灰質砂岩一母岩である」と記している（会田一九九四）。凝灰質砂岩の選択は安山岩を意識してのことである（麻柄一九八四）。

太平洋側への進出

日本海沿岸地域と異なり、太平洋沿岸地域では瀬戸内集団の西から東への展開を跡づけられる資料は乏しい。国府系石器群の資料が比較的多い南関東の当該期は、東海地方よりも中部高地や北関東との関係を示唆する資料が多い。関係集団もそうした地域を経由してきたのかもしれない。その有力な証拠が二〇〇四年に群馬県で

図39 上白井西伊熊遺跡と主要石材産出地

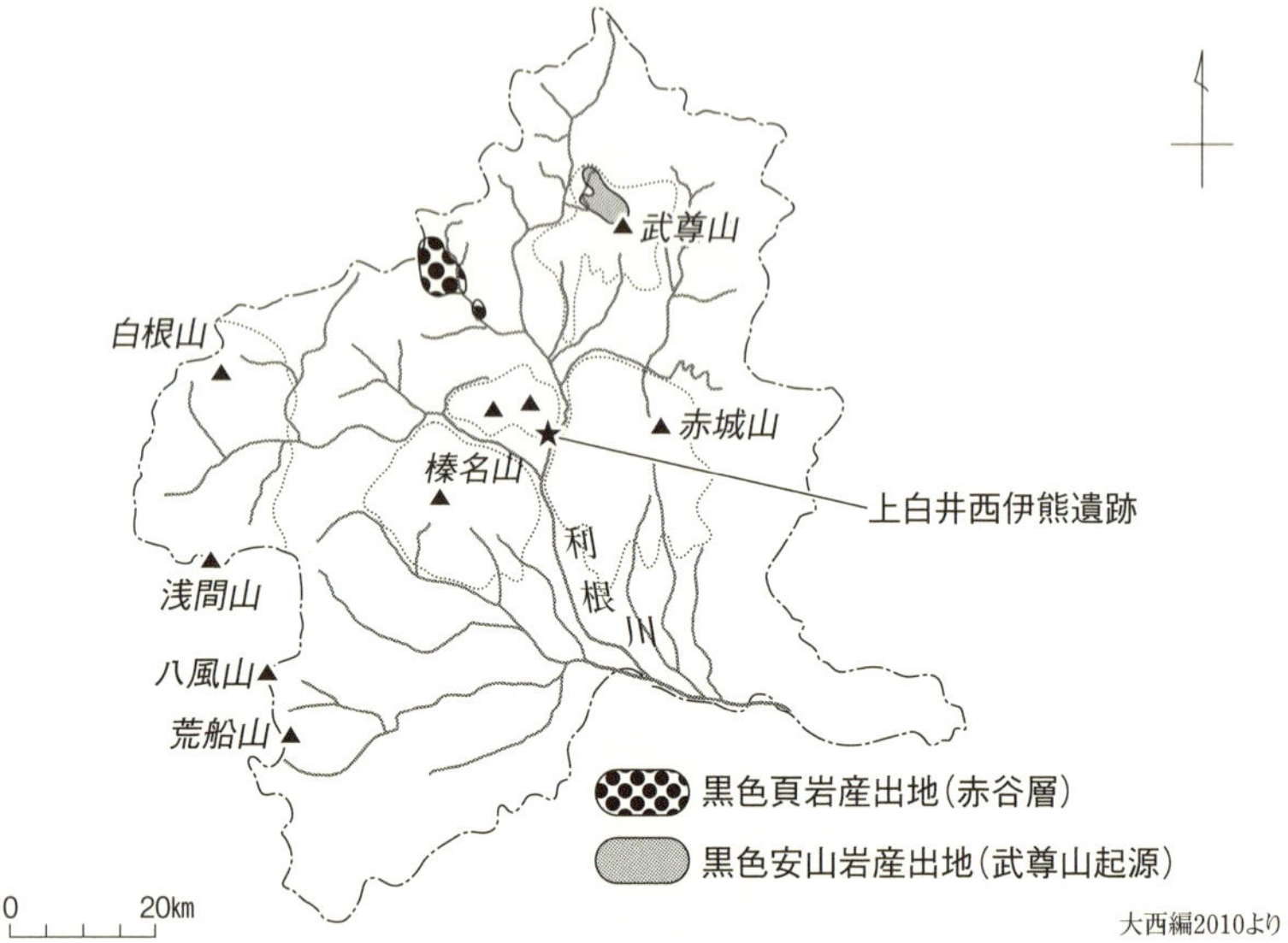

大西編2010より

脊梁山脈を超えて太平洋側に進出した瀬戸内集団はなお安山岩に固執している。

見つかった。

渋川市上白井《かみしろい》西伊《にしい》熊《くま》遺跡は吾妻川との合流点の北側、利根川右岸に形成された段丘である西伊熊面に位置する（図39）。その南端の舌状に突き出した、この面との間に約二〇メートルの段丘崖を有している長坂面直下で、直径三メートルほどの範囲に四七六点の石器類が密集する二号ブロック、少量の「剥離物」が散在する三号、四号、五号ブロックと、密集部と散在部とが重複して分布範囲の広い一号ブロックの五ヶ所の石器集中部から総計五五九五点の石器類が検出された。その他六七八点の礫（敲石を除く）の出土位置が記録されて取り上げられた。利根川上流部に産出する黒色安山岩（四四八三点）と黒色頁岩（九九四点）の河川転礫が使用されている。他に輝緑岩（一三点）と県外からの搬入石材である珪質頁岩（七点）と黒曜石（九八点）が使われていた（大西編二〇一〇、大西

写真1 上白井西伊熊遺跡出土の国府型「ナイフ形石器」。

写真2 上白井西伊熊遺跡出土の接合資料。

二〇一一)。

原礫に近い状態まで接合できた接合資料が、瀬戸内技法の接合資料六例を含め八例得られている。国府型「ナイフ形石器」二〇点(写真1)、「ナイフ形石器」五点、「角錐状石器」二点、「面取り石槍」(有樋尖頭器)一点、彫掻器一点、鋸歯縁石器四点、錐形石器二点、削器一五点、二次加工ある剥片四六点、抉入石器三点、翼状剥片一〇一点、翼状剥片石核四七点という組成である(写真2)。報告者の大西雅広によれば、第一工程において、モデル的ケース(接合資料黒色安山岩四と六)が見られる一方で、剥離事故による軽微な変異(接合資料黒色安山岩一・三・五)、形状と石質不良による変異(接合資料黒色安山岩二・八・一二など)例も多く、おそらく良質な転礫の入手が困難な状況で、原礫形状や石質が良くない場合あるいはアクシデントの際も、製作者たちは柔軟に対応して目的の盤状剥片・翼状剥片石核・翼状剥片の入手にこだわりを見せているという。鋸歯縁石器四点のうち二点は珪質頁岩製である。高原山エリア甘湯沢群産の黒曜石製「角錐状石器」二点、和田エリア鷹山群もしくは小深沢群産黒曜石製の「有樋尖頭器」(面取り石槍)の先端部の出土から判断すると、三国峠を越えて北陸方面から移動してきた集団が出会ったのは、栃木県高原山と長野県鷹山との黒曜石産地を往還する在地集団であったようである。

南関東の関連石器群

関西地方から関東地方への移動に関しては、東海道のような太平洋岸ルートか上信越道のような内陸ルートが考えられる。瀬戸内集団の移動の場合、岐阜県各務原台地まではその足跡は何とか追えるものの、その先となるとおぼつかない。静岡県の磐田原台地は天竜川河口近くの左岸にある、南北一一キロ、東西は最も広いとところで五キロほどの二等辺三角形の台地で、富樫孝志の研究によれば、旧石器時代後半期の地域集団の遊動域はこの狭い台地内にほぼ限定されていたようである（富樫二〇一六）。国府系石器群は匂坂中《さぎさかなか》遺跡ブロックC32から在地石材ではない安山岩の「横長剥片製背部加工尖頭形石器」一点と剥片四点、その他のブロックからシルト岩の関連石器類が、また広野遺跡から安山岩と在地シルト岩の「瀬戸内概念石核」二点と横長剥片一点と「横長剥片製背部加工尖頭形石器」一点が、広野北遺跡からシルト岩の関連石器類が出ている。板状剥片や翼状剥片の製作技術をもつものが存在したようであるが、西側からの〝訪問者〟がいたとしても集団移住は問題外の状況である。

埼玉県の荒川を西に見下ろす大宮台地の西端に織笠昭が当資料を使って「殿山技法」を提唱した上尾市殿山遺跡がある（織笠一九八七）。「ナイフ形石器」四一（そのうち国府型「ナイフ形石器」五点）、彫刻刀形石器二、掻・削器三一、使用痕のある剥片四五、石核二六、剥片二四一、切断剥片二七一、砕片六五、敲石五、磨石一」の総計七二八点の石器類と礫二七一点が、密集ブロック四ヶ所、小ブロック三ヶ所、および散在的状態で出土したと報告されている（上尾市教育委員会編一九七九、石器研究会編一九八一）。ブロックを形成する黒曜石製小型尖頭器石器群と、散在的分布の国府型「ナイフ形石器」およびそれと同一母岩（国武貞克によればオパール）の可能性のある一群とは、分布をやや異にする。異系統石器群の共伴例と見なせる（図40）。

神奈川県の相模川の東岸にある相模野台地、目久尻川左岸の大きな張り出し部に海老名市柏ケ谷《かしわがや》長《なが》ヲサ遺跡がある。B4層上部の「第ⅩⅢ文化層」からL1S層の「第Ⅰ文化層」まで一三枚の旧石器包含層が検出された大遺跡である（堤編一九九七）。AT層上位のB2L層下底からL3上面の「第Ⅺ文化層」から出土した、ガラス質黒色安山岩製の縦長剥片を素材とする「角錐状石器」が報告されている。B2L層中部を中心とする「第Ⅸ文化

図40 殿山遺跡出土の異系統石器群

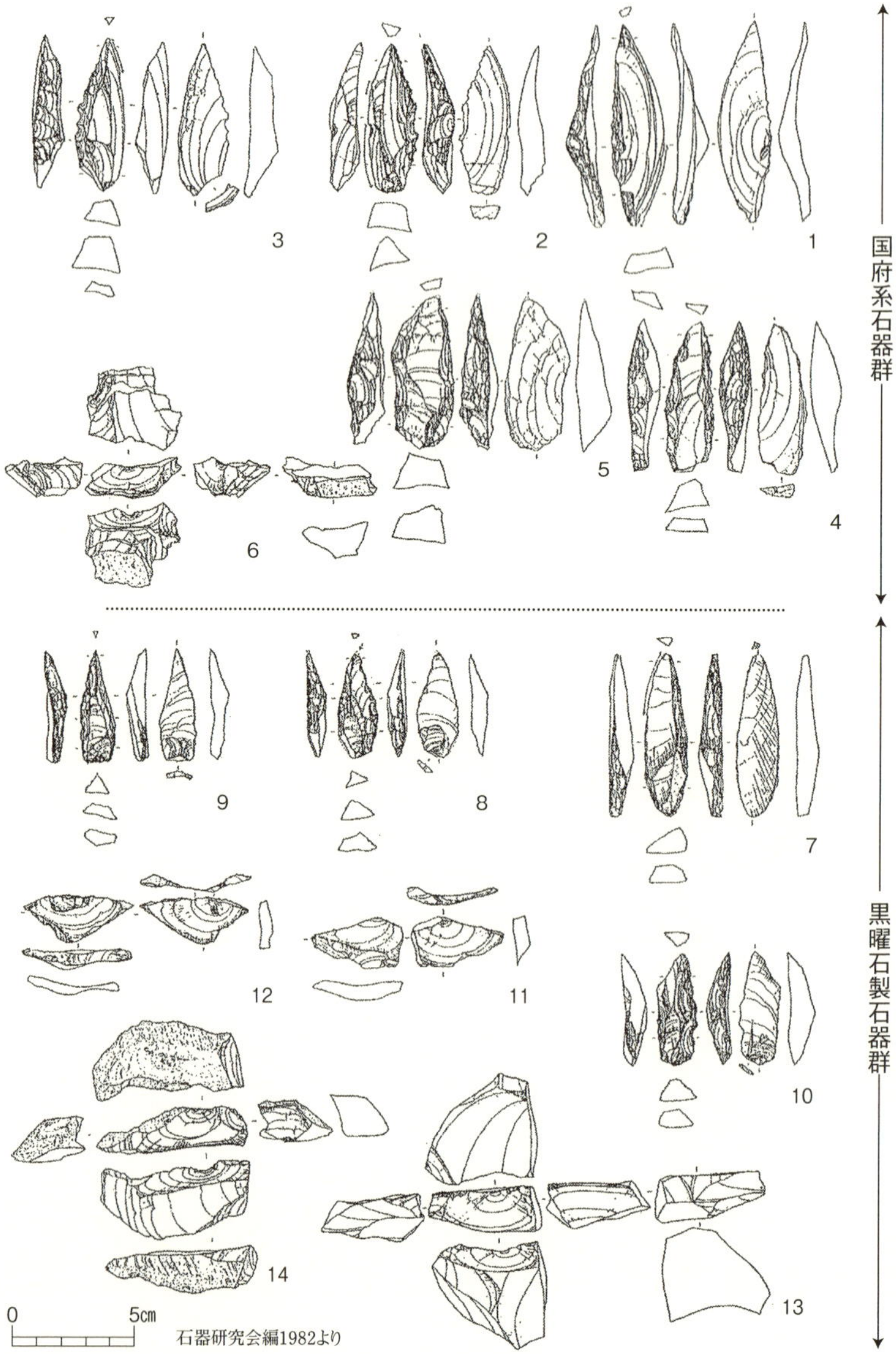

石器研究会編1982より

層」からも箱根の畑宿産黒曜石製の「角錐状石器」が出ていて、「ナイフ形石器」や「尖頭器」と技術形態は「親和的」とされている。この層の一八号ブロックから「硬質細粒凝灰岩」製の国府型「ナイフ形石器」が単独で出ている。瀬戸内技法に関連する剥片・石核は見つかっていない。堤隆は九号ブロックの「ナイフ形石器」や一一号ブロックの接合資料に同類系の剥片剥離技術を認識している。いずれも「硬質細粒凝灰岩製」である。田村隆はこの大型優良品を「瀬戸内技法を有する集団との接触・交流を維持するため」の象徴材と見ている（田村一九九二）。一種の過剰デザイン品である（図41）。

図41 柏ヶ谷長ヲサ遺跡出土の国府型尖頭器

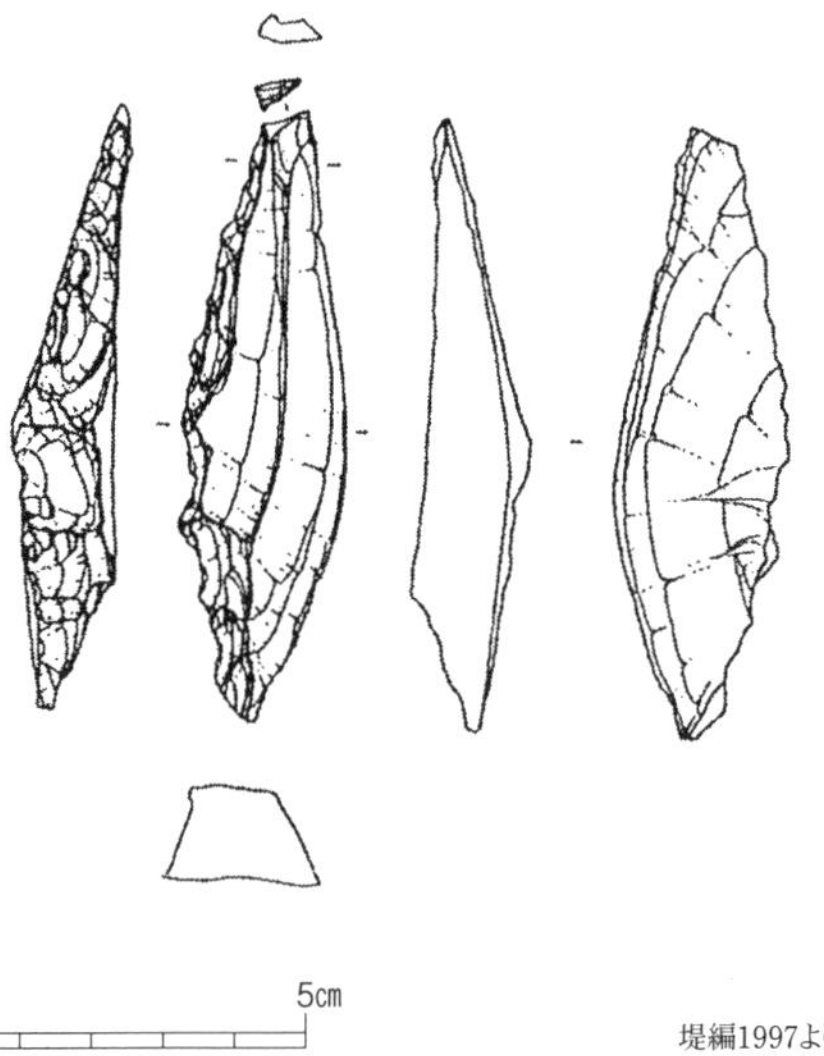

堤編1997より

分布域を離れて単独に出土する優良品（過剰デザイン）である。

千葉県の栗山川と木戸川に挟まれた標高四一～四二メートルの台地上にある山武郡横芝光町西長山野《にしながやまの》遺跡から国府型「ナイフ形石器」が出ている（千葉県史料研究財団編二〇〇〇）。石器は瀬戸内技法によらない底面をもつ横長剥片素材で、良質の火砕泥岩製である。福島県郡山市弥明《みみょう》遺跡（阿武隈川上流右岸母畑地区）と宮城県多賀城市市川橋遺跡（多賀城市埋蔵文化財センター蔵）からも火砕泥岩製の横剥の「ナイフ形石器」が出ている。実物を見た柳田俊雄によれば、いずれも「国府系」でいいとのことである。こうした二次的波及がどのような社会的関係を意味しているか、未解決の問題である。

両面加工尖頭器の出現

以上みてきた富山・長野・新潟・山形各県の国府系石器群を、森先一貴は二群に分けている（森先二〇一〇）。A群は西下向遺跡、野尻湖遺跡群東裏遺跡、御淵上遺跡、越中山遺跡K地点などで、動作連鎖の共通性から瀬戸内出自の人々が直接に関係している。他方、B群は正面ヶ原B遺跡、大聖寺遺跡、二タ子沢B遺跡、樽口遺跡、坂ノ沢C遺跡などで、在地の集団が瀬戸内集団から石器製作に関する情報を受け取り、自らの石器製作技術に受容した結果だと見る。「情報の授受」の背景には瀬戸内集団の在地化があったと考えられる。「国府系石器群」の荷担集団は移動過程で各地の集団と遭遇し、直接間接に各種の情報交換を相互に行ったはずである。その情報をもとに在地集団間では〝石刃石核リダクション〟から〝両面体リダクション〟への転換が図られた。〝石刃石核リダクション〟は効率のいいものであったが、集団の居住形態・移動様式は究極的には良質の頁岩産地に規定されていた。良質の頁岩産地から遠く離れた中部高地の集団（野尻湖周辺から千曲川上流方面を遊動域にしていた集団）は、「国府系石器群」集団との接触を通じて、珪質頁岩製石刃でなく、安山岩（あるいは黒曜石）の剝片からでも大型の着柄型狩猟具（国府型尖頭器・「角錐状石器」）が製作可能であるという情報を得たのである。黒曜石での試作の後に、ボリュームのある盤状の安山岩から、頁岩製の尖頭形石器や「ナイフ形石器」よりも機能性に富んだ両面体の大形尖頭器が作り出せること、しかもその製作過程で生じる各種の剝片類が掻器などの石器や臨機的な削器などの素材となること、すなわち手ごろな大きさの両面体に整形した安山岩や黒曜石は石槍の素材であると同時に、頁岩製石刃石核と同様に遠くまで持ち運べる石核であることを理解したのである。こうして〝両面体リダクション〟は非頁岩産地地域に浸透するとともに、槍先形尖頭器は石刃素材の尖頭形石器や「ナイフ形石器」よりも機能性が高かったために、ついには頁岩産地地域にまで拡張していったのである。

槍先形尖頭器石器群

「石槍は石槍から出現したに違いない。…中部・関東の石槍がしばしば横打剝片を素材とすることは、石槍の系統を暗示するように思われる。おそらく南西方からの新たな流入が起こったのであろう」という佐藤達夫の卓見を先に紹介した（一一三頁）。後期旧石器時代後半期後葉は槍先形尖頭器と細石刃の出現、言い換えれば、田村隆のいう「両面体石器生産にかかわるデザイン戦略」（田村　一九九八）の登場をもって始まる。基本的にはこの時期の地域諸集団の変容過程として、旧石器時代から縄紋時代への変動期が捉えられる。

一九六五年に戸沢充則によって発表された「尖頭器文化」をパラダイムとする一九八九年のシンポジウム「中部高地の尖頭器文化」で、石器組成および槍先形尖頭器の形態と製作法を基準として、「ナイフ形石器」から「尖頭器」への段階的変遷過程が設定された。この間の石器群の変遷過程が層位的に捉えられる相模野台地で発掘調査経験の豊富な鈴木次郎が、槍先形尖頭器のあり方とその推移を六期に分け、土器出現期の槍先形尖頭器のあり方についても、細石刃の登場前の槍先形尖頭器類が細石刃の登場後も部分的に保持され、細石刃の衰退後にそれらに改良が加えられて再び隆盛を迎えた、という一貫した流れで解釈した（鈴木　一九八九）。

北方集団の南下

日本を含めた東アジアを俯瞰する「細石器文化」の基盤的考察は、一九五八年に東京大学東洋文化研究所に提出された佐藤達夫の助手論文を嚆矢とする。中華人民共和国内モンゴル自治区ホロンバイル出土の石核を分類し、そのIaを「ある種の両面体石器の分割片、あるいは破損品を利用したものと考え」、「石核Ia、Ibの原体をなす両面体石器としては、例えばヴェルホレンスク山遺跡における月桂樹葉槍のごとき石槍や楕円形のナイフが考えられよう」（佐藤一九八三、四〇－四一頁）、との卓見を記した。この優れた見識は佐藤の口から吉崎昌一に伝わり、吉崎による湧別技法の提唱に繋がった。

ちなみに、一九五三年十二月、芹沢長介により敢行された吹雪をついての長野県野辺山高原に位置する矢出川遺跡での細石刃の発掘は、学史上よく知られるエピソードである。だが、同年の九月にすでに野辺山の丸山遺跡において佐藤達夫によって細石刃石器群が見つけられていたことは知られていない（佐藤・小林一九五四、佐藤一九五九）。学史の裏面に隠されたエピソードである。

東アジアと日本列島の旧石器の関連性を追究し続けた加藤晋平は、バイカル湖周辺地域で出現し北アジアに広く分布した「荒屋型彫器」を伴うクサビ形細石核が、より東方へ、より南方へ拡散して列島に到達したと考えた（加藤一九八八）。今日、シベリアでも細石刃剥離技術は石刃剥離技術の成立と期を一にしていて、石刃石器と小型剥片石器（あるいは細石刃）の二項的モードが、後期旧石器時代の開始期から出現していたことが明らかになりつつある。石刃石器群の成立、石刃の小型化、そして細石刃技術の確立という段階的発展論は破綻している。

これまで細石刃石器群が確認されていたエニセイ川流域やアンガラ川流域で、サルタン氷期初頭のギダン寒冷期の段階にクサビ形削片系と非削片系の両種の細石刃核から細石刃を製作する傾向が強まるとともに、北東シベリア地域へも細石刃石器群の分布域が拡大した（加藤二〇〇三、Pitul'ko & Pavlova 2016）。

おそらく約二万四〇〇〇年前のハインリッヒ2イベントに関わる寒冷化にともない、レナ川右支流アルダン川流域にいた集団の一部が、細石刃石器群を携えて北海道に南下してきた。当時、北海道はサハリン・アムール下流域と地続きながら、本州とは陸橋を形成しなかった津軽海峡を挟んで、大陸部の半島をなしていた。移住してきたこの北方集団は、先に言及した（九八頁）「白滝I群」（「不定形剝片石器群」）集団の後裔たちが寒冷化に対応して北海道の台地に適応していたなら、在地集団と遭遇したはずである。そのヒントは千歳市柏台1遺跡に残されていた。ただし近年明らかにされた較正年代では異なる二つの石器群間に約二〇〇〇年の年代差がある（福井二〇一七）。

北海道の細石刃石器群

北海道の後期旧石器時代は、恵庭aテフラ層（約二万一〇〇〇～一万九〇〇〇年前）を挟んで、大きく前半期と後半期に分けら、後半期は細石刃石器群期であると考えていた。ところが千歳市柏台1遺跡の発掘調査によって細石刃石器群期が約二万五〇〇〇年前に遡ることが分かった。

山原敏朗と寺崎康史による近年の編年では一一群の石器群が前半期と後半期に配置されている（山原・寺崎二〇一〇）。前半期の石器群は五群に分けられる（図42－1）。「台形様石器群」（第一群）、基部加工尖頭形石

図42-1 北海道後期旧石器時代前半期の石器群

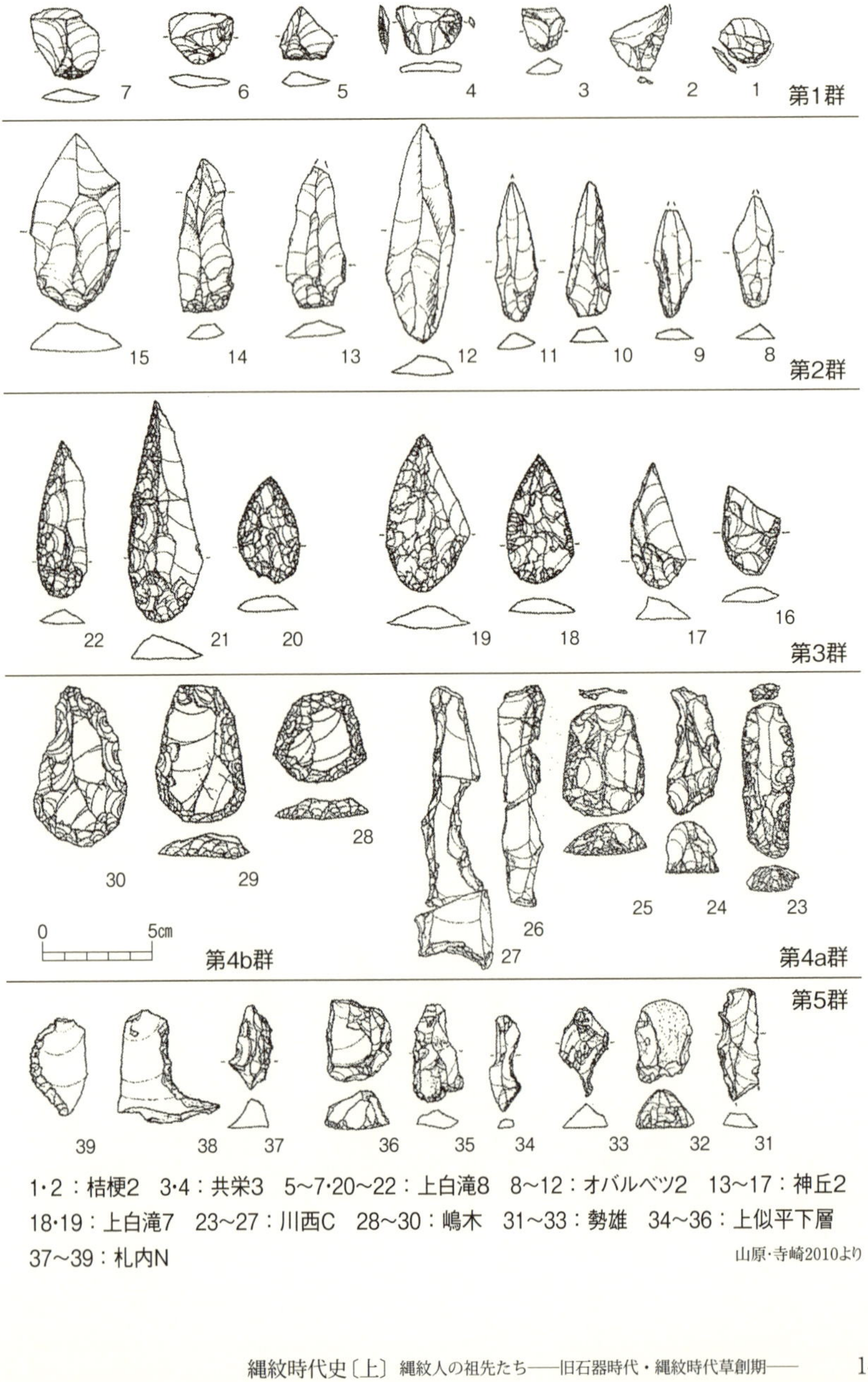

1・2：桔梗2　3・4：共栄3　5〜7・20〜22：上白滝8　8〜12：オバルベツ2　13〜17：神丘2
18・19：上白滝7　23〜27：川西C　28〜30：嶋木　31〜33：勢雄　34〜36：上似平下層
37〜39：札内N

山原・寺崎2010より

図42-2 細石刃石器群第１段階・第２段階

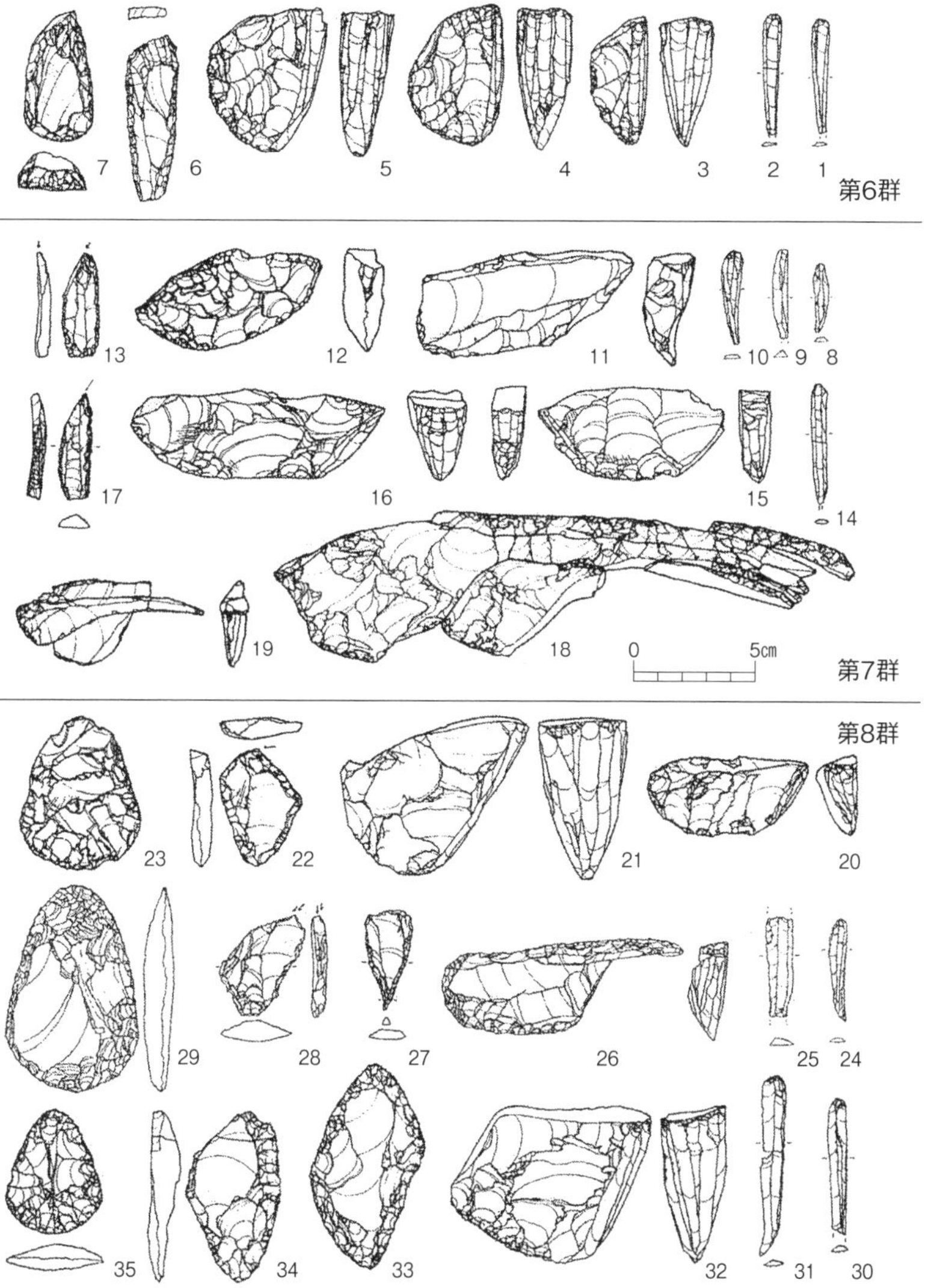

1〜7：柏台1　8〜13：新道4　14〜17：オバルベツ2　18･19：上白滝8　20〜23：暁　24〜29：湯の里4　30〜35：オルイカ2

図42-3 細石刃石器群第３段階

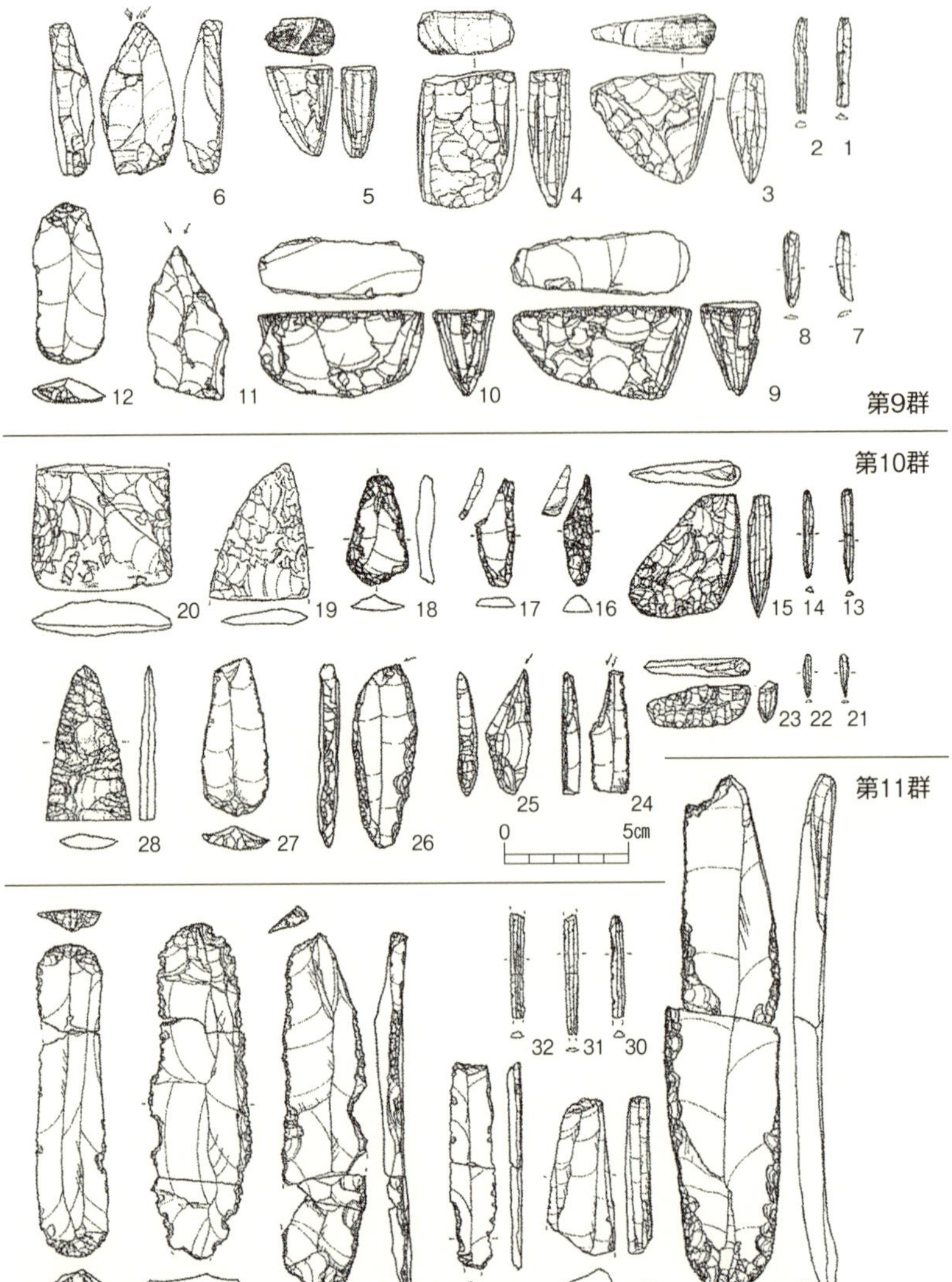

1～6：白滝服部台　7～12：白滝第4地点　13～20：居辺17　21～28：オサツ16
29～37：上白滝2

刃石器群（第二群）、広郷型尖頭状石器群（第三群）、掻器主体の石器群（第四群）、小型削器主体の石器群（第五群）で、第一群・第二群は本州以南と共通し、第三群は北海道北東部に、第四群は北海道中央部から北東部に、第五群は十勝地方に分布する。第一群・第二群石器群を担った集団は本州から北上し、その後北海道の各地の地域生態系に適応していったと考えられる。

第四群は石刃剥離技術を有する石器群（四a群）と、保有しない石器群（四b石器群）があり、千歳市柏台1遺跡の事例から、シベリアから南下してきた集団が遭遇したのはこの四b石器群や第五群を装備した集団であった可能性がある。ちなみにその年代は二万五三〇〇～二万四〇〇〇年前頃である。

北海道の細石刃石器群は細石刃の剥離方式とその残核（細石刃核）の特徴によって九種に分けられている。蘭越型、峠下型、美利河型、札骨型、白滝型、幌加（ホロカ）型、忍路子型、広郷型、紅葉山型で、柏台1遺跡から出土したのは蘭越型と美利河型である。これはまた石刃モード型（蘭越型、峠下型、広郷型、紅葉山型）と両面体モード型（美利河型、札骨型、白滝型、幌加型、忍路子型）に分類できる。山原と寺崎は三段階に分けている。第一段階は蘭越型細石刃核石器群（第六群）、峠下型一類・美利河型細石刃核石器群（第七群）、第二段階は峠下型二類・札骨型細石刃核石器群（第八群）、第三段階は白滝型・幌加型細石刃核石器群（第九群）、忍路子型細石刃核石器群（第一〇群）、広郷型細石刃石器群（第一一群）である（図42―2、3）。

紋別郡遠軽町白滝遺跡群の発掘調査・整理作業に長年携わってきた直江康雄は、^{14}C年代のサンプルを集成・検討し、各石器群に振り分けた石器群編年を行っている。近年の白滝遺跡群や帯広市大正3遺跡の成果を加味して、一二の石器群に細分し、四期に編年している。その中で石器群の年代として信頼の高いのは、Ⅰ期の「掻器を主体とする石器群（石刃なし）」の約二万七〇〇〇～二万五〇〇〇年前、「掻器を主体とする石器群（石刃あり）」の約二万六〇〇〇〜二万五五〇〇年前、Ⅱ期の「蘭越型細石刃核石器群」の約二万五五〇〇〜二万三五〇〇年前、Ⅲ期の「峠下型二類・札骨型細石刃核石器群」の約一万八〇〇〇〜一万七五〇〇年前、Ⅳ期の「爪型文土器に伴う石器群」の約一万四五〇〇年前である。条件付きで「台形様石器を主体とする石器群」の約三万四〇〇〇〜二万七五〇〇年前、「小形削器を主体とする石器群」の約二万七五〇〇年前、「峠下型一類・美利河型細石刃核石器群」の約二万五五〇〇〜二万三五〇〇年前もある程度信頼のおける年代とされる（直江二〇一四）。

柏台1遺跡

柏台1遺跡は石狩低地帯のほぼ中央、千歳市街地から南東約二キロの微高地（古砂丘）に立地する。遺跡形成時には広大な沼沢地が広がり、遺跡周辺に小河川が網の目のように伸びていたようである。石器出土層（Ⅳ層下部Ｖ層上面）より上層の恵庭ａ火山灰直下（Ⅰ・Ⅱ層）から埋没林が検出されていて、樹林相は明らかにならなかったが、後述の宮城県富沢遺跡に似た景観（口絵5参照）であったと思われる。北西約五〇〇メートルの微高地（古砂丘）上に「台形様石器群」が出土した祝梅下層遺跡三角山地点がある（福井・越田編一九九九）。

三〇〇メートルほど離れたＡ地区で一ヶ所、Ｂ地区で一四ヶ所、計一五ヶ所のブロックと、炉跡一二ヶ所、礫群八ヶ所が確認された。ブロック一〜三・六・一二・一四・一五が細石刃石器群で、いずれも径五メートル以下の小さなものである。ブロック四・五・七〜一一・一三が不定形剝片石器群で、遺物も多くその規模は径一〇メートルにも及ぶ。細石刃石器群は列状に並ぶ不定形剝片石器群の外縁部に分布している（図43）。ブロック間の

図43 柏台1遺跡のブロック群

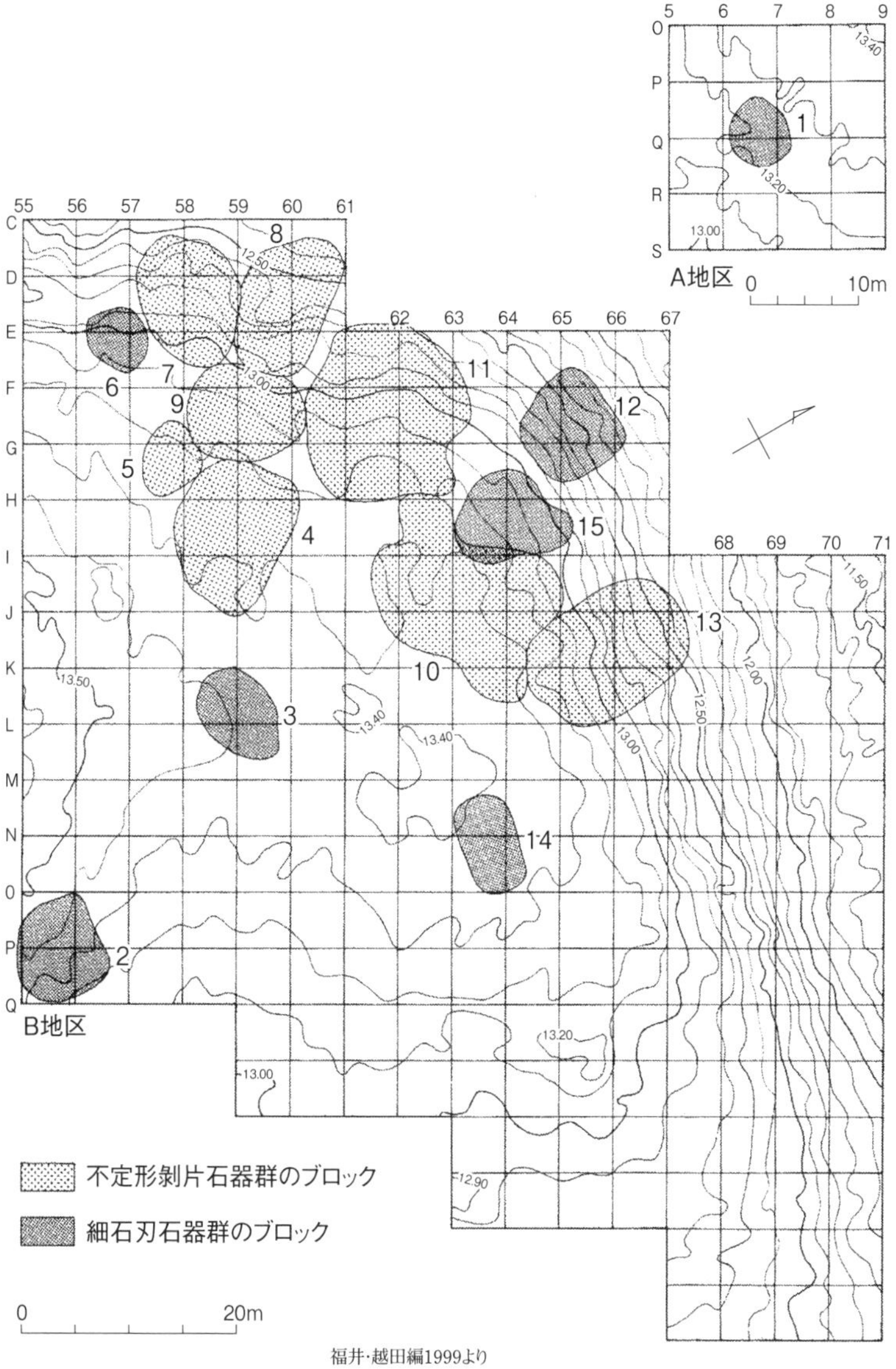

福井・越田編1999より

接合関係や出土層位・^{14}C年代値など両石器群は互いに排他的である。

細石刃・石刃を主体にわずかに彫刻刀形石器・掻器・台石など三四二〇点の石器類が検出された細石刃石器群のブロックでは、A地区のブロック一は頁岩を主材とする美利河型、炉跡を中心に分布するブロック二は蘭越型細石刃核四点を出した頁岩を主材とする蘭越型、ブロック三と六も炉跡をもち頁岩を主材としていてブロック二と接合関係をもつ同型である。ブロック一二と一四も炉跡をもち頁岩を主材としていてブロック一五と接合関係をもつ。ブロック一五は細石刃石器群中遺物が最も多く、蘭越型細石刃核と琥珀玉を一点ずつ含む。琥珀玉は知内町湯の里4遺跡でもカンラン岩製小玉三点とともに出土している。カンラン岩製小玉は今金町美利河1遺跡から七点出ている。いずれも蘭越型細石刃核に共伴していて、大陸との関連を示唆している。接合資料から蘭越型細石刃剥離技法では石刃剥離から細石刃剥離まで区切りなく、一連の工程であることが明らかになった。

掻器・細部加工剥片・顔料関連遺物を主体に、削器・錐形石器・楔形石器・石製品・台石・敲石・礫器を伴う不定形剥片石器群のブロックでは、黒曜石が半数以上を占めるが、頁岩・チャート・メノウ・安山岩など多様な石材が使われている。黒曜石は遺跡からより近い赤井川産をもっぱら使っていて、白滝産などがわずかに混じる。六つのブロックで炉跡が伴い、そのうち五ヶ所の炉跡から熱を受けたため白色化した焼骨が出ていて、偶蹄類らしい。炉跡周辺には顔料関係遺物も多い（図44）。

シベリア方面から南下してきた集団は、蘭越型、峠下型一類、美利河型細石刃核石器群を装備していたようである。蘭越型が北海道南西部に遍在し、しばしば共伴し一体性の強い峠下型一類と美利河型は南西部だけでなく、湧別川・常呂川流域にも分布する（山田二〇〇六）。異なる集団が個別に移動してきた可能性がある。

図44 柏台１遺跡出土の異系統石器群

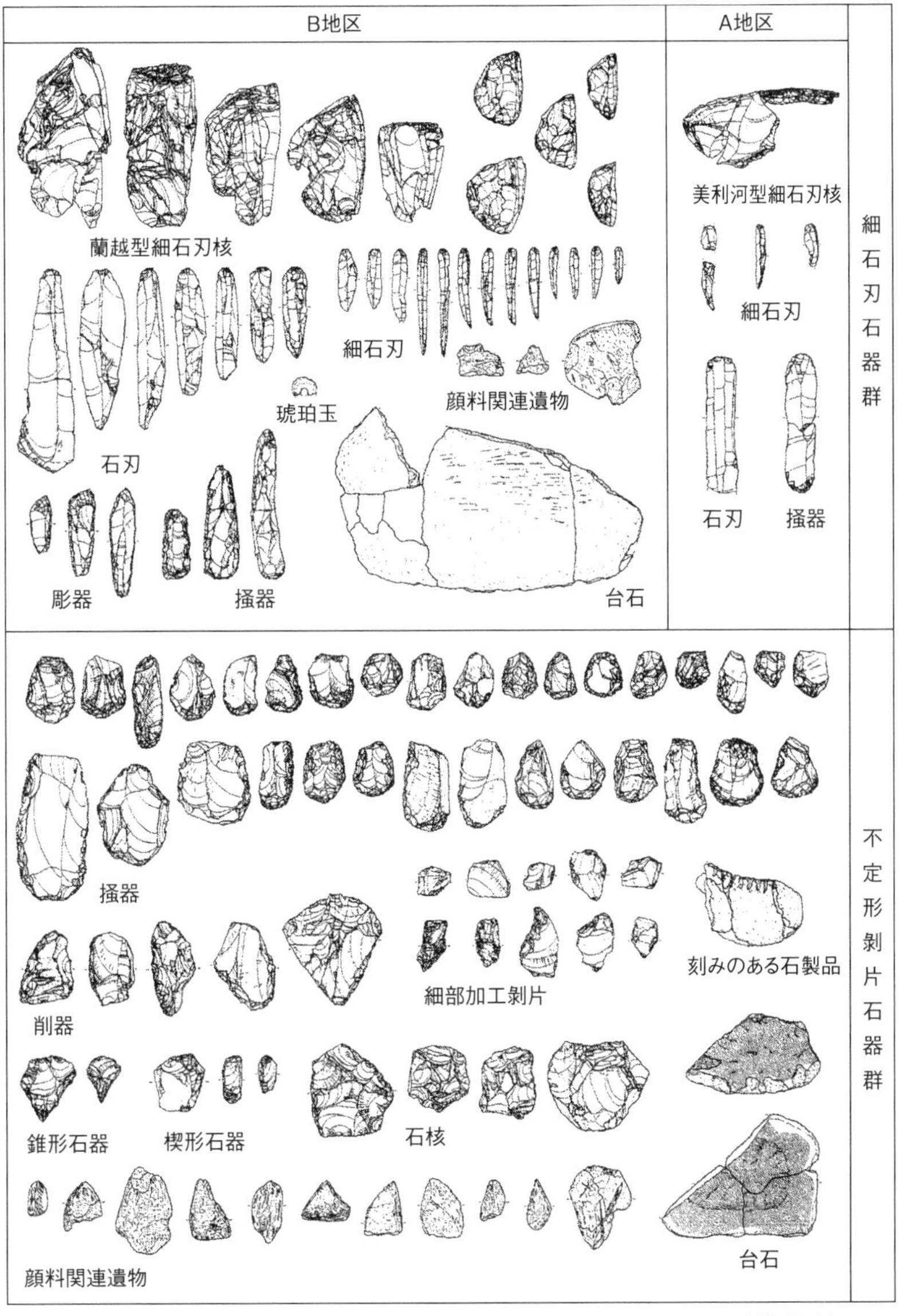

福井・越田編1999より

湧別技法

北海道では、遠軽町白滝の赤石山、置戸町の置戸山・所山、上士幌町十勝三股、余市郡赤井川村の四ヶ所が黒曜石の大規模産地として広く知られている（図45）。特に日本最大の埋蔵量を有するとされる白滝赤石山頂上部の黒曜石については、木村英明の幌加沢遺跡遠間地点の発掘（木村二〇〇五）や、一九九五年以降の（財）北海道埋蔵文化財センターによる湧別川流域段丘上の遺跡群の継続的な発掘調査によって、他の産地よりも詳細が明らかにされている。

黒曜石の産地分析を集成した佐藤宏之らによれば、産地利用形態が大きく変わるのは白滝産黒曜石と強く結びついた湧別技法による札骨型細石刃核・白滝型細石刃核の出現期（図42―3参照、1〜12）である（佐藤・役重二〇一三）。特定産地の黒曜石が遠隔地に分布すること、言い換えれば、集団の長距離移動を可能にした湧別技法の案出こそが、集団の本州進出を可能にする前提であった。

湧別技法札骨型細石刃核を含む細石刃石器群が出土した千歳市オルイカ2遺跡（図45、図46）の年代は絞り込めないが、一万八二〇〇〜一万七一〇〇年前、あるいは一万五八〇〇〜一万四四〇〇年前である。他方、「北方系削片系細石刃石器群」が在地化した荒屋系細石刃石器群の標識遺跡である新潟県川口町荒屋遺跡の年代は約一万七〇〇〇〜一万六〇〇〇年前である。移動ルートと想定される渡島半島の遺跡からは確証が得られていないが、北方集団の一部に南下を促したのはハインリッヒ1イベント（約一万六六〇〇年前）であった可能性が高い。

ハインリッヒ1イベントが終わって気候が温暖化した時期、本州にあった長者久保石器群の加担集団の一部が北上し、北海道に移動した兆候がみられる。忍路子型細石刃核石器群に新たに組成される大型尖頭器や磨製

図45 北海道の黒曜石産地と旧石器時代遺跡

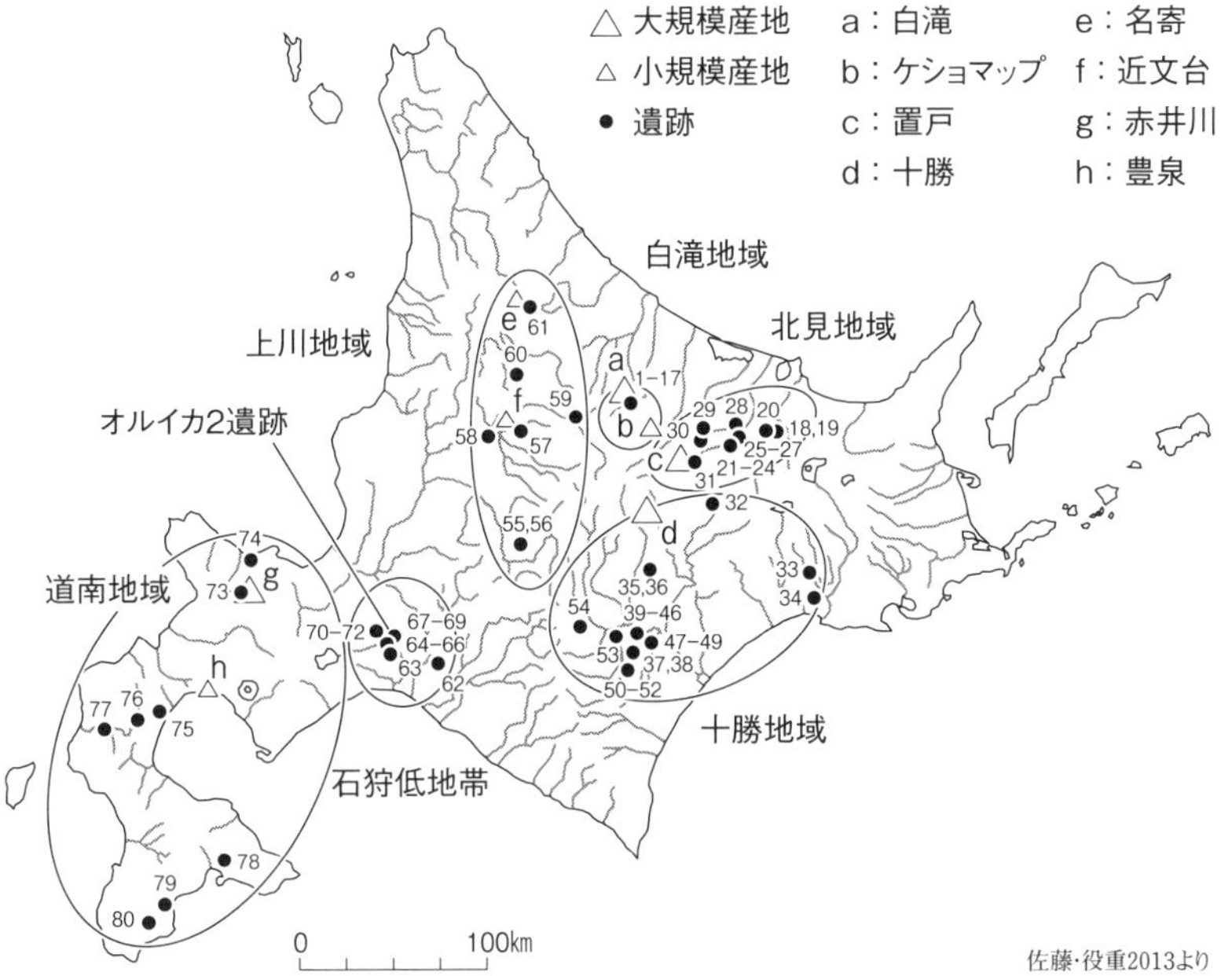

佐藤・役重2013より

石斧はその系統だと考えている。細石刃石器群の終末の様相はよくわかっていない。

二〇〇三年に発掘調査が行われた帯広市大正3遺跡で、縄紋時代草創期の爪型紋土器が出土した（北沢・山原編二〇〇六）。口縁部に隆帯がめぐらされ、その下に爪型紋や刺突紋、ヘラ状の押引紋などの紋様がつけられた尖底土器である（口絵9）。木葉形の小型尖頭器、半月形石器、彫刻刀形石器などを伴い、細石刃石器群を伴っていない。この年代が約一万四七七〇～一万四〇八〇年前である。これも本州から北上した集団とかかわりのある遺跡だと考えている。

いずれの現象も北海道の縄紋人とアイヌのDNAハプログループの解釈の際に考慮する必要がある。

図46 オルイカ２遺跡の石器集中LCS-4と石器群

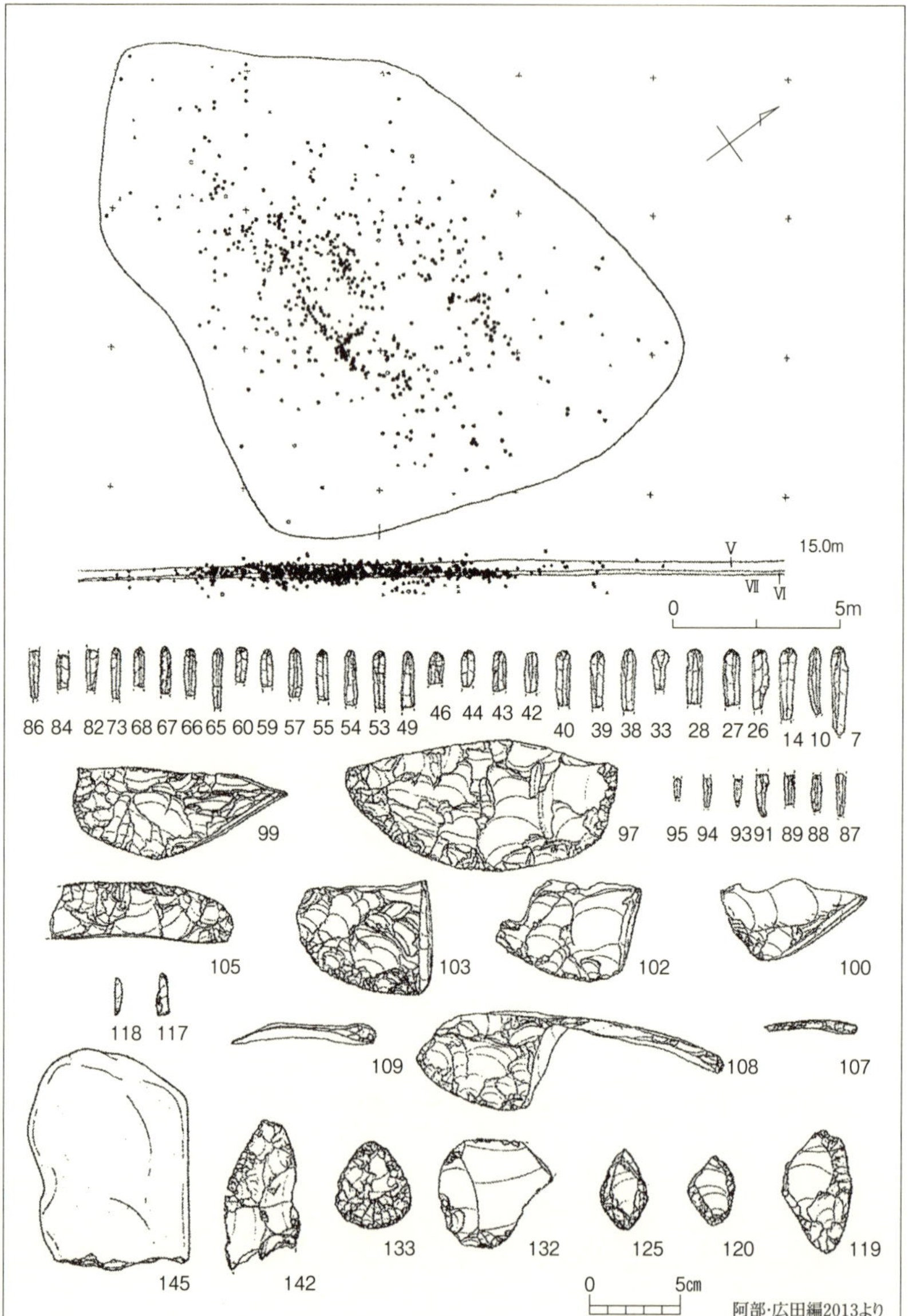

阿部・広田編2013より

本州への移住

北海道に長く居住した北方集団が日本海沿いに遠く岡山県（恩原2遺跡）に至るまで南下した。千曲川・信濃川水系と荒川・利根川水系以北を中心に、河川の合流地点の河岸段丘上に拠点を置き、流域沿いに脊梁山脈を越えて太平洋側にも進出した。

新潟県朝日村樽口遺跡では北方系の細石刃石器群が出て、報告者の立木宏明が、「この集団は北海道域から渡航し、秋田県男鹿半島で黒曜石を直接採取し、日本海沿岸を通って当地に赴いた移住民第一世代あるいは第二世代であろう」と想定していたが、山形県小国町湯の花遺跡で出土していた黒曜石の産地同定分析の結果が近年報告された。六点中三点が北海道白滝産、三点が男鹿半島脇本産であった。北海道から移動してきた集団の中には、白滝産黒曜石を使い切らずに当地に到達した集団があった可能性が出てきた。

大平山元Ⅱ遺跡

津軽半島外ヶ浜町（旧蟹田町）にある大平山元《おおだいやまもと》遺跡群は、北海道からの人・モノ・情報の入口として、また北海道への人・モノ・情報の出口として、重要な情報を提供してくれる。

二〇〇〇～二〇〇八年の町教育委員会による保存・活用を目的とする調査で遺跡の全体像が明らかにされた。大平山元遺跡群出土の石器群は四群に大別された。古いほうから詳細不明の「黒曜石石器群」、「有樋尖頭器石器群」、「細石刃石器群」、「長者久保・神子柴石器群」である（図47）（駒田編二〇一一）。調査歴を遡って石器群の内容を見てみよう。

一九七五～七九年に青森県立郷土館により大平山元Ⅰ・Ⅱ・Ⅲ遺跡の調査が行われた。大平山元Ⅱ遺跡の石

図47 大平山元遺跡出土の４つの石器群

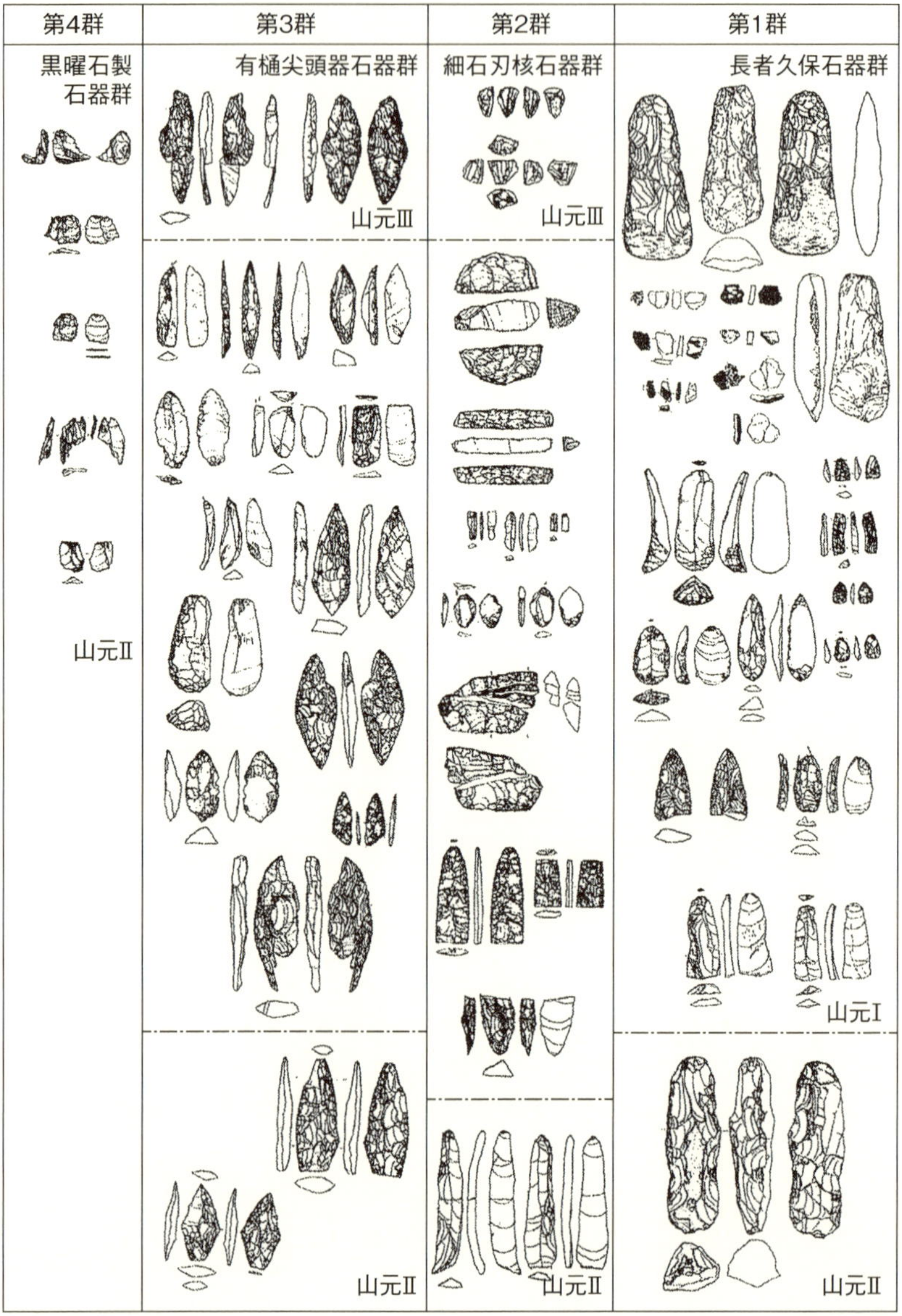

駒田編2011より

器群は層位的に三層に分けられる。

第二層下部の石器群は面取り尖頭器（有樋尖頭器）、「両面加工品を素材とする彫器」、背部加工尖頭器（「ナイフ形石器」）などを特徴とする。面取り尖頭器は千葉県東内野遺跡や長野県男女倉《おめくら》B遺跡など関東・中部地方のいわゆる「砂川期段階」及びその直後に現れる石器で、飛び地のような分布である。「両面加工品を素材とする彫器」の中には札骨型細石刃核やオショロッコ型細石刃核の打面形成時の形態に類似するものがあるが、変異の幅が大きく、また細石刃を剥離した例は含まれていない。調査者の三宅徹也は湧別技法との違いを重視して、かつて「大平山元技法」を提唱し、男女倉技法の流れをくみ、湧別技法の母体をなしたと解釈した（三宅編一九八〇）。背部加工尖頭器は東北地方には稀だが太平洋側に点々と見られる。

第二層上部の石器群は数が少ないが、片面調整の槍先形尖頭器と薄手の柳葉形の槍先形尖頭器を特徴とするらしい。柳葉形の槍先形尖頭器は第一層の石器群にも組成されるようだが、この石器群は「舟底形石器」を主体としている。ホロカ型細石刃核で一二点出土した。

大平山元Ⅱ遺跡を再調査した横山祐平は、石器群を四群に分けた（横山編一九九二）。「第Ⅳ文化層」からは黒曜石・頁岩の剝片・砕片と石刃石核しか出ていないが、黒曜石剝片の特徴から両面調整技術の存在を想定している。「第Ⅲ文化層」からは面取り尖頭器・小型尖頭器・両面調整石器・「ナイフ形石器」・彫刻刀形石器などが出ている。「第Ⅱ文化層」は尖頭器・大小の「ナイフ形石器」・彫刻刀形石器・掻器・削器という組み合わせである。「第Ⅰ文化層」の石器群が質量ともに最も豊かで、面取り尖頭器・湧別技法による細石刃核原形と削片、細石刃核・石刃石核・両面調整石器・彫刻刀形石器・掻器・削器などで構成されている。帰属文化層不明の遺物として、長者久保型「丸鑿」の原形と有茎尖頭器が出ている。後述する大平山元Ⅰ遺跡の石器群に関係するものである。

峠下型細石刃核や美利河型細石刃核原形とされている石器を含み、検討の余地を残す石器群であるが、北海道の湧別技法による細石刃石器群を有する集団と、在地の尖頭器石器群を有する集団との交流は示唆されている。細石刃核から細石刃が剥離されておらず、細石刃も出土していないが、郷土資料館による調査の際に、先に記したように「第一層」からホロカ型細石刃核と細石刃が出土している。交流はある程度の期間続いていたようである。

角二山遺跡

山形県内の旧石器時代遺跡を踏査・発掘していた加藤稔は、県内の遺跡から荒屋型彫刻刀形石器や舟底型細石刃核が見つかっていることを知って、一九七〇年に北村山郡大石田町角二山遺跡の発掘調査を行った。出土した細石刃核とその削片との接合資料によって、北海道以外での湧別技法の存在を初めて実証した。検出された細石刃石器類はもっぱら在地の珪質頁岩を素材としていた。その後しばらくたって、荒屋型彫刻刀形石器や角二山型掻器を組成する石器群は、北海道白滝遺跡遠間H地点の石器群に対比された（宇野・上野一九八三）。

珪質頁岩製細石刃核を見ると、接合資料の母型の両面調整が粗い。また打面の形成が稜付き削片だけの剥離であったり、同一方向からの数回の打撃や両方向からの数回の打撃によったりしている。さらに細石刃核原形に稜付き剥片や分厚い剥片を利用してもいる。両面体石器を長軸方向の縦割りでなく短軸方向での横割りの例も混じる。故地の北海道を遠く離れた土地での湧別技法の変容である（図48）。掻器や彫刻刀形石器の素材のかなりの部分は、細石刃核原形となる両面体石器の製作過程で生じる剝片を利用している（桜井一九九二）。

図48 角二山遺跡出土の細石刃核の変容

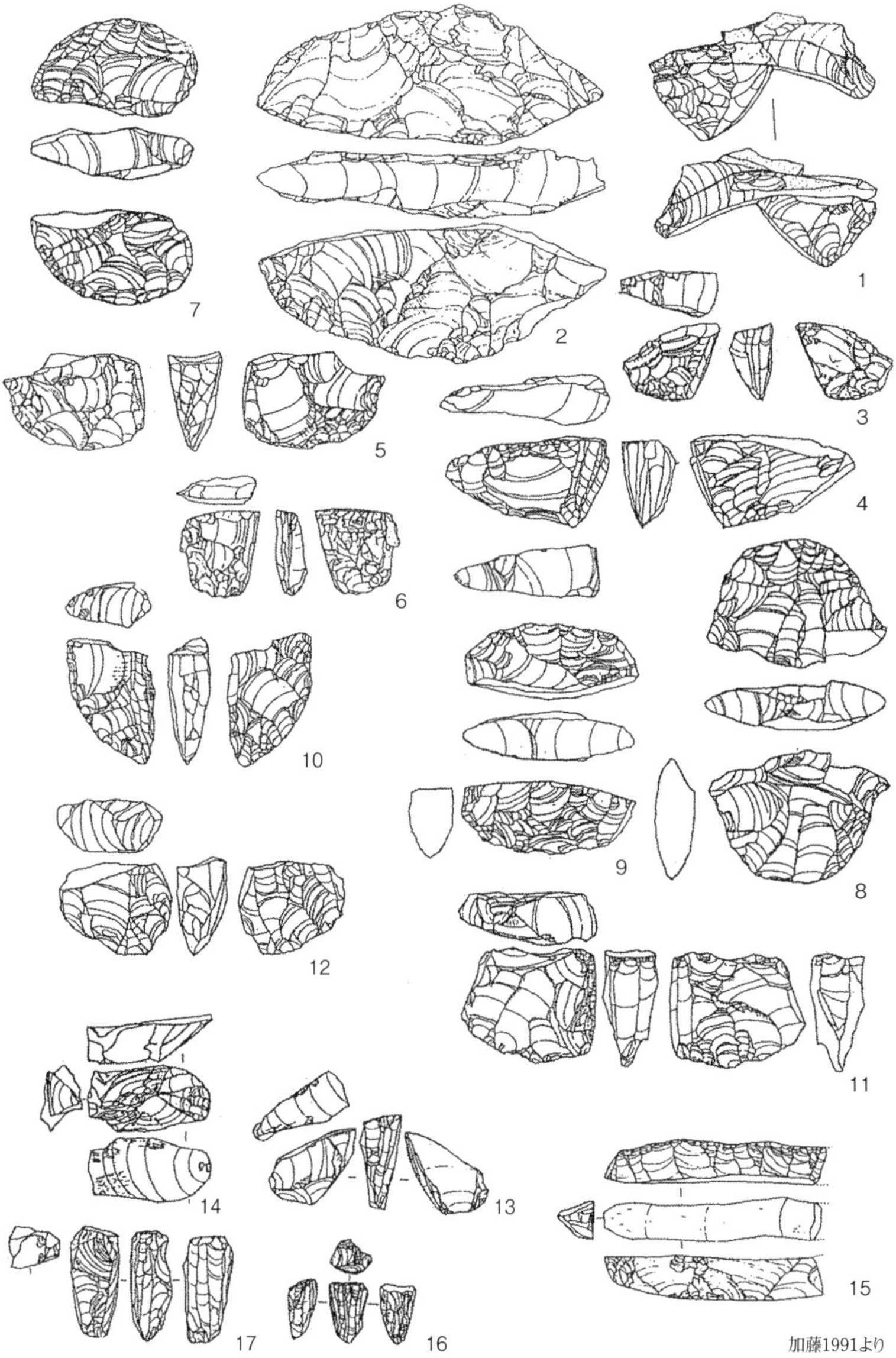

加藤1991より

黒曜石製の半円錐形の細石刃石核が伴うという（加藤一九九一）。

最近、鹿又喜隆らが町立歴史民俗資料館に保管されている角二山遺跡の細石刃核作業面調整剥片と三点の細石刃の蛍光X線分析を試みたところ、四点ともに白滝系の黒曜石であることが判明した（鹿又・佐々木二〇一五）。故地の白滝系黒曜石を消費し尽さずにここまで移動してきた集団が、在地の珪質頁岩を獲得・消費した状況を想定させる遺跡である。

樽口遺跡

新潟県朝日村樽口遺跡は先に記述したように（一三一頁）、関西方面から北上してきた「瀬戸内集団」の痕跡もみられることから判断して、日本海側ルート上の要地であった（図49）。

白滝型細石刃核を指標とする石器群は四つのブロックから、「細石刃一二二〇点、細石刃核一六点、細石刃核母型一三点、細石刃核削片一〇二点、彫器一点、掻器一九点、尖頭器状スクレイパー一点、スクレイパー二二点」が検出された。彫刻刀形石器は荒屋型である。使用石材はほとんど黒曜石で、一八例の産地同定分析結果は、男鹿産一一例、男鹿産?六例、和田峠産一例である。山形県湯の花遺跡採集の黒曜石も男鹿産であることから、報告者の立木宏明は、「この集団は北海道域から渡航し、秋田県男鹿半島で黒曜石を直接採取し、日本海沿岸を通って当地に赴いた移住民第一世代あるいは第二世代であろう」と推測している。ちなみに、近年に湯の花遺跡出土の黒曜石の産地同定分析が行われていて、六点中三点が北海道白滝産、三点が男鹿半島脇本産である。

細石刃石器群と出土層位と分布範囲が重なって、無斑晶質安山岩・珪質頁岩製の大型槍先形尖頭器が出土し

図49 樽口遺跡に見られる石器群の変遷

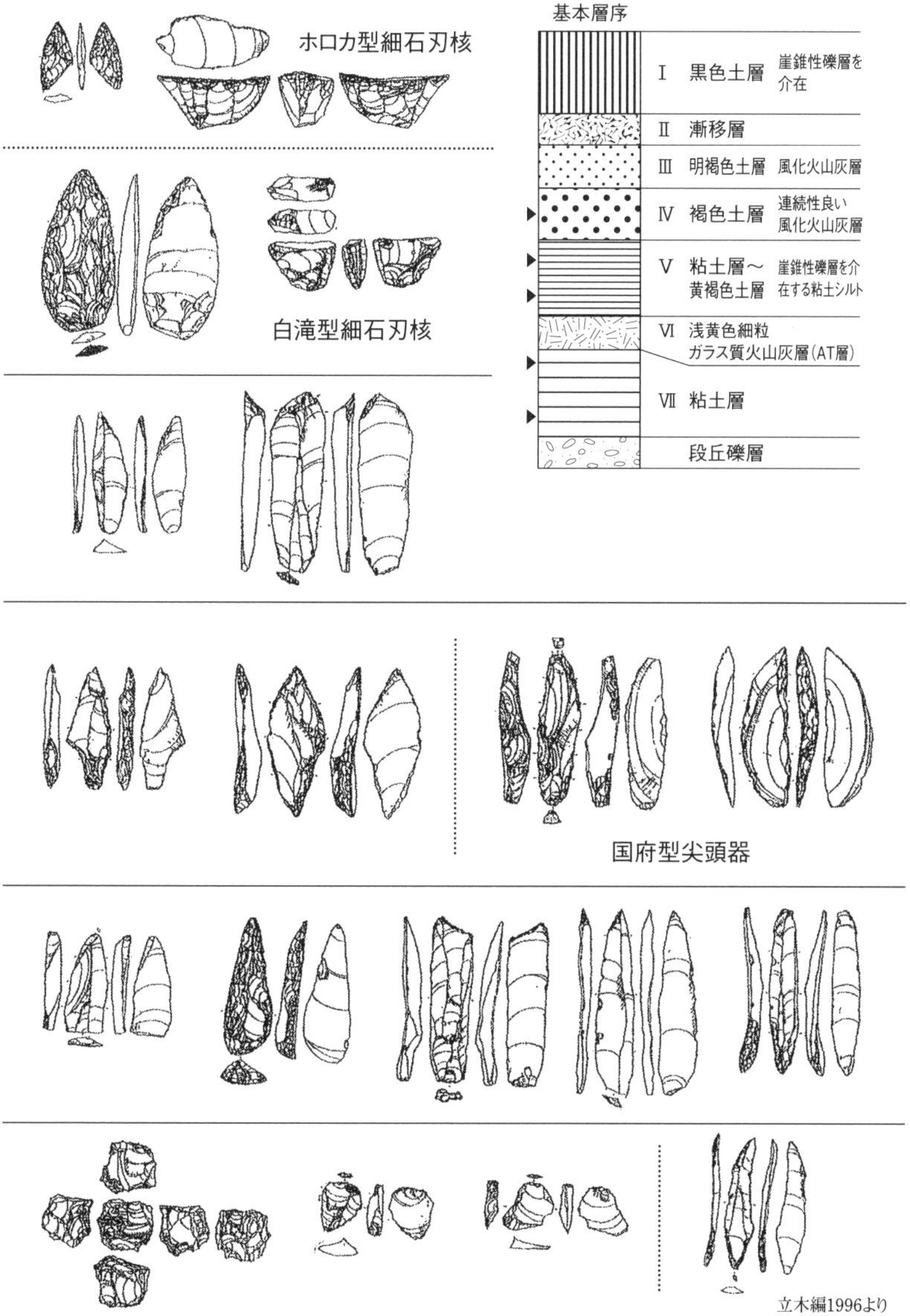

立木編1996より

ている。両面調整品は一点だけで、他は片面ないしは半両面調整品である。北海道における当該細石刃石器群にはこの種の槍先形尖頭器は組成されないから、移住集団と在地集団との接触があったと見るのが自然であろう。

ホロカ型細石刃核を指標とする細石刃石器群は三つのブロックから、「細石刃一一八点、細石刃核三点、彫器二点、掻器一九点、彫掻器七点、尖頭状スクレイパー二点、尖頭器一点」が検出された。石材は玉髄が若干混じるほかはすべて珪質頁岩が使われており、細石刃製作に関わる石器以外は石器自体が遺跡に搬入されている。両石材の最寄りの産地は山形県小国町の荒川流域である。良質の珪質頁岩を使っていることで、立木は先に取り上げた大平山元Ⅱ遺跡や次章で言及する茨城県額田《ぬかだ》大宮《おおみや》遺跡と同類の石器群とみている（立木編一九九六）。

恩原1・2遺跡

先に国府型石器群の項で言及した（一一七頁）岡山県北部の中国山地にある苫田郡鏡野町恩原遺跡でも、湧別技法による削片系細石刃石器群が見つかっている。恩原1遺跡から地表採集の湧別技法の細石刃核一点のほか、細石刃五〇点、削片一八点、彫刻刀形石器三点、角二山型掻器一点を含む三〇二点の石器類、そして恩原2遺跡から細石刃五六点、彫刻刀形石器六点（うち荒屋型四点）を含む四三一点の石器類が出土した。山陰地方の石材であるメノウ・玉髄・黒曜石が恩原1遺跡で九九・二％、恩原2遺跡で九四％を占めているが、珪質頁岩に類似する良質石材もある。故郷の姿をわずかに残しながら、在地化してしまった北方系集団の植民の痕跡である（稲田二〇一〇）。

メノウ・玉髄産地の島根県松江市花仙山周辺でも、杉谷遺跡で玉髄製削片二点と細石刃一点、宮ノ前遺跡で玉髄製削片と細石刃が各一点、正源寺遺跡で玉髄製細石刃核四点・細石刃核原形七点・細石刃二点・削片一二点が見つかっている。また面白谷《おもしろだに》遺跡で細石刃核と細石刃核原形が各三点と削片二点のほか、荒屋型彫刻刀形石器と角二山型掻器が各一点確認されている。

瀬戸内地域でも、大阪府羽曳野市誉田白鳥《こんだはくちょう》遺跡から玉髄製削片、兵庫県加古川市南大塚古墳の墳丘崩壊土から黒曜石製削片が各一点出土した。香川県羽佐島遺跡ではサヌカイト製の湧別技法関連細石刃核・削片など八点が出土していて、稲田孝司は湧別技法集団の一部が瀬戸内に住みついた可能性に言及している。遠く山口県宇部台地の川津遺跡からも玉髄製細石刃核原形が地表採集されている。

この稲田の植民仮説には難題が伴っていた。移動ルートと考えられる北陸・山陰地方の日本海側に関連遺跡が見つからないのである。一方韓国では、一九八〇年代以降に湧別技法関連資料（垂楊介・集賢・新北・海雲台中洞・好坪洞遺跡）が増えている。韓国の事情に詳しい張龍俊が、この北陸・山陰地ルート上に遺跡が見られないことに加え、細石刃石核の調整技術、珪質頁岩および珪質頁岩製石器、荒屋型彫刻刀形石器などを北方系とみる際に生じる違和感などを挙げ、替わって、西北九州の中尾二ッ枝・古峰・東山Ⅰ・原遺跡から広島県冠遺跡を経由する朝鮮半島ルートを示唆している（張二〇一〇）。今のところ張の仮説を検証する情報が少なすぎる。

荒屋系細石刃石器群

在地化した細石刃石器群は、標識遺跡である新潟県長岡市荒屋遺跡の名をとって荒屋系細石刃石器群と呼ば

図50 荒屋系細石刃石器群の分布

旧石器時代を通して利用された日本海側の幹線ルートを南下し、脊梁山脈を峠で超え、河川沿いに太平洋側に拡散したようである。

図51 荒屋型彫刻刀形石器

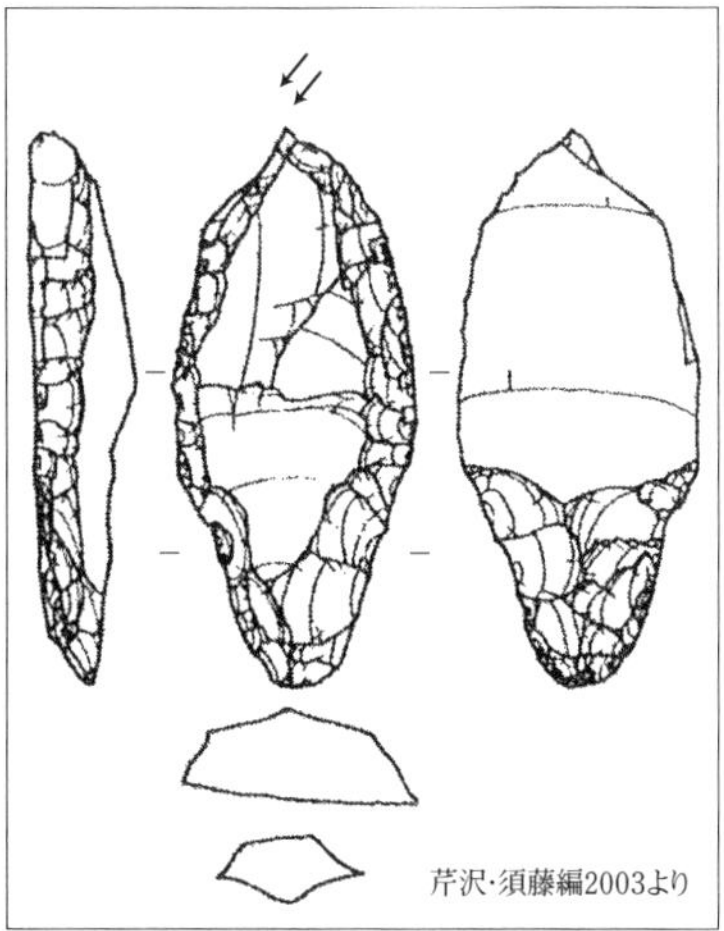

使用痕分析から判断して、主に骨角器（酸性土壌の列島では遺物が見つからない）の製作道具として使われたようである。

れる（図50）。荒屋遺跡出土の石器類は在地の珪質頁岩がもっぱら用いられ、剥片・砕片を入れて九万四〇〇〇点以上に及ぶ。細石刃数に比して細石刃核の数がきわめて少ないことから、この地から多くの細石刃核が搬出されたと思われる。芹沢長介によって「荒屋型」と呼ばれた彫刻刀形石器（図51）は細石刃核の調整段階で生じた剥片を利用していることが多い。削片の数が非常に多く、彫刻刀形石器製作と刃部再生作業が頻繁に行われたようである。

この拠点的キャンプ地では獲物の処理だけでなく、遠出の際に所持する細石刃核原形や細石刃を埋め込む骨角軸の製作が活発に行われていたようである。彫刻刀形石器に比べ掻器が極端に少ないのが注意される。

この石器群は石材産地から一〇〇～二〇〇キロを超える遠隔地の遺跡でも、珪質頁岩製の細石刃核、彫刻刀形石器・掻器などの石器類、素材剥片からなり、その総重量はきわめて軽量である。他にわずかに遺跡周辺で採取可能な石材を削器・礫器などに利用している。このことから、短期間に長距離を移動していた数世代前の〝札骨型集団〟の移動形態を踏襲していたと見られる。

正面中島遺跡

この「荒屋集団」と在地集団との関係をうかがわせるのは新潟県津南町正面中島遺跡である。遺跡は信濃川

写真3 中央に信濃川が蛇行し、右岸に段丘群（各崖線沿いに樹林）が見える。

流域に発達した津南段丘（写真3）のうち、貝坂面と正面面を画す外線沿いに流れてきた清水川の屈曲点と、その河道の背後にある湧水の沢頭に挟まれた半島状の地形に位置する。報告者の佐野勝宏によれば、正面中島遺跡における石器群は、「遺物散布地」一ヶ所、「遺物集中部」八ヶ所から出ている。石器集中部の一〜三が細石刃石器群関連で、五〜八が槍先形尖頭器石器群関連の資料である（図52、53）。遺物集中部三からは、細石刃一九点、細石刃用剥片七点、細石刃核削片一点、彫刻刀形石器七点、彫刻刀形石器削片二六点、掻器六点など計一〇〇点の石器類が出ている。遺物集中部二からも細石刃核原形一点が出ている。荒屋型彫刻刀形石器や角二山型掻器が見られる。石材は珪質頁岩・頁岩が主体で、他に玉髄が使われており、佐野は山形方面での採取を想定している（佐野編二〇〇二）。

一方、二ヶ所の製作跡からなる遺物集中部七からは、尖頭器一九点、斧形石器一点、掻器三点、石刃四点など計六九五点の石器類が出ている。尖頭器はほかに石

図52 正面中島遺跡の細石刃石器群と槍先形尖頭器石器群の分布

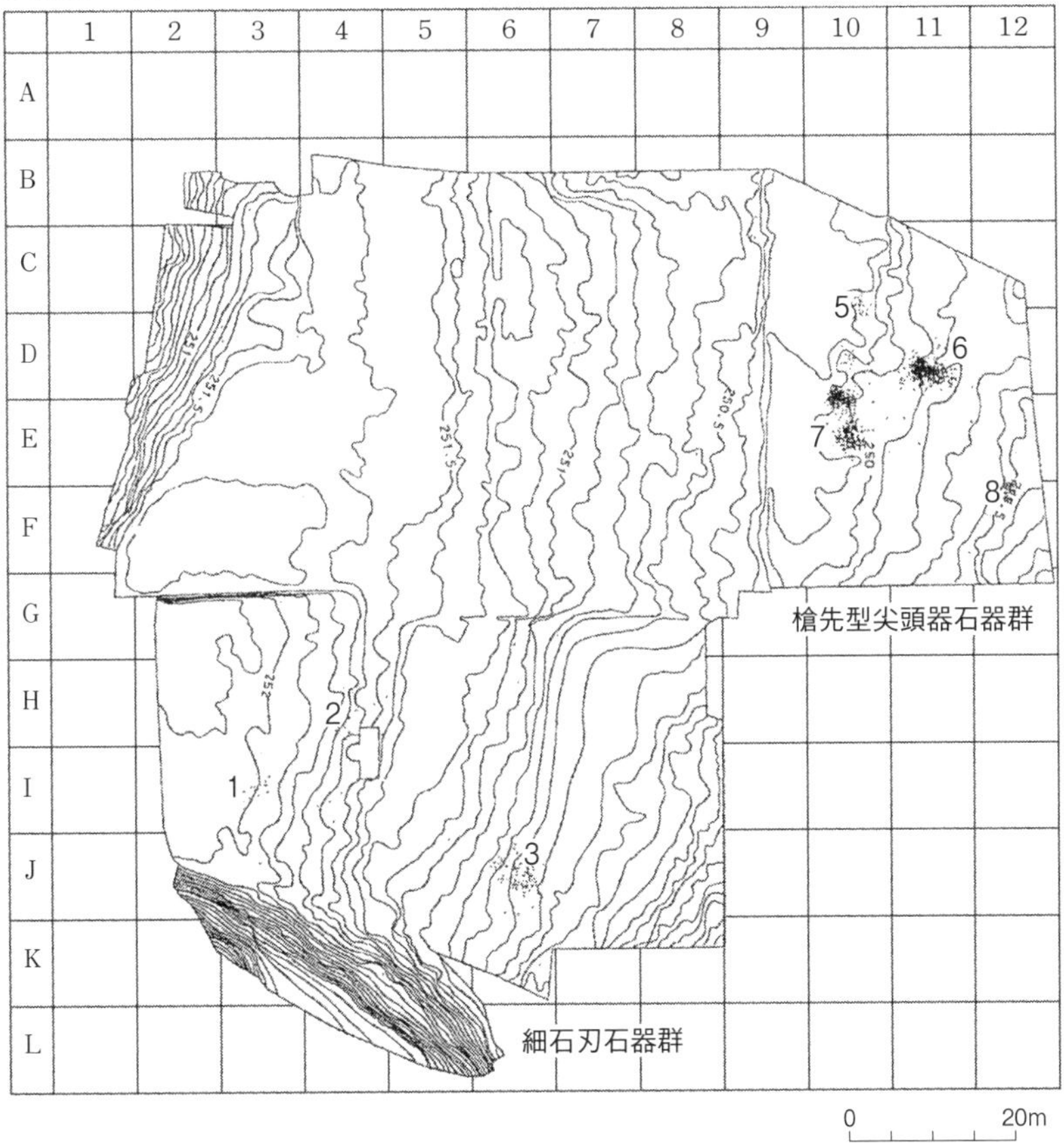

佐野編2002より

北方集団が故地を離れ、南下して東日本各地に拡散して在地化していった過程を、石器群の連鎖的変容過程で実証し得ていない。他方、長者久保・神子柴石器群の方も、その初現から終末までの変容過程は十分にはわかっておらず、いくつもの仮説を重ねているのが現状である。^{14}C 年代測定値の較正年代を要する場面である。

図53 正面中島遺跡の槍先形石器群と細石刃石器群

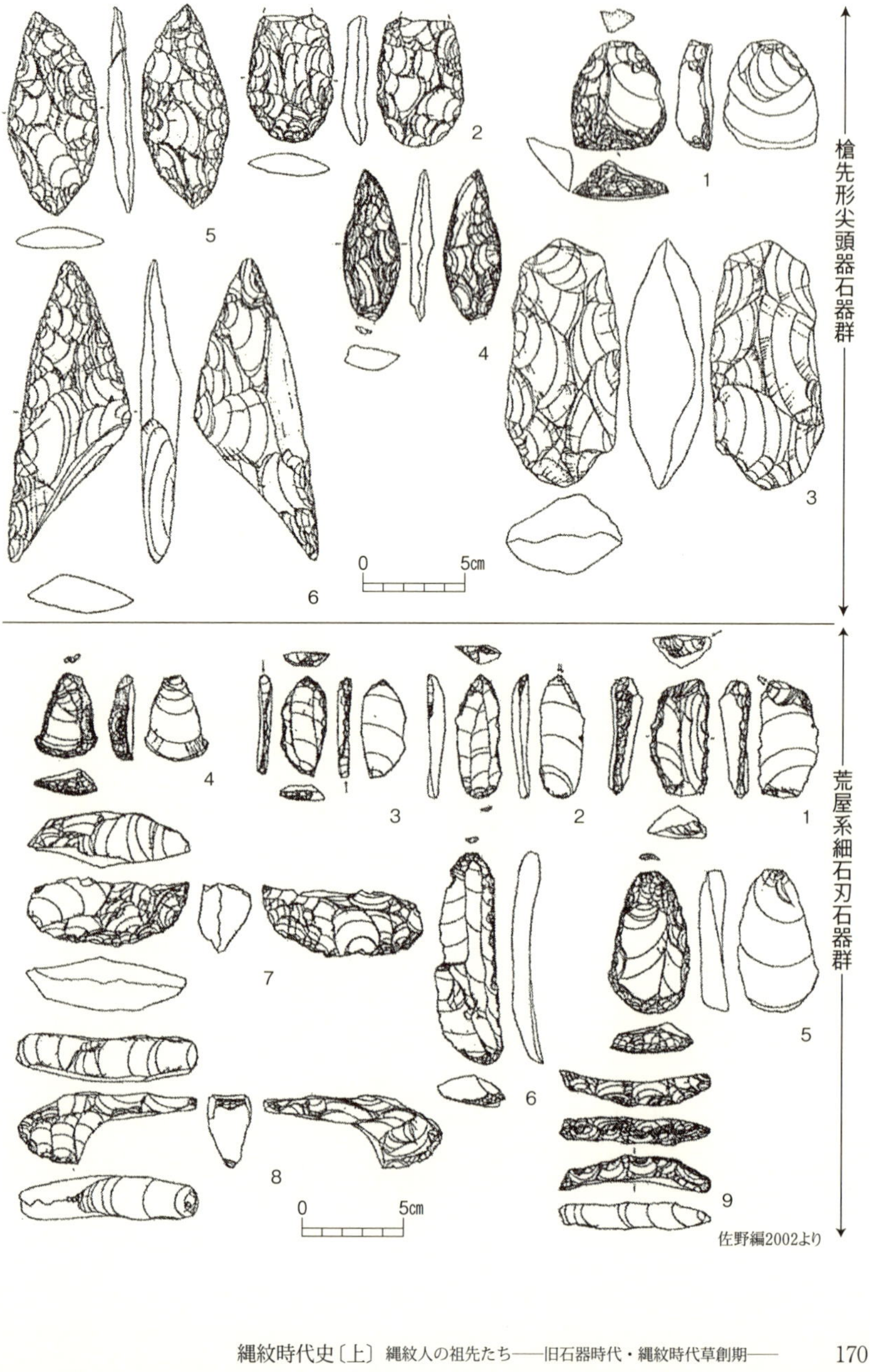

佐野編2002より

器集中部六から一六点、石器集中部五から四点、石器集中部八から三点出ている。石器群は神子柴石器群とは断定しがたいが、石器組成や石器形態からみて関連する石器群と思われる。佐野は母岩から槍先形尖頭器が製作されていく過程で生じる剝片類が搔器や削器、さらには小型尖頭器の素材として利用されていく工程を復元している。石材は頁岩を主体に凝灰岩、黒色安山岩など遺跡の近くで採取可能な石材をいろいろ使っている。なお、石器集中部六から土器の小片らしきものが検出されている。

石器集中部三と七とは直線距離にして六〇メートル以上離れており、分布範囲が重複しないし、母岩も共有していないことから、別集団の残した石器群であると見なせる。佐野は、細石刃石器群が残された後に、大型尖頭器石器群が残された可能性が高いと指摘しているが、両者の前後関係は決定できない。時空間において接近していたことは確かであって、言い換えれば、移動してきた「荒屋集団」と在地集団とが異常接近していた可能性はある。

八ヶ入遺跡

「荒屋集団」は脊梁山脈を超え、河川沿いに太平洋側まで広く活動領域を広げていた。これまで知られていた群馬県前橋市頭無《かしらなし》遺跡など利根川水系だけでなく、渡良瀬川水系でも近年関連遺跡が見つかり始めている。

太田市八ヶ入《はちがいり》遺跡は渡良瀬川右岸の平坦な扇状地に点在していた縞状の微高地に、浅間板鼻黄色軽石（As－YP）の降下以前に集団がやって来て残した遺跡である。一四×六メートルの集中部の周り東西約一四メートル、南北約九メートルの範囲から湧別技法による細石刃核一点、その削片一〇点、細石刃三六六点、搔器四点、荒屋型などの彫刻刀形石器二六点（彫搔器二点を含む）、その削片一二四点、削器四点、石核一一点、礫器一点、

図54 八ヶ入遺跡出土の湧別技法を示す接合資料

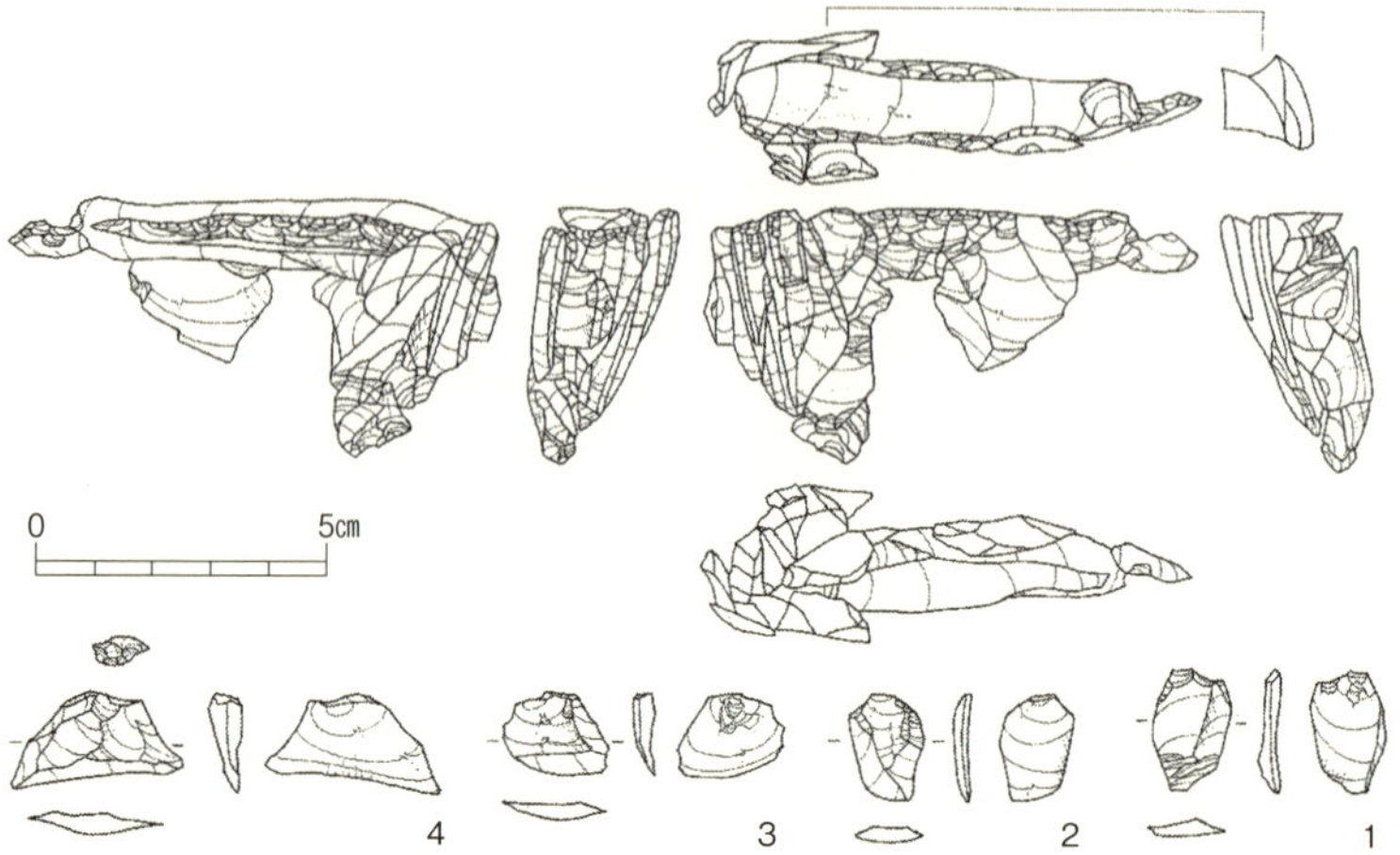

関口編2010より

遺跡内に細石刃核が搬入され、この場で細石刃剝離、細石刃核の調整作業が行われたのち、残核が搬出された行動が示唆されている。

剝片七三二点、砕片三六九点、台石二点、敲石一点などが検出された（関口編二〇一〇）。

細石刃関連の石器は硬質頁岩製で、小型剝片には在地のチャート・黒色頁岩・黒色安山岩・ホルンフェルスが使われている。他に黒曜石の小片が出ていて、和田産一点、箱根畑宿産一三点、神津島産二点の分析結果が出ている。だが、この産地同定結果が示唆する行動論的意味は今は理解できない。

検出された細石刃核は一点であるが、報告者の関口博幸は母岩分類によって、遺跡内に多数の細石刃核および細石刃原形を搬入して細石刃生産を行い、その後細石刃核の多くは搬出されたと考えている。図54は細石刃・細石刃削片・調整剝片二七点の接合資料である。関口によれば、剝離作業前の搬入形態は細石刃剝離が進行した細石刃核で、遺跡内での剝離工程は、細石刃剝離→細石刃核作業面調整→細石刃核側面調整→細石刃剝離→

細石刃核側面調整↓細石刃核削片剥離↓細石刃核側面調整↓細石刃核削片剥離で、作業後に細石刃核は遺跡外に搬出されたようである。

白草遺跡

利根川を超えて集団はさらに南下したようである。その痕跡のひとつ、埼玉県深谷市白草遺跡は荒川の右岸、その支流の吉野川が河川改修以前には南に大きく曲流していたが、その曲流部に向けてせり出した江南台地の北縁部に位置する。五ヶ所の石器ブロックから細石刃核原形一点、スキー状削片六点、細石刃四七八点、荒屋型彫刻刀形石器およびその変形形態二一点、彫刻刀形石器削片二二五点、角二山型掻器と大型掻器各一点、削器二点、小剥離痕を有する剝片一一七点、礫器一点などおよそ四五〇〇点の石器類が出土した。石材はもっぱら珪質頁岩だけを使用している（川口編一九九三）。

この遺跡では五ヶ所の石器集中地点が確認されているが、石器・石辺類の大部分は土坑が見つかった「第一ユニット」に集中していた。スキー状削片、細石刃、彫刻刀形石器、彫刻刀形石器削片、小剥離痕を有する剝片が集中する場所は、石器を製作し使用した活動の中心部である。稜付き削片が見つかっていないところを見ると、出土した細石刃核原形に近い形で両面調整石器を持ち込み、整形しながら細石刃を生産し、整形途上で生じる調整剝片をてきぎ彫刻刀形石器の素材とし、また削器として使ったようである。

報告者の川口潤は石器集中地点で石器組成に偏りが見られることを指摘している。地点ごとに個別の作業が行われたのかもしれない。約五〇〇メートル離れた荷《に》鞍《くら》ヶ《が》谷《や》戸《と》遺跡で採集された彫刻刀形石器と「第一ユニット」出土の削片とが接合した。土坑の傍らで作り出したこの石器を携え、五〇〇メートル離れた場所で使って捨てたと思われる。

後野遺跡

茨城県ひたちなか市後野遺跡は久慈川と那珂川の間に発達した那珂台地、那珂川の支流本郷川谷に突出した標高二九・五メートルの低丘陵上にある。台地南縁のB地区の褐色軟質ローム層に集中して層の上面に及ぶ範囲から、荒屋系細石刃石器群が出土した。石核が削片系細石刃核の範疇に入るけれども、技術・形態的に変形してしまっている。栗島義明は後野遺跡の例を「在地系の影響を受けた削片系」と表現している（栗島一九九三）。私自身は、「埋め込み戦略」を背景として、技術の本来の所有集団が珪質頁岩の産地を遠く離れた場所で石材を効率的に使用した結果とみなす。ちなみに、相模野台地の大型の槍先形尖頭器に伴う細石刃核については、栗島は「湧別技法の工程的形骸化」とし、また中部高地のものは「湧別技法にない一つの地域的な技術的適応」および「技術的折衷」として把握するのに対し、私は技術の本来の所有集団ではなく、技術を受容した隣接集団の手になるが故の変容と解釈している。

気候が温暖化して生態系が回復するにつれて、長距離を遊動する必要がなくなり、湧別技法による細石刃石器群が変質を被って消えていった。B地区の北二〇メートルの台地中央部A地区出土の石器群にその過程の一面を見る。

打製石斧・槍先形尖頭器・掻器・掻彫器・削器・石刃など八七点の石器が、黄褐色パミス層に集中して若干が褐色軟質ローム層の上面から出土した。石器はすべて搬入された様子で、製作剥片を欠いている。石材は「下野―北総回廊」（田村二〇〇三）外縁部産珪質頁岩であるが、石斧には軟質頁岩、尖頭器には流紋岩が使われており、黒曜石と凝灰岩の剝片も出ている。石斧は刃部が破損していて器形がはっきりしない。尖頭器も尖頭部と基部とが欠損しているが、長者久保遺跡出土の薄手柳葉形のものと同形である。石器ブロックから約二メートル離れて二個体分（？）の土器片が廃棄された状態で一ヶ所にかたまって出ている。大平山元Ｉ遺跡出土例と同様に無紋である。

長堀北遺跡

「荒屋集団」の移動の痕跡が南関東の相模野台地にも残されている。神奈川県大和市長堀北遺跡において、L1S層中位をピークとして、槍先形尖頭器、打製石斧、細石刃、細石刃核、あるいは槍先形尖頭器、細石刃、細石刃核原形などを組成する五つのブロックが検出された（小池編一九九〇／九一）。細石刃核原形はゴロッとした左右非対称な尖頭器状の素材から最初の削片を剥離した後に甲板面から細かい調整を施し、さらにスキー状削片を剥離し放棄されたもので、スキー状削片と接合する。製作者は湧別技法を知る「荒屋集団」からの参入者であるのかもしれない。一方細石刃核の方は舟底状を呈するが、素材は厚い横長剝片で主剥離面からの打撃により切断して甲板面としている。反対側を両面加工により楔形に整形し、細石刃剥離に先立って正面から削片を剥離して打面の角度を調整している。両面加工の細石刃核を意識した、いわば「応用型」といったもので、この石器群は荒屋系細石刃石器群の直接的な表現とはみなせない。いずれの例も石材は在地の安山岩製である。さらに石核は見つかっていないが、凝灰岩とチャートの細石刃はその形態から在地に伝統的な野岳・休場型細石刃核から剥離されたものである、と報告者の小池聡は推測している。伴出した凝灰岩製の槍先形尖頭器は最大幅を胴部中央にもつ木葉形で、一一センチ以上の大型と七～八センチの中型がある。これら第Ⅱ文化層の槍先形尖頭器は第Ⅳ層とされた下層出土の黒曜石製の小型の槍先形尖頭器とは別系統である。

なお、長堀北遺跡の第Ⅰ文化層からは、無紋土器、隆起線紋土器、打製石斧、有茎尖頭器、局部磨製石鏃などが出ている。相模野台地では細石刃と尖頭器に土器が伴う遺跡（上野遺跡第1地点、勝坂遺跡）など、土器出現期から隆起線紋土器期の遺跡が多く検出されている。第四章で詳述する。

引用文献

会田容弘　一九八七「東北地方における『国府系石器群』」『歴史』第六九輯、一－一四頁。
会田容弘　一九九二「東北地方における後期旧石器時代石器群の剝片剥離技術の研究」『東北文化論のための先史学歴史学論集』一九二－二〇九頁、加藤稔先生還暦記念会。
会田容弘　一九九四「越中山K地点」『瀬戸内技法とその時代―資料編―』一七六－一七七頁、中・四国旧石器文化談話会。
上尾市教育委員会編　一九七九『殿山古墳・殿山遺跡』上尾市文化財調査報告第六集。
阿部明義・広田良成編　二〇〇五『千歳市　オルイカ2遺跡（2）』北海道埋蔵文化財センター調査報告書第二二一集。
阿部　敬　二〇〇七「角錐状石器群の行動的背景」『考古学』Ⅴ、三三－七二頁、安斎正人編・発行。
阿部　敬編　二〇〇九『秋葉林遺跡Ⅰ』財団法人静岡県埋蔵文化財調査研究所調査報告第二〇七集。
阿部　敬・岩名建太郎編　二〇一〇『富士石遺跡Ⅰ（第二東名No.142地点）』財団法人静岡県埋蔵文化財調査研究所調査報告第二三二集。
安斎正人編　一九九一『岩手県山形村早坂平遺跡』岩手県山形村教育委員会。
安斎正人　二〇〇三『旧石器社会の構造変動』同成社。
安斎正人　二〇〇四a「列島の現代型ホモ・サピエンス」『千葉県史のしおり』一－一五頁、千葉県の歴史資料編・考古四平成一六年三月第九回。
安斎正人　二〇〇四b「東北日本における「国府系石器群」の展開―槍先形尖頭器石器群出現の前提―」『考古学』Ⅱ、一－四〇頁、安斎正人編・発行。
安斎正人　二〇〇四c「『国府系石器群』の地域性」『中・四国地方旧石器文化の地域性と集団関係』二八一－二八二頁、中・四国旧石器文化談話会。
安斎正人　二〇〇七a『前期旧石器再発掘―捏造事件その後―』同成社。
安斎正人　二〇〇七b「『ナイフ形石器文化』批判―狩猟具の変異と変遷―（前編）」『考古学』Ⅴ、一－三二頁、安斎正人編発行。
安斎正人　二〇〇八「『ナイフ形石器文化』批判―狩猟具の変異と変遷―（後編）」『考古学』Ⅵ、一一九－一三五頁、安斎正人編発行。
安斎正人・佐藤宏之編　二〇〇六『旧石器時代の地域編年的研究』同成社。
池田朋生編　一九九九『石の本遺跡Ⅱ』熊本県文化財調査報告第一七八集。
池谷信之　二〇一七「旧石器時代の神津島産黒曜石と現生人類の海上渡航」『理論考古学の実践』Ⅱ実践篇、二六－五四頁、同成社。
一瀬和夫編　一九九〇『南河内における遺跡の調査Ⅰ　旧石器時代基礎資料編Ⅰ』財団法人大阪府埋蔵文化財センター。
稲田孝司　二〇一〇『旧石器人の遊動と植民』シリーズ「遺跡を学ぶ」〇六五、新泉社。

岩谷史記　一九九七「九州尖頭器石器群の中に見る三稜尖頭器の位置」『九州旧石器』第三号、四七―六二頁。
宇野修平・上野秀一　一九八三「角二山遺跡」『日本の旧石器文化』第二巻、九六―一一一頁、雄山閣。
大竹憲昭編　二〇〇〇『貫ノ木遺跡・西岡A遺跡』長野県埋蔵文化財センター発掘調査報告書四八。
大西雅広編　二〇一〇『上白井西伊熊遺跡―旧石器時代編―』財団法人群馬県埋蔵文化財事業団調査報告書第四八〇集。
大西雅広　二〇一一「群馬県上白井西伊熊遺跡における瀬戸内技法」『旧石器考古学』七四、二九―三九頁。
小田静夫　一九七七「先土器時代の東京―『野川以後』の研究史―」『季刊どるめん』一五号、三二―四九頁。
織笠　昭　一九八七「殿山技法と国府型ナイフ形石器」『考古学雑誌』第七二巻第四号、一―三八頁。
加藤晋平　一九八八『日本人はどこから来たか―東アジアの旧石器文化―』岩波新書二六。
加藤博文　二〇〇三「シベリアの細石刃文化―研究の変遷と新たな問題提起―」『シンポジウム日本の細石刃文化Ⅱ』二四六―二六六頁、八ヶ岳旧石器研究グループ。
加藤　稔　一九七五「越中山遺跡」『日本の旧石器文化』二、一一二―一三七頁、雄山閣出版。
加藤　稔　一九九一「東北日本の細石器文化の展開」『山形県立博物館研究報告』第一二号、一三―八八頁。
加藤　稔・鈴木和夫　一九七六「越中山K遺跡の接合資料」『考古学研究』第二三巻第四号、一三九―一四三頁。
鹿又喜隆・佐々木繁喜　二〇一五「角二山遺跡の黒曜石製細石刃の原産地推定とその意義」『山形考古』第四五号、三四―四〇頁。
亀田直美　一九九六「角錐状石器」『石器文化研究』五、一八九―一九八頁。
川口　潤編　一九九三『白草遺跡Ⅰ・北篠場遺跡』埼玉県埋蔵文化財調査事業団第一二九集。
木崎康弘　一九九六「石槍の出現と気候寒冷化―地域文化としての九州石槍文化の提唱―」『旧石器考古学』五三、四三―五六頁。
木崎康弘　二〇一〇『列島始原の人類に迫る熊本の石器　沈目遺跡』シリーズ「遺跡を学ぶ」〇六八、新泉社。
北沢　実・山原敏朗編　二〇〇六『帯広・大正遺跡群2』帯広市教育委員会。
木村剛朗　二〇〇三『南四国の後期旧石器文化研究』幡多埋文研。
木村英明　二〇〇五『北の黒曜石の道　白滝遺跡群』シリーズ「遺跡を学ぶ」〇一二、新泉社。
工藤雄一郎　二〇一〇「旧石器時代研究における年代・古環境論」『講座　日本の考古学一　旧石器時代〈上〉』一二四―一五五頁、青木書店。
久保弘幸　二〇一四「西日本後期旧石器文化の編年と瀬戸内技法」『旧石器考古学』七九、一七―三〇頁。
栗島義明　一九九三「湧別技法の波及―削片系と在地系の細石刃核について―」『土曜考古』第一七号、一―三八頁。
小池　聡編　一九九〇／九一『長堀北遺跡』大和市文化財調査報告書第三九集。
小池　聡　一九九六「長堀北遺跡縄文時代草創期遺物群の層位的出土例」『考古学講座　かながわの縄文文化の起源を探るパートⅡ』二〇―二三頁。
駒田　透編　二〇一一『大平山元―旧石器時代から縄文時代への移行を考える遺跡群―』青森県東津軽郡外ヶ浜町教育委員会。

桜井美枝　一九九二「細石刃石器群の技術構造」『東北文化論のための先史学歴史学論集』四四一－四六二頁、加藤稔先生還暦記念会。

佐々木正人　二〇一五『新版　アフォーダンス』岩波科学ライブラリー二三四。

笹原千賀子編　二〇〇九『梅ノ木沢遺跡Ⅱ』静岡県埋蔵文化財調査研究所発掘調査報告書第二〇六集。

佐藤耕太郎・磯部保衛　一九八八「神林村大聖寺遺跡採集の国府型ナイフ形石器」『北越考古学』創刊号、五三頁。

佐藤禎宏・大川貴弘編　二〇〇二『八森遺跡　先史編』八森町埋蔵文化財調査報告書第一三集。

佐藤達夫　一九五九「長野県野辺山の石器」『考古学雑誌』第四四巻第三号、五四－五七頁。（『日本の先史文化』に再録）

佐藤達夫　一九六九「ナイフ形石器の編年的一考察」『東京国立博物館紀要』五号、二三－七六頁。（『日本の先史文化』に再録）

佐藤達夫　一九八三（一九五八）「東亜細石器文化に関する諸問題」『東アジアの先史文化と日本』一一－六二頁、六興出版。

佐藤達夫・小林　茂　一九五四「秩父吉丸の石器」『考古学雑誌』第三九巻第三・四号、七二－七九頁。（『東アジアの先史文化と日本』に再録）

佐藤宏之　一九八八「台形様石器研究序論」『考古学雑誌』第七三巻第三号、一－三七頁。

佐藤宏之　二〇〇七「日本列島旧石器文化の課題」『季刊考古学』第一〇〇号、一九－二二頁。

佐藤宏之・役重みゆき　二〇一三「北海道の後期旧石器時代における黒曜石産地の開発と黒曜石の流通」『旧石器研究』第九号、一－二五頁。

佐藤雅一　二〇〇二「新潟県津南段丘における石器群研究の現状と展望―後期旧石器時代から縄文時代草創期に残された活動痕跡―」『先史考古学論集』第一一集、一－五二頁。

佐野勝宏編　二〇〇二『正面中島遺跡』津南町文化財調査報告第三七輯。

篠田謙一　二〇一五『DNAで語る日本人起源論』岩波現代全書。

柴田亮平ほか編　二〇〇八『元野遺跡（第二東名No.19地点）』静岡県埋蔵文化財調査研究所発掘調査報告書第一八九集。

鈴木次郎　一九八九「相模野台地における槍先形尖頭器石器群」『神奈川考古』第二五号、二七－五五頁。

須藤隆司編　一九九九『八風山遺跡群』佐久市埋蔵文化財調査報告書第七五集。

須藤隆司　二〇〇六「中部地方の地域編年」『旧石器時代の地域編年的研究』一〇三－一四〇頁、同成社。

須藤隆司　二〇一〇「有柄尖頭器・国府型尖頭器・三稜尖頭器―狩猟具形態の構造と地域社会の構造変動―」『旧石器研究』第六号、五五－八四頁。

関口博幸編　一九九四『白倉下原・天引向原遺跡Ⅰ』『天引狐崎遺跡Ⅰ』群馬県埋蔵文化財調査事業団調査報告書第一六一集。

関口博幸編　二〇一〇『八ヶ入遺跡Ⅰ―旧石器時代編―』財団法人群馬県埋蔵文化財調査事業団調査報告書第四九一集。

石器研究会編　一九八二『殿山遺跡』上尾市文化財調査報告第一一集。

杉原敏之　二〇〇五「列島西端における角錐状石器の出現」『地域と文化の考古学Ⅰ』一〇七－一二三頁、明治大学文学部考古学研究室編。
芹沢長介・須藤隆編　二〇〇三『荒屋遺跡―第二・三次発掘調査報告書―』東北大学大学院文学研究科考古学研究室・川口町教育委員会。
高尾好之　二〇〇六「東海地方の地域編年」『旧石器時代の地域編年的研究』六一―一〇二頁、同成社。
高橋春榮　一九八九「新発田市二タ子沢B遺跡採集の国府型ナイフ形石器」『北越考古学』第二号、三八―三九頁。
高橋（辻葩）学・高橋章司編　二〇〇一『翠鳥園遺跡発掘調査報告書』羽曳野市教育委員会。
高橋章司　二〇〇一「第五章 出土遺物の分類」「第六章 翠鳥園遺跡の技術と構造」『翠鳥園遺跡発掘調査報告書―旧石器編―』一六二―二二一頁、羽曳野市教育委員会。
橘　昌信　一九九〇「AT（姶良Tn火山灰）上位のナイフ形石器文化―宮崎県における最近の踏査例から―」『史学論叢』二一、三五―五二頁、別府大学史学研究会。
立木宏明編　一九九六『樽口遺跡』新潟県旭村文化財報告書第一一集。
谷　和隆編　二〇〇〇『日向林B遺跡・日向林A遺跡・七ツ栗遺跡・大平B遺跡』長野県文化財センター発掘調査報告書四八。
田村　隆　一九八九「二項的モードの推移と巡回―東北日本におけるナイフ形石器群成立期の様相―」『先史考古学研究』第二号、一―五二頁。
田村　隆　一九九二「遠い山・黒い石―武蔵野Ⅱ期の社会生態学的一考察―」『先史考古学論集』第二集、一―四六頁。
田村　隆　一九九八「移行の理論―石器群のデザイン分析と文化＝社会理論―」『先史考古学論集』第七集、一―四八頁。
田村　隆　二〇〇三「林小原子台再訪―東部関東における長者久保・神子柴石器群―」『考古学』Ⅰ、一―五一頁、安斎正人編・発行。
田村　隆　二〇〇六「関東地方の地域編年」『旧石器時代の地域編年的研究』七―六〇頁、同成社。
田村　隆　二〇一一『旧石器社会と日本民俗の基層』同成社。
田村　隆　二〇一五「まれびとの訪い―日本列島石刃石器群の成立―」『考古学研究』第六一巻第四号、二四―四四頁。
田村　隆　二〇一七「日本列島後期旧石器時代の新編年」『理論考古学の実践』Ⅱ実践篇五五―九〇頁、同成社。
田村　隆ほか　二〇〇三「下野―北総回廊北縁部の石器石材（第一報）―特に珪質頁岩の分布と産状について―」『千葉県史研究』第一一号、一四三―一五三頁。
千葉県史料研究財団編　二〇〇〇『千葉県の歴史　資料編考古1（旧石器・縄文時代）』県史シリーズ九。
張　龍俊　二〇一〇「西日本における湧別技法の系統」『日本考古学』第三〇号、一―一九頁。
堤　隆編　一九九七『柏ヶ谷長ヲサ遺跡―相模野台地における後期旧石器時代遺跡の調査―』柏ヶ谷長ヲサ遺跡調査団。
鶴田典昭編　二〇一〇『長野県竹佐中原遺跡における旧石器時代の石器文化Ⅱ』長野県埋蔵文化財センター発掘調査報告書八五。
帝塚山大学考古学研究室編　一九八〇『二上山旧石器遺跡をめぐる諸問題：シンポジウム』帝塚山大学考古学研究室。
寺崎康史　二〇〇六「北海道の地域編年」『旧石器時代の地域編年的研究』二七五―三一四頁、同成社。

富樫孝志　二〇一六『後期旧石器時代石器群の構造変動と居住行動』雄山閣。
冨成哲也・大船孝弘編　一九七八『郡家今城遺跡発掘調査報告書』高槻市文化財調査報告書第一一冊。
直江康雄　二〇一四「北海道における旧石器時代から縄文時代草創期に相当する石器群の年代と編年」『旧石器研究』第一〇巻、二三－三九頁。
長井謙治　二〇一六ａ「朝鮮半島における過去五万年の石器群変遷―年代精査に基づく編年的考察―」『旧石器研究』第十二号、一八五－二〇六頁。
長井謙治　二〇一六ｂ「後期旧石器時代開始期の九州に見る鋸歯縁石器群―とくに沈目遺跡の「石核」に付いて―」『日本考古学』第四二号、七三－八四頁。
中村雄紀　二〇一二「愛鷹・箱根山麓の後期旧石器時代前半期前葉の石器群の編年」『旧石器研究』第八号、一〇五－一二三頁。
中村由克　二〇一五「後期旧石器時代における透閃岩製石斧のひろがり」『旧石器研究』第一一号、六五－七八頁。
西田正規　一九八六『定住革命―遊動と定住の人類史』新曜社。
野尻湖人類考古グループ　一九九六「仲町遺跡　第七回陸上発掘の成果」『野尻湖博物館研究報告』第四号、一二七－一六四頁。
萩原博文　二〇〇六「九州西北部の地域編年」『旧石器時代の地域編年的研究』二〇七－二四〇頁、同成社。
原田雄紀編　二〇一一『井出丸山遺跡発掘調査報告書』沼津市文化財調査報告書第一〇〇集。
平口哲夫ほか　一九八四「福井県三国町西下向遺跡の横剝ぎ技法」『旧石器考古学』二八、五－一八頁。
福井淳一　二〇一七「千歳市柏台1遺跡の諸問題」『斬新考古』第五号、四－六頁、横山英介発行。
福井淳一・越田賢一郎編　一九九九『柏台1遺跡』北海道埋蔵文化財センター調査報告書第一三八集。
麻柄一志　一九八四「日本海沿岸地域における瀬戸内系石器群」『旧石器考古学』二八、一九－三五頁。
麻柄一志　二〇〇三「富山市御坊山遺跡出土の瀬戸内系石器群」『富山市考古資料館報』四〇、八－一〇頁。
麻柄一志　二〇一一「中部地方の瀬戸内系石器群」『旧石器考古学』七四、四一－四八頁。
麻柄一志　二〇一五「中国の鋸歯縁石器群について」『旧石器考古学』八〇、一－一九頁。
麻柄一志・古森政次　一九九二／九三「御淵上遺跡の瀬戸内技法⑴⑵」『旧石器考古学』四五、六一－七二頁、四六、四七－五二頁。
馬籠亮道　二〇一〇「九州東南部における角錐状石器の出現と展開」『旧石器研究』第六号、八五－一〇六頁。
松藤和人　一九八五「九州における国府系旧石器の系譜―岩戸Ｉ・船塚第Ⅶ層石器群を中心に―」『肥後考古』第五号、一八一－二〇〇頁。
松藤和人　一九八七「海を渡った旧石器〝剝片尖頭器〟」『花園史学』第八号、八－一九頁。
松本　茂　二〇一一「九州における国府石器群の特質とその背景」『旧石器考古学』七四、一－一一頁。
三浦知徳　二〇〇三「第三節　石材の『選択』―価値観と指向性―」『認知考古学とは何か』七一－八六頁、青木書店。
宮　重行・永塚俊司編　二〇〇〇『新東京国際空港埋蔵文化財発掘調査報告書ＸⅢ』（第一分冊）、千葉県文化財センター調査報告書三八五集。

三宅徹也編　一九八〇　『大平山元Ⅱ遺跡発掘調査報告書』青森県立郷土館。

宮田栄二　二〇〇六　「九州島南部の地域編年」『旧石器時代の地域編年的研究』二四一―二七三頁、同成社。

森川　実　二〇一一　「AT降灰以後における横剥ぎナイフ形石器の変遷」『旧石器考古学』七四、一三―二八頁。

森先一貴　二〇〇七　「角錐状石器の広域展開と地域間変異―西南日本後期旧石器時代後半期の構造変動論的研究―」『旧石器研究』第三号、八五―一〇九頁。

森先一貴　二〇一〇　『旧石器社会の構造的変化と地域適応』六一書房。

森下英治編　二〇〇一　『中間西井坪遺跡Ⅲ』四国横断自動車道建設に伴う埋蔵文化財発掘調査報告書第三七冊。

柳田俊雄　一九九五　「東北地方南部の後期旧石器時代前半期の石刃技法―会津笹原山遺跡群の二石器群の検討から―」『旧石器考古学』五〇、三一―一五頁。

山口卓也編　一九九一　『多紀郡西紀町板井寺ヶ谷遺跡―旧石器時代調査―』兵庫県文化財調査報告書第九六―一冊。

山口卓也　一九九四　「近畿地方における地域性の発生」『考古学ジャーナル』三七〇、一九―二四頁。

山崎真治　二〇一五　『島に生きた旧石器人　沖縄の洞穴遺跡と人骨化石』シリーズ「遺跡を学ぶ」一〇四、新泉社。

山田　哲　二〇〇六　『北海道における細石刃石器群の研究』六一書房。

山原敏朗・寺崎康史　二〇一〇　「一　北海道」『講座　日本の考古学一　旧石器時代〈上〉』二六五―三〇八頁、青木書店。

横山祐平編　一九九二　『大平山元Ⅱ遺跡発掘調査報告書』蟹田町教育委員会。

吉井雅勇　二〇〇〇　「新潟県北部地域における国府系石器群の変容について―非安山岩系石材を用いる石器群の分析から―」『MICROBLADE』創刊号、一七―三二頁。

吉田　充編　一九九六　『峠山牧場Ⅰ遺跡B地区範囲確認調査報告』岩手県文化振興事業団埋蔵文化財調査報告第二三三集。

Burroughs, W.J. 2005 *Climate Change in Prehistory: the end of Reign of the Chaos*. Cambridge, Cambridge University Press.

Heinrich, H. 1988 Origin and Consequences of Cycle Ice Rafting in the Northeast Atlantic Ocean during the Past 130,000 Years. *Quaternary Research*, 29. pp.142-152.

Pitul'ko V.V. & E.Y.Pavlova (translated by R.L. Bland) 2016 *Geoarchaeology & Radiocarbon Chronology of Stone Age Northeast Asia*. Yexas A & M Univesity Press.

［第三章］　日本列島の原景観

名著『日本の景観』の中で故郷の原型として、樋口忠彦は日本の景観を次のように類型化している（樋口一九八一）。

①盆地の景観：「秋津洲やまと型」と「八葉蓮華型」

秋津洲やまと型景観とは、古代人のあこがれ求めた理想郷のことで、四周を青垣山が取り囲み、そのうちに清流の流れる明朗広潤な平野である。八葉蓮華型景観は、秋津洲やまと型景観がより精神的に高められ、地理的にも高位の場所に位置づけられる。高野山がその代表的なもので、あたかも胎蔵八葉（密教の世界観を表現した「両界曼荼羅」の片方の中央に位置する蓮華の周囲に八つの花弁が広がる「胎蔵曼荼羅」の配置を指す）の蓮台を示すかのように、周囲を八つの峰が取り囲んでいる地形をいう。

②谷の景観：「水分神社型」と「隠国型」

水分《みくまり》神社型景観とは、古い土着の名残をとどめた昔懐かしい好風景の地を指す。山田の田園風景のいちばん奥まった水の流れ出るところで、山麓の傾斜が緩くなるところに神社が営まれているような景観である。隠国《こもくり》型景観とは、山沿いの農耕集落を流れる川を上流に遡った谷の奥の山宮、自分たちの集落のある国原を眺め見下ろすことのできる秀でた峰の霊山、これらがセットになった景観を表す。

③山の辺の景観：「蔵風得水型」と「神奈備山型」と「国見山型」

蔵風得水《ぞうふうとくすい》型景観とは、地勢占いの理論としての風水思想で吉とされる場所を指す。背後（北）に山を背負い、左右（東西）は丘陵にかぎられ、前（南）に平地流水を望む地形である。神奈備《かんなび》山型景観とは、山の辺に位置する姿形のよい丘陵や端山で、垂直の方向性をもつ凸状地形の霊山を指す。国見山型景観とは、山容が神奈備山ほど秀麗ではなく、そこから周辺の平野を俯瞰する（円錐形というよりは）扁平な台地状の丘陵や端山を指す。樋口は、後の中世の背後にある山城—要害山を神奈備山型景観の一種とし、独立丘陵・姫山にそびえる姫路城を国見山型のタイプとしている。

典型的な日本の景観とされているのは、弥生時代以降、特に古代の信仰を意識して設定されている。今日、日本文化の基層として弥生時代を遡る縄紋時代の文化が意識され、各地に設けられている遺跡公園では、縄紋集落景観の復元と称して、復元住居の周りにクリやクヌギなどの落葉広葉樹が植えられている。小林達雄は、大湯環状列石のような「記念物」の設計にあたっては、遠望できる神奈備型山頂への春分・秋分、夏至・冬至の日の出・日の入りを認知する縄紋人の空間認識が反映されていたと考え、「縄文ランドスケープ」を提唱している（小林編著二〇〇五）。

ここではさらに時を遡ってすでに地表から姿を消してしまったが、しかし縄紋人の祖先たちの生活世界を取り巻く自然の諸形象を近年の考古学調査の成果から抽出し、私たち現代人の心の奥底に刻み込まれている「原景観」を探ってみる。

自然環境の変化に軸足を置いて、人の文化的・社会的変遷を探究する視点を、環境史研究者の辻誠一郎は「生態系史」と呼んでいる（辻二〇〇六）。近年の縄紋時代研究で重要な位置を占めつつある。考古学者である私は人の側に軸足を置いて、文化的・社会的変遷と環境の変化との関係を追究している。この立場を「景観史」と呼んでおく。

景観考古学

日本同様に古い人工景観の歴史をもつ英国においては、「風景」(scenery)と「景観」(landscape)はすでに近代に入る時点で区別されていたようである。風景が人々の審美的・芸術的対象となるのに対し、美的・詩的・倫理的・物質的あるいは超現実的対象となる景観は、風景の中から論理的・哲学的に訓練された目でもって読み取らなければならないものであった。歴史の長い年月にわたって変遷を繰り返してきてその最終地点にある今日の景観は、氷山の一角のようにその実態の一部に過ぎず、素人の目には景観を形成してきた各時代の歴史的痕跡の多くは隠されてしまっているからである。

『オックスフォード英語辞典』によれば、景観と訳されたlandscapeという言葉は、中世オランダ語のlandscapに由来する。-scapは名詞を抽象化する接尾辞(friendshipの-shipに相当)であるから、ランド(土地・大地)が抽象化したランドスケープとは土地柄・大地性、すなわち客観的な地理的地形ではなく、その土地に生きる人々が抱く大地のイメージである。社会的に生み出される多様な空間は異なる社会・集団・個人が生活を営む場所である。それらの空間は主体的な個人または集団の日常的実践の一部として意味あるように構成されるので、再生産あるいは変化が生じるのである。つまり、景観は人々の目に映り、耳に聞こえ、鼻に香り、舌に味わい、肌に触れるところから生じた、人々に共有される自然観、社会化された自然ということができる。日々の生活や信仰やコスモロジーを通して、個々人が属する共同社会によって、物理的空間は意味に満ちた場所に変換されるのである。

「景観哲学」を提唱する哲学者の角田幸彦は、景観を次のように定義している。「景観とは、ひと（或る個人）が歩いたり、立ちどまったり（その補助として乗り物を利用）している時、そのひとの見ることを通して身体全体に安らかさを与える天蓋の一部と大地の一部の動くまとまりであり、この動くまとまりが自然と文化の共存を伝えつつ、見えないものを湛えてひとと響き合う美である。かくして、ひとに（思索＝試作として）詩わせる聖なる静寂である」（角田二〇〇一）。これは一つの見方である。

景観考古学のテーマ

「新しい考古学」として登場した、空間および景観を重視するセトルメント・アーケオロジーによって、人間の活動痕跡を探る私たち考古学者の視点は「点的な遺跡」を超えて、地域内および地域間のさまざまな関連場所に向けられるようになり、景観考古学の範疇に入るいくつものアプローチがとられている。

アーサー・クナップとウェンディ・アシュモアは、過去の景観つまり考古学的景観をその性質に基づいて、巨石記念物や庭園や集落などが建設されて作り出された構築景観（constructed landscape）、社会的行為や経験を通じて意味づけられて心に刷り込まれた概念景観（conceptualized landscape）、「聖なる」または「象徴的」なものを含めての仮想的な観念景観（ideational landscape）に三分して、この三つの景観に関わる考古学研究テーマを四つ挙げている。①地理的空間でかつて引き起こされた社会の歴史、個人の歴史を忘れないための記憶装置としての景観（landscape as memory）、②祭祀・儀礼を執り行うことで社会的・文化的アイデンティティーを想起させる景観（landscape as identity）、③文化的関係を社会に秩序づけるように構成される景観（landscape as social order）、④時の経過や社会秩序の変化に応じて人の世界観に変化をもたらす景観

(landscape as transformation) である (Knapp and Ashmore 1999)。

景観はそれを眺める人と無関係な客観的外観ではなく、社会的・政治的・観念的に条件づけられたその土地の個人や共同体がさまざまに意味を投げかけた対象として存在するのである。私たちを取り巻く環境は、自然的環境と社会的環境とに限らない。感性的知覚に現前する世界だけでなく、情報的に伝達された世界像や共同的に観念された世界像など観念的に構築された世界をも環境としつつ、この「表徴的環境」(廣松一九八六)との間にも一種の生態系を形成している。ここに景観考古学そしてさらに認知考古学が必要とされる主因がある (安斎二〇〇四、二〇〇八)。

遊動民の景観

個人を中心として人と人との相互関係のネットワークを見る時、ネットワークには何層もの階層があることに気づく。家族など「親密なネットワーク」、親密な友人や親族など「日常的なネットワーク」、顔見知りや共同体など「拡張されたネットワーク」、他人や異集団など「グローバル・ネットワーク」というように、つながりの心的距離感の違いによって何層にも分かれている。クライヴ・ギャンブルは、ネットワークを使わずに替わって景観の概念を使い、個人の習慣的行動の範囲としての「習慣的景観」(landscape of habit) と、象徴的な資源を鍵として個人が切り結ぶネットワークの総和としての「社会的景観」(social landscape) という二つの空間的レベルに分けて分析している (ギャンブル二〇〇一)。

景観に関連していえば、場 (locales) と地域 (regions) と径路 (pathways) が三つの重要な概念である。遊動民は地域内を繰り返し移動するにつれて、彼らが辿る径・路によく馴染み、その径路が他者の径路と交差する場、つまり他者と遭遇する「出会いの場」（encounters）には一つの価値体系が形成される。狩猟や採集行動とそれが繰り広げられる「集合場」（gatherings）と異なり、そうした「社会的機会」（social occasions）と「特別の場」（places）は名づけられ、構造物や施設あるいは対象物などが訪れたものに特有の体験を与える。見えるもの、聴くもの、そして匂いまでもが名状しがたい雰囲気を醸成する。これはそこでどのような活動が行われるのかということに依存している。

山辺の景観

日本列島の三分の二は山地で、いくつもの火山脈が走っている。川は山地から海岸までの距離が短く、平地が少ないので、短くて急な流れのものが多い。山あいでは峡谷を形成し、各地に扇状地・洪積台地・河岸段丘を発達させていて、地形は変化に富んでいる。河川に臨む台地・段丘の際に、多数の旧石器時代遺跡が残されている。遊動民たちが河川沿いに台地・丘陵・山地のあいだを往還していたのである。

下野―北総回廊

田村隆は下総台地に残された旧石器時代の遺跡から出土する石器の石材とその消費戦略について多くの論考を発表している。一九八七年に関東地方の石器石材に関する概要（田村編一九八七）をまとめて以降、すべての石材の産地を知ることで、遺跡を残した遊動民の行動範囲を具体的に描き出そうと考えたのである。石材の恒常的欠乏地帯である南関東の諸台地を生業活動域としていた遊動民は、河川上流域の特定の沢筋を中心に石材採取をしていたと見なし、そこで関東地方周辺の山地帯、東北南部、新潟方面の岩体探究の踏査を行った。関東地方東部で利用されていた珪質頁岩産地が、黒曜石産地として知られていた栃木県北部にある高原山周辺であることを突き止め、その黒曜石の産出地点の発掘調査も行っている。

下総台地に遺跡を残した旧石器時代の遊動民たちは近傍の、房総半島南部の嶺岡山地の珪質頁岩産地と、遠隔地の高原山との間の二〇〇キロ以上におよぶ回廊状のルートを往来していた。北方系動物の房総地域への分布ルートとして提唱されていた「下総―北総回廊」を、モデルに組み込んだのである（田村ほか二〇〇三、二〇〇四、田村・国武二〇〇六）。下総―北総回廊とは、北は栃木県今市市北部から南は千葉県柏市周辺までのほぼ一〇〇キロにわたって続く、西を古利根川に、東を古鬼怒川に限られた幅の狭い台地である。下総―北総回廊外縁部の岩代台地（福島県南部）から珪質頁岩、回廊隣接部の高原山周辺から黒曜石・珪質頁岩・流紋岩・凝灰岩、回廊北部から黒色緻密質安山岩（およびこの地を経由して関東東部高地から黒色緻密質安山岩・玉髄・珪質頁岩）、回廊南部を経由して関東北部高地（利根川上流域）から黒色緻密質安山岩・黒色頁岩、関東西部から信州産黒曜石が、房総半島内の諸遺跡に搬入されていたのである。また房総半島内においても、土気《とけ》―銚子分水界区で各種硬質岩類、丘陵中央分水界北部（上総陵）で各種硬質岩類、南部（嶺岡山地）で珪質頁岩が獲得されていた（図55）。

田村は国武貞克との共同研究の報告を次の文章で締めくくっている。「武蔵野・入間台地には基本的に剥片石器石材は分布しない。至近の石器石材産地はこれまで検討を加えてきた関東山地山麓部と荒川低地中流域＝関東平野北西部低地であり、両者は少なくとも四〇キロをへだてていた。前者のチャートと珪質頁岩、後者の黒色頁岩と黒色緻密質安山岩によって日常的な生活が支えられてきた。また、この二つの石材産地はチャンネル状に台地にうがたれたいくつかの河川流路によって連結され、また同時に、各チャンネル間を横につなぐ陸上経路によって縦横に結ばれていた。そして、この結節環に長期反復居住遺跡が形成されたと考えられる。さらに、ここに想定された地域的な景観は西にはいくつかの峠を介在して中部内陸高地と連絡し、東には飛び石としての大宮台地を介在して下野―北総回廊と結合されている。これによって東部関東の下野―北総回廊モデルと対応した西部関東の地域内・間の地理的景観モデルがはじめて構築されることになる」（田村・国武

図55 田村隆の「下野ー北総回廊」モデル

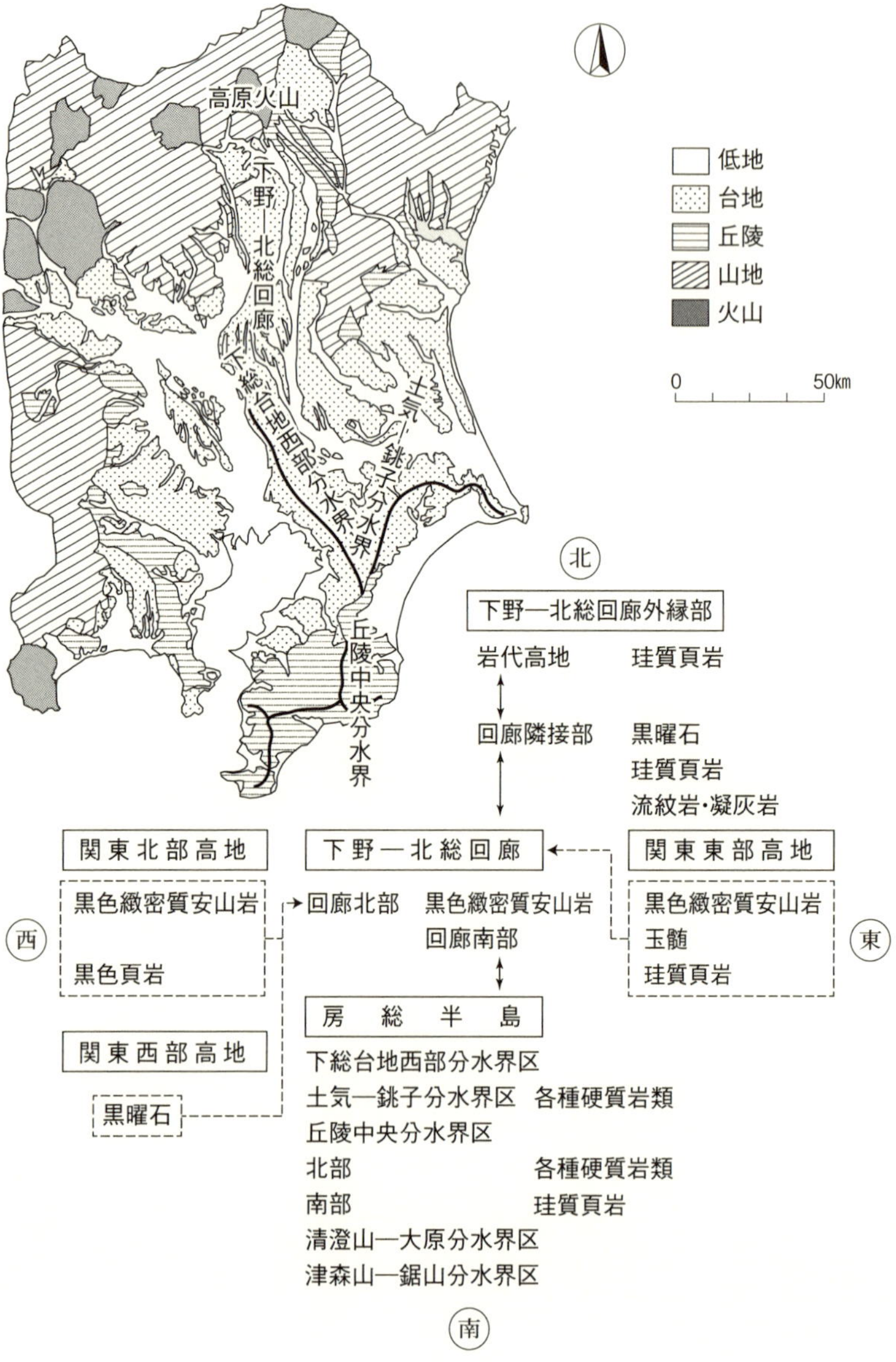

二〇〇六）。

こうした経路（回廊・ネットワーク）は東部関東の下野―北総回廊に限らず、西部関東の箱根・伊豆と信州との黒曜石産地間の往還路、北部関東の高原山と信州との黒曜石産地間の往還路や、久慈・那珂川下流域と高原山周辺との往還路など、各地の地域集団ごとの「回廊領域」が形成されていた（国武二〇〇八）。移動―生業領域論を展開する国武貞克は、日本考古学協会で集成された遺跡出土の黒曜石産地分析データを使って、さらに複雑な「黒曜石の獲得からみえる関東・中部地方の移動領域」を復元している（国武二〇一五）。

複数集団の集合の場

遊動民の主要な移動ルートである河川流路とその間を縦横に結ぶ陸上経路の結節地点、例えば季節的に動物が集まる猟場に長期反復居住遺跡が形成された。後期旧石器時代前半期を特徴づける環状ブロック群である。遺物集中範囲（ブロック）は世帯ごとの住居跡で、環状ブロック群は環状集落跡であるという見解が根強い。この考えをその発端から「月見野仮説」と呼んで批判する田村隆は、民俗誌の事例から狩猟採集民のキャンプには共通して、小屋掛け、屋外炉、行動エリア、廃棄エリアの基本構造があることを指摘している（図56）（田村二〇一二）。そのうえで、ブロックは行動エリアのどこかで行われた石材消費で生じた石片が多様な生活ゴミとともに、キャンプ設営の際に草刈が行われた環状の空き地の外縁に沿ってすてられた「ゴミ置き場」であり、キャンプ内の空間レイアウトには規則性がない、と記している。

図56 御山遺跡第２ブロックのキャンプ・レイアウト

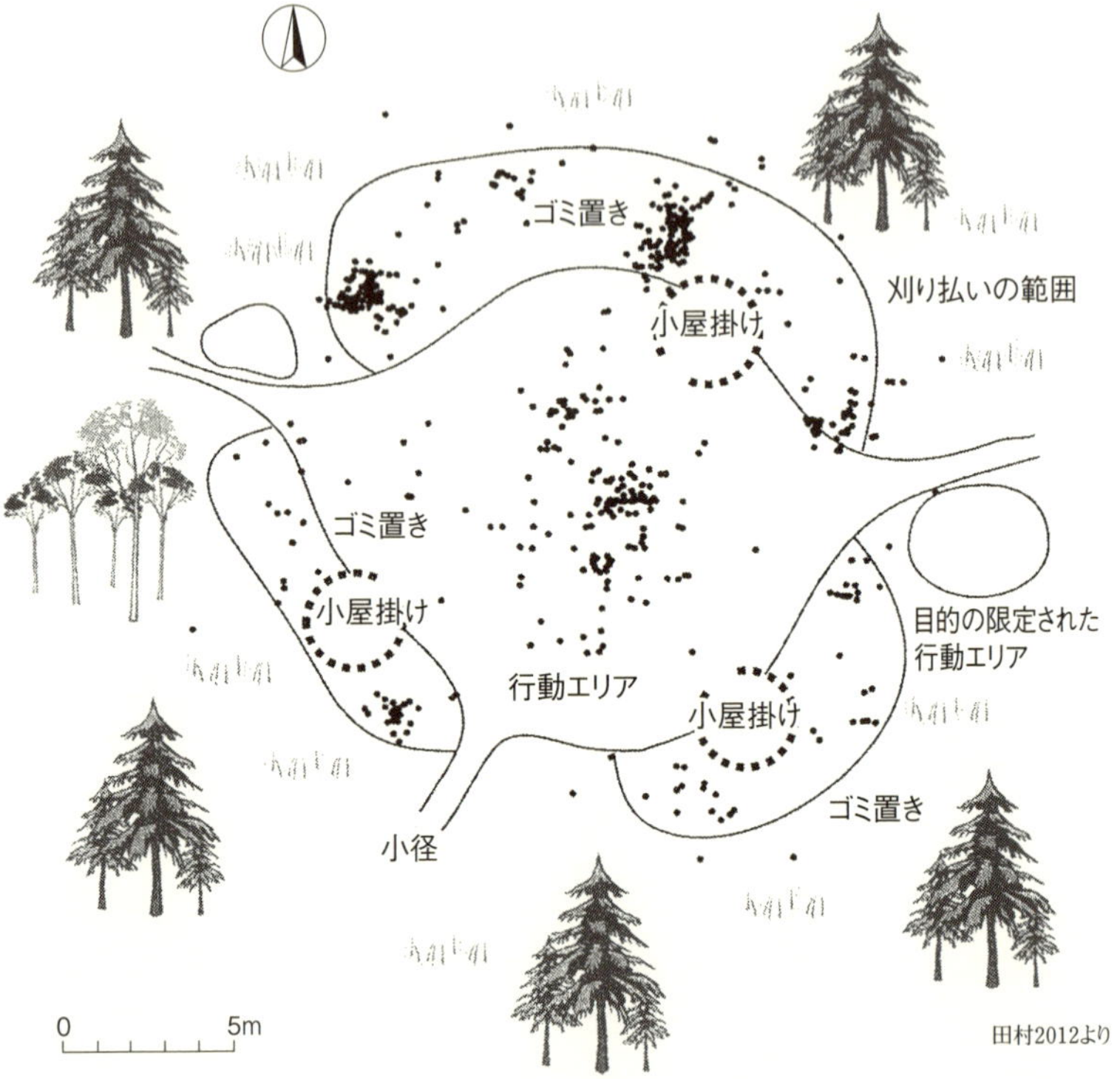

千葉県四街道市御山遺跡では８つの「文化層」が確認され、南関東における後期旧石器時代の石器群変遷の概略を知ることができる（矢本編 1994）。X層上部の「第Ⅱ文化層」から径約 22m の環状ブロック群が検出された。この図はその第２ブロックに関し、３世帯居住の場合を想定し、小屋掛け（テント）の位置と行動エリアを想像した図である。

下触牛伏遺跡

環状ブロック群として最初に認識された遺跡、群馬県伊勢崎市下触牛伏《しもふれうしぶせ》遺跡の発掘調査報告書が一九八六年に刊行された。黒色帯のⅦ層下部を中心に総数二〇三七点の石器類が大別一五（細別二六）のブロックに分かれ、それらが径五〇メートルの環状を呈して出土した。報告者の岩崎泰一はこの「第Ⅱ文化層」石器群を、「ナイフ形石器」一一点、「基部・側縁部整形石器」一〇点、局部磨製石斧七点を主体にした石器群で、「ナイフ形石器の多くが黒色頁岩製でいずれも環状に配列する石器ブロックの内側に検出された同一のブロック（一五b・d）から出土し、大半が〈搬入品〉であると見られるのに対し、基部・側縁部整形石器は一四ブロックから出土した三点を除いたほかは、環状に配列するブロック（二・四・七ブロック）から出ている」点、「基部・側縁部整形石器」の整形加工に切断手法・平坦剥離・裏面基部の平坦剥離が用いられている点に特徴を見出した（岩崎・小島編一九八六）。岩崎はその後の論考で、「ナイフ形石器」と「基部・側縁部整形石器」を「ナイフ形石器」として一括し、それぞれA群四類（基部・先端部加工、一側縁加工、二側縁加工、端部加工）、B群三類（台形状・切出状、菱形状、「立野ヶ原」類似）に分類した（岩崎一九八八）。B類とした一群が佐藤宏之のいう「台形様石器」（佐藤一九八八）である。

発掘者は接合関係や石材・石器組成を基準にしてブロックとユニット（関連ブロック群）を視認するが、ブロック群の認定には恣意的な解釈の余地を残している。下触牛伏遺跡の環状ブロック群の場合は四〜五ユニット、あるいは空間部分が見られることから北東群と南西郡に二分され、それぞれが単一集団（世帯）あるいは四単位集団によって残されたと、関与集団数に関しても研究者間に統一見解はない。「月見野仮説」を堅持する小菅将夫の極端な解釈では、「円環部には簡単なテントのようなものであったかもしれないが、そのようなイエが約二〇軒、直径五〇メートルの円形に建ち並んでいたことになる。一軒五人程度の人数の集まりであるとして、ムラ全体として約一〇〇人もの人びとが一時期に住んでいたのであり、ムラ全体で集い使う中央の広場を囲んで共同生活を営んでいたと考えられるのである」（小菅二〇〇六）。もしそうだとすれば、縄紋時代の最盛期の集落規模に匹敵する大集落ということになる。

三和工業団地I遺跡

伊勢崎市三和工業団地I遺跡は下触牛伏遺跡の東方約三・五キロ、赤城山南麓の大間々扇状地上、遊水地にともなう低地に挟まれた舌状のローム台地の東端の標高約九〇メートルの地点に立地する（津島編一九九九）。姶良Tn火山灰層（AT）下位の暗色帯上部の「第四文化層」から、東西約一五〇メートル、南北約八〇メートルにわたって径六〇メートルの環状ブロック群と、その南東端から東に一〇〇メートルほど延びる帯状のブロック群が検出された。層位と石器組成からみて、終末期頃の環状ブロック群である。津島秀章によれば、「局部磨製石斧一点、台形様石器五七点、ナイフ形石器一〇点、尖頭状石器二点、エンドスクレイパー五点、彫刀形石器四点、ピエス・エスキーユ七点と両極剥離による剝片九点、二次加工ある剝片四〇点、微細剥離痕ある剝片六六点、石刃四四点、剝片五九四点、石核五七点、礫一五九点、ハンマーストーン六点」の計一七二四点の石器類が出ている。

環状ブロック群の北端のブロックは炭化物集中を伴っていて、両側が空白のため環状が途切れた形になっている。帯状ブロック群中央に空白地帯があるので視覚上さらに東西二つに分かれる。津島の微細剝片などの詳細な分布密度分析によってもこの分離が検証されている。母岩別資料では環状ブロック群と帯状ブロック群、帯状ブロック東群と西群にわたる資料が存在して同時性を保証しているが、接合資料では環状ブロック群、帯状ブロック群の東群と西群をつなぐ資料はなく、それぞれ独立的である。黒曜石製石器は環状ブロック群に多く存在するが、黒色安山岩と黒色頁岩製石器は帯状ブロック群にのみ存在し、西群に石刃製作に関連した地点が三ヶ所ある。硬質頁岩製と黒曜石製「ナイフ形石器」は環状ブロック群に存在したが、他の「ナイフ形石器」はすべて帯状ブロック群に存在した。石刃も黒曜石製一点を除いてすべて帯状ブロック群から出土している。黒曜石の原産地分析では二四点中一九点が栃木県高原山産、五点が長野県和田峠産で、より東方との交通を示唆している。

石器群は小型剥片石器モード（黒曜石）と石刃石器モード（黒色頁岩・黒色安山岩）の典型的な二項的モードを示している。打面再生剥片を含めた石刃石核がほぼ原石の状態にまで復元され、当該期の石刃石核のリダクション過程を知る良好な接合資料となっている。石刃は一〇センチを超えるものを含む六〜一〇センチの大形を主体とする。石刃製石器では尖頭形石器が二点ある。一方は硬質頁岩製の搬入品であり、他方の先端部には斜め加工が施されている。黒曜石製の「ナイフ形石器」の背部加工は上半部だけで一部に原礫面を残している。これら八センチ前後の大型品以外に、五センチ前後の「ナイフ形石器」も七点あるが、二次加工は尖頭部の作出が主眼で、背部加工は部分的で均一性に欠ける。周縁全体に二次加工痕の見られる「尖頭状石器」は上記のような不安定な背部加工過程のなかで、石刃を尖頭形に変えようとして偶発的に生じたものであろう。小型剥片石器類は素刃石器・端部整形石器・台形様石器を含む多様な形態で古拙な印象を受けるが、それは見かけ上で石材環境に起因するのであろう。石核中に〝盤状連続横打石核〟が複数認められる。

中見代第Ⅰ遺跡

静岡県沼津市中見代第Ⅰ遺跡は愛鷹山麓、標高一六四・五メートル付近にある旧石器時代前半期の代表的遺跡のひとつで、第Ⅴ黒色帯（BBⅤ）層から環状ブロック群が検出されている（高尾編一九八九）。「台形様石器・打製石斧・掻器・削器・台石・敲石・石核・剝片類」に炭化物集中箇所を伴う二号ブロックを中心にして、その周辺に「台形様石器・局部磨製石斧・削器・台石・敲石・石核・剝片類」に炭化物集中箇所を伴う一号ブロック、「台形様石器・打製石斧・掻器・削器・台石・石核・剝片類」からなる三号ブロック、「台形様石器・台石・石核・剝片類」からなる四号ブロック、「ナイフ形石器・局部磨製石斧（刃部破片）・楔形石器・削器・台石・石核・剝片類」からなる五号ブロック、「楔形石器・削器・石核・剝片類」からなる六号ブロック、「削器・石核・剝片類」からなる七号ブロックで構成され、その外側に台形様石器一点を含むまばらな八号ブロックと二ヶ所の炭化物集中地点がある。そこから離れた北西のブロックは台石と剝片類だけである。一九点ある「台形様石器」は緑色凝灰岩製と安山岩製の二点を除いてすべて黒曜石製である。端部整形石器・台形様石器・ペン先形石器（基部加工尖頭形剝片石器）の三形態の小型剝片石器モードの石器群で、「ナイフ形石器」と報告された石器は基部が未加工で打面と打瘤を残し、先端部を急角度の剥離で斜め加工した尖頭形縦長剝片石器である。前章で述べたように（八六頁）石刃モードの石器を欠くのがこの地域の当該期の特徴でもある。

上林遺跡

栃木県佐野市上林《かみばやし》遺跡は足尾山地南端の標高二四メートルの洪積台地上にある。南に渡良瀬川と利根川が東流し、東に鬼怒川や那珂川が南流していて、上越方面や東北地方南部との交通要所を占めている（図57）。

図57 上林遺跡と黒曜石原産地

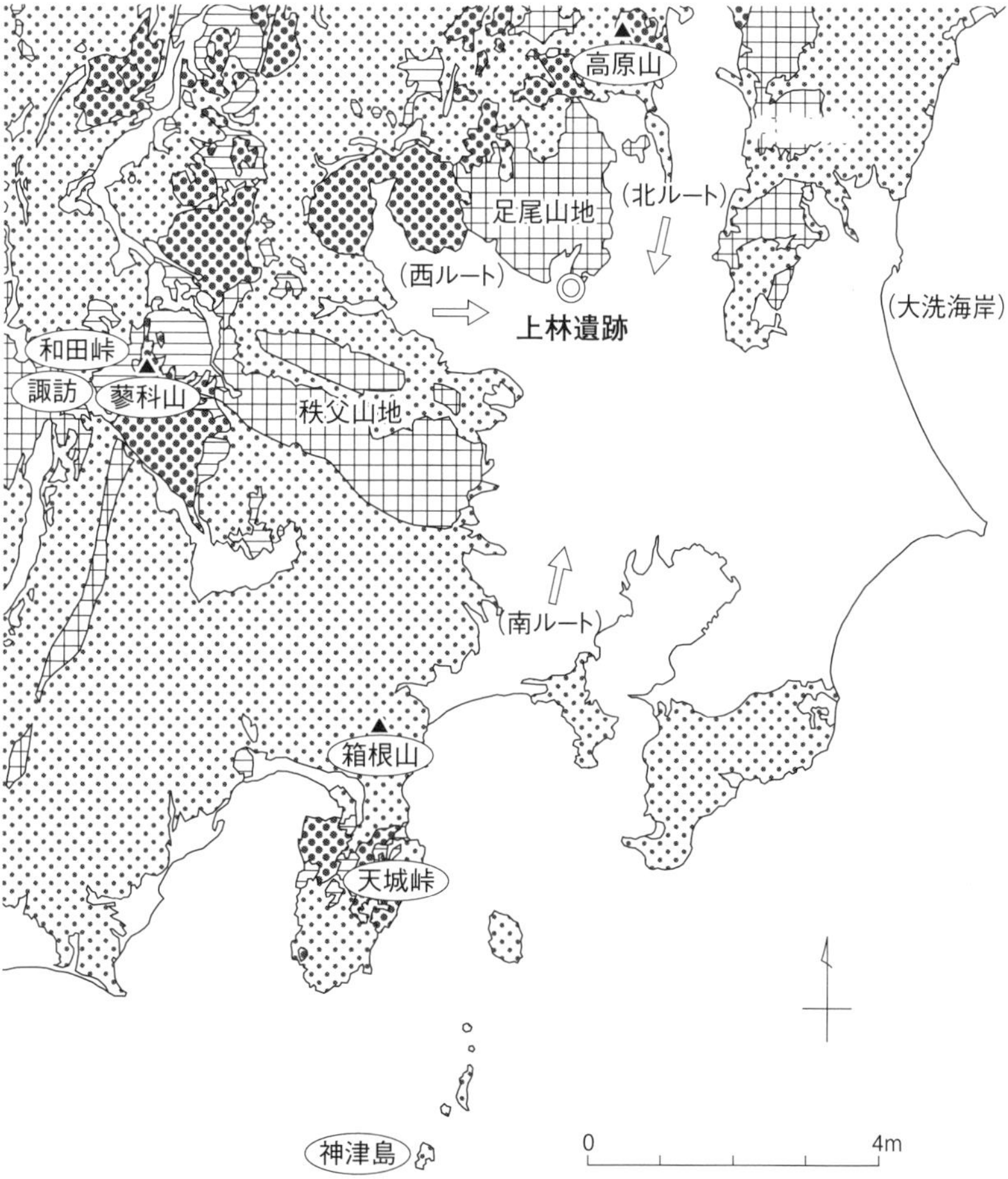

出居編2004より

黒曜石の産地同定分析によれば、西の諏訪星ヶ台産を主体に、蓼科冷山産、和田鷹山・小深沢産、北の高原山産、南の神津島恩馳島産を加え、箱根畑宿産と天城柏峠産も2点と1点検出されている。後期旧石器時代初頭期の集団移動が活発・頻繁であったことがわかる。

低地（旧名越沼）を挟んだ東側の三毳山（標高二二九メートル）がランドマークとなる。

石器群は二ヶ所で検出された。台地の南側で高原山産黒曜石を使った時期の下る男女倉型尖頭器石器群の石器類九六点が出ている。

東西五〇メートル、南北八〇メートルの環状を呈する石器ブロック群は、東に位置する旧名越沼に突き出た舌状台地の東部で検出された。「ナイフ状石器」九九点、「台形状石器」一〇点、楔形石器三七点、「斧形石器」三点、掻器五点、削器一一点、「ドリル状石器」五点、「剥離痕剥片」四二点、「微細剥離痕剥片」一七七点、剥片類二二八〇点、石核二五一点、石核片二二四点、敲石三四点、台石二七点など総数三五四〇点と報告された。「ナイフ状石器」は基部加工尖頭器が主であるが、ほかに基部加工小型剥片尖頭器（ペン先形）などを含む。「台形状石器」は端部整形石器を含んでいるが、いわゆる素刃石器は排除されている。「斧形石器」は「蛇紋岩製局部磨製石斧」一点を含んでいる。削器は鋸歯縁が特徴的である。いわゆる台形様石器を組成しないので、二項性が顕現した後期旧石器時代初頭の武蔵野台地Ⅹb層並行の石器群である。

調査者の出居博はわずか二点のエリア（A―41）から三四六点のエリア（A―18）まで石器数も広さも様々な六四のエリアに細分して（図58）、さまざまな属性分析を行った。西側のエリア群ではチャートが主体的で、東側の多種類の石材をもつエリア群と対照的なあり方である。三毳山産チャートを主材とした端部整形石器を含む小型剥片石器モードですべての集中部に広くみられる。流紋岩、硬質頁岩、黒色頁岩、ガラス質安山岩、黒曜石製などの基部加工尖頭器が東側のエリアで散見できる。

黒曜石は信州産、高原山産、伊豆・箱根山、神津島産と多方面のもの（表1）がブロック群の中央部とその東側に集中して三八二点（一〇・八％）出ている。諏訪星ヶ台産は中央のA―51エリアとその東側のエリア二一、

図58 上林遺跡の環状ブロック群

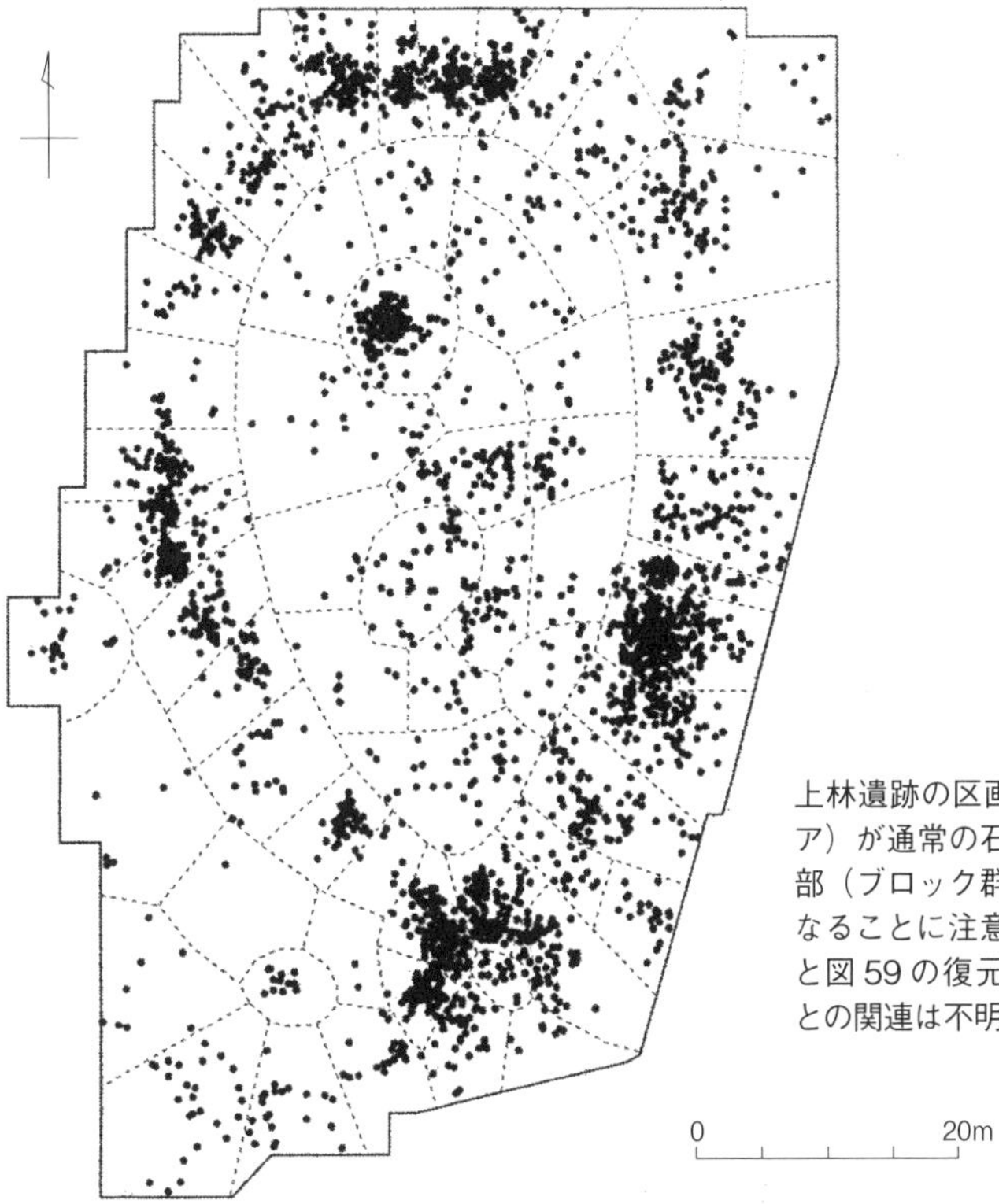

上林遺跡の区画（エリア）が通常の石器集中部（ブロック群）と異なることに注意。本図と図59の復元集落図との関連は不明。

出居編2004より

表1 原産地別黒曜石比

推定産地	出土点数	総重量
諏訪星ヶ台群	314点	1,270.67g
蓼科冷山群	21点	83.96g
高原山甘湯沢群	17点	101.22g
神津島恩馳島群	10点	4.99g
和田鷹山群	6点	19.76g
和田小深沢群	3点	3.04g
箱根畑宿群	2点	7.42g
蓼科双子山群	1点	0.37g
天城柏峠群	1点	4.13g
産地分析不可・風化	7点	2.45g
合計	382点	1,498.01g

図59 上林遺跡の復元集落図

蓼科冷山産はA―62エリアに高原山甘湯沢群はA―51とその西・南のエリアに、神津島恩馳島群はA―18エリアに集中する。ガラス質安山岩も利根川のほか武子川・姿川、箱根、大洗海岸産を含んでいる。

〝双対性環状石器群〟（出居の造語で双分制を想起させる）の上林遺跡は、近隣集団（西側）と遠方集団（東側）の二つの集団が合同した大集落跡（図59）という結論である（出居編二〇〇四）。ブロック（「テント」）ごとの石器数・石器組成の大きな違いの所以が説明できない。

ブロック（「テント」）ごとの石器数・石器組成の大きな違いの由来が説明できない。人間の行動とその物質的結果が同時に観察できる状況下で行われた民族考古学調査は、遺跡内での諸活動の場を決定する要因を同定し、それらが考古遺跡の構造に及ぼす結果を査定するうえで重要な意義をもつ。かつてオーストラリア中央部のアリアワラの居住地構成を『無文字社会の考古学』で詳しく紹介した。

多様な集合形態

環状ブロック群のいろいろなあり方を見てきた。全国九八遺跡中、関東平野に七三遺跡が集中している環状ブロック群のうち、分析に耐える三七遺跡を選んで、島田和高が環状の空間規模（東西・南北の径）と石器群の量的規模（石器数）を基準に、グレート一〜四に分類している。グレート一（八遺跡）とグレート二（一七遺跡）の空間規模は平均一八・九メートルと二〇・四メートルで大差ないが、石器数六〇点以上のブロックの増減で差異がある。グレート三（四遺跡）の空間規模は平均二三・八メートルでやや大きくなるが、顕著なのは石器群の量的規模の増大で、一五〇点以上、三〇〇点以上のブロックをもっている。グレート四（八遺跡）は空間規模が平均五三・三メートルと拡大しているが、石器数六〇点以下のブロックが普通になる。一から三の環状ブロックは同時期の集落の多様なあり方を、ブロック四は環状ブロック終末期の異集団を取り込んだ拡大集落の様相を示すと解釈している（島田二〇一一）。

環状ブロック群を環状集落跡とみる研究者は多いが、その根拠は確たるものではない。ブロックの線引きからして客観性に欠ける。竪穴も柱穴も炉跡もない石器類の集中場所に居住区を想定するのである。民族誌的検証作業が不十分なまま無批判に「月見野仮説」に依存してはならない。奇しくも、上林遺跡の報告書巻頭図録に、後期旧石器時代初頭と縄紋時代前期との相似の環状集落復元（想像）図が載っていて、前者の規模が後者を圧倒している。

他集団との出会いの場

兵庫県篠山市（旧西紀町）板井寺ヶ谷遺跡は、宮田川と大山川に挟まれた河岸段丘上にある。尾根先端の周辺よりやや高まったところにある遺跡から、二万九〇〇〇年ほど前に降下した広域火山灰（ＡＴ）層を挟んで、その下層から尖頭形石器（ナイフ形石器）、台形様石器、刃部磨製石斧などの石器（図60）が、またその上層から「角錐状石器」などの石器が検出された。下位の層では配石、礫を埋設した土坑、炭化物集中地点とともに、一一ヶ所の石器集中部が見つかった。遺跡内でチャート製石器とサヌカイト製石器が共伴しつつも分布が分かれる傾向があることから、チャート製石器を使う中国山地系の集団とサヌカイト製石器を使う瀬戸内系の集団が、この現場で共存した可能性が指摘された。

この遺跡では考古学的調査に伴って自然科学的調査が行われ、以下の項目の分析結果が報告された。「火山灰および土壌の分析」「液体シンチレーション^{14}C年代測定」「植物化石と周辺の古植生」「堆積土の珪藻分析と旧石器群相当期における篠山盆地（兵庫県）の水文環境」「旧石器時代の地形環境」「篠山盆地の地形発達」「兵庫県における山麓盆地の地形形成」「サヌカイト製剥片の石材産地分析」である。こうした自然科学的調査の成果を受けて山口卓也は、篠山盆地北西端に立地する遺跡が眺望的に南に開き、周辺の地形要素が視覚的に山地と盆地底に分けられること、そして盆地底には湛水時に水没した部分と、泥炭層が発達したものの湿原地に留まった部分、砂礫・扇状地・自然堤防など微高地の乾地であった部分があり、また山地は低位な部分と高位な部分に分けられること、さらにそうした地形との関連で植生的にも局地的な相違が見られることを指摘した（山口編一九九一）。

山口卓也は、これら環境要素が相互に関係しながら構成した「総合環境」が板井寺ヶ谷遺跡の自然的立地環境であると考えて、①現地形図上のいくつかの等高線を選んだ地形ゾーン図（半径二キロ、四キロ、八キロの円が書き込まれている）、②この圏別地形要素に植物の花粉・材・遺体化石の分析から立体的・広範囲に復元

図60 板井寺ヶ谷遺跡「下位文化層」出土の二項モード石器群

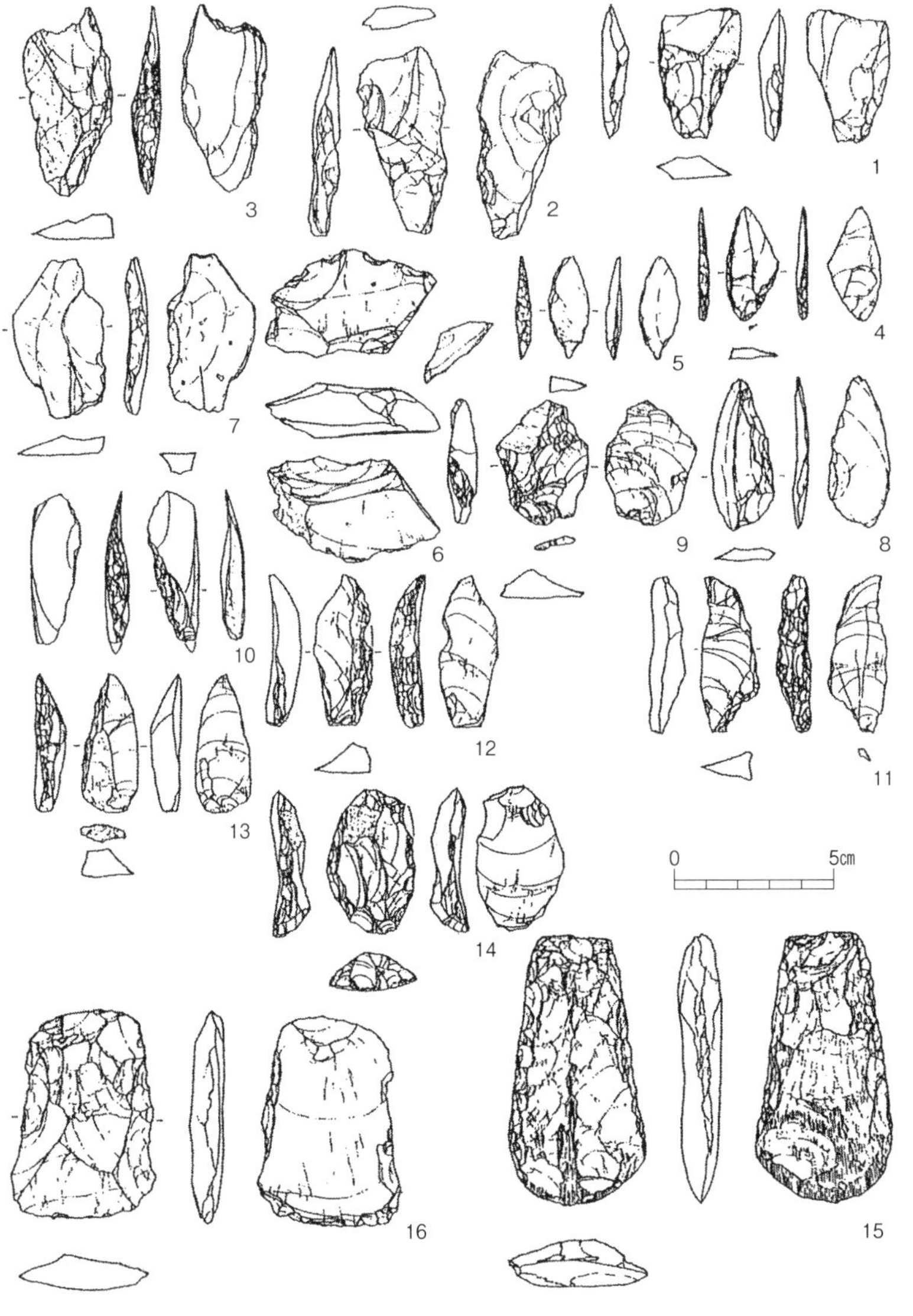

1～8：サヌカイト製(6～8は「瀬戸内技法」関連資料)　9～14：チャート製　山口編1991より

図61-1 板井寺ヶ谷遺跡の地形ゾーン

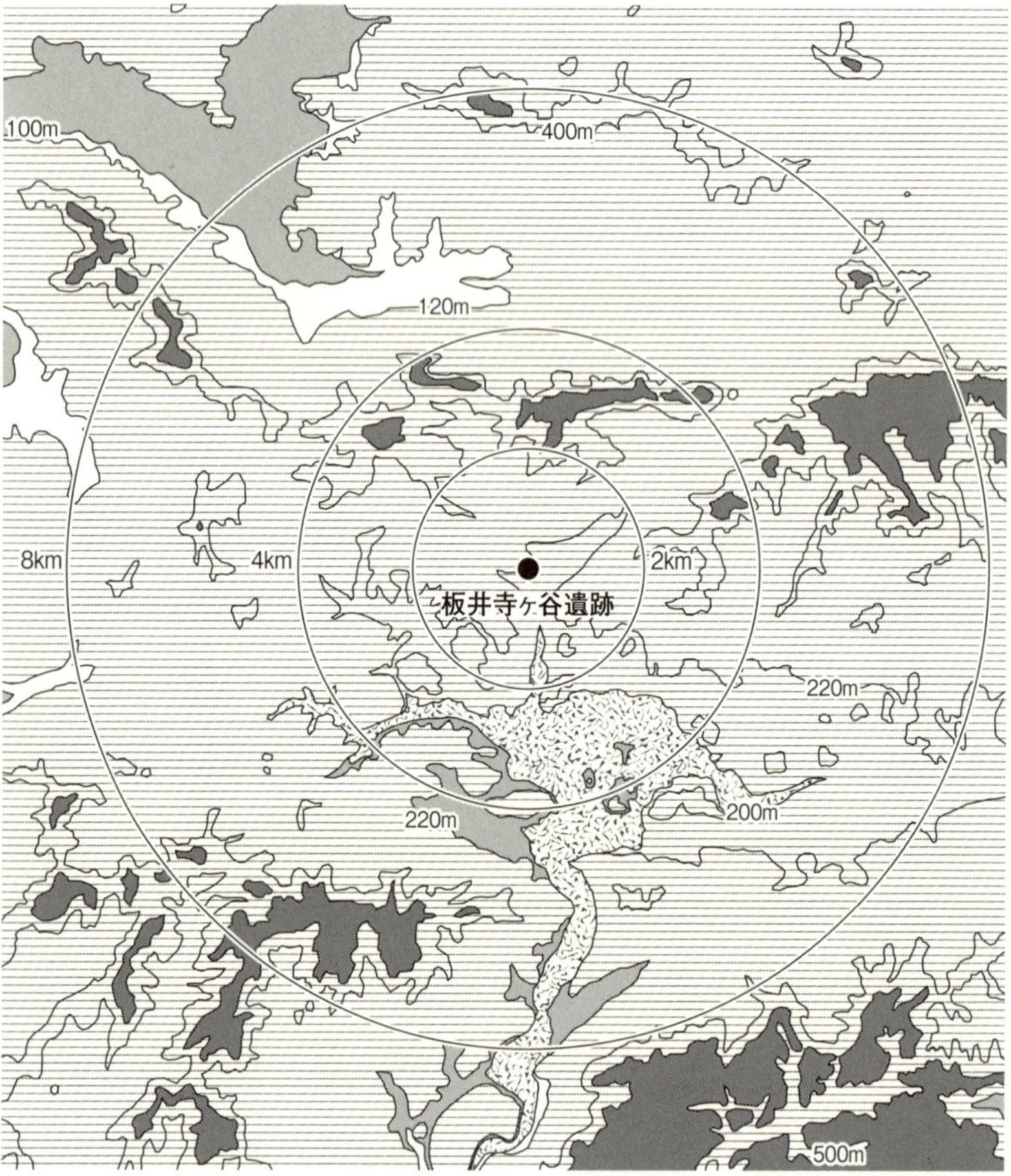

山口編1991より

図61-2 遺跡周辺の推定環境

図61-3 推定された集落景観

図61-4 遺跡北方の視界と景観

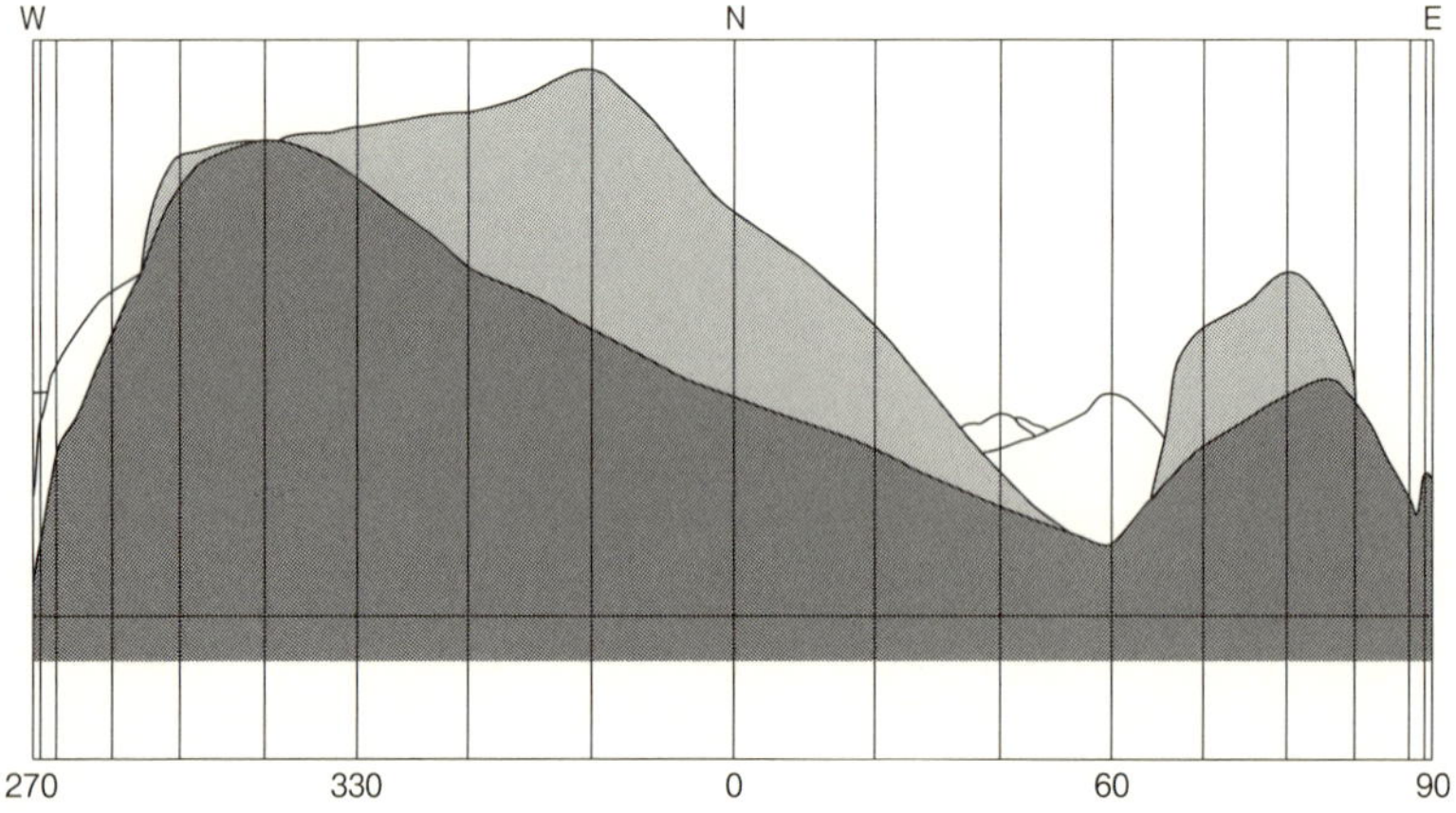

図61-5 遺跡南方の視界と景観

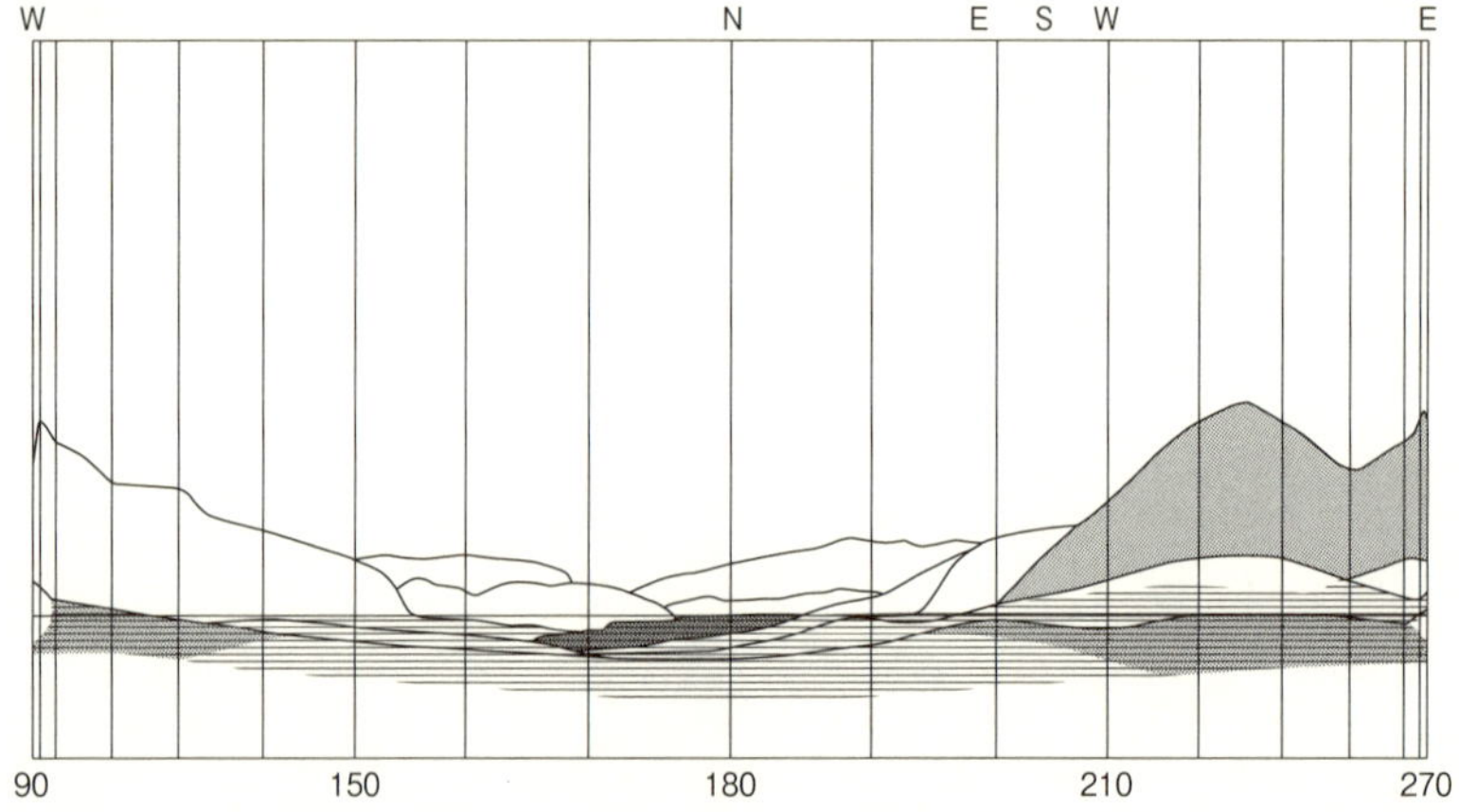

された植生を加えた、遺跡を上空斜めから俯瞰する周辺環境推定図、③遺跡の北方と南方の視界描写図（遺跡に立った人の視野に入る三六〇度の展望が望ましいが、東西両側は山が迫っているので外したのであろう）、そして④「下位文化層」の集落景観推定図を作成している（図61）。景観の中にある遺跡を強調した発掘調査報告書の嚆矢となった。

狩猟の野営地

宮城県仙台市太白区富沢遺跡は現代の水田土壌下に中・近世、古代、古墳時代、さらに弥生時代の水田跡が重層して検出された著名な遺跡である。その下層から縄紋時代の遺構・遺物が、さらに下層から最終氷期最寒冷期の亜寒帯性針葉樹の埋没林と石器類が出土して注目された。おそらく狩りのさなかに狩人たちが野営した跡で、遺跡公園として保存・展示されている。

調査で確認された層は三六層あり、一六層から上で水田跡や縄紋時代の遺構が検出されている。現地表下約五メートルの基本層二五・二六層・二七層から樹木の根株（トウヒ属七二本、カラマツ属二八本、モミ属二九本）、毬果、葉、種子、シカのフン（糞）（二五層中二一ヶ所）などが検出され、基本層二七層上面から炉跡の可能性のある炭化物片集中箇所を中心に、二メートル四方ほどのところから「ナイフ形石器」や石核・剥片など一〇〇点を超える石器が出土した（斎野二〇一五）。

ＩＢ区ｃグリット二五ｃ層において一・四×一・〇メートルの範囲から一〇点、長さが四センチ弱の小型剥片石器類が出ている。基部加工尖頭形剥片（「ペン先形ナイフ形石器」）などの基部加工・背部加工剥片石器で、石刃技法は見られない。珪質頁岩・黒色頁岩・玉髄素材である。長く使われた結果として捨てられた可能性が指摘されている。

ⅢC区二六層出土の二点も類似の石器で、「ナイフ形石器」と「彫刻刀形石器」と報告されているが、両例ともに衝撃剥離痕が認められる。

ⅣC区二七層上面からは炭化物集中箇所一ヶ所と、その北側近くからピット状遺構一基が検出された。炭化物集中箇所は関連科学の各種分析では証拠が得られていないが、遺存状況から「焚き火跡」と見なされた。石器はピット状遺構から六点と、炭化物集中箇所の東側を中心に径二・五メートルの半円状を呈した分布で一〇五点の計一一一点が出ている。水洗選別でチップ（細片）が一三一点検出された。ほかに礫一点が出でいる。遺跡周辺での採取が比較的容易な黒色頁岩を主材として凝灰質頁岩・流紋岩・安山岩と、遺跡周辺での採取が難しい珪質頁岩・珪質細粒凝灰岩が使われている。珪質細粒凝灰岩製の背部加工尖頭形石刃石器（長さ三・六センチの「ナイフ形石器」）一点と、珪質頁岩製の基部加工剥片（先端が折れていて形態が解らない）一点が定形石器で、ほかは石核四点、安山岩製敲石一点と剥片である。

この遺跡から出た石器群は^{14}C年代値に見合う東北地方の石刃モードの石器群ではなく、表面上は旧石器時代前半期の二項モード、特に小型剥片石器モードを思わせる。おそらく珪質頁岩産地から脊梁山脈を超えて遠く太平洋側に遊動してきた遊動民が、在地の石材を使って臨機に作った石器群だからであろう。

年平均気温が現在より七〜八度低かった最終氷期最寒冷期に、カバノキ属とハンノキ節が混じるトウヒ属（トミザワトウヒ・コウシントウヒ）とグイマツの叢林と、スゲやカヤツリグサ、イグサ類のほか、キク科、セリ科やカラマツソウの仲間の草本、シダ類のあるやや草丈の高い草原が入り混じった湿原、そのやや高まる場所で焚き火を燃やし、その北東側の場所で一人の狩人によって剥片剥離・石器製作・石器修理の作業が行われ、南東側の場所でおそらく別の狩人によってシカの皮・肉のカッティングが行われていた。こうした景観が復元されている（口絵5）。復元を可能にしたのは次のような整理・分析作業と、多くの専門家との検討会が行われた故である。

自然環境復元のため、地形・地質（調査区および富沢遺跡周辺の約二万五〇〇〇年前の地形環境の復元）、土壌分析（基本層二五〜二七層の堆積環境の復元）、火山灰の同定（基本層一七〜二九層を対象として姶良Tn火山灰の存否とその層準）、木材化石の同定（検出された木材の樹種同定）、大型植物化石の同定（検出された毬果、葉などの同定）、花粉分析（調査区内の基本層二五〜二七層、富沢遺跡周辺の植生復元、フンに含まれる花粉の同定）、植物珪酸体分析（基本層一七〜三〇層を対象とした植物環境の復元）、珪藻分析（調査区内の基本層二五〜二七層、富沢遺跡周辺の植生復元）、昆虫化石の同定（検出された昆虫の同定）、フンの分析（フンの形態、フンの内容物の分析）、年輪年代の測定（三本の樹木の相対年代の測定）、放射性炭素年代測定（樹木などを対象に絶対年代の測定）と、人類活動復元のため、木材化石（Ⅳ区二七層上面で検出された炭化物集中箇所の炭化材の樹種同定）、花粉分析（Ⅳ区二七層上面で検出された炭化物集中箇所およびその周囲の土壌中に含まれている花粉に熱による変化が起きているか否か）、土壌分析（Ⅳ区二七層上面で検出された炭化物集中箇所およびその周囲の土壌に熱による変化が起きているか否か）、残留磁気測定（Ⅳ区二七層上面で検出された炭化物集中箇所が炉跡であるか否か）、石材（石器の石材の同定、Ⅳ区二七層上面で検出された石器の主体を占める黒色頁岩の成因）、残存脂肪酸分析（Ⅰ区・Ⅲ区・Ⅳ区で検出された石器及びその周辺の土壌の残存脂肪酸の分析）、石器の使用痕（Ⅰ区・Ⅲ区・Ⅳ区で検出された石器の使用痕）、以上の分析が行われた（太田編一九九二）。リアルな復元図は関係者たちの研究成果のたまものである。

ランドマーク

長野県上伊那郡南箕輪村神子柴《みこしば》遺跡は天竜川を見下ろす右岸、上位の大泉段丘の東端にある独立丘上、海抜七一三メートルの平坦面にあり、川面からの比高は約六〇メートルである。調査者の林茂樹は調査日誌の中で遺跡の立地を次のように記している。「大清水川に沿って六〇〇メートルほど進むと前方に小さな丘が見える。…小さな丘の真下で道は左右の小渓谷に分かれる。丘の下には清冽な湧水が湧き出て一面のわさび畑でそこから一五メートルほど急にそびえて小さな丘になっている。…雑木林をくぐって丘へのぼると、急に広々とした景色が展開する。西方経ヶ岳の南麓稜線は裾を引きながら、権兵衛峠の鞍部につづき、更に低く緩やかな稜線を引いて南に走り、木曽駒ヶ岳の将棊頭に至って急にそびえる。…経ヶ岳山麓は午前中踏査した大萱の扇状地がゆるやかに広がり、その末端がこの丘の西部近くで消滅する。この洪積原より三〜四メートルほど高いのがこの丘であって、東西三〇〇メートル、南北二〇〇メートルの細長い孤立丘状の丘である。…東を望むと大清水の沢の開けた彼方に天竜川が白く光り、対岸遠く赤石山脈の千丈・東駒ヶ岳の峻嶺が連なっている。南方は沢をへだてて御園地籍の畑と水田地帯がつづきその果てに南駒ヶ岳がそびえる。北方は西天竜沿線の広い洪積台地に水田がつづき、遠く諏訪の山々を望むことができる」（林一九九五）。

木曽谷側から峠を越えて伊那谷へと山を下りてきた人々にとって、段丘先端のこの小丘は格好の目印となった。同様に、諏訪方面から天竜川沿いに南下し、峠を目指して支流の谷を西に向かった人々にとっても、段丘先端のこの丘は最初に目に入る場所であった。

遺跡を中心として西およそ六〇キロの所に下呂石の産地である湯ヶ峰山が、北四〇キロの所に黒曜石の産地である霧ヶ峰や和田峠があり、さらに北へ二〇キロで唐沢B遺跡である。信濃川に沿って下流へと向かえば硬質頁岩・珪質凝灰岩質頁岩（玉髄）の産地が想定される日本海沿岸地域である。この地理的配置から想定した集団群の季節的移動経路とネットワークが図62である。

一九五八年に藤沢宗平と林茂樹らによって発掘調査が行われた神子柴遺跡は、出土石器の各群が一メートル内外の長さに配列、あるいは集積された状態で他の群と接触しつつ全体は長軸（南北）五メートル、東西三メートルの楕円状を描いて配列されていて、何らかの目的をもって配置された特殊な遺構であると見なされた。石器群は神子柴型尖頭器と呼ばれる大型石槍と、神子柴型石斧と呼ばれる大型磨製・打製石斧を主体に、石刃、掻器、石核など特徴的なセットとしての組み合わせをもっている。

折り重なって「デポ（埋納）」状態で出土した神子柴型尖頭器と呼ばれる大型品の四点は玉髄製で、白色系の色彩をもつ。それらとは対照的に通常の尖頭器は黒曜石製で黒色系の色彩である。この白黒の色の対照には色彩のシンボリズムが窺える。

遺跡の立地、遺跡内での石器の配置、石器組成、石材選択とその色のシンボリズム、石斧と尖頭器の大型化（過剰デザイン）等々、狩猟や採集行動とそれが繰り広げられる「集合地」と異なり、「社会的場景」および「特定の目的地」として、名状しがたい雰囲気を醸成していたようである。神子柴遺跡は地域集団の「習慣的景観（日常的生活の点景）」というより、複数の集団による「社会的景観（儀礼的点景）」であったと考えられる。神子柴石器群については次章でも言及する。

図62 神子柴遺跡と搬入石材が示唆する広域ネットワーク

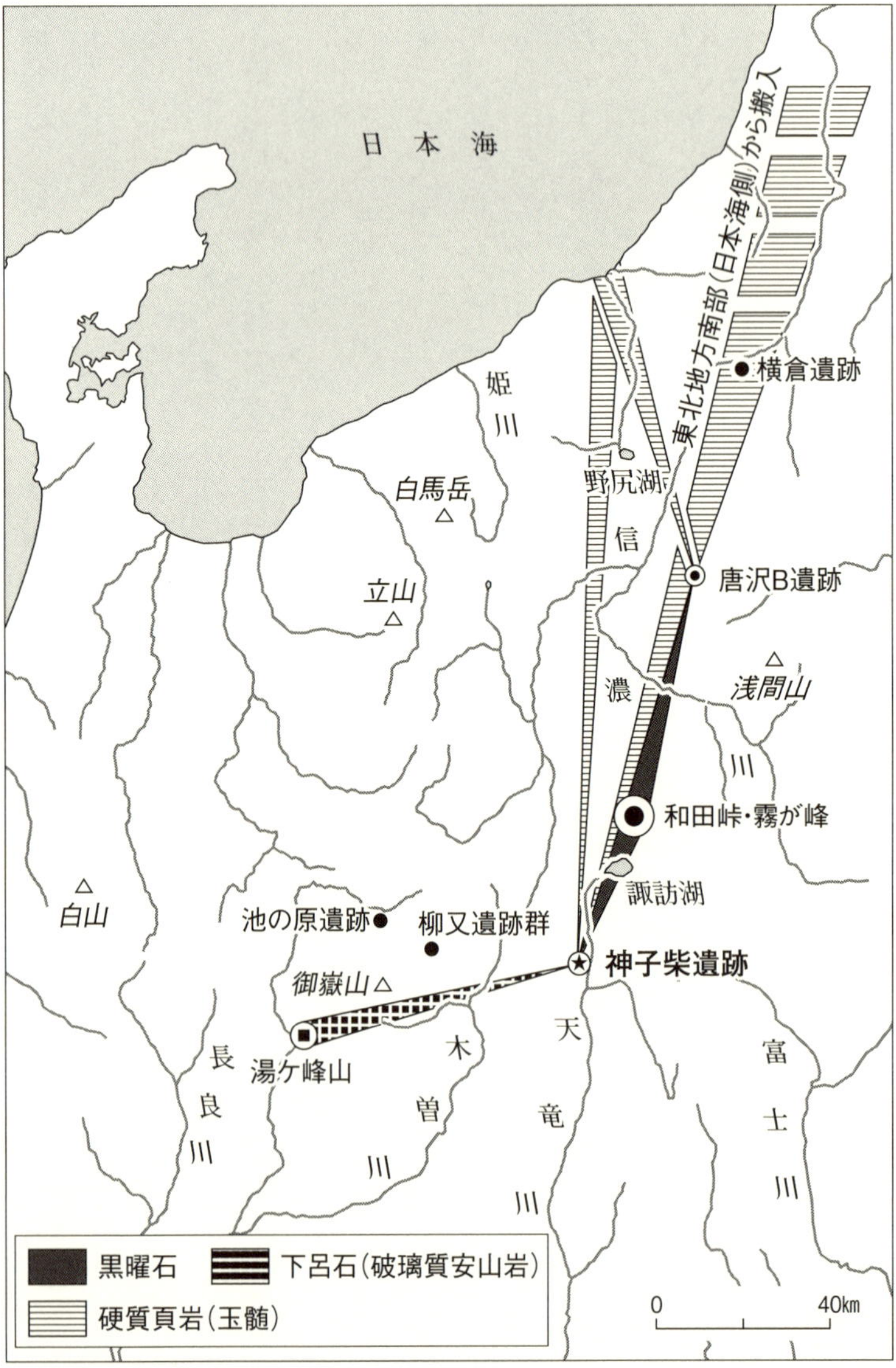

川辺の景観

列島の縦横に張り巡らされた大小の河川は、遊動民にとって格好の移動ルートを提供した。特に第二章で取り上げた遊動民の長距離移動のルートとして、日本有数の大河川とその水系が欠かせなかったし、河川の流れの方向が移動方向に影響していた。

信濃川や最上川など日本海側の河川は脊梁山脈に沿って南西から北東方向へ流れ、天竜川や利根川、鬼怒川などは脊梁山脈から南流して太平洋に注いでいる。その上・中流地域に河岸段丘が発達し、広大な盆地・扇状地が発達していることと関係が深い（町田ほか編二〇〇六）。

まず瀬戸内集団が北上し、北方集団が南下したと想定される諸河川ルートを見てから、河川沿いの諸景観に言及する。

瀬戸内集団の北上ルート

第二章の「瀬戸内集団の移住」の項において、福井・富山両県の国府（系）石器を出土した遺跡、野尻湖遺跡群、新潟県の遺跡、樽口遺跡、越中山K地点を出土石器類に焦点をあて説明した（一一三―一四三頁）。ここでは移動ルートとしての河川に焦点をあて説明する。

野尻湖

糸魚川静岡構造線が列島を西南日本と東北日本に二分している。姫川が構造線に沿って流れ糸魚川となって日本海にそそいでいる。瀬戸内集団がどのようにこの線を超えたのか詳細が分かっていないが、姫川支流の分水嶺を超えると野尻湖に出られる。その西岸から流れ出る池尻川は関川を経て日本海へと注ぎ、野尻湖の南に流れる鳥居川が千曲川に合流している。池尻川と鳥居川の両水系の分水嶺にあたる重要な位置に野尻湖遺跡群がある。周辺は狩猟者の格好の猟場であったらしく、国府系石器群の東裏遺跡のほか、オオツノシカ・ナウマゾウの化石が伴出した立ヶ鼻遺跡・仲町Ⅰ遺跡、環状ブロック群の日向林B遺跡・貫ノ木遺跡、「杉久保型ナイフ形石器」群の杉久保遺跡、縄紋時代草創期の仲町遺跡など各時期の遺跡が密集している。

信濃川

長野・新潟県境にある関田山地は千曲川と信濃川を上・下流に区分する山地で、志久見川合流点から千曲川は信濃川と名称を変える。関田山地と毛無山にはさまれた信濃川はここで大量の粗大な礫が河床に供給され急勾配になり、飯山盆地より上流の千曲川とは全く異なった河相になる。信濃川は西を東頸城丘陵、東を魚沼丘陵・東山丘陵にはさまれて北北東に流れる。魚沼丘陵最南西部を刻む清津川は丘陵を横切って峡谷を形成し、広い扇状地性の段丘をつくって信濃川に合流する。北部で西流する魚野川が魚沼丘陵と東山丘陵を分けて、小千谷南部で信濃川に合流する。

十日町盆地から長岡付近に至る信濃川の沿岸および支流沿岸に、形成年代と高度を異にする数段の河岸段丘面が広く分布し、五十嵐川流域に遺跡群が密集する各地帯がある。特に津南の清津川および中津川沿岸に広い

写真4　何段にも重なる段丘面は水田化され、いまは名立たる〝コシヒカリ〟を産する。

扇状地性の多段の段丘面があり、もう一つの各地帯を形成している。高位から順に、谷上面、米原Ⅰ・Ⅱ面、卯ノ木面、朴の木坂面、貝坂面、正面面、大割野Ⅰ・Ⅱ面である（写真4）。貝坂面・正面面・大割野面には国府系石器群の正面ケ原B遺跡のほか、旧石器時代から縄紋時代草創期の遺跡が密集する（佐藤二〇〇二）。三条市で信濃川に合流する五十嵐川にも国府系石器群の御淵上遺跡がある。

津南段丘周辺で大半の石器石材が採取できるが、特に志久見川流域の無斑晶ガラス質安山岩、清津川流域の頁岩は使用石材の六割を占める。中津川・清瀬川・魚野川の源流部から分水嶺（三国峠）を超えると利根川水系に至る。吾妻川と利根川の合流点に国府系石器群の上白井西伊熊遺跡（一三六―一三八頁）がある。

新潟平野

新潟平野は平野中央部に半島状に張り出した新津丘陵によって、南半部の信濃川下流域の部分と、北半部の阿賀野川以北の部分とに分けられ、両者の地形はやや性格を異にしている。南半部では、平野のほぼ中央を北流する信濃川と、その派川に沿って枝分かれした数列の自然堤防が認められる。海岸部に砂丘が発達するため、やや閉塞された排水不良の状態になっており、沼沢地が残されてきた。縄紋海進の海水準高潮期後、信濃川等の河川によって堆積物が豊富に供給され、沖積平野が拡大し、海岸線の前進と停止に呼応して一〇列の砂丘が断続的に形成された。

胎内市で日本海にそそぐ荒川を遡り県境を越えると山形県小国盆地に至る。小国には「東山型ナイフ形石器」の東山遺跡や横道遺跡、岩井沢遺跡など遺跡が多い。荒川を北上すれば分水嶺を超えて朝日連峰に発する三面川に至る。支流との合流点の段丘上に国府系石器群や北方系細石刃石器群が出土した樽口遺跡（一六二一―一六四頁）がある。北上して分水嶺（県境）を超えると赤川水系の大鳥川源流部に至る。赤川と梵字川の合流点、梵字川の右岸に国府系石器群の越中山K地点（一三三―一三五頁）などの遺跡群がある。赤川を下ると庄内平野で、現在、ここが瀬戸内集団の移動の終着点である。

北方集団の南下ルート

第二章の「北方集団の南下」の項において、柏台I遺跡、北海道の細石刃石器群、湧別技法、大平山元II遺跡、角二山遺跡、樽口遺跡、恩原1・2遺跡、荒屋系細石刃石器群、正面中島遺跡、八ヶ入遺跡、白草遺跡、後野遺跡、長堀北遺跡を出土石器類に焦点をあて説明した（一四四―一七六頁）。ここでは移動ルートとしての河川に焦点をあて説明する。

東北地方の諸河川

津軽海峡を挟んでいるが北海道と津軽半島北端の竜飛岬は指呼の間にある。津軽半島の陸奥湾側、蟹田川沿いに大平山元遺跡群がある（一五七—一六〇頁）。

日本海に注いでいる岩木川を離れて海岸沿いに進むと、黒曜石産地の深浦や男鹿を経て雄物川下流域に行きつく。岩木川水系の平川を辿り分水嶺を超えると米代川に出る。さらにその支流阿仁川を遡り、分水嶺を超えて雄物川水系の桧木内川から玉川を下る。雄物川に出て遡上し、横手盆地から東行して北上川の支流和賀川に出るか、あるいはさらに遡上し分水嶺を超えて最上川水系の真室川の源流部に出る。

基部加工尖頭器石器群の乱馬堂遺跡、横前遺跡、新堤遺跡、上ミ野遺跡などがある新庄盆地から最上川を下ると庄内平野で、瀬戸内集団がたどったルートを赤川・大鳥川・三面川と逆行すると白滝型細石刃核・ホロカ型細石刃核石器群の樽口遺跡がある。

最上川を遡上すると大石田町に湧別技法による細石刃核石器群の角二山遺跡（一六〇—一六二頁）があり、小国盆地に白滝産黒曜石の出た湯の花遺跡がある。

阿賀野川・信濃川

小国から荒川を下ると新潟平野の北部に出る。阿賀野川を辿り分水嶺を超えて黒曜石原産地の高原山から鬼怒川源流部へ、あるいは阿賀野川支流の日橋川を辿って猪苗代湖へ、また別の支流只見川を辿り分水嶺を超えて利根川源流部および五十嵐川へ、それぞれ各方面へのルートとなっている。三条市で信濃川に合流する五十嵐川に荒屋型細石刃核石器群の中土遺跡がある。また、信濃川と魚野川の合流点を眼下に見下ろす段丘上に荒屋型細石刃核石器群の標識遺跡である荒屋遺跡がある。信濃川を遡った津南にも白滝型細石刃核石器群の上原E遺跡、荒屋型細石刃核石器群と大型槍先形尖頭器石器群の正面中島遺跡（一六七―一七一頁）がある。

千曲川

新潟・長野県境を超えると千曲川と名を変える。飯山盆地北東の県境付近は峡谷となる。長野盆地は東に中央隆起帯の三国山脈（河東山地）、西に水内丘陵の北部にはさまれ、東西幅が最大一〇キロであるのに対して、飯山盆地まで含めると北東方向に六〇キロに達する細長い盆地である。この盆地底の低地は千曲川支流の扇状地と本流沿いの氾濫原から成り、千曲川の河床勾配は山間盆地としてはきわめて緩い。特に三国山脈側から押し出す扇状地は上流側で段丘化している。扇状地の中で、千曲川に匹敵する流路長と流域面積を持って、飛騨山脈から流れ出す犀川の扇状地（川中島）は、最も大規模である。千曲川本流は、側方から合流する扇状地の末端を屈曲しながら流れる。このため川沿いの低地には自然堤防や後背湿地が発達する。更埴に至り南東に向きを変え、塩田平から中央隆起帯を横断する一五キロほどの区間では千曲川は幅のやや狭い谷（戸倉など）である。上田盆地で再び広がるが、佐久盆地の西で流域は狭くなる。

この長野―上田間は移動集団が別ルートをとった可能性がある。例えば、須坂市の西で千曲川に合流する鮎川を遡ると菅平の北口に出る。ここには縄紋時代草創期隆起線紋土器期の石小屋洞窟がある。高原を南口に出ると、神子柴石器群の唐沢B遺跡や縄紋時代以降の遺物を包含する唐沢岩陰がある唐沢川・神川で、これを下り上田盆地に出る高原ルートである。上田付近で千曲川左岸に合流する依田川・大門川を辿ると黒曜石産地の筑摩山地に至る。星糞峠・男女倉川・和田峠・星ヶ塔・星ヶ台などの黒曜石原産地が連なる。さらに分水嶺を超えると諏訪湖に至り、天竜川を下れば神子柴遺跡（二一二―二一三頁）である（図62参照）。和田峠周辺の良質な黒曜石は、分析例のある全地域においてほぼ全時期で高頻度に見られる。特に関東地方および静岡県の遺跡密集地の全域に分布する（国武二〇一五）。これらの集団にとって彼の地は心のランドマークであった。さらに南東約二〇キロの八ヶ岳北西部に麦草峠・蓼科冷山・双子池など八ヶ岳原産地と総称される黒曜石原産地がある。

佐久盆地を流れる千曲川の東には海抜一二〇〇メートル内外の山地（荒船山〜八風山）があり、北に烏帽子―湯の丸火山群がそびえて山麓に急傾斜の扇状地を広げ、南西と北東からそれぞれ八ヶ岳火山群と浅間火山が火砕流や岩砕流を供給していて、これらの堆積面はほとんど段丘化している。南には千曲川谷底から二〇〇メートルも高い御牧ケ原とその西に一段低い八重原という丘陵・台地がある。千曲川右岸に合流する香坂川上流の八風山麓にはガラス質黒色安山岩の産地遺跡である八風山遺跡群があり、後期旧石器時代初頭の基部加工尖頭形石刃石器（尖頭形石器）の製作跡（八七―八九頁）や、神子柴系石器群関連の大型槍先形尖頭器の製作跡が発掘調査されている（須藤二〇〇六）。東の群馬県側に下ると利根川水系の鏑川上流地域に出る。千曲川上流の川上村から下流約三〇キロの区間、千曲川は八ヶ岳と関東山地間の裾合を下刻し、両岸に火山性の堆積段丘やそれを切る侵食段丘が数段発達する。西側の八ヶ岳から供給された火山泥流や扇状地堆積物が千曲川を途中で堰き止めたために生じたのが野辺山高原（海抜一一五〇〜一三〇〇メートル）で、細石刃石器群期の矢出川遺跡群、中ッ原遺跡群がある。高原を開析して流れる諸支流は信濃川上駅の下流地点で千曲川に合流する。

矢出川遺跡群・中ッ原遺跡群

ところで、信州系黒曜石を素材とする稜柱形細石刃核・細石刃を組成する細石刃石器群が、相模野台地のL1H層上部からB0層にかけての時期に、太平洋側の愛鷹・箱根山麓、相模野台地、武蔵野台地・大宮台地、下総台地に広く分布している。これらの遺跡を残した太平洋側の地域集団が、黒曜石の補給を組み込んだ「季節的標高移動」（氷期の極寒期であったので、居住が不可能な冬季は南の低地域で狩猟し、夏季に野辺山高原に移動して狩猟活動を行う行動形態）で残したのが矢出川遺跡群だと、堤隆は考えている（写真5）（堤二〇〇四、堤・八ヶ岳旧石器研究グループ編二〇一五）。

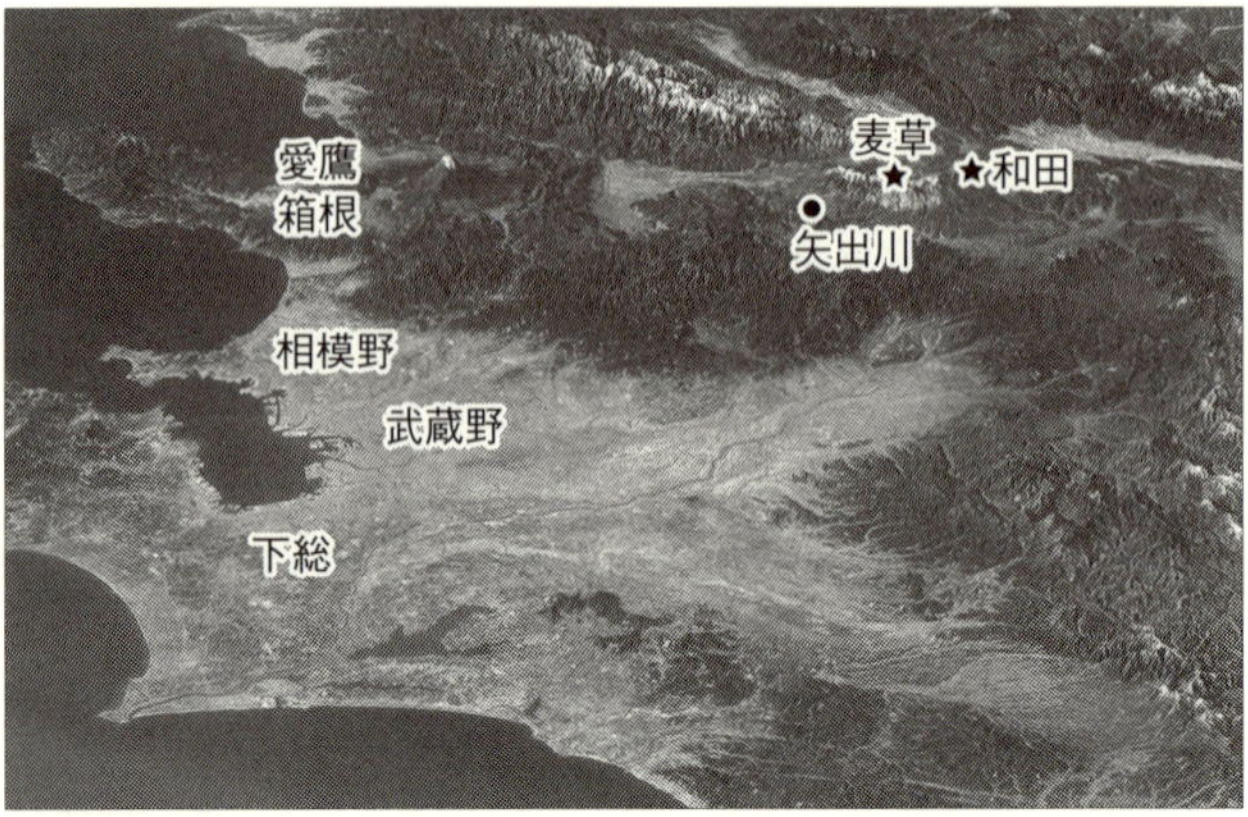

写真5　関東平野の諸台地を遊動する集団にとっての〝黒い石・遠い山〟。

八ヶ岳の東側山麓に広がる野辺山高原には、矢出川第Ⅰ遺跡を拠点として、矢出川技法による黒曜石製稜柱形細石刃核・細石刃を出土する遺跡が群在している（図63）。矢出川第Ⅰ遺跡では、一三六二点の黒曜石の産地が推定された。信州系諏訪星ケ台群が三四九点（二五・六二％）、蓼科冷山群が四〇六点（二九・八一％）、伊豆諸島の神津島恩馳島群が三八九点（二八・五六％）、場所の特定されていない不明産地のNK群が一〇一点（七・四二％）という構成である。洋上遠く南の神津島産黒曜石を四分の一以上含んでいることがみそである。

図63 野辺山高原の矢出川遺跡群

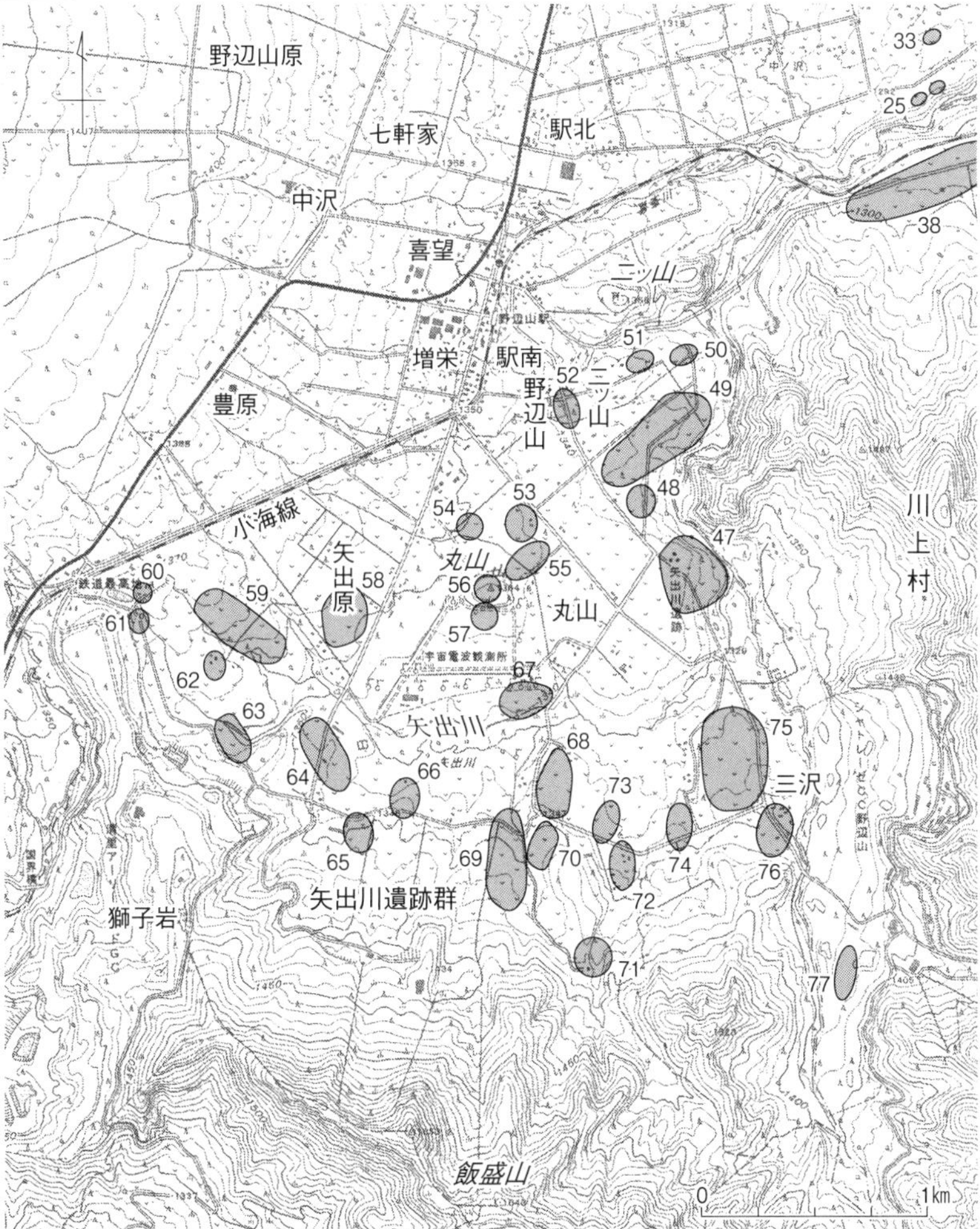

矢出川遺跡群（47〜77） 47：矢出川第Ⅰ 48：矢出川29地点 49：矢出川第Ⅱ 50：矢出川38地点 51：矢出川39地点 52：矢出川第Ⅲ 53：矢出川23地点 54：矢出川22地点 55：矢出川18地点 56：矢出川19地点（丸山山頂） 57：矢出川21地点 58：矢出川第XI 59：矢出川第X 60：矢出川47地点 61：矢出川52地点 62：矢出川15地点 63：矢出川49地点 64：矢出川第Ⅸ 65：矢出川53地点 66：矢出川2地点 67：矢出川第Ⅴ 68：矢出川第Ⅵ 69：矢出川第Ⅷ 70：矢出川第Ⅶ 71：矢出川55地点 72：矢出川64地点 73：矢出川59地点 74：矢出川65地点 75：東矢出川（矢出川第Ⅳ） 76：矢出川67地点 77：三沢（矢出川遺跡群以外 38：柏垂 25：中ッ原1A地点 33：中ッ原5B地点）

堤ほか編2015より

削片系細石刃石器群が出ているのは、千曲川水系のより下流域にある中ッ原遺跡群の第5遺跡B地点と第1遺跡G地点である。石材は荒屋型細石刃石器群に特有の珪質頁岩ではなく、在地の黒曜石に替わっている。第5遺跡B地点では、諏訪星ヶ台群や蓼科冷山群、和田産黒曜石に加えて、飛騨南部の湯ヶ峰に産する下呂石製の細石刃が二点含まれている。下呂石は神子柴遺跡出土の神子柴型尖頭器の素材であることもあって、下呂石製細石刃の存在が注目される。他方で、第1遺跡G地点には諏訪星ヶ台群と和田産黒曜石、下呂石が含まれない。両遺跡は五〇〇メートル離れているが、遺跡間で石器接合が見られることから、両遺跡は同一集団が残したものと考えられた。堤隆は、「接合順序から、最初に、第5遺跡B地点に移動した集団が、一旦八ヶ岳原産地などに黒曜石採取に向かい、ふたたび第1遺跡G地点に戻ったというプロセス」（二七九頁）を想定している。北方系の石器技術をもつこの集団は、珪質頁岩を消費しつくして、在地の黒曜石を利用しただけなのであろうか。それとも北越方面の故地には帰還せず、黒曜石産地周辺地域に在地化していたのであろうか。

千曲川最上流部、川上村内の左岸段丘上に槍先形尖頭器石器群期の菅の平遺跡、馬場平遺跡が、その西側の支流沿いに柏垂遺跡がある（島田編一九八四）。細石刃核も出ている柏垂遺跡からは良質な珪質頁岩製荒屋型細石刃核が採集されている（図64）。千曲川は関東山地の最高峰をなす金峰山～甲武信ヶ岳域を源流とする。分水嶺の南側は富士川の上流部に、東側は荒川の上流部になる。おそらくここまで到達した北方集団の後裔たちは関東・甲州方面へのルートを探ったであろう。

図64 柏垂遺跡の細石刃核

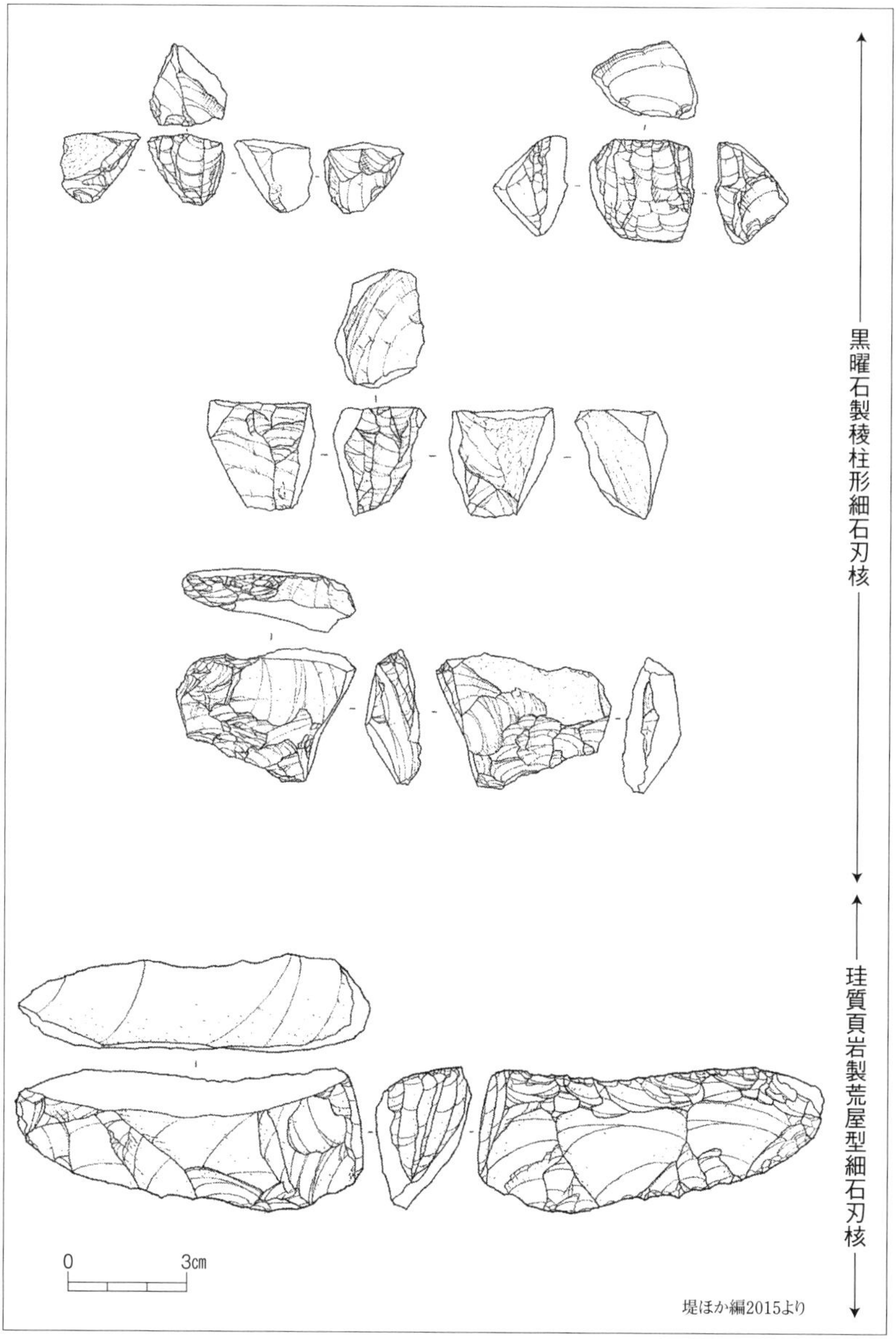

落合の景観

落合とは川と川とが合流するところである。合流点を見下ろす下位段丘は河川を移動ルートに利用した遊動民にとって拠点的居住場所を提供する。

樽口遺跡

これまで何度となく言及してきた樽口遺跡は、新潟県と山形県の県境をなしている朝日連峰に源を発する三面川と末沢川との合流地点南側、三面川左岸の狭い段丘上に立地する。この遺跡の発掘調査によって三面川を遡った最奥部、あるいは山形県小国方面から三面川を下ってきて最初に開ける場所に、姶良Tn火山灰（AT）降下以前から人が住み続けていたことが明らかになった（立木編一九九六）。

報告者の立木宏明によれば、AT層の下位から台形状の石器を指標とする石器群と、「基部調整のナイフ形石器」と「東山型ナイフ形石器」を指標とする石器群、AT層の上位から国府系の「ナイフ形石器」を指標とする石器群（「A－KSE文化層」）、「杉久保型ナイフ形石器」を指標とする石器群、白滝型細石刃核を指標とする石器群、ホロカ型細石刃核を指標とする石器群が検出された。日本海側の頁岩地帯では基部加工尖頭形石刃石器の伝統が長く続いたのであるが、ここ樽口遺跡ではその伝統に貫入したかのように国府系石器群が共伴していて、異系統石器群共伴の好事例となっている（一六三頁図49参照）。

国府系石器群が共伴していた「A－KSE文化層」出土石器群の石材の数量組成は、珪質頁岩が七四・九%、玉髄二〇・二%で、両石材の最寄りの産地は小国町荒川流域である。他にわずかに黒曜石と鉄石英が用いられている。分析された黒曜石は青森県深浦産二点、山形県月山産一点、栃木県高原山産一点、長野県和田峠産一点、産地不明二点で、それぞれの産地を遊動域にもつ各地の集団が残したものか、黒曜石自体が集団間に広く交換されていたものであるのか、いずれにしても後期旧石器時代狩猟採集民の広範囲にわたる遊動、広域のネットワークを示唆している。

「横剝ナイフ形石器」一五点と「角錐状石器」三点が基部の抉りの深い切出形石器三点とともに、岩手県の和賀川支流にある大渡Ⅱ遺跡「第二文化層」の石器組成に類似した石器群と共伴している。「横剝ナイフ形石器」の素材となる横長剝片が七点検出されているが、底面をもつ盤状石核は確認されていない。

越中山遺跡群

山形県庄内平野の南端部、朝日連峰を源とする大鳥川と、月山西斜面から流れ出る梵字川とが合流して赤川となるその右岸の段丘上に越中山遺跡群がある。荒屋系細石刃石器群のS地点、大型木葉形尖頭器と小型片面加工・半両面加工尖頭器石器群のA地点、小型・中型柳葉形尖頭器と基部加工尖頭形石刃石器（「杉久保型ナイフ形石器」？）群のA'地点、そして国府系石器群のK地点などである（加藤一九七五）。

K地点を拠点に国府系石器群を残した集団の遊動域を考える際に、梵字川を上下する方向で西川町月山沢遺跡出土の横剝の「ナイフ形石器」、大鳥川を上下する方向とそこから荒川や三面川を上下する方向（新潟方面）で小国町湯の花遺跡出土の底面を持つ横長剝片素材の「ナイフ形石器」（会田一九八七）、さらに庄内平野を南北に分ける最上川の北、庄内平野の東縁に接する出羽山地西端の荒瀬川が形成した左岸段丘上にある八森遺跡の第一五次調査の際にⅠ区Bグリッド1層から出土した珪質頁岩製「調整剝片」（佐藤・大川編二〇〇三）が注目される。

荒屋遺跡

新潟県長岡市荒屋遺跡は信濃川と魚野川の合流点を眼下に見下ろす標高約八六・五メートルの段丘上にある。荒屋系細石刃石器群の標識遺跡である。東北大学にあって当時の旧石器時代研究を牽引した芹沢長介による一九五八年の第一次発掘調査以降、四次にわたって調査された。竪穴状遺構一基、土坑一九基など二四基の遺構が重複して検出され、繰り返し利用されたことをうかがわせる（図65）。

竪穴状遺構は長径三・八五メートル、深さ二一センチの隅丸方形で、当初、墓壙あるいは貯蔵穴と見なされた。中央床面に長径一メートル以上、幅九五センチ、深さ八センチの整った小判型の窪みが設けられていた。炉跡と推定されている。二基の大型土坑（三・二×二・二×〇・五五メートルと二・二×一・一七×〇・五二メートル）では複数の焼土層が認められ、竪穴状遺構と同様に繰り返し火の使用が行われたと見られる。

貯蔵穴と目される土坑の埋土などからオニグルミの炭化種子が出ていて、加工材としてのキハダ属の炭化樹種ともども注目される。

在地の珪質頁岩がもっぱら用いられた石器類は剥片・砕片を入れて九万四〇〇〇点以上に及ぶ。細石刃数に比して細石刃核の数がきわめて少ないことから、この地から多くの細石刃核が搬出されたと思われる。芹沢によって「荒屋型」と呼ばれた彫刻刀形石器は、細石刃核の調整段階で生じた剥片を利用していることが多い。使用痕分析によれば、彫刻刀面と腹面のなす縁辺で乾燥皮をなめす作業と骨や角（水漬け鹿角）を削る作業に使われていた。削片の数が非常に多く、彫刻刀形石器製作と刃部再生作業が頻繁に行われたようである。

この拠点的キャンプ地では獲物の処理だけでなく、遠出の際に所持する細石刃核原形や細石刃を埋め込む骨角軸の製作が活発に行われていたようである。彫刻刀形石器に比べ掻器が極端に少ないのが注意される。約

図65 荒屋遺跡の遺構配置

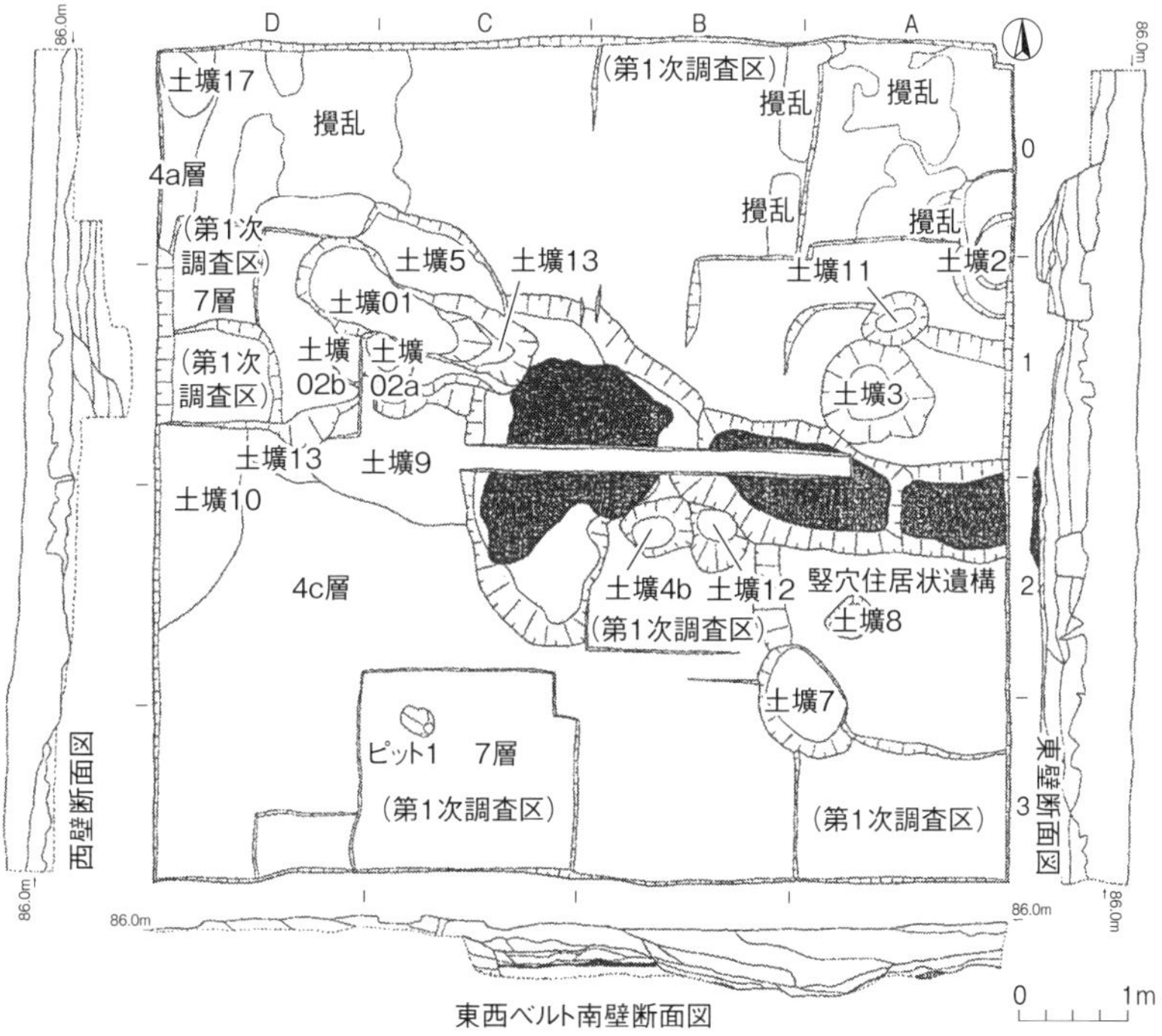

芹沢·須藤編2003より

荒屋遺跡は信濃川と魚野川の合流地点を眼下に望む重要な位置にある。信濃川を上流に向かえば津南町を経て信州（千曲川）に至る。信濃川を下流に向かえば長岡市を経て北越方面に至る。魚津川を遡り北東に向かえば只見川沿いに会津方面に至る。魚津川を南西にたどれば湯沢町を経て北関東方面に至る。

新ドリアス期の寒冷化にともない南下してきた北方削片系細石刃石器群集団が遡上するサケ・マスを捕獲し、豊かな食糧事情の下で定着を図った遺跡と解釈されてきた。しかし、^{14}C 測定年代値の暦年較正で約1万7000～1万6000年前の遺跡であることが分かり、荒屋型細石刃石器集団の生業活動は白紙に戻った。

一万六〇〇〇〜一万七〇〇〇年前の遺跡である。

本ノ木遺跡

新潟県中魚沼郡津南町本ノ木遺跡は信濃川と清津川の合流点南西側、下から二段目の段丘（大割野Ⅱ面）上にある（写真6）。その下段に卯ノ木遺跡や卯ノ木南遺跡が立地し、合流点の約二・五キロの範囲に二五ヶ所の草創期の遺跡が確認されている。信濃川の約一〇キロ上流には「横倉型」尖頭器のデポである横倉遺跡がある。

一九五六年の芹沢長介らによる第一次調査と五七年の山内清男らによる第二次調査の結果をめぐって、つまり「本ノ木ポイント」と本ノ木式土器との共伴説・混在説と所属時期をめぐる「本ノ木論争」は、第一二次調査まで行われている今日も決着がつかないままにある。二〇一六年になって第一次・第二次発掘調査の報告書が刊行された（小林ほか編著二〇一六）。「本ノ木ポイント」は浅間草津軽石（As—K）降下の前なのか後なのか、「本ノ木ポイント」と本ノ木式土器（写真7）の草創期内での位置づけなど、未解決である。

遺跡は自然堤防と推測される微高地上の尖頭器製作跡である。径一〇メートルの集中範囲を中心に出土した石器類は、両面加工尖頭器一〇八二点、抉入削器五四点、削器二五点、掻器九点、抉入削器・掻器の複合石器三点、掻器・削器の複合石器五点、石斧一二点、石核五点、石鏃二点、凹石一点、磨石二点、「稜磨石」一点、二次的な剥離痕をもつ剝片九四点、礫五点と報告されている。清津川に産する頁岩を主体に志久見川に産する無斑晶ガラス質安山岩などが使われている。石器の集中域にほぼ重複して出土した土器は、縄の側面圧痕紋ある土器を主体に、縄の側面圧痕紋と爪形紋を併用する土器、ハの字爪形紋土器、無紋土器、沈線紋土器、その他である。

写真6 信濃川と清津川の合流点と本ノ木遺跡。

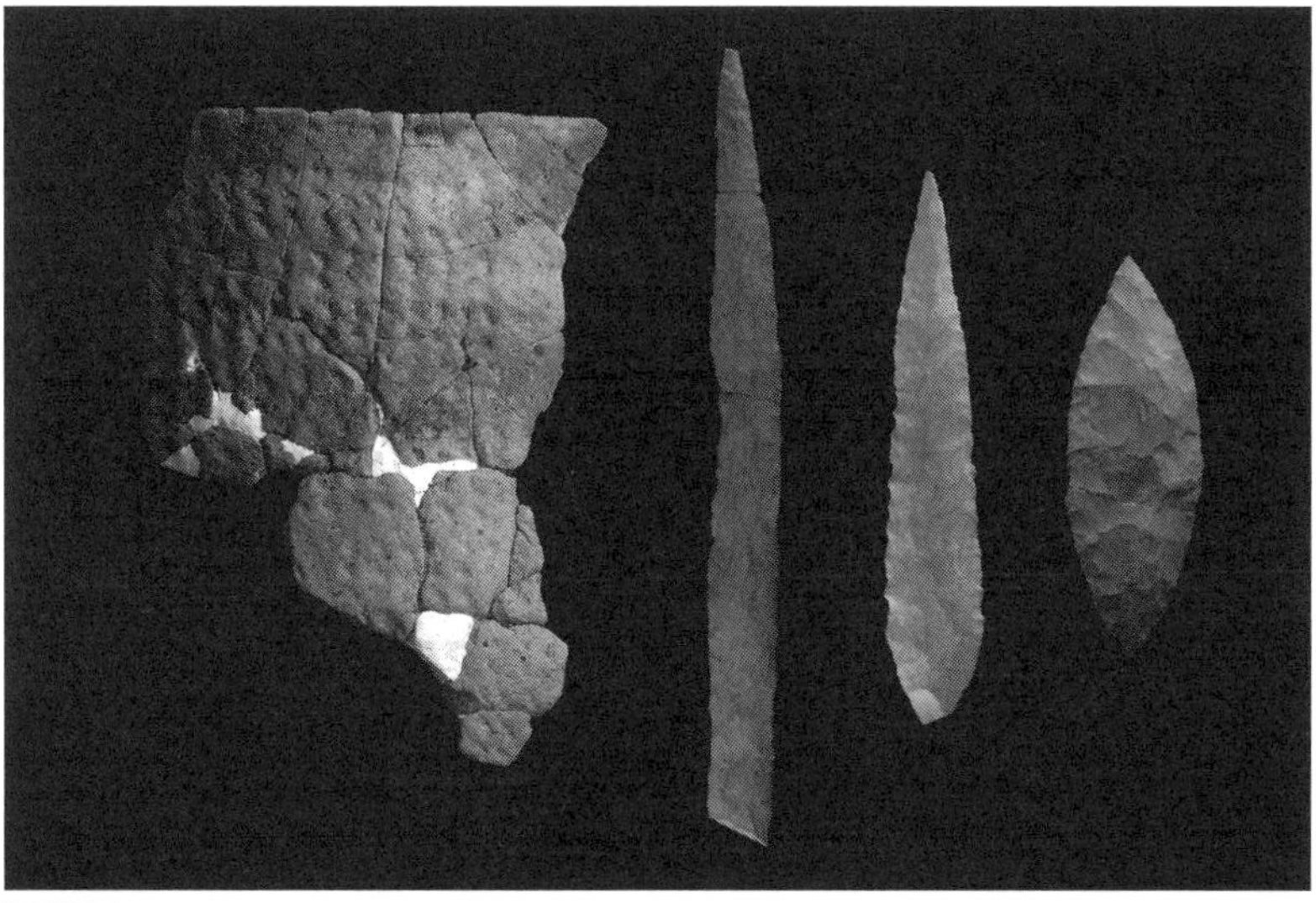

写真7 「本ノ木式土器」と「本ノ木ポイント」。

洞窟・岩陰の景観

一九六二年から三ヶ年にわたり実施された「日本考古学協会洞穴遺跡調査特別委員会」による洞窟遺跡の発掘調査の報告書が一九六七年に出版された。河川の流域に見られる大多数は河川の浸食を受けて崖面が洞窟化したもので、その後の浸食によって河谷が下がり、前庭を残している。ヨーロッパや西アジアの洞窟遺跡と違って旧石器時代の居住痕跡は少なく、出土遺物は縄紋時代草創期隆起線紋土器期以降に増加する（日本考古学協会洞穴遺跡調査特別委員会編一九六七）。

例外は青森県下北郡東通村尻労《しつかり》安部洞窟である（奈良ほか編二〇一五）。酸素同位体ステージ（ＭＩＳ）5eの海進期に形成された石灰岩の海蝕洞で、下北半島北東端の尻屋崎から南に五キロ、当時、八キロほど後退した海岸線を望む桑畑山南東麓の標高約三三メートルにある。ⅩⅣ層最深部・ⅩⅤ層上面から八戸市田向冷水《たむかいひやみず》遺跡出土の有肩尖頭器（「ナイフ形石器」）類似の石器二点、北海道上磯郡知内町湯の里4遺跡出土の台形石器に類似した石器一点など五点の石器類が、ノウサギの多数の遊離歯とともに出土している。洞窟周辺の草原が卓越する森林環境でのノウサギ猟の際の宿営地であった。洞窟はその後主に縄紋時代中期末から後期前葉に利用されたようである。

洞窟・岩陰遺跡は寒冷期の避寒場所と考えられがちであるが、氷期の寒冷気候から急激に温暖化した隆起線紋土器期に多くの洞窟・岩陰の利用が始まっていた。気候の温暖化によって標高の高い山地での生業活動が可能になったこと、自然環境が改善されたことで洞窟・岩陰を拠点にして、河川流域の特定地域を遊動するようになったことが想定される。再寒冷化（新ドリアス並行期）にいったん利用が下火になった後、再度気温が急上昇した縄紋早・前期に再び頻繁に利用されるようになった。

日向洞窟

最上川の上流、山形県高畠町の屋代川流域の山腹・山麓に点在する洞窟群（日向・一ノ沢・火箱岩など）では、微隆起線紋土器期を中心に縄紋時代草創期に頻繁に利用されている。日向洞窟は「大谷地」と呼ばれる大湿地帯に向かって半島状に突出する尾根の南麓に位置している。水辺の猟漁採集活動の拠点地であった。

一九五五年から三次にわたり発掘調査が行われた。当時、最古の縄紋土器とみられていた「隆起線紋系土器群」と大型尖頭器と石斧を含む石器群が出土したことから、縄紋文化の起源問題に火が付いたが、調査報告書が出なかったため詳細が分からなかった。

その後一九八五年から三次にわたり、洞窟から一〇〇～一五〇メートル西側に離れた緩斜面で発掘調査が行われ、同様の石器類が多量に出土した。それまでの私たちの常識では、遺物の出土は洞内と前庭部に限定されると考えられていた。温暖期には洞窟前の広い範囲で日常活動が行われていたのである。注目されるのは、黒色頁岩製局部磨製石斧と珪質頁岩製打製石斧が並んで出土し、さらにその直下にも局部磨製石斧が置かれていた。いずれも刃部を北に向けた状態であった。ほかにも長さ四五センチ、幅二五センチほどの扁平な凝灰岩礫が現れ、その直下に打製石斧二点、中ほどで折れた槍先形尖頭器一点、やや大形の剥片一点が折り重なって出土した。これらはデポ（埋納）状態であった。惜しいことに、この調査についても正式な報告書は刊行されなかった。佐川正敏と学生たちによって、西地区から出土した石器群の資料化が図られ、かろうじて研究報告書が出された（佐川ほか二〇〇七）。西地区から見つかった槍先形尖頭器は九五％以上、石鏃も五七・九％が未完成品と欠損品で、西地区では石器製作が主作業であったことを示している。

小瀬ヶ沢洞窟・室谷洞窟

新潟県東蒲原郡阿賀町小瀬ヶ沢洞窟は、磐越西線津川駅近くで阿賀野川に合流する常浪川を一七キロほど遡って室谷川と名称が変わるこの川と、小瀬ヶ沢川との合流点から約四〇〇メートル遡った地点、ランドマークの高さ約二〇メートルの斜長流紋岩の巨壁の下に開く。標高は約二〇〇メートルと低めだが、山間の特異な景観をもっている。さらに室谷川の上流六・五キロほどに室谷洞窟がある。常浪川を辿ると只見川源流域で、分水嶺を超えて新潟の魚野川流域に出る（小熊二〇〇七）。日本海側のネットワークを考えるとき、小瀬ヶ沢洞窟が古くから中心の位置を占めてきた。隆起線紋土器・爪形紋土器・押圧縄紋土器と長期間にわたり利用された洞窟である。

小瀬ヶ沢洞窟では洞窟前のテラスを中心に約一万三一〇九点の遺物が出土した。多くは石器類で、比較的新しい時期の「隆起線文系土器群」や「爪型文系土器群」「多縄文系土器群」など草創期を主体に一三九四点の土器破片も出た。石器は「不定形石器四四七点、石鏃三九八点、掻器二五四点、棒状尖頭器一六五点、植刃一五一点、尖頭器一二五点、石斧九八点、舟底形石器六一点、有舌尖頭器四九点、石錐二七点、磨石類一六点、石核七点、石匙六点、石皿二点、有孔石製品一点」の総計一八〇七点に上る（図66）。長さ一九・七センチの片刃で断面三角形の石斧や長さ一八・六センチの尖頭器など神子柴石器群に繋がる石器群で、多様な形態の神子柴系石斧と槍先形尖頭器が残されていた。典型的な神子柴型石斧の若干デザインに揺るぎが生じた石斧と見なせる例から、その変形過程を示唆する事例である。槍先形尖頭器も最大幅が基部近くにある例を含んで最大幅が中心部にある例など多様である。神子柴遺跡出土の神子柴型尖頭器の素材である玉髄の産地にも近く、過剰デザインの象徴性を共有する集団との交流を示唆している。黒曜石や良質の珪質頁岩など遠隔地の石材は極端

図66 小瀬ヶ沢洞窟の出土遺物

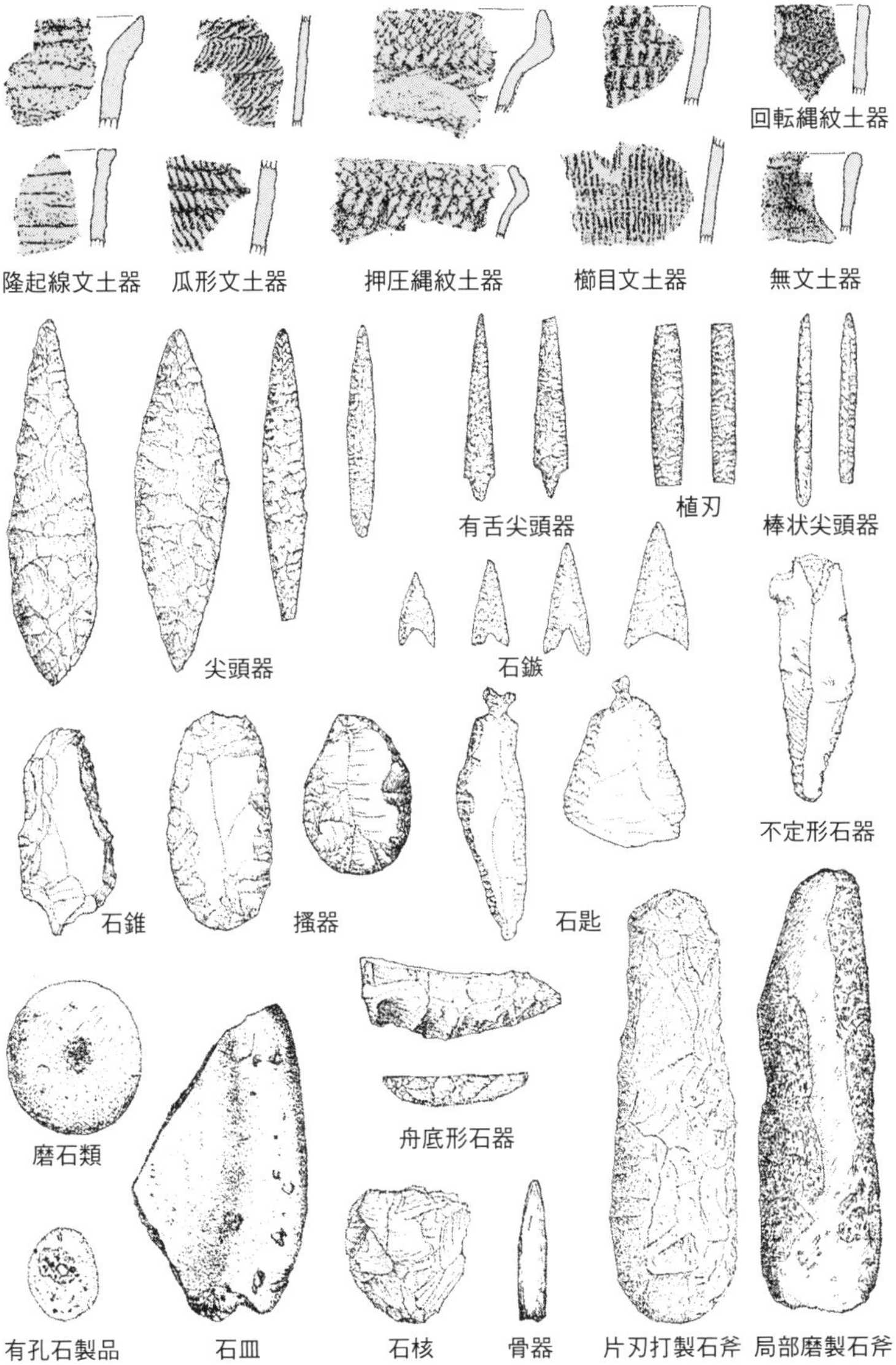

小熊2007より

に少なく、珪質凝灰岩・珪質頁岩・鉄石英・玉髄・安山岩など地元で採取できる石材である。

出土獣骨はツキノワグマとカモシカが多く、シカ・ノウサギ・イタチ・テン・アナグマが、鳥類はワシ・タカ類、ヒシクイ・ガンが同定されている。ウミガメの指骨とみられる骨片が一点あり、海岸地域との繋がりを示唆する。いわゆる「小瀬ヶ沢型有茎尖頭器」も含めて石槍の高度な製作技術の持ち主、言い換えれば狩猟の熟達者の存在が窺える。これは縄紋化の過程で、「山人」のような生活世界に生きる集団が派生してきたことを示唆している。

「隆起線文系土器群」や「爪型文系土器群」が開口部に偏りをみせるのに対し、「多縄文系土器群」は洞窟内部から比較的多く出土していた。これは温暖期から寒冷期（新ドリアス期並行）への気候変動を示唆している。小熊博史は、小瀬ヶ沢洞窟が「たんに季節的な居住や狩猟のためのキャンプ地として利用されただけでなく、石器製作の工房や石器流通の中継基地として機能していた可能性が高い」、とみている。

「多縄文系土器群」期に洞窟利用は室谷洞窟の方に移っていった。主因は気候の寒冷化による自然環境の変化であったと思われる。

室谷洞窟では土器一万二〇五八点、石器・剝片類八〇六四点、骨器・獣骨類八一八六点、総計二万八三〇九点の遺物が出土した。その七割が第三層（縄紋時代前期前半）付近を中心とする上層（第四・五層は早期前半）出土で、第九層を中心とする下層は草創期の「室谷下層式土器」期である（図67）。石器石材は小瀬ヶ沢洞窟と同様に地元で採取できる石材である。ただし黒曜石に限ってみると、分析結果は小瀬ヶ沢洞窟の一一点のうち四点が北海道産で、室谷下層の二〇点のうち半数の一〇点が神津島産のほか、深浦産、霧ヶ峰産、高原山産を含んでいた。各方面の集団との関係を示唆するとともに、広域流通する黒曜石に石材としてだけでない意味

図67 室谷洞窟の出土遺物

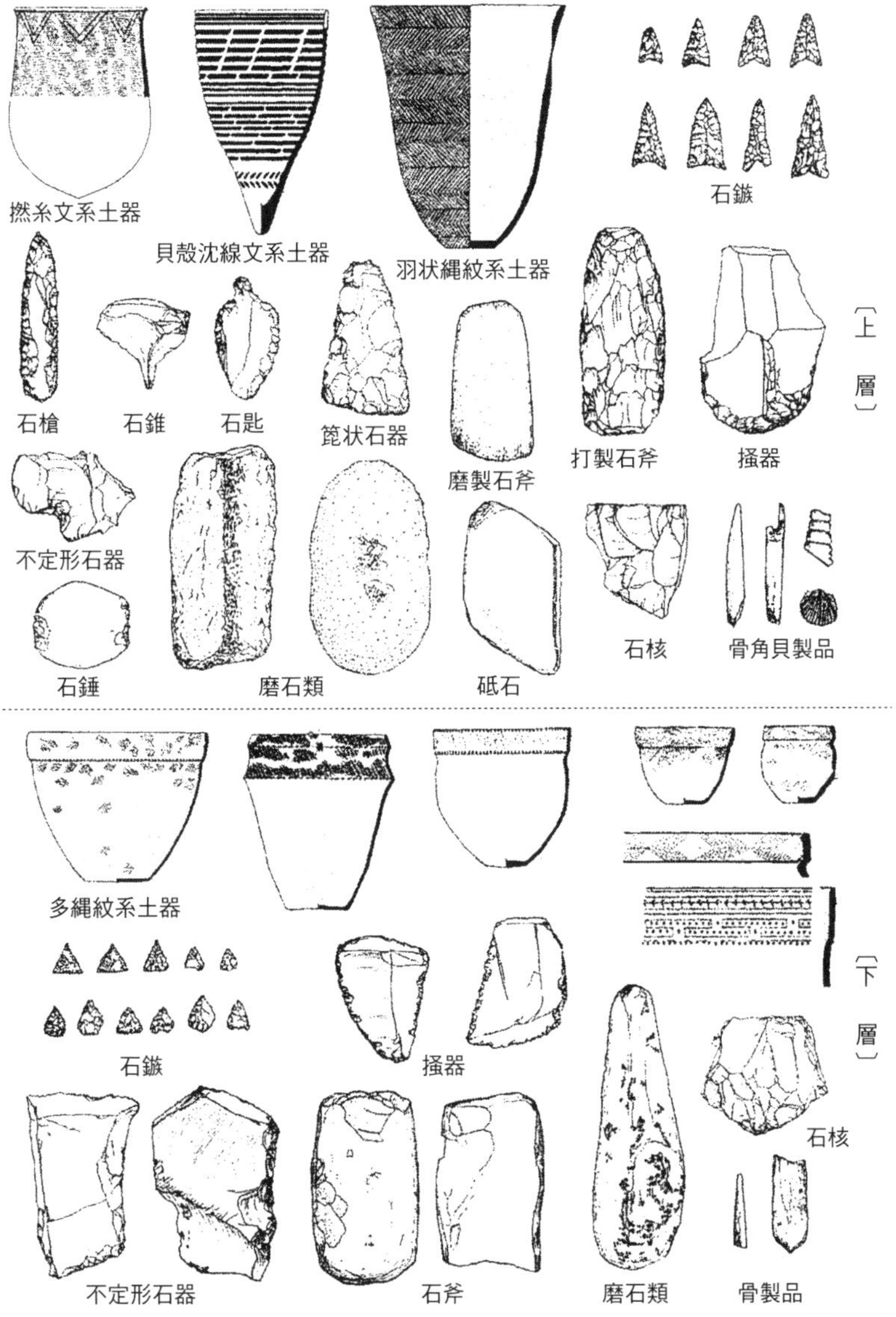

小熊2007より

が込められていたようである。
寒冷期の下層と急激に気温が上昇した上層で洞窟利用の仕方が違っている。上層の第三層を中心に計七体の埋葬人骨が出ている。第三層上部で見つかった第二号人骨は壮年期または熟年期の女性である。

石小屋洞窟
長野県須坂市石小屋洞窟は市の西で千曲川に合流する鮎川の上流部、根子・四阿山塊の北斜面に発する仁礼川の大谷の谷と呼ばれる東側の沢の左岸にそそり立つ大きな岩の露頭の基部にある。幅三メートル、奥行き三メートルの小洞窟で東向きに口を開けている。河床からの比高は約一七メートルである。
微隆起線紋土器・爪形紋土器・押圧縄紋土器・絡条体圧痕紋土器・回転縄紋土器が下層の第Ⅷ・Ⅶ層から出土した。分層化されていない。

九合洞窟
岐阜県山県市九合洞窟は長良川水系の武儀川と神崎川の合流点から下流約一キロ、武儀川の右岸に流入する辷石谷の峡谷に面して、南面して開口する。河床からの比高は約八メートルである。古手の隆起線紋土器・爪形紋土器・押圧縄紋土器・表裏縄紋土器などが小破片で二〇〇点ほど下層から出土した。

上黒岩遺跡
愛媛県久万高原町（旧美川村）上黒岩遺跡は石鎚山（標高一九八二メートル）西南麓に発する久万川と面河

川の合流地点から、久万川を三キロほど遡った右岸にある。山に向かって約三五メートルの位置に高さ約二〇メートルの石灰岩壁が川に向かって突き出た形を成し、その下の岩陰が遺跡である。遺跡の標高は約三九七～三九五メートルで、現河床との比高は約一〇メートルである。下流は仁淀川と合流して土佐湾に注ぐ。上黒岩遺跡から出土したタカラガイ、イモガイ、アワビ、ハイガイ、ハマグリ、カキなどの海産の貝殻は、このルートを辿ってもたらされたのであろう。

一九六一年から一九七〇年にかけて五次にわたる発掘調査が行われた。長らく本報告書が刊行されなかったが、近年になって詳細な研究報告書が刊行された（春成・小林編二〇〇九）。この項目の記載はこの報告書による。出土土器は草創期・早期を主体に、草創期前半の隆起線紋土器（九層：約一万四五〇〇年前）、同後半の無紋土器（六層：約一万二〇〇〇年前）、早期押型紋土器（四層：約一万年前）、早期無紋土器（四・三層）、早期条痕紋土器（三層）、前期以降の土器（三層）などである。隆起線紋土器は神奈川県横浜市花見山遺跡、大和市上野2遺跡、藤沢市慶應藤沢校地（ＳＦＣ）Ⅰ区遺跡、東京都町田市なすな原遺跡、長崎県佐世保市福井洞窟出土土器など、三期区分中の第二期に対比されている。出土石器は約六五〇〇～六六〇〇点と見積もられている。石鏃一〇〇点前後、有茎尖頭器六四点、有茎尖頭器の未成品四四点、槍先形尖頭器九点、石篦約八五点、石斧三点、石錐二点、削器二八点、大型石器（凹石・磨石・敲石・台石）六五点、楔形石器六点である。石鏃の大半が二～四層（九層から二点出ている）、有茎尖頭器（「柳又型」）と石篦が七～九層、大型石器が六層から主に出ている。また草創期前半の九～七層からは緑色片岩または結晶片岩の五センチ前後の扁平礫に髪・乳房・「陰毛」などを線刻した石偶一三点が出ている。

早期には岩陰の最奥部が死者の埋葬地として利用されていて、二八体（女性八体、男性三体、未成人一七体）

の人骨が、大半が合葬・再葬の状態で検出された。付近から出土したイモガイ・タカラガイなどの貝製垂飾品は副葬品であろう。この集団は四肢骨が華奢で上肢の細さが貝塚出土の人骨と大きな差がある。特に女性の大腿骨では付柱形成が顕著で、かなり肉体的負担がかかっていた状況が窺える。植物性食料の採集活動が過重であったようである。熟年女性の右寛骨腸骨翼にシカ骨製ヘラ状骨器が刺さった状態で検出された（報告書五三三～五四〇頁の受傷人骨に関する春成秀爾の解釈を読まれたい）。脊椎には多くの病変が見られ、比較的若い男女の腰椎にも圧迫骨折とその後の炎症による椎体癒合や顕著な骨棘造成が見られる。第二次調査時にA区第四層の埋葬人骨に伴って二匹の埋葬イヌが出土したことも注目される。

福井洞窟

長崎県佐世保市吉井町福井洞窟は西海に河口をもつ佐々川の上流、北松浦半島の中央部で福井川沿いの平野部が消滅し、山間部に転換する位置にある。下流から上流に向かって歩くと洞窟の崖地形が遠くから望見でき、ランドマークとなっている。現河床との比高は約一三メートル、水田面との比高は約七メートルである。

第一次～三次調査での層序と出土遺物は、第ⅩⅤ層「両面加工石器・縦長剝片（サヌカイト）」、第Ⅸ層「調整剝片・調整石核（サヌカイト）」、第Ⅶ層「小石刃・小石刃核」、第Ⅳ層「細石刃・細石刃核・尖頭器」、第Ⅲ層「細石刃・細石刃核・隆線文土器」、第Ⅱ層「細石刃・細石刃核・爪形紋土器」、第Ⅰ層「押型紋土器・石鏃」という所見であった。

第一次～三次調査の発掘調査報告書が刊行されなかったため成果内容の実態はよくわからなかったのであるが、ようやく一九六四年の第三次調査で発掘された第三トレンチの報告書が刊行された（鹿又ほか編二〇一五）。既知の事実を大きく変更する情報ではないが、隆起線紋土器と爪形紋土器が段階的に時期差をもつのでなく共存していること、暦年較正が約一万五〇〇〇年前で約一万四五〇〇年前の急激な温暖化以前に当たること、この二点が新知見である。

遺跡の整備事業として、福井洞窟の発掘調査が二〇一二年に行われ、いくつか新しい知見が得られた（図68）。すなわち、一四～一六層（約一万八七〇〇年前以前）は河川堆積物で、一四・一五層出土の安山岩主体の剝片類は河川が引いた際に人によって運ばれたものと考えられる。かつて三万年前より古い年代を示した測定試料は炭でなく基盤に含まれる亜炭であった。炉跡一基と石敷き（礫集中）が検出された一三層（約一万八七〇〇年前）から細石刃核は出なかったが、細石刃が検出された。一二層（約一万七七〇〇年前）からも炉跡、赤化集中部一ヶ所、石器集中部一ヶ所が検出され、その周辺から「稜柱形細石刃核」、細石刃、削器約三〇〇点など、総計九六四点の石器類が出た。石材は腰岳系黒曜石主体に、針尾系黒曜石、安山岩である。一三層との年代に約一〇〇〇年の開きがあることが注目される。その上の一〇・一一層は顕著な落石層である。かつて小石刃（核）石器群と呼ばれた層に相当する九～七層でも炉跡二基が検出された。今回も細石刃核・細石刃が出なかった。七～九層（約一万七〇〇〇～一万七三〇〇年前）から炉跡二基が上下（年代値で二〇〇年）の差をもって検出された。黒曜石と安山岩がほぼ同数である。六層は天井からの落盤、五層は洞窟外部の崖上方からの崩壊堆積物である。四層（約一万六二〇〇年前）から骨片集中部一ヶ所が検出された。細石刃核・細石刃などが、そして四層下部で船野型細石刃核が単独で出土している。四～二層にかけては細粒砂層を間に挟みながら有機質土壌を含むシルト混じり砂層の遺物包含層が極めて明瞭に検出されたが、二・三層の炭化物の遺存状態が良くなく、年代値は不安定であった。三層（約一万五三〇〇～一万六〇〇〇年前）から礫群？一基とピット一基が検

図68 福井洞窟の史跡・整備調査で得られた新知見

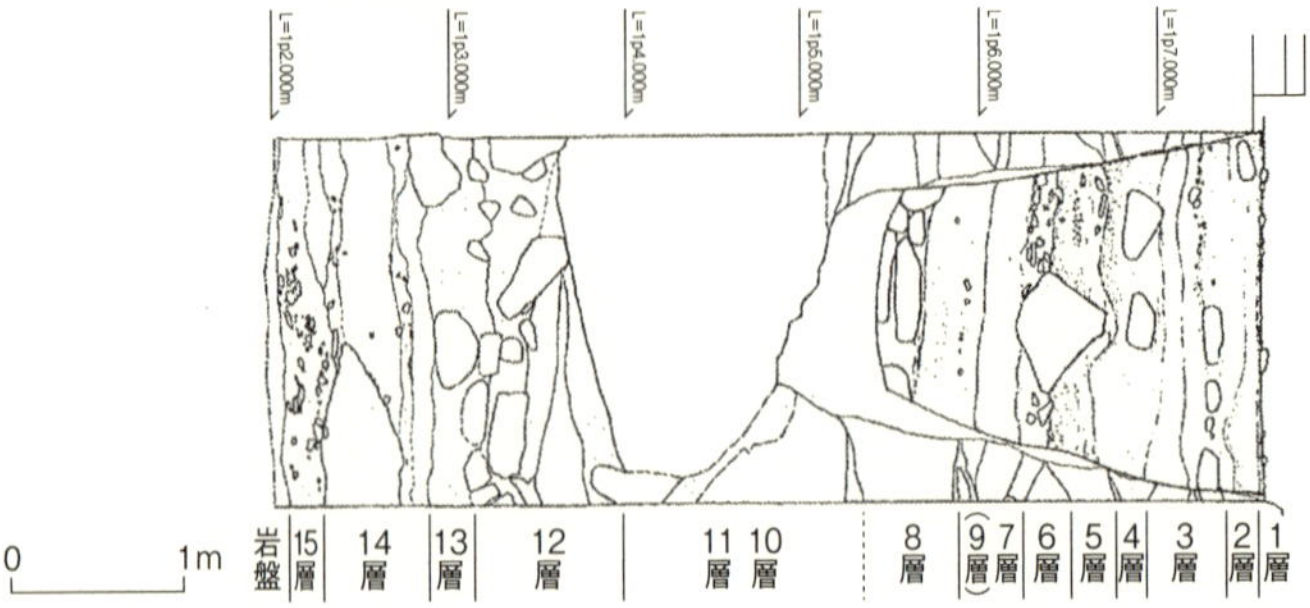

地表下	層序	時代：14C年代、パリノ・サーヴェイ	時代：14C年代、工藤	主な遺構	主な遺物
0m	表土層	表土層および攪乱層		なし	なし
	1層	縄紋時代早期		なし	剝片(安山岩、黒曜石)
−1m	2~3層	縄紋時代草創期 (3層)13,180±50BP 13,410±50BP	(3層)12,470±50BP	焼土散布1、礫群?2基、骨片集中部1	隆起線文土器、爪形文土器、細石刃核、細石刃、削器石核等、
	4~6層	旧石器時代細石刃文化期 (4層)13,580±40BP	(4層)13,310±40BP	柱穴1基、骨片集中部1	細石刃核、細石刃、削器、石核等
−2m	7~9層	旧石器時代細石刃文化期 (7層)14,230±50BP	(7層)13,930±50BP 14,280±40BP (9層)14,100±40BP 14,220±40BP (8層)14,105±45BP 14,275±40BP	石器ブロック2、炉跡2基	不定形剝片(小石刃)、石核(小石刃核)、横長剝片、石核等
−3m	10~11層	ー		なし(落石)	なし
	12層	旧石器時代細石刃文化期 (12層)14,670±50BP		石器ブロック1、炉跡1基、赤化集中部1	細石刃核、細石刃、削器、石核等
−4m 50cm	13層	旧石器時代細石刃文化期 (13層)14,600±50BP 15,290±60BP		炉跡1基、礫集中1基	細石刃、彫器か、剝片(安山岩、黒曜石)
	14層	旧石器時代(年代未定)		なし	剝片(安山岩)
	15層	旧石器時代(年代未定)		なし	石核(安山岩)、剝片(安山岩、黒曜石)
−5m 50cm	岩盤	第三紀堆積岩		なし	なし

柳田編2013より

14C 年代値は本文中の較正年代値と異なることに注意。

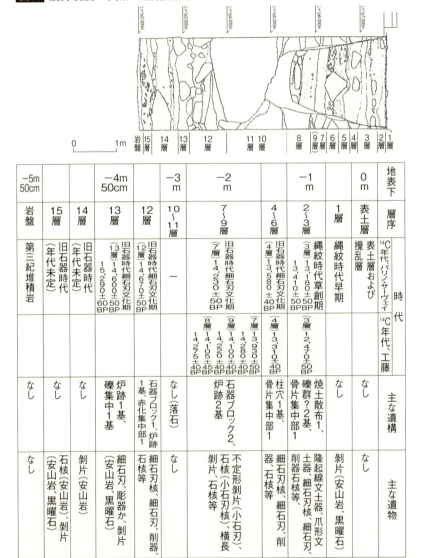

出された。土器は隆起線紋土器で、腰岳系黒曜石を主体に針尾系も使われている。二層（約一万四七〇〇年前）では「福井型細石刃核」が爪形紋土器や隆起線紋土器と共伴している。表土の撹乱層から押引紋土器、押型紋土器が出ているので、早期にも洞窟は利用されていたようである（柳田編二〇一六）。

黒曜石産地分析では佐々川上流から国見岳を超えた西側にある腰岳産を主体に、南方向にある針尾島産黒曜石が見られ、細石刃集団の遊動域を示唆している。

腰岳

九州には西北九州の腰岳・牟田・針尾・淀姫・椎葉川、阿蘇周辺の南関・小国・象ヶ鼻、鹿児島県北部の日東・五目木・白浜・桑ノ木津留・上青木、薩摩半島北部の上牛鼻・平木場・三船などの黒曜石産地が知られている。西北九州の腰岳、星鹿半島（松浦産・牟田産・大崎産）、針尾島（江上土器田産・淀姫神社産）の黒曜石は質・量・大きさ、それに採取のし易さなどの好条件を備え、また蛍光X線分析でも判別できないケースもあって「腰岳系黒曜石」と呼ばれてきた。

　腰岳は佐賀県伊万里市の南に望める標高四八七・七メートルの富士山型の山で、山麓には平沢良《ひらぞうら》遺跡などの旧石器時代の原産地遺跡がないわけではないが、二〇万七〇〇〇点にのぼる石器類が出土した鈴桶遺跡は縄紋時代であり、福井洞窟や泉福寺洞窟の細石刃石器群は星鹿半島産や針尾島産で、黒曜石供給源としての実態は不明であった（橘二〇一四）。最近の踏査で、黒曜石は山頂を形成する黒雲母流紋岩の溶岩ドームの周縁部、標高四一〇～四四〇メートル付近の貫入露頭にのみ形成されていることが分かり、何ヶ所かの露頭も見つかった（腰岳黒曜石原産地研究グループ二〇一四）。山頂斜面部で新たに見つかった遺跡では「角礫」を使っていて、これまで認識されてきた北〜西麓「亜角礫」黒曜石原産地遺跡群とは異なる様相だという。いずれにしても腰岳周辺での黒曜石獲得・消費活動の解明は将来の課題である。

芝康次郎によれば、遺跡から出土した腰岳系（腰岳・牟田）黒曜石の割合と消費状況およびその他の石材組成からみて、細石刃期の九州には四つの領域をそれぞれ遊動する地域集団がいた。西北九州・中九州西部には伊万里市腰岳を中心に、筑後川上流の亀石山遺跡や阿蘇外輪山西麓の河原第三遺跡など、一〇〇キロ圏内を回遊する腰岳系黒曜石を主材とする集団、中九州東部には大野川の中・下流域と五ヶ瀬川流域の河床にある流紋岩の転石を主材に、腰岳系黒曜石を客体的に利用する集団、南九州東部には伊佐市桑ノ木津留産黒曜石を主材とし、腰岳系黒曜石を客体的に利用する大隅半島〜宮崎平野を行き交う集団と、薩摩川内市の上牛鼻産黒曜石（と凝灰岩質頁岩）を主材とする薩摩半島を往還する集団である。腰岳系黒曜石は若干ではあるが広く分布していたが、他の黒曜石は集団領域を超えて分布することはなかった（芝二〇〇八）。

泉福寺洞窟

長崎県佐世保市泉福寺洞窟は福井洞窟の南東約一〇キロ、相浦川左岸に注ぐ文珠川の谷頭に直径三〇メートルにわたりアーチ状にそそり立つ砂岩の裾に開いた四つの洞窟からなる（口絵8）。標高は八九・七メートルである。一九七〇年から一九七九年まで一〇次にわたる発掘調査が行われた。

遺物が出る四〇近くの土層が一二の文化層に大別されている。下から二点の「ナイフ形石器」など五七〇点の石器類が出土した「ナイフ形石器文化層」（一二層）、細石刃五一点、細石刃核一五点、細石刃核原形三点など七三八点の石器類が出土した「細石器文化層」（一一層）、細石刃三〇九八点、細石刃核三〇七点、細石刃核原形八五点など一万五八一二点の石器類と八三五点の土器片が出土した「豆粒文土器文化層」（一〇層）、細石刃九五五六点、細石刃核三四一点、細石刃核原形一一六点、矢柄研磨器二点など三万八七五七点の石器類と九九七点の土器片が出土した「隆線文土器文化層」（九〜七層）、細石刃五二五点、細石刃核二八点、細石刃核原形九点、尖頭器五点など二六〇三点の石器類と七七点の土器片が出土した「爪形文土器文化層」（六層）、細石刃八一二点、細石刃核三〇点、細石刃核原形五点、尖頭器四など二七四〇点の石器類と二八四点の土器片が出土した「押引文土器文化層」（五層）、石鏃二九二点、尖頭器一六点など六〇三一点の石器類と三二二点の土器片が出土した「条痕文土器文化層」（四層）、石鏃一〇九点、石匙一点、尖頭器八点など四三八六点の石器類と二六三点の土器片が出土した「押型文土器文化層」（三層）で、縄紋時代中〜晩期を主体とする二層、弥生時代以降の一層の層準で変遷している（図69）。

一〇層・九層で豆粒紋土器と隆線紋土器は伴出しているが、五トレンチにおける発掘時の所見から豆粒紋土器→豆粒紋土器＋隆線紋土器→隆線紋土器の変遷が主張されている。その後、川道寛がドットマップの分析を通して、豆粒紋土器単純層（10ｃ下部）を見出している（川道二〇〇二）。細石刃の出土は五層まで続き、四層以降に石鏃に代わっている。

10ｃ層で焼土九ヶ所・炭化物集中一ヶ所、土坑一基、敷石状遺構一基が検出された。全形が復元できる豆粒紋土器の破片一括は炉跡に近接して出土している。九層からは一〇層上面まで掘り込まれた炉跡と石囲い状の炉跡と不正円形に五センチほどの落ち込みを見せる炉跡、焼土四ヶ所が検出された。八層・七層からは焼土がそれぞれ三ヶ所検出された。六層では炉跡一基、焼土一ヶ所、炭化物集中三ヶ所、石組遺構一基が検出された。五層からは炉跡五基、焼土一五ヶ所、皿状土坑一基、落込み遺構一基、敷石状遺構三基と積石状遺構一基が検

図69 泉福寺洞窟の「各文化層」の様相

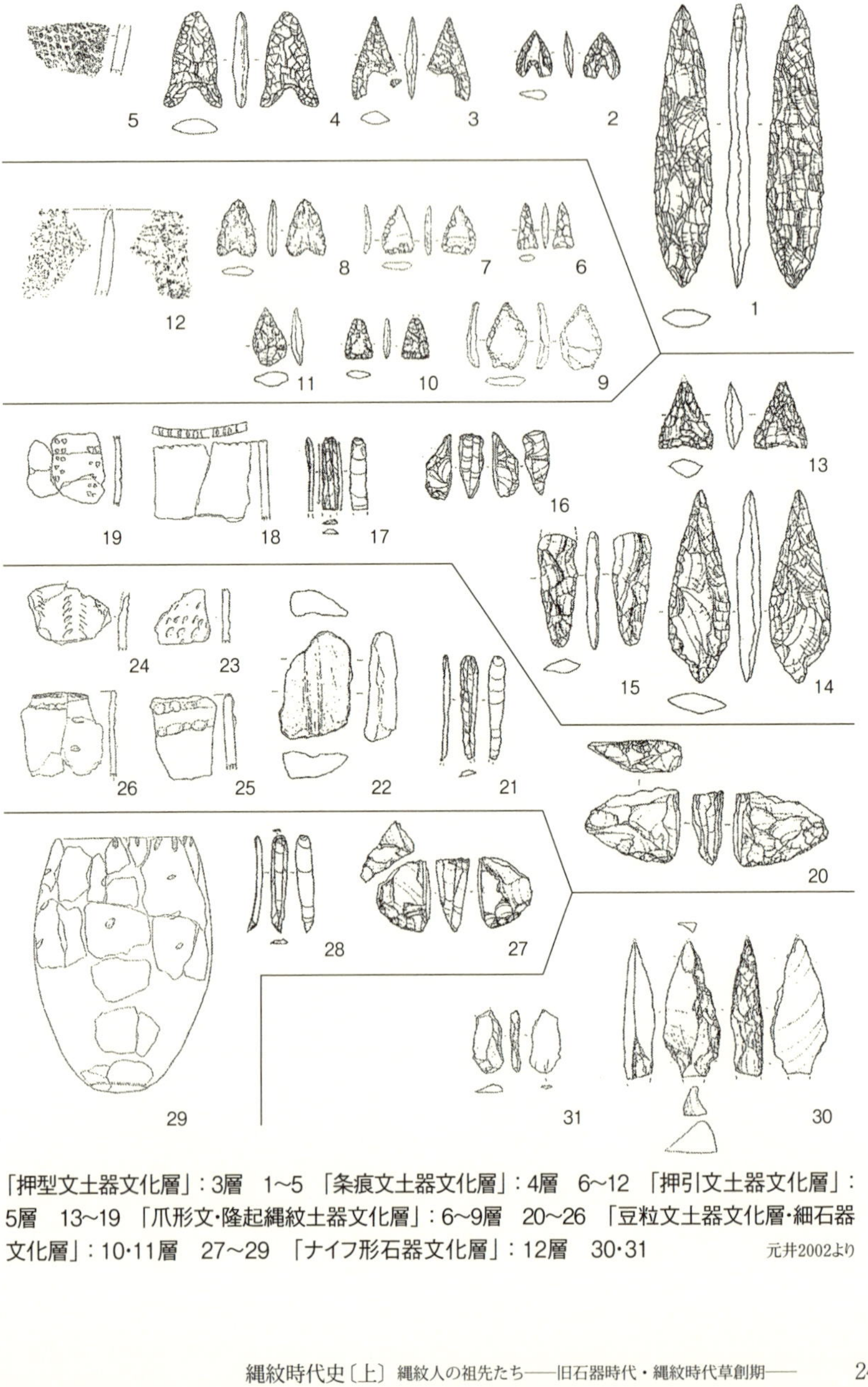

「押型文土器文化層」：3層　1〜5　「条痕文土器文化層」：4層　6〜12　「押引文土器文化層」：5層　13〜19　「爪形文・隆起縄紋土器文化層」：6〜9層　20〜26　「豆粒文土器文化層・細石器文化層」：10・11層　27〜29　「ナイフ形石器文化層」：12層　30・31

元井2002より

出された。四層からは炉跡一基、土坑一基、集石遺構一基が検出された。三層からは炉跡二基、土坑一基、集石一基が検出された（麻生編一九八四）。

泉福寺洞窟も八c層の時期を中心に、豆粒紋土器期と隆線紋土器期に遊動民の拠点的基地として利用されたようである。押引紋土器期の多様な遺構群は気候の寒冷化（新ドリアス期相当）と関連しているのかもしれない。黒曜石の産地同定分析では松浦市大崎産と佐世保市針尾島土器田《かわらきだ》産が利用されていた（古谷・久村二〇〇二）。腰岳系黒曜石主体に針尾系黒曜石を利用していた福井（洞窟）集団とこの泉福寺集団との関係を明らかにするためには、より詳細な産地同定分析が欠かせない。

遠い山・黒い石

黒曜石は流紋岩質マグマが急激に冷却して生じるガラスとよく似た性質をもつ岩石で、割ると非常に鋭い破断面（貝殻上断口）を示す。旧石器時代から縄紋時代にかけて狩猟者たちに最も愛用された石材である。特に旧石器時代終末の細石刃技法は黒曜石の材質を生かした石器技術の白眉である。北海道白滝、長野県和田峠・霧ヶ峰周辺、佐賀県腰岳など、五〇ヶ所以上の産出地が知られている。

関東・中部地方の集団による石材獲得戦略上重要であったのが、信州、伊豆・箱根・神津島、高原山の三大産地の黒曜石であった。標高一五〇〇メートルの長野県霧ヶ峰、星ヶ塔、和田峠、星糞峠などの信州産黒曜石は野尻湖遺跡群、愛鷹・箱根山麓遺跡群、相模野・武蔵野・下総の諸台地遺跡群など、広く二〇〇キロ圏内の遺跡で見つかっている。栃木県高原山産黒曜石は関東平野、特に下総台地の遺跡群で多く見つかっている。その地域を主な生業の場としていた集団にとって、黒曜石の搬入路「下野—北総回廊」（一九〇—一九三頁）（田村二〇一一）の北縁にそびえる高原山は、心のランドマークであったかもしれない。伊豆半島沖五〇キロの海上にある神津島産黒曜石は愛鷹・箱根山麓遺跡群、相模野・武蔵野・下総の諸台地遺跡群で見つかっている。後期旧石器時代初頭から出土する（七三—七六頁）が、特に細石刃石器群期に多用された。多難な航海を押してまで獲得しようとした黒曜石の価値は計り知れない。

一般に、黒曜石原産地から二〇〇キロ圏内の集団は、遊動域内での年間の移動ルート上に原産地を〝埋め込み〟していたか、隣接集団からの贈与・交換で黒曜石を手に入れていたようである（Tsutsumi 2010）。事例は決して多くないが原産地から五〇〇～六〇〇キロ離れた遺跡で見つかることもある。集団の移住だけでなく、顔を突き合わせることのない遠距離集団間コミュニケーションを媒介する、象徴的な交換財の可能性を示唆している。獲得の場である黒曜石の露頭を含めて、「黒い石」を出す「遠い山」（田村隆の造語：田村一九九二）に社会的景観を作り出した先祖のパワースポットを見る思いである。

きらきら光る石材、特に黒曜石はそれらの獲得の場である露頭を含めて神聖視されたと考えられる。第四章で取り上げる長野県上伊那郡南箕輪村神子柴遺跡出土の大型尖頭器は過剰デザインの「威信材・交換財」で、黒色の黒曜石と白色の玉髄が意図的に使われている。

オーストラリアの西アーネムランドに過去六〇〇〇年間作り続けられてきた石器に象徴的意味が込められている事例がある。注意深く選ばれた石の色、彼らが最高の価値を置いている腎臓の脂肪の色である白と、加工の仕上がりも加わって、ラウークと呼ばれる両面あるいは片面加工の尖頭器は狩猟や戦闘で威力を発揮すると信じられている。色彩のシンボリズムについては次巻に譲りたい。

白滝遺跡群

黒曜石の産地として知られる赤石山（標高一一四七メートル）の南側、遠軽町（旧白滝村）の中央を流れる湧別川と、赤石山から流れ出る三本の沢（八号沢川、十勝石沢川、幌加湧別川）の合流点付近の河岸段丘、特により高位の段丘面である天狗平面・上白滝面・東白滝面上に多数の旧石器時代の遺跡が存在する。より低位の段丘面である支湧別面に縄紋時代から続縄紋、擦紋時代に至る時期の遺跡が立地する。「白滝遺跡群」と総称されている。湧別川の上流側から上白滝地区の奥白滝11、服部台2、奥白滝1、上白滝8、上白滝2、上白滝5、上白滝6、上白滝7、北支湧別4、白滝地区の白滝第30地点、白滝8、白滝18、白滝3、旧白滝地区の旧白滝9、旧白滝8、旧白滝5、ホロカ沢I、旧白滝3、旧白滝15、旧白滝16、旧白滝1、白滝地区の下白滝、丸瀬布地区の中島の一三遺跡が、一般国道四五〇号白滝村白滝道路改良工事に伴い発掘調査が行われた（口絵7、図70）。黒曜石は赤石山山頂および露頭、湧別川とそこに流れ込む八号沢川、十勝石沢川、幌加湧別川などで、大型石刃・大型尖頭器・大型両面調整石器・大型舟底形石器の製作に必要な大型の原石が採取できる。有茎尖頭器石器群・尖頭器石器群・小型舟底形石器群の時期にとりわけ頻繁に利用されている。

赤石山の東南方向四〇キロに常呂川水系の黒曜石産地である置戸町所山・置戸山が、また南方向五〇キロに十勝川水系の黒曜石産地である上士幌町十勝三股がある。帯広市落合遺跡スポット一・二出土石器群の例が示唆するように、在地産黒曜石を主に使っている集団でも、大型の両面調整石器を準備する必要のある場合には、遠隔地の白滝産黒曜石に依存している（山原編二〇〇二）。

白滝遺跡群の報告者たちは特徴的な石器をもとに一二の石器群に分けている。その最初の「白滝Ia」石器群から最終の小型舟底形石器（幅狭）を含む石器群に至るまで、北海道の遊動民たちはほぼすべての時期を通して白滝にやって来ていた（図71―1、2）。白滝産黒曜石の分布範囲が最も広がったのは札骨型細石刃核を含む石器群の時期で、知内町湯の里4遺跡（三四〇キロ）では、細石刃核一点と細石刃一一点が出ている。またサハリンのソコル遺跡（三六五キロ）でも白滝産黒曜石の石器が出ている。両面調整石器（石核原形）を携帯して遠くまで持ち運べるからである（直江二〇〇九）。第二章で述べたように、この湧別技法の創出がハインリッヒ1イベントに際して、遊動民の一部が本州中央部まで南下することを可能にしたのである（一五四頁）。

図70 白滝遺跡群と黒曜石露頭の位置

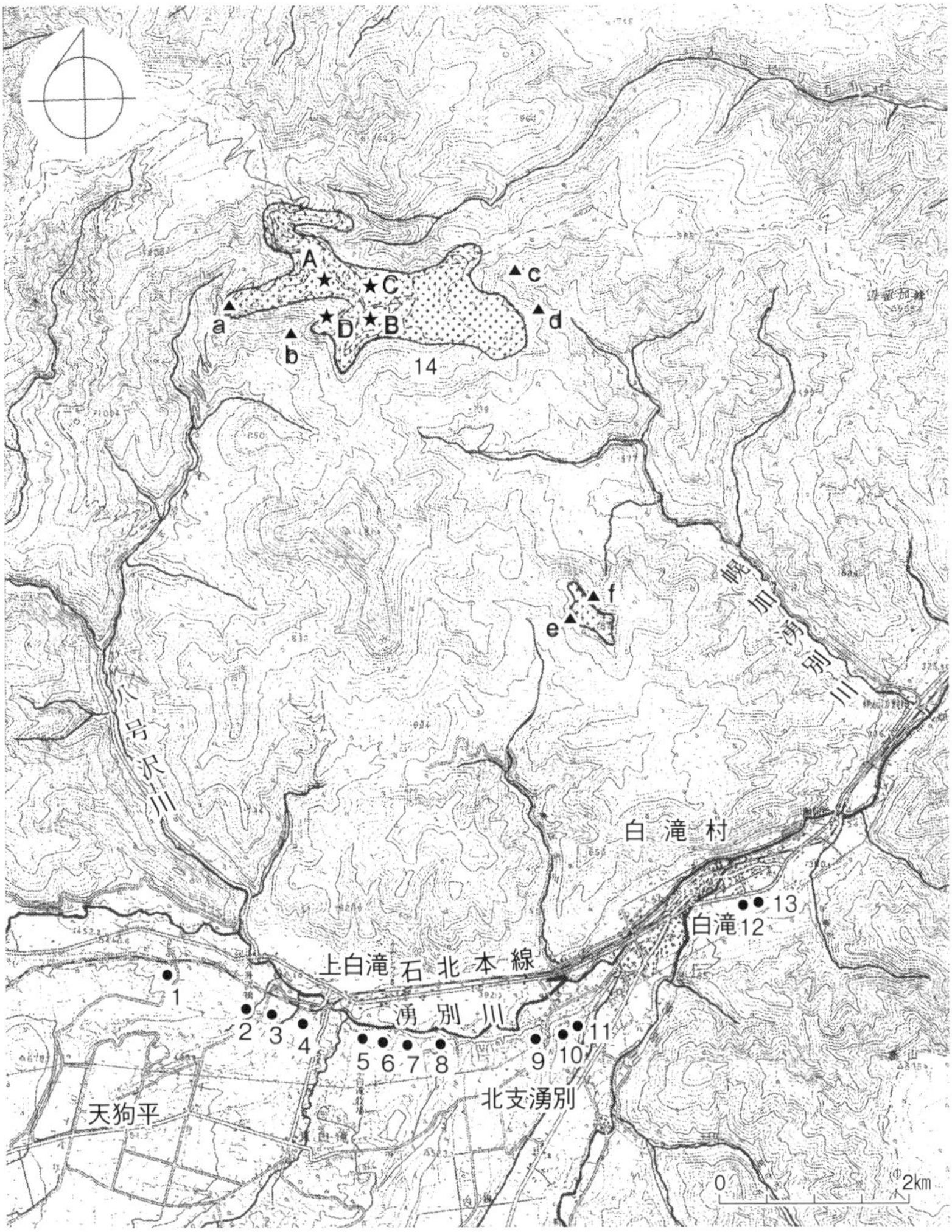

1：奥白滝11　2：服部台2　3：奥白滝1　4：上白滝8　5：上白滝2　6：上白滝5　7：上白滝6　8：上白滝7　9：北支湧別4　10：白滝第4地点　11：白滝第30地点　12：白滝8　13：白滝18　14：赤石山　A：黒　B：赤（採掘跡）　C：茶　D：流文岩球顆　a：八号沢の露頭　b：球顆の沢・柱状露頭　c：幌加沢の露頭　d：あじさいの滝　e：十勝石沢の露頭　f：白土の沢露頭　報告書より

図71-1 白滝遺跡群出土の石器群

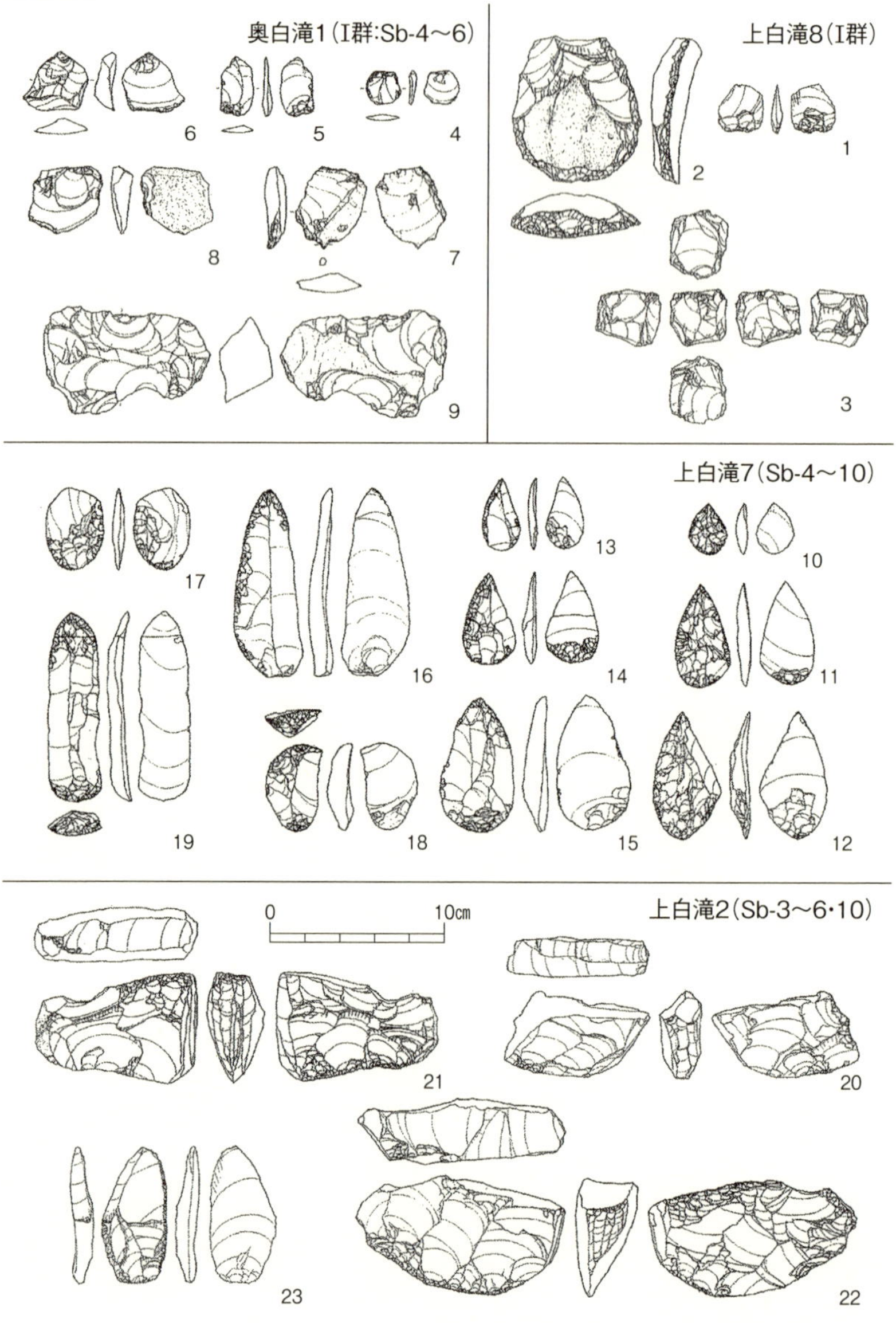

図71-2

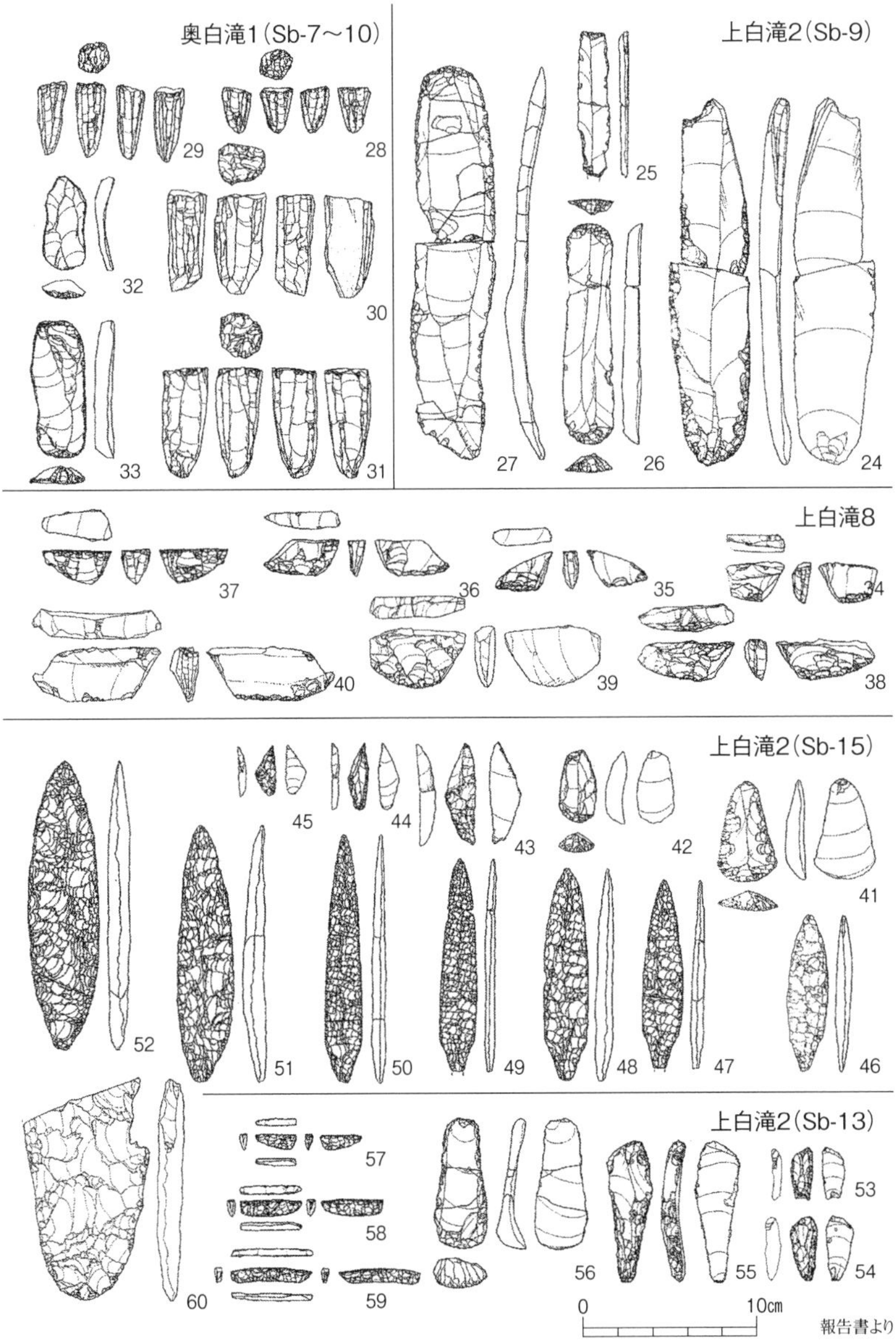
奥白滝1（Sb-7〜10）
29
28
32
30
33
31
上白滝2（Sb-9）
25
27
26
24
上白滝8
37
36
35
34
40
39
38
上白滝2（Sb-15）
45
44
43
42
41
52
51
50
49
48
47
46
上白滝2（Sb-13）
57
58
59
60
56
55
53
54
0
10㎝

報告書より

上白滝地区合流点付近

上白滝8遺跡

上白滝地区合流点付近にある上白滝8遺跡は白滝遺跡群の中でも最大級の規模を誇り、炭化木片ブロック二八ヶ所、石器ブロック一一一ヶ所、総数約一三五万点の石器類が検出された（長沼・鈴木・直江編著二〇〇四、鈴木編著二〇〇六）。

ブロック一～一三と六四～七〇が小型剝片モード石器群（「白滝Ia群」）である（図71―1上段左参照）。小型剝片モード石器群は本州の台形様石器群に対比されてきたが、むしろ端部整形石器群に類似する多様な形態をもつ小型剝片石器を特徴とする。当初、「二次加工ある剝片」と報告されていたが、「裏面微細加工石器」、「基部平坦加工石器」、「台形石器」、「二次加工ある剝片」に細分されている。石器組成は、例えばブロッ六四～七〇からは「基部平坦加工石器」二点、「裏面微細加工石器」二三点、二次加工ある剝片九点、掻器七点、削器二点、錐形石器二点、縦長剝片一点、石核五六点の総計一一四六点である。

ブロック七二～七九からは台形石器一点、「二次加工ある剝片」八点、掻器七〇点、削器二点、錐形石器三点、縦長剝片一点、石核三一点、剝片六一四点、「斧形石器」一点、台石一点、原石一四点の総計七四六点が出ている（「白滝Ib群」）。「台形石器」（本州での端部整形石器→台形様石器→台形石器という変遷で見ると、台形様石器にあたる）、「斧形石器」、掻器が主体を占めること、素材の黒曜石比、石材のバラエティーなどの点で「白滝Ia群」と異なる。「白滝Ia群」→「白滝Ib群」の時間的変遷が指摘されている。旧白滝16遺跡の石器ブロック一～八も「白滝Ib群」で、彫刻刀形石器三点、掻器三点、削器一四点、錐形石器一点、削片一点、二次加工ある剝片七九点、縦長剝片二三点、石核九六点、剝片一五八八点の総計一八〇七点である。剝片剥離の初期段

階で縦長剥片を連続的に剥離する技術が含まれている。縦長剥片が掻器や削器の素材に使われている（直江編著二〇〇九）

六一ブロックは広郷型尖頭器（ナイフ形石器）石器群で、尖頭器一点、広郷型尖頭器四〇点、彫刻刀形石器三点、掻器一点、舟底形石器七点、二次加工のある剥片五点、石刃一六点、縦長剥片三二点、石刃核一点、石核三点、削片一点、剥片三八八点、礫一点の総計五〇〇点が検出された。また九五ブロックからも広郷型尖頭器四〇点が出ているが、主体は小型（幅狭）舟底形石器を含む石器群である。

その他、いずれも時期の異なる石器群が重複して複雑なブロック群を形成している。例えば、B区最大のブロック二七からは、尖頭器一〇一点、両面調整石器八点、掻器一四点、削器三三点、舟底形石器二三点、二次加工ある剥片五点、細石刃三点、細石刃核五点、石刃一五四点、縦長剥片一八二点、石刃核二点、石核二六点、削片七点、剥片一万四六八七点、石鏃一点、台石四点、敲石二点の総計一万五二五七点の石器類がでている。

I区ブロック九一〜九六では、①広郷型尖頭器（「ナイフ形石器」）（図71－1中段参照）、②大型石刃・大型舟底形石器を含む石器群、③幅広有茎尖頭器を含む石器群、④小型舟底形石器を含む石器群を含む石器類が認められる。八〇〜八八ブロックでは①大型石刃・大型舟底形石器を含む石器群、②忍路子型細石刃核を含む石器群、③小型舟底形石器を含む石器群が認められる。

奥白滝1遺跡

炭化木片ブロック一九ヶ所、石器ブロック五三ヶ所検が出された。ブロック一〜六と四五〜四七が小型剥片モード石器群（「白滝Ia群」）（図71－1上段右参照）、ブロック七〜一〇が紅葉山型細石刃核石器群（図71－2

図72 奥白滝1遺跡出土の「斧形石器」

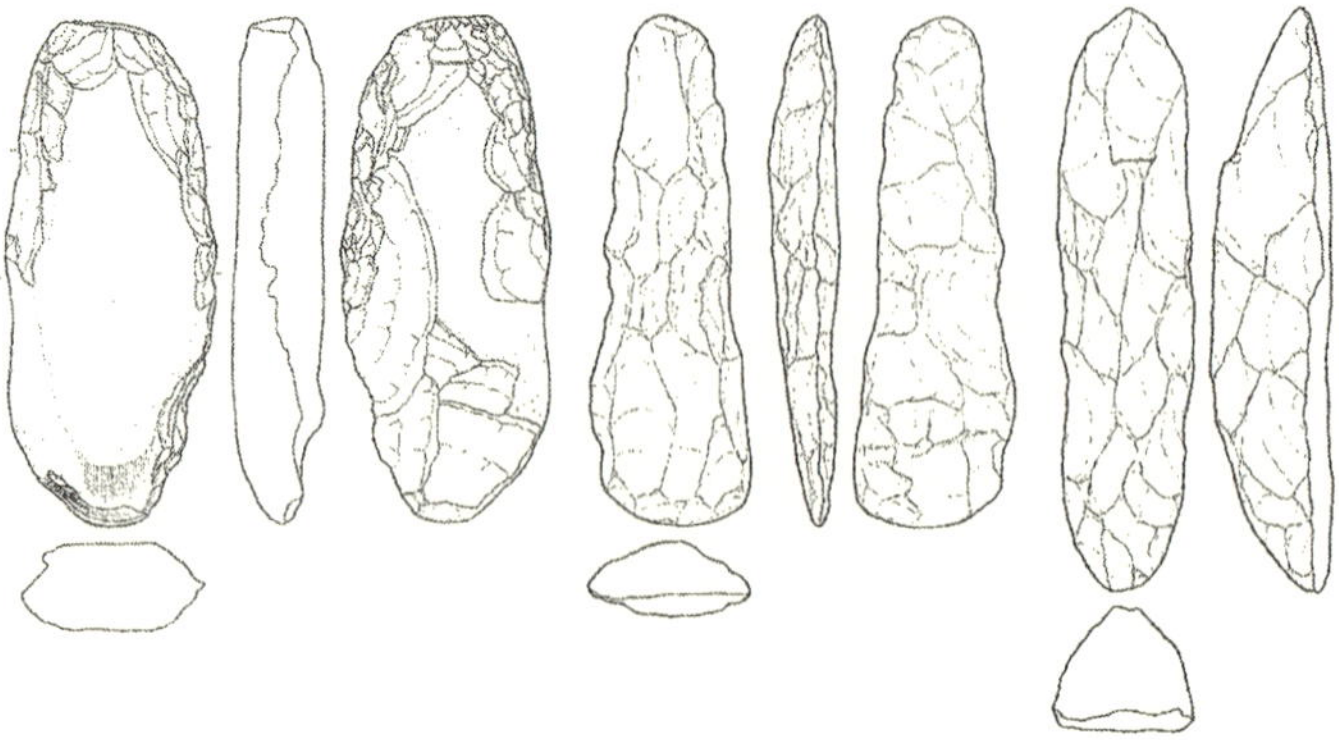

青森県大平山元Ⅰ遺跡出土の打製石斧、長者久保遺跡出土の「丸鑿」と対比する。

上段右参照)、ブロック四八・五三が有茎尖頭器、ブロック一一〜四四と四八〜五三が尖頭器石器群、ブロック五二は小型(幅狭)舟底形石器群である(長沼・鈴木・直江編著二〇〇二、直江・鈴木編著二〇〇七)。

小型剝片モード石器群ブロックの石器組成は「二次加工ある剝片」七九点、掻器一四点、錐形石器一〇点、石核一九七点、剝片一六四四点、原石三点の総計二一四五点である。小型剝片石器はいわゆる台形様石器のような定型なものがほとんどなく、形態は多様である。石核は頻繁な打面転移で、最終形態がサイコロ状のものもある。常呂川水系の留辺蘂町ケショマップ産黒曜石が一点報告されている。北海道の旧石器時代前半期でも最古の位置づけがされている。なお、この中から二〇〇六年に鈴木宏行によって「裏面微細加工石器」と「基部平坦加工石器」が分離・設定された。

細石刃剝離がほぼ全周し、最終形態が円錐形となる紅葉山細石刃核石器群のブロックの石器組成は、細石刃二四六点、石刃四八八点、縦長剝片一九九点、彫刻刀形石器六点、削片二点、掻器二八点、削器二点、錐形石器一点、二次加工ある剝片八点、

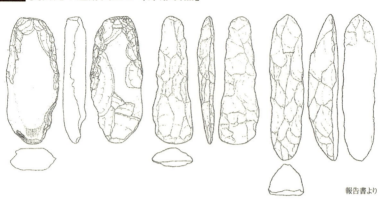

細石刃核一六点、石刃核一四点、石核二点、剥片一六九二点、原石二点の総計二七〇六点である。沢を挟んだ西側、直線距離で約三四〇メートル離れた服部台2遺跡出土の石器と接合関係をもつ。奥白滝1遺跡で石刃剥離が行われた後、服部台2遺跡に石刃核が伴出され、そこで石刃剥離が再開された可能性が高い。石刃核はさらに搬出されたと考えられている。

尖頭器石器群のうちブロック一五～二一の中心的なブロック二一の石器組成は、尖頭器七六点、両面調整石器二点、彫刻刀形石器一点、掻器五点、削器三〇点、錐形石器一点、二次加工ある剥片一八点、石刃二一点、縦長剥片六二点、石核二点、削片三点、剥片六四八八点に緑色泥岩製「斧形石器」一点が加わって総計六七一〇点である。また奥白滝1遺跡の中で最も出土量の多いブロック三八～四四のうち、ブロック四四の石器組成は、尖頭器六六点、両面調整石器七点、彫刻刀形石器一点、掻器一六点、削器二一点、二次加工ある剥片六点、石刃一〇点、縦長剥片一七点、石刃核九点、石核二〇点、剥片一万八九四点、原石一一点に粘板岩製「斧形石器」一点が加わって総計一万一〇七九点である。ブロック外出土の緑色泥岩製局部磨製「斧形石器」を含め出土した三点は、技術形態からみて長者久保石器群系の石斧と見なしている（図72）。

服部台2遺跡

炭化木片ブロック九ヶ所、石器ブロック群二八ヶ所（六五ブロック）、総数七九万八六四八点の石器類が検出された。①台形石器を含む石器群（「白滝Ib」）、②峠下型細石刃石器群を含む石器群、③白滝型細石刃石器群を含む石器群、④大型石刃・大型舟底形石器を含む石器群、⑤紅葉山型細石刃核を含む石器群、⑥有茎尖頭器を含む石器群、⑦尖頭器を含む石器群、⑧小型（幅狭）舟底型石器を含む石器群が出土している（直江・鈴木編著二〇〇七）。

ブロック四五が台形石器を含む石器群で、台形石器二点、石錐形石器一点、石核一点、剝片二点の小ブロックである。台形石器は秋田市松木台Ⅱ・風無台Ⅱ遺跡の台形様石器（九六頁図24参照）に技術・形態的に類似する。

ブロック三～五が紅葉山型細石刃核を含む石器群で、細石刃核二点、細石刃一六点、石刃核二点、石刃一一六点、掻器三三点など総計一〇二三点が出ている。石刃剝離が進行して石核形状が円筒形ないし円錐形となり、石刃核が小型化すると細石刃の剝離が開始される。対岸の奥白滝一遺跡との遺跡間接合資料をもち、奥白滝1遺跡から石刃核・細石刃核の直前の段階などで搬入されていた。

耕作土から回収された白滝型細石刃核を含む石器類に、六点の白滝型細石刃核のほか細石刃核母形・細石刃核削片・細石刃などが含まれている。

上白滝2遺跡

炭化木片ブロック六ヶ所が検出され、そのうち五ヶ所が石器ブロックと分布が重なっていた。石器ブロックは一五ヶ所検出された。ブロック一四が頁岩製細石刃石器群、ブロック三～六・一〇が札骨型細石刃核石器群（図71－1下段参照）、ブロック九が射的山型（広郷型）細石刃核石器群、ブロック一・二と一五が有茎尖頭器石器群（図71－2三段目参照）、ブロック一一～一三が小型（幅狭）舟底形石器群である（図71－2下段参照）（長沼・鈴木編著二〇〇一）。

札骨型細石刃核石器群ブロックの石器組成は、細石刃核四点、細石刃一四点、両面調整石器一三点、尖頭器

八点、彫刻刀形石器三点、削器五点、石刃・縦長剥片一九八点、石刃核五点、石核三四点、削片一〇点、剥片五三七六点の総計五八八八点である。

射的山型（広郷型）細石刃核石器群のブロック九の石器組成は、細石刃核一二点、細石刃六九点、彫刻刀形石器三点、削器一二点、二次加工ある剥片六五点、石刃二七九点、縦長剥片一九八点、削片四点、剥片一一四二点の総計一七九九点である（図71―2上段左参照）。

上白滝地区下流域

上白滝地区下流域では上白滝5遺跡から焼土の可能性のある赤色土二ヶ所、炭化木片ブロック一ヶ所、石器ブロック一二ヶ所が検出された（長沼・鈴木・直江編著二〇〇二）。ブロック一は不明、ブロック二は縄紋時代、ブロック三は大型石刃が主体、ブロック四は尖頭器製作跡、ブロック一二は縄紋時代早期の石刃鏃石器群のそれぞれ小さな石器集中部である。ブロック五の石器組成は、尖頭器四一点、掻器二点、削器九点、二次加工ある剥片一四点、石刃一四二点、縦長剥片七九点、石刃核五点、剥片一万一〇一三点、原石五点の総計一万一三一五点である。ブロック六～一一の小型（幅狭）舟底形石器群の石器組成は、尖頭器一七点、彫刻刀形石器六九点、掻器二八点、削器三一点、錐形石器二点、舟底形石器六七点（小型舟底形石器一七点）、二次加工ある剥片二〇点、石刃九八点、縦長剥片一〇四点、石刃核九点、石核一八点、剥片九二四三点、原石二点、礫一点、石刃鏃一点に「斧形石器」二点が加わって総計九七五八点である。ブロック八・九からそれぞれ一点出ている安山岩製「斧形石器」は風化が激しく剥離の稜が見えづらいが、「中本型」と「モサンル型」に対応すると言われる。かつて「中本型」石斧と舟底形石器製作技術の関連が杉浦重信によって指摘されたことがある（杉浦一九八七）。モサンル遺跡出土の石斧は北海道において「長者久保・神子柴文化」が存在する有力証拠とされていた。両例とも長者久保石器群の石斧の系譜に繋がると見ている。

なお、白滝8遺跡からも興味深い「斧形石器」が出ている。遺跡は石器ブロック六ケ所、出土石器類総数四〇三〇点の白滝地区で最も小規模な遺跡であるが、ブロック四からは注目の「斧形石器」が出た。他に舟底形石器（Ⅱb類）一点と剥片二七七点が出ているが、ブロックの外れから出ていて大型舟底形石器と共伴するかは不明である。「斧形石器」は安山岩製で長さ三六・八センチの大型品である（図73）。鈴木宏行は、「裏面は左右からの平坦剥離によって平坦に、左右側面は裏面・正面からの剥離によって断面三角形に整形された後、裏面の下端に打面を作出、打面調整を行いながら正面で長さ二〇センチ程度の石刃状の剥離が行われている。…刃部に相当する縁辺は打面調整を伴う石刃技法の打面と作業面との関係に類似し、丸ノミ状であるが、研磨痕は認められない」と記述し、「モサンル型」に相当するとしている（鈴木・直江編著二〇〇七）。

上白滝6遺跡からも石器ブロック三ヶ所が検出された（長沼・鈴木編著二〇〇一）。ブロック二・三が有茎尖頭器石器群で、尖頭器三三点、両面調整石器六点、彫刻刀形石器六点、掻器二五点、削器三八点、錐形石器六点、石刃・縦長剥片九点、石核一点、削片三点、剥片一二一六点の総計一三四三点である。黒曜石以外に、碧玉製の彫刻刀形石器四点・掻器一点・錐形石器四点、縦長剥片五点、頁岩製の彫刻刀形石器二点・削器一点・石錐二点・石刃一点、メノウ製の削器一点・縦長剥片一点・剥片一点、安山岩製の尖頭器一点が検出されていて、ほとんどが定形的石器である。碧玉は白滝の北方六〇キロの興部町宇津・斑渓《ぱんけ》に原産地がある。またブロック一が石刃鏃石器群で、掻器五点、石刃鏃一点、剥片二五一点の小さな石器集中部である。石刃鏃は置戸・所山産黒曜石製である。

図73 白滝８遺跡出土の「斧形石器」

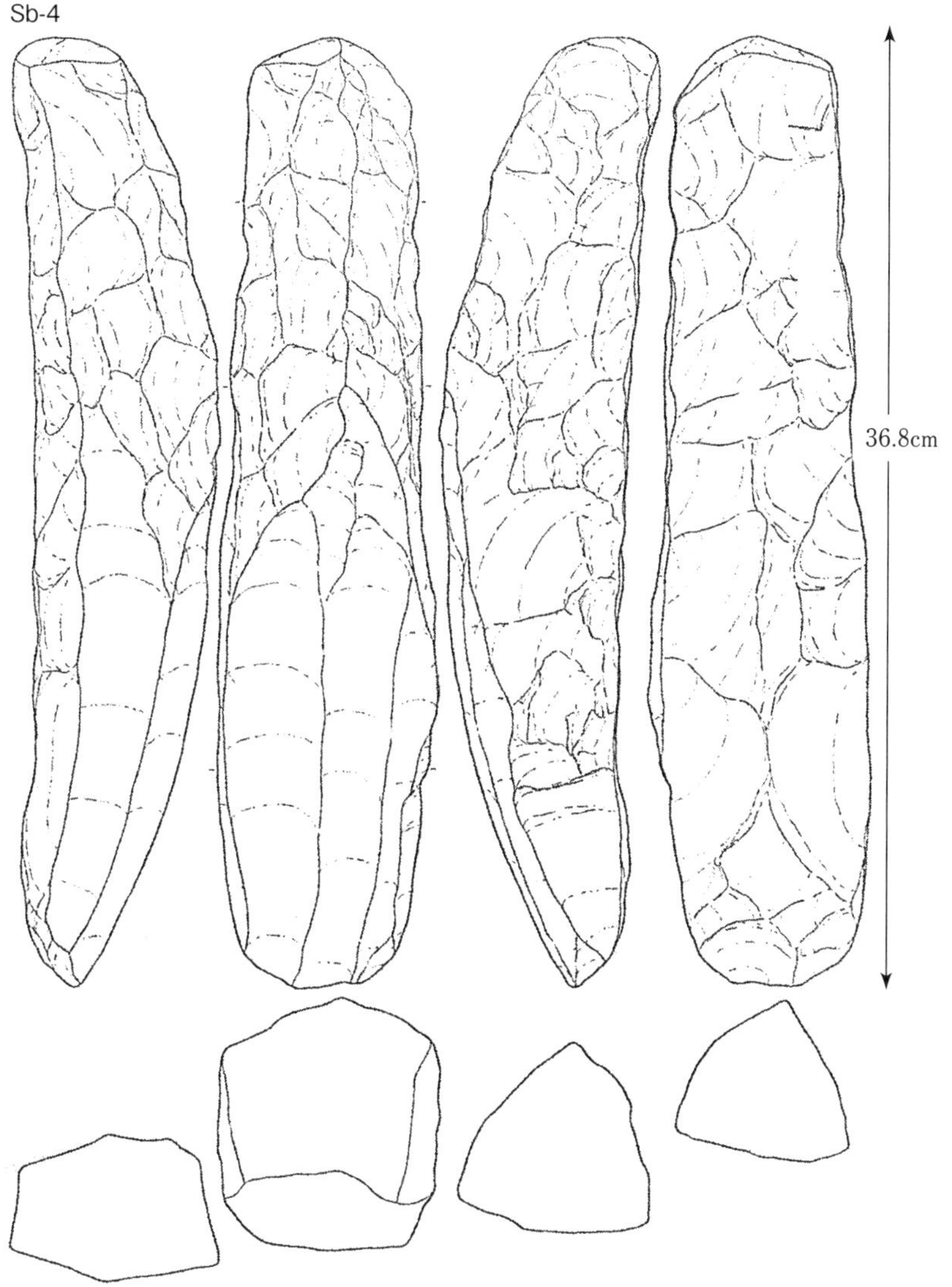

報告書より

技術形態上は神子柴型石斧に類似する。〝長者久保集団〟の北海道への移住を示唆している。

上白滝7遺跡から炭化木片ブロック四ヶ所（測定年代は縄紋時代）、石器ブロック一〇ヶ所が検出された（長沼・坂本編著二〇〇〇）。ブロック二・三は大きさ八センチ前後の木葉形尖頭器の製作跡である。石器製作の中心的場所であったブロック六・七のうち、出土点数の最も多かったブロック七の石器組成は、「ナイフ形石器」一五五点、彫刻刀形石器三点、掻器四点、二次加工ある剝片九三点、石刃核三点、石核四点、石刃・縦長剝片七二点、削片二点、剝片八〇七点の総計一一四三点と報告された。「ナイフ形石器」は腹面平坦剝離で基部を薄く円基に加工する切出形の「広郷型」を特徴とし、他に基部加工尖頭形石刃石器（尖頭形石器）と、腹面平坦剝離で基部を薄く円基に加工する小型剝片石器（台形石器の変形か？）があって、石器の二項的モードに準じている。細石刃石器群期以前の広郷型尖頭器石器群である。

北支湧別4遺跡からは石器ブロック三ヶ所が検出された（長沼・鈴木編著二〇〇一）。ブロック二・三が有茎尖頭器石器群である。三点出土した有茎尖頭器のうち二点は置戸・所山産黒曜石製、一点は珪質頁岩製であって、いずれも石器の形で遺跡に搬入されたと考えられる。大きなブロック三の石器組成は尖頭器六四点、両面調整石器八点、彫刻刀形石器三点、掻器二〇点、削器三九点、二次加工ある剝片一〇点、石刃・縦長剝片三二点、石刃核・石核一六点、剝片六〇五六点、原石二点の総計六二五〇点である。ブロック一が縄紋時代の可能性のある尖頭器製作跡で、尖頭器九点、剝片二〇八点の小さな石器集中部である。

旧白滝地区

旧白滝地区のホロカ沢I遺跡からは炭化木片ブロック一ヶ所、石器ブロック二一ヶ所で総数一一万五五七四点の石器類が検出された。A1地区の「ホロカ型」細石刃核・舟底形石器・尖頭器・剣菱形削器石器群（一～六

図74 旧白滝15遺跡出土の大型石刃製作接合資料

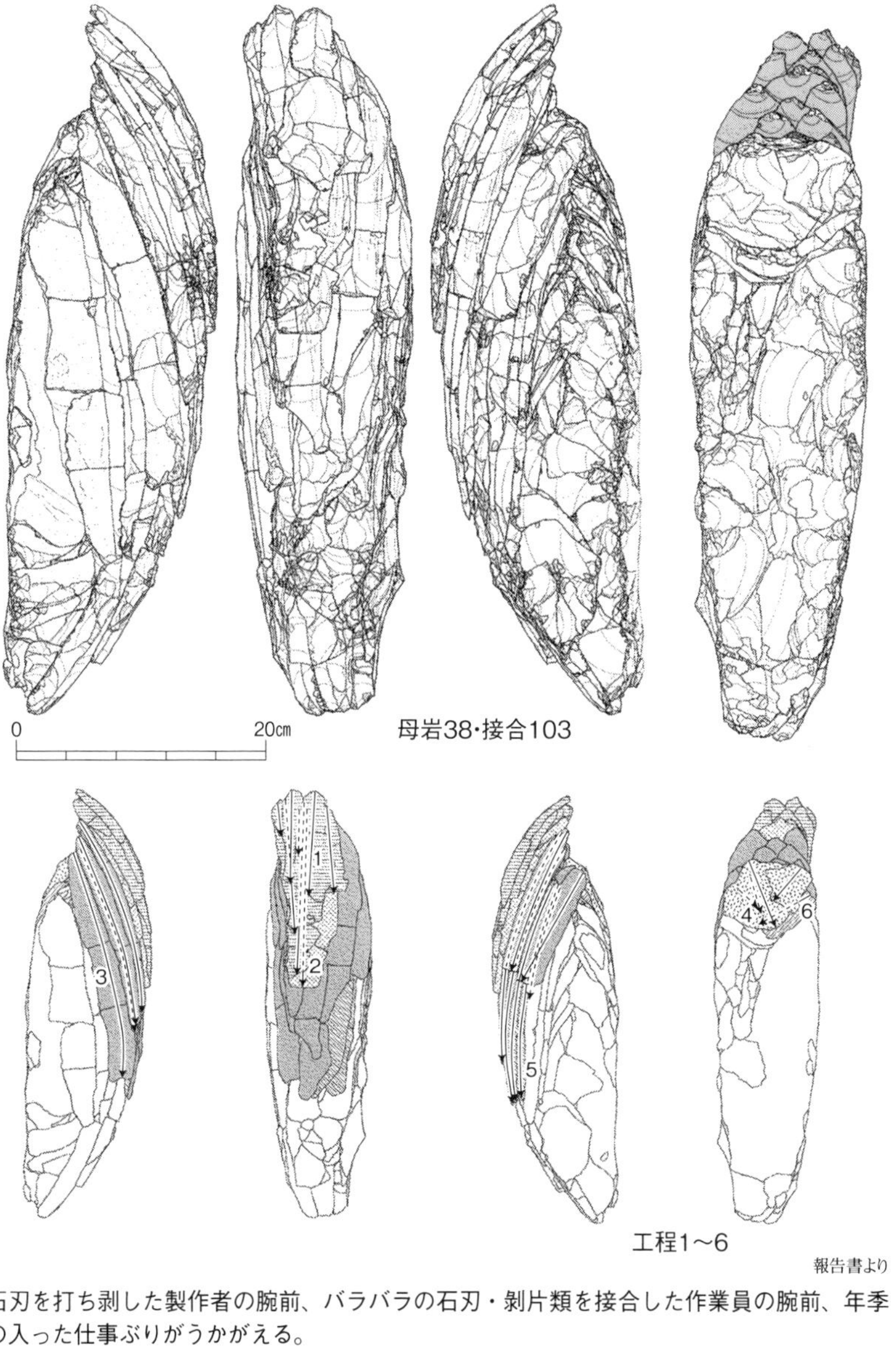

工程1〜6

報告書より

石刃を打ち剥した製作者の腕前、バラバラの石刃・剥片類を接合した作業員の腕前、年季の入った仕事ぶりがうかがえる。

ブロック)、A2地区の舟底形・尖頭器石器群(七~一〇ブロック)、B地区は尖頭器石器群(一一~一四ブロック)と「ホロカ型」細石刃核・舟底形石器群(一八~二二ブロック)に区分される。報告者の坂本尚史は、従来「フルーティングを有する小型の舟底形石器」と記載されてきた石器を、小型舟底形石器を母型とする細石刃核と捉えている。従来の幌加型細石刃核とは異なる高さ二センチ以下の小型の一群で、「ホロカ型」細石刃核はA1地区で四点、B地区で三点出ている。ただし細石刃は出土していない(坂本編著二〇一一)。

旧白滝15遺跡からは石器ブロック四三ヶ所、総数一一万五九九六五点の石器類が検出された。「川西型石刃」石器群(ブロック二二、三〇)、蘭越型細石刃核を含む石器群(ブロック一五~一八、二〇~二四)、「ホロカ型彫器」を含む石器群(ブロック二七~二九、四〇・四一)、峠下細石刃核(図71―2二段目参照)を含む石器群(ブロック二〇~二三、四二・四三)、有茎尖頭器を含む石器群(一~三ブロック)、忍路子型細石刃核を含む石器群(ブロック三一・三三、三五~三八、四〇~四二)など、分布を重ねながら検出された。大型石刃の製作と大型石刃素材の石器製作が顕著である(図74)(直江編著二〇一二)。

引用文献

会田容弘　一九八七　「東北地方における『国府系石器群』」『歴史』第六九輯、一―一四頁。

麻生　優編　一九八四　『泉福寺洞穴の発掘記録』佐世保市教育委員会。

安斎正人　二〇〇二　「『神子柴・長者久保文化』の大陸渡来説批判」『物質文化』七二、一―二〇頁。

安斎正人　二〇〇四　「景観考古学」『現代考古学事典』一〇〇―一〇四頁、同成社。

安斎正人　二〇〇八　「景観の考古学」『季刊東北学』第一六号、一六六―一八四頁。

出居　博編　二〇〇四　『上林遺跡』佐野市埋蔵文化財調査報告書第三〇集。

岩崎泰一　一九八八　「AT降灰期前の石器群―県内出土石器群の分析―」『群馬の考古学』一一―三〇頁、群馬県埋蔵文化財調査事業団。

岩崎泰一・小島敦子編　一九八六　『下触牛伏遺跡』群馬県埋蔵文化財調査事業団。

太田昭夫編　一九九二　『富沢遺跡―第三〇次調査報告書第Ⅱ分冊―旧石器時代編』仙台市文化財調査報告書第一六〇集。

小熊博史　二〇〇七　『縄文文化の起源をさぐる―小瀬ヶ沢・室谷洞窟―』シリーズ「遺跡」を学ぶ〇三七、新泉社。

角田幸彦　二〇〇一　『景観哲学への歩み』文化書房博文館。

加藤　稔　一九七五　「越中山遺跡」『日本の旧石器文化』第二巻遺跡と遺物〈上〉、一一二―一三七頁、雄山閣。

鹿又喜隆ほか編　二〇一五　「九州地方における洞穴遺跡の研究―長崎県福井洞穴第三次発掘調査報告―」*Bulletin of the Tohoku University Museum.* N0.15.pp.5-190.

川道　寛　二〇〇二　「豆粒紋土器単純層は存在した―泉福寺洞穴第三・四・五トレンチの層位的再検討―」『泉福寺洞穴研究編』一七一―一八四頁、泉福寺洞穴研究編刊行会。

ギャンブル・C（田村　隆訳）二〇〇一　『ヨーロッパの旧石器社会』同成社。

国武貞克　二〇〇八　「回廊領域仮説の提唱」『旧石器研究』第四号、八三―九八頁。

国武貞克　二〇一五　「黒曜石の獲得からみた関東・中部地方の移動領域」『旧石器研究』第一一号、七九―九五頁。

腰岳黒曜石原産地研究グループ　二〇一四　「佐賀県伊万里市腰岳黒曜石原産地における黒曜石露頭および遺跡の発見とその意義」『九州旧石器』第一八号、一六九―一八四頁。

小林達雄編著　二〇〇五　『縄文ランドスケープ』アム・プロモーション。

小林達雄ほか編著　二〇一六　『本ノ木遺跡第一次・二次発掘調査報告―山内清男資料整理報告―』津南町文化財調査報告第七〇輯。

小菅将夫　二〇〇六　『赤城山麓の三万年前のムラ―下触牛伏遺跡―』シリーズ「遺跡を学ぶ」〇三〇、新泉社。

斎野裕彦　二〇一五　『富沢遺跡―東北の旧石器野営跡と湿地林環境―』日本の遺跡五〇、同成社。

坂本尚史編著　二〇一一　『白滝遺跡群ＸＩ』北海道埋蔵文化財センター調査報告書第二七三集。

佐川正敏ほか　二〇〇七　『日向洞窟遺跡西地区出土石器群の研究—山形県東置賜郡高畠町（1）—』六一書房。
佐藤禎宏・大川貴弘編　二〇〇三　『八森遺跡　先史編』八幡町埋蔵文化財調査報告書第一三集。
佐藤宏之　一九八八　「台形様石器研究序論」『考古学雑誌』第七三巻第三号、一—三七頁。
佐藤雅一　二〇〇二　「新潟県津南段丘における石器群研究の現状と展望—後期旧石器時代から縄文時代草創期に残された活動痕跡—」『先史考古学論集』第一一集、一—五二頁。
芝康次郎　二〇〇八　「九州の細石刃期における集団の行動パターンとその領域」『旧石器研究』第四号、一一三—一四二頁。
島田和高　二〇一一　「後期旧石器時代前半期における環状ブロック群の多様性と現代人の拡散」『資源環境と人類』第一号、九一—一一六頁。
島田恵子編　一九八四　『川上村遺跡詳細分布調査報告書』長野県南佐久郡川上村教育委員会。
杉浦重信　一九八七　「北海道の先史時代の石斧」『東麓郷一・二遺跡』一二〇—一三〇頁、富良野市文化財調査報告第三輯。
杉山真二　二〇一〇　「四　更新世の植生と環境」『講座日本の考古学1　旧石器時代〈上〉』一五六—一七七頁、青木書店。
鈴木宏行編著　二〇〇六　『白滝遺跡群Ⅵ』北海道埋蔵文化財センター調査報告書第二二三集。
鈴木宏行・直江康雄編著　二〇〇七　『白滝遺跡群Ⅷ』北海道埋蔵文化財センター調査報告書第二五〇集。
須藤隆司　二〇〇六　『石槍革命—八風山遺跡群—』シリーズ「遺跡を学ぶ」〇二五、新泉社。
芹沢長介・須藤隆編　二〇〇三　『荒屋遺跡　第二・三次発掘調査報告書』東北大学大学院文学研究科考古学研究室・川口町教育委員会。
高尾好之編　一九八九　『中見代第Ⅰ遺跡調査報告』沼津市文化財調査報告書第四五集。
橘　昌信　二〇一四　「先史時代における腰岳系黒曜石の利用」『考古学ジャーナル』八月号、二六—三〇頁。
立木宏明編　一九九六　『樽口遺跡』朝日村文化財報告書第一一集。
田村　隆編　一九八七　『千葉県文化財センター研究紀要—先土器時代の石器石材の研究』一一。
田村　隆　一九九二　「遠い山・黒い石—武蔵野Ⅱ期の社会生態学的一考察—」『先史考古学論集』第二集、一—四六頁。
田村　隆　二〇一一　『旧石器社会と日本民俗の基層』同成社。
田村　隆　二〇一二　「ゴミ問題の発生」『物質文化』九二、一—三七頁。
田村　隆ほか　二〇〇三　「下野—北総回廊外縁部の石器石材（第一報）」『千葉県史研究』第一一号、一—一一頁（11Pls.）。
田村　隆ほか　二〇〇四　「下野—北総回廊外縁部の石器石材（第二報）」『千葉県史研究』第一二号、一—一四頁（13Pls.）。
田村　隆・国武貞克　二〇〇六　「下野—北総回廊外縁部の石器石材（第三報）—関東山地のチャート・珪質頁岩の産出層について—」『千葉県史研究』第一四号、一—一〇頁（8Pls.）。
辻　誠一郎　二〇〇六　「三内丸山遺跡の生態系史研究—成果と展望—」『植生史研究』特別第二号、一—五頁。
津島秀章編　一九九九　『三和工業団地Ⅰ遺跡（1）—旧石器時代編—』群馬県埋蔵文化財調査事業団調査報告書第二四六集。

堤　隆　二〇〇四『氷河期を生き抜いた狩人―矢出川遺跡―』シリーズ「遺跡を学ぶ」〇〇九、新泉社。
堤　隆・八ヶ岳旧石器研究グループ編　二〇一五『矢出川―日本列島で最初に発見された細石刃石器群の研究―』信毎書籍出版センター。
角田幸彦　二〇〇一『景観哲学への歩み―景観・環境・聖なるものの思索』文化書房博文社。
直江康雄編著　二〇〇九『白滝遺跡群Ⅹ』財団法人北海道埋蔵文化財センター調査報告書第二六三集。
直江康雄　二〇〇九「白滝産黒曜石の獲得とその広がり」『旧石器研究』第五号、一一―二三頁。
直江康雄編著　二〇一二『白滝遺跡群ⅩⅡ』財団法人北海道埋蔵文化財センター調査報告書第二八六集。
直江康雄・鈴木宏行編著　二〇〇七『白滝遺跡群Ⅶ』財団法人北海道埋蔵文化財センター調査報告書第二三六集。
長沼　孝・坂本尚史編　二〇〇〇『白滝遺跡群Ⅰ』財団法人北海道埋蔵文化財センター調査報告書第一四〇集。
長沼　孝・鈴木宏行編著　二〇〇一『白滝遺跡群Ⅱ』財団法人北海道埋蔵文化財センター調査報告書第一五四集。
長沼　孝・鈴木宏行・直江康雄編著　二〇〇二『白滝遺跡群Ⅲ』財団法人北海道埋蔵文化財センター調査報告書第一六九集。
長沼　孝・鈴木宏行・直江康雄編著　二〇〇四『白滝遺跡群Ⅳ』財団法人北海道埋蔵文化財センター調査報告書第一九五集。
奈良貴史ほか編　二〇一五『青森県下北郡東通村尻労安部洞窟Ⅰ』六一書房。
日本考古学協会洞穴遺跡調査特別委員会編　一九六七『日本の洞穴遺跡』平凡社。
林　茂樹　一九九五『伊那の石槍』伊那埋蔵文化財研究所。
春成秀爾・小林謙一編　二〇〇九『愛媛県上黒岩遺跡の研究』国立歴史民俗博物館研究報告第一五四集。
樋口忠彦　一九八一『日本の景観』春秋社。
廣松　渉　一九八六『生態史観と唯物史観』ユニテ。
古谷昭彦・久村貞男　二〇〇二「泉福寺洞穴から出土した黒曜岩の微量元素組成からみた原産地特定について」『泉福寺洞穴研究編』二九三―三〇三頁、泉福寺洞穴研究編刊行会。
町田　洋ほか編　二〇〇六『日本の地形5　中部』東京大学出版会。
元井　茂　二〇〇二「石鏃出現期の様相―泉福寺洞穴出土の石鏃をめぐって―」『泉福寺洞穴研究編』二三一―二四五頁、泉福寺洞穴研究編刊行会。
柳田裕三編　二〇一三『史跡福井洞窟発掘調査速報』佐世保市文化財調査報告書第一〇集。
柳田裕三編　二〇一六『史跡福井洞窟発掘調査報告書』佐世保市文化財調査報告書第一四集。
山口卓也編　一九九一『多紀郡西紀町板井寺ヶ谷遺跡―旧石器時代調査―』兵庫県文化財調査報告書第九六―一冊。
山内清男・佐藤達夫　一九六二「縄紋土器の古さ」『科学読売』第一四巻第一三号、一―一一頁。
山原敏朗編　二〇〇二『帯広・落合遺跡3』北海道帯広市教育委員会。
矢本節明編　一九九四『四街道市御山遺跡（1）』千葉県文化財センター調査報告第二四二集。

Ashmore, W. and A.B. Knapp 1999 *Archaeologies of landscape: contemporary perspectives*. Blackwell: Oxford.

Tsutsumi, T. 2010 Prehistoric Procurement of Obsidian from Sources on Honsyu Island (Japan) . In *Crossing the Straits: Prehistoric Obsidian Source Exploitation in the North Pacific Rim,* edited by Kuzmin, Y.V. & M.D. Glascock, pp.27-55. BAR International Series 2152.

［第四章］ 定住生活への移行

更新世＝旧石器時代＝遊動型狩猟民、完新世＝縄紋時代（新石器時代）＝定住型狩猟採集民という図式は、長年にわたり日本の考古学研究者の論調において通奏低音となっていた。山内清男・佐藤達夫と彼らに繋がる研究者は大陸からの「長者久保・神子柴文化」の渡来を縄紋時代への胎動と見なし、他方、芹沢長介や稲田孝司らは「晩期旧石器時代」や「中石器時代」など移行期を設定して、表面上は、短期編年対長期編年、あるいは「渡来石器」対「細石刃文化の土器」という根強い対立構図ができあがった。

小林達雄は山内清男（と佐藤達夫）の「旧式考古学」を批判する一方、芹沢長介の「東アジア起源説」あるいは加藤晋平の「九州起源説」を評価しつつ、「縄文土器が技術的な意味での大きな歴史的、造形学的、情報学的にも意味をもっているということの他に土器が煮炊き用だということによって出てくる社会的、文化的効果が多大であります。…（草創期の土器は）この時から始まって、その効果は一斉にワッと花開くのではなくて、徐々に出てきます。相乗効果をなして縄文文化のかたちが徐々に形成されてきます。そういうことで縄文土器の登場をもって縄文文化の始まりとすべきだろうと考える訳です」、と述べていた（小林一九八七）。今日の一般的論調である。

二〇〇二年の拙論「『神子柴・長者久保文化』の大陸渡来説批判―伝播系統論から形成過程論へ―」を嚆矢として、長者久保・神子柴石器群の形成過程およびそこからの「縄紋化」という流れを捉えようとする近年の研究動向が生じている。形成過程論においては石器や土器の偏重を避け、生態（ecology）＝生計（economy）つまり生活世界の構造変動を説明する必要がある。

佐久間光平の最近のレヴューでは、尖頭器石器群を「ナイフ形石器」主体の一群（背戸B）、「有樋尖頭器」を伴う一群（大平山元Ⅱ、赤柴など）、周縁・片面加工尖頭器を伴う一群（峠山牧場ⅠA、下嵐江《おろせ》Ⅰ・Ⅱ、平林、越中山A'など）、大型尖頭器を伴う一群（上ミ野A）に分け、細石刃石器群をⅠ群（円錐形・半円錐形・稜柱形等の細石刃核を伴う一群）、Ⅱ群（湧別技法による細石刃核でa群「札骨型」とb群「白滝型」もしくはこれに類する細石刃核を伴う一群）、Ⅲ群（ホロカ技法による細石刃核を伴う一群）にわけ、Ⅱb群の宮城県薬莱《やくらい》山《さん》No.34遺跡の石器群に、打面に擦痕のある黒曜石製舟底状細石刃核、両面加工石器（尖頭器）、局部磨製石斧が組成されていることを根拠にして、「これらの石器群は、北方系の要素を保持した細石刃石器群と神子柴・長者久保石器群との接点を強く示唆している」（佐久間二〇一六）という。このような最近の研究動向に一言加えるとすれば、いずれの論考も^{14}C測定の較正年代値を参考に石器群を時系列に並べ、気候の寒暖変動に対比する静態論で、石器群（あるいは集団）間の動態的な関係を問う長者久保石器群、神子柴石器群の形成過程（あるいは構造変動論）に踏み込んでいない。

鈴木保彦が縄紋時代草創期の一五遺跡から三二軒の住居跡を集成し（表2）、規模・形態・内部施設などを検討している。草創期の住居跡は屋根を地表面に伏せた伏屋式で、平地式と竪穴式があり、それぞれ主柱をもつものともたないものがあるものの、住居構造は堅牢なものとはいえず、長期に及んだものとは言えない、つまり定住化の過渡期であったと述べている（鈴木二〇〇一）。この章ではこの定住化の過程を少し詳しく見てみよう。

この第四章ではハインリッヒ・イベントから新ドリアス期が終わるまでの約五〇〇〇年間、いわゆる縄紋時代草創期に見られた縄紋化のプロセスを扱う。この縄紋化のプロセスは地域の生態系、地域集団の歴史的伝統、集団間の関係など社会生態的条件によって、大きくは三つの地域的変異が見られた（図75）。一つは細石刃石器群系統で、北海道（Ⅰa）と北九州（Ⅰb）の集団が辿った道程、二つは長者久保石器群・神子柴石器群系統で、

表2 縄紋時代草創期の竪穴住居跡

時　期	遺跡名　遺構No.		規　模	形 態	内部施設	備考
隆起線以前	前田耕地遺跡		推定径3.3m	不正円形	床	周縁配石
			4.2×3.1m	不正円形	壁、床、　炉	
	勝坂遺跡		径約4.0m	円　形	床、柱穴、炉	周溝
隆起線文	花見山遺跡		3.0×2.5m	隅丸方形	壁、床、柱穴	
	南鍛冶山遺跡	1号（古）	3.3×2.8m	不正楕円形	壁、床、柱穴	
		2号（新）	3.4×3.0m	隅丸方形に近い円形	壁、床、柱穴	
	慶應義塾大学藤沢校地キャンパス内遺跡		ピット間の距離6.3×6.9m	楕円形	床、柱穴	
	奥谷南遺跡		長軸2.5m	長方形状	壁、床	
	掃除山遺跡	1号	長径4.6m	楕円形	壁、床、柱穴	
		2号	長径5.5m	楕円形	壁、床、柱穴	
爪形～多縄紋	宮林遺跡		4.5×4.5m	不整円形	壁、床	
多縄紋	櫛引遺跡	1号	6.0×5.5m	ほぼ円形	壁、床	
		2号	5.2×4.6m	不正楕円形	壁、床	
	西鹿田中島遺跡	7号（古）	3.0×5.0m	隅丸方形	壁、床	
		11号（新）	2.0×4.0m	楕円形	壁、床、　炉	
	旗射遺跡		柱穴間の距離2.7×4.8m	長方形	床、柱穴、炉	
	葛原沢第Ⅳ遺跡		3.8×3.4m	ほぼ円形	壁、床、柱穴	
	粥見井尻遺跡 竪穴住居址 4軒		径4.2×6.0m	ほぼ円形	4軒いずれも壁・床および壁面の周囲に垂木状の可能性の小穴が若干	
表裏縄紋	向山遺跡	3号	3.4×3.6m	隅丸方形	壁、床	
		5号	2.2×4.4m	隅丸長方形	壁、床、柱穴	周溝
	お宮の森遺跡	9号	4.2×4.8m	不整円形	壁、床、柱穴	
		10号	直径4.8m	不整円形	壁、床、柱穴	
		11号	4.3×4.8m	不整円形	壁、床、柱穴	
		13号	6.0×5.0m	不整楕円形	壁、床、柱穴	
		14号	4.4×3.2m	不整円形	壁、床、柱穴、炉わずかにあり	
		15号	4.2×4.4m	不整楕円形	壁、床、柱穴	
		19号	5.8×5.9m	不整円形	壁、床、柱穴	
		23号	4.8×4.8m	不整円形	壁、床、柱穴	
		25号	5.8×5.8m	不整円形	壁、床、柱穴	

鈴木2001より

図75 縄紋化のプロセスにみられる地域性

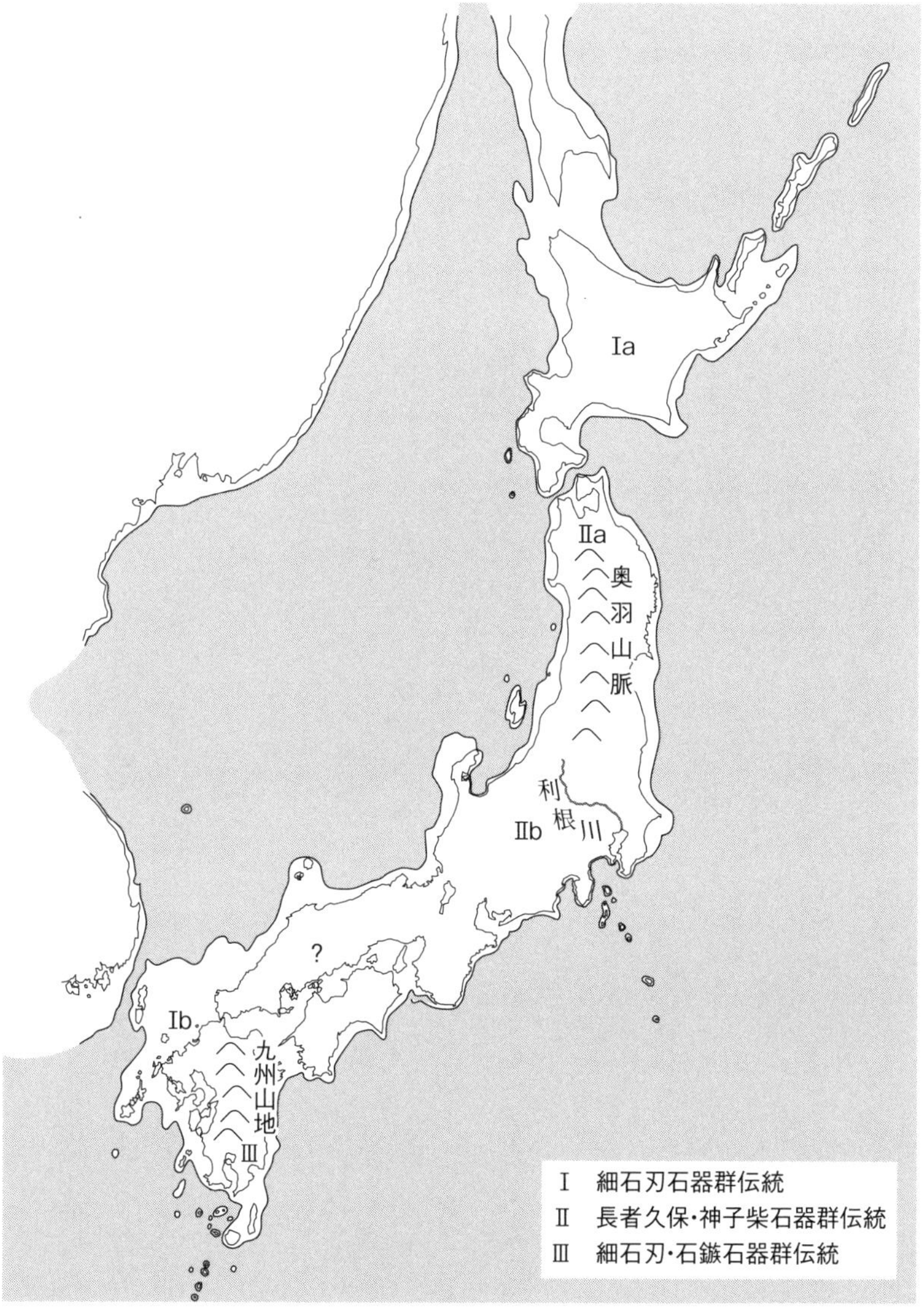

南北に長く自然地形の複雑な日本列島では地域集団の歴史を反映して、縄紋化のプロセスにいくつかの違いが見られた。

北東北・利根川以北の太平洋側（Ⅱa）と利根川以南・中部地方（Ⅱb）の集団が辿った道程、三つめは細石刃・石鏃石器群系統で、南九州と四国・東海の太平洋岸（Ⅲ）の集団が辿った道程である。近畿・中四国地方の考古資料は乏しくよくわかっていないが、時期が下ってⅡb地域の影響下で縄紋化が進行したようである。なお、土器の出現期にⅡaの集団は「無紋土器」、Ⅱbの集団は「肥厚系口縁土器」、Ⅲの集団は「小波状浮紋土器」を用い始めている（大塚一九九九）。

更新世から完新世へ

人類の世紀といわれる地質年代の第四紀は更新世と完新世に分けられる。更新世は前期（約二五八万～七八年前）、中期（約七八万～一二万六〇〇〇年前）、後期（約一二万六〇〇〇～一万一七〇〇年前）の三期に分けられる。更新世に始まった氷期はこの間に間氷期を挟んで何度となく繰り返し、最後の寒の戻りの新ドリアス期をもって終わり、完新世（後氷期）に入って現在に至る。

気候変動

気候変動イベントのなかでも最も劇的な変化を起こすものが「ハインリッヒ・イベント」で、約七万年前から一万六〇〇〇年前の間に六回確認されている（五六頁図6参照）。北大西洋に膨大な量の氷を流出させた北アメリカのローレンタイド氷床の大崩壊の事を指す。海洋学者のハルトムート・ハインリッヒが大西洋北東部の深海底堆積物中の岩砕を根拠に、一九八八年に記載した。この岩砕層は歳差運動の半期（一万一〇〇〇±一〇〇〇年）ごとに形成されている。日射量が冬季に小さく夏季に大きな時期と、夏季に小さく冬季に大きな時期に浮氷が出現するからである。ハインリッヒ・イベントがおきると、氷期の寒冷な状態からさらに気温が三～六度下がることが、グリーンランドの氷床コアの分析からわかっている。日本海でも大きな気候変動の跡がのこっている。ハインリッヒ・イベントとダンスガード・オシュガー・サイクルとの関連もわかっている。ハインリッヒ・イベントが氷期にしか起こらないのに対し、ダンスガート・オシュガー・サイクルは、氷期にも間氷期にも起こる。実際、完新世には「ボンド・イベント」と呼ばれるダンスガート・オシュガー・サイクルが起こっている。

酸素同位体比の変動に基づくと、三万〜二万年前の酸素同位体比が最も軽く（マイナス45〜マイナス42‰）、その時期が最終氷期最寒冷期と考えられる。二万年前頃から酸素同位体比は重くなり始め、軽くなったり重くなったりを繰り返して、一万一〇〇〇年前以降ではマイナス35‰程度でほぼ安定する。その間に、ハインリッヒ1イベント（一万六〇〇〇年前頃）と新ドリアス期（一万二九〇〇〜一万一七〇〇年前）の再寒冷化と、ベーリング／アレレード期（一万四七〇〇〜一万二九〇〇年前）の突出した温暖期が認められる。ただし、中緯度にある日本列島では新ドリアス期の開始がおくれ、影響はほとんどなかったと言われる。完新世に入っては、一一・四kaイベント（一万一五二〇〜一万一四〇〇年前）、九・三kaイベント（九三五〇〜九二四〇年前）、八・二kaイベント（八三〇〇〜八一四〇年前）の冷涼期が認められる（公文二〇一五）。

考古学研究に応用する際、厄介なことにこの複雑な気候変動は北半球に一律に適応できるものではなく、氷床の存在、偏西風やモンスーンなど気流の変化、エルニーニョなどの海水温、深層海流などの影響で地域によって変動パターンに違いがある。厚い氷床に覆われたヨーロッパや北米の変動パターンを、周辺に大きな氷床のなかった日本列島にそのままそっくり応用することはできない。近年、工藤雄一郎がグローバルな標準パターンを参照しながら、列島における古環境と文化的・考古学的事象との相関関係を精力的に追究している（工藤二〇一二）。

地形の変化

気候変動にともなう氷河量の変動は海面変動を引き起こす。最寒冷期には現在の海面より一二〇～一三〇メートル低かった。東京湾の大半が陸地化し、瀬戸内海の全域が陸域となって、本州・四国・九州が地続きとなった。北海道は水深約五〇メートルの宗谷海峡と水深約一五メートルの間宮海峡で切り離されている大陸とつながって半島となっていた。対馬海峡と津軽海峡はそれぞれ一〇〇～一二〇メートル、一〇六～一一六メートル低かったが、両海峡の最深部の水深が約一三〇メートルあるので、陸橋は形成されなかった。

更新世末期から完新世にかけての堆積物は沖積層と呼ばれる。沖積層は「二段重ね構造」、すなわち下段の七号地層と上段の有楽町層からなる。七号地層は更新世末期の温暖化による七号海進による堆積で、有楽町層は完新世の温暖化による有楽町海進（＝縄紋海進）による堆積である。この間の新ドリアス期の寒冷化による基準面低下（約二〇メートル）によって引き起こされて形成された谷が青森平野南部の大矢沢⑴遺跡で見つかった。辻誠一郎が「縄文の谷」と呼ぶこのような谷が各地に形成されたようである。生態系史上のこの構造変動を辻は「縄文時代を画する第一の画期」と見なしている（辻二〇〇八）。

植生の変化

氷期―間氷期の変動に応じて植生が大きく変化する。間氷期は温暖で湿潤な気候を示す植生（ブナ属やナンキンハゼなど多様な温帯落葉広葉樹、スギやヒノキ属などの温帯針葉樹、および照葉樹）、氷期の前半は冷涼で湿潤な気候を示す植生（スギ、ヒノキ属、トウヒ属バラモミ節などの温帯針葉樹）、氷期の後半は冷涼～寒冷で乾燥した気候を示す植生（トウヒ・エゾマツ、チョウセンゴヨウ、コメツガなどの寒温帯～温帯針葉樹）

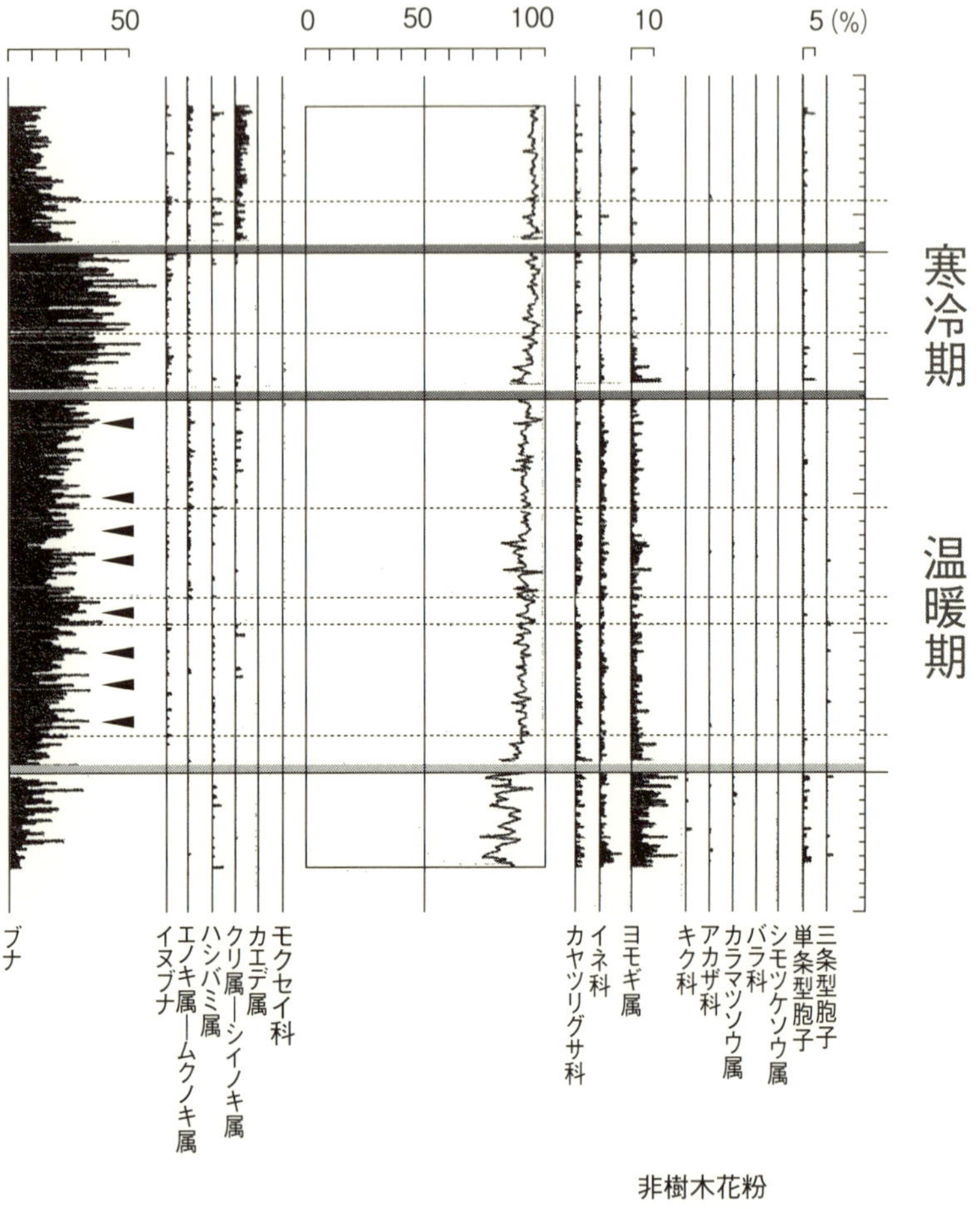

国立歴史民俗博物館編2009より

図76 更新世／完新世移行期の花粉分析（水月湖）

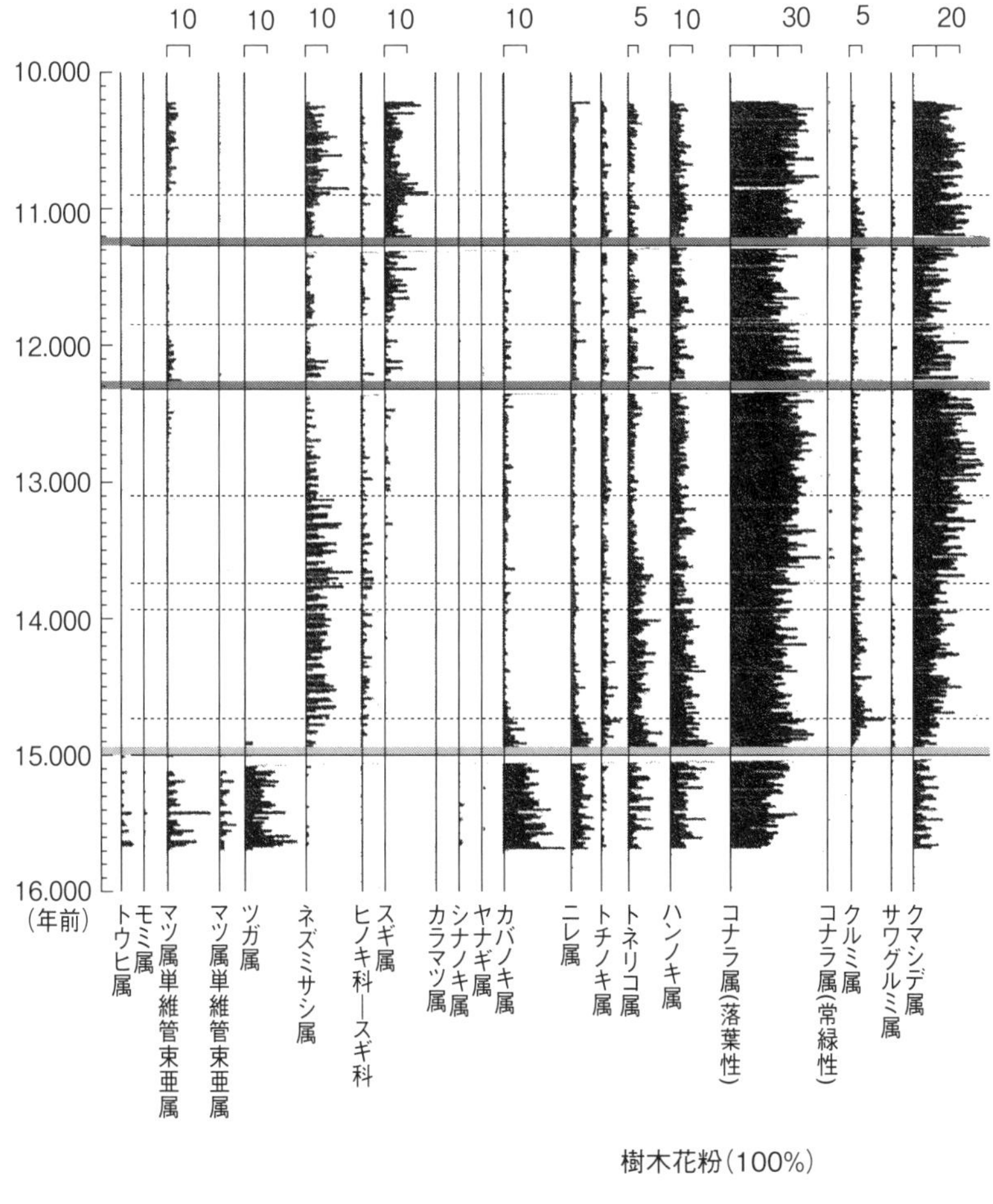

で特徴づけられ、それが繰り返される。

日本列島に現生人類が到来したころ、後期旧石器時代初頭の石器が出土した宮崎県川南町後牟田遺跡では、霧島イワオコシテフラ（Kr－Iw：約四万～四万五〇〇〇年前）層準はメダケ率の変遷から相対的に温暖な酸素同位体ステージ三の後半に対比されている。鹿児島県種子島の立切《たちきり》遺跡とその周辺で、TaneⅣ火山灰（約三万五〇〇〇年前）下位でカシ類、シイ属、クスノキ科、イスノキ属などの照葉樹の植物珪酸体が検出されている。石器類も植物性食物の加工具が示唆されている。

気候の寒冷・乾燥化にともない森林植生の主体が落葉広葉樹から針葉樹に移行する過程で起こった、巨大噴火の広域火山灰（姶良Tn火山灰：三万～二万九〇〇〇年前）降下で植生変化が加速した。最終氷期の最寒冷期、列島は五つの植生帯に分かれた。すなわち、①北海道の北東部や東北地方の北東部は草原もしくは疎林、②北海道中・南部から東北地方にかけてはハイマツ、グイマツを伴う寒温帯針葉樹林で、東北地方の南部から中部地方の山岳部にかけてはハイマツを伴う寒温帯針葉樹林、③関東地方以西では、チョウセンゴヨウ、カラマツ、トウヒ属バラモミ節などの針葉樹とコナラ属などの落葉広葉樹が混在する温帯針・広混交林、④関東地方の台地、瀬戸内海周辺や九州南部の火山灰台地ではイネ科、ヨモギ属、カヤツリグサ科、シダ類などの草原、⑤九州南端部や西南日本の太平洋沿岸部ではシイ属やカシ類などの照葉樹林である（杉山二〇一〇）。

福井県水月湖の花粉分析によると、約一万五〇〇〇年前を境にして、それまで優勢であったマツ属、トウヒ属、ツガ属などの針葉樹が衰退して、ブナやコナラ亜属などの落葉広葉樹が森林植生の主体となり、少し遅れてスギ属なども増加している（図76）。この時期以降、針葉樹が多い森林から落葉広葉樹が多い森林へと変化していった。水月の花粉分析で注目されるのが、縄紋時代草創期多縄紋土器期にあたる新ドリアス期相当期の植生に、大きな変化が見られないことである。

縄紋人は草創期・早期という早い段階に、ウルシやアサ・ヒョウタンなどの外来植物・栽培植物だけでなく野生種を管理・栽培し、前期以降の東日本では定住的な集落の周辺にクリやウルシが多い人為的な森をつくり出し、周辺の環境に積極的に働きかける植物利用を行っていた。かつて藤森栄一が「縄文中期農耕論」を唱えたが、マメ類（ダイズやアズキの野生種）を栽培した可能性も指摘されている（工藤雄一郎・国立歴史民俗博物館編二〇一三）。

動物相の変化

更新世の動物化石類は、石灰岩洞窟や裂罅の堆積層中から多く見つかっているが、大型のものが海成・湖成・河成の堆積層中から見つかったり、海底から漁網などで引き上げられたりする場合もある。日本では土壌が酸性のため遺跡から出土することは非常に少ない。また、北海道と本州・四国・九州、それに琉球列島の三地域で動物相が大きく異なっている。

岩手県アバクチ・風穴洞窟堆積層と花泉層、長野県立が鼻遺跡の野尻湖層、静岡県の谷下採石場第五地点の堆積物や根堅遺跡の堆積物、岐阜県熊石洞の堆積物、広島県帝釈観音堂洞窟や帝釈大風呂洞窟の堆積物、長崎県の幡鉾川層などから出土した化石類から復元された後期更新世後期、言い換えると後期旧石器時代の古本州島に生息した動物は、後期更新世前期のもの（ナウマンゾウ、マンモスゾウ、ヤベオオツノジカが代表的なもの）と似ているが、後期更新世前期の動物相に見られた絶滅種（シカモトガリネズミ、クズウイタチ、ムカシアナグマ、ムカシテン、ニキチンカモシカ）や現在の本州・四国・九州には分布しない現生種（シベリアジャコウジカなど）は見られなくなる一方で、後期更新世のユーラシア北部で栄えたマンモス動物群の要素と考えられるヘラジカ、オーロックス、ステップバイソンが、この時期の動物相に新たに加わっている。一部が津軽海峡に形成された「氷橋」を渡って来たと見られているが、マンモス動物群を代表するマンモスゾウやケサイ、その他この動物群の多くの構成要素はまったく見られない（河村二〇一〇）。

後期更新世末の気候変動期に中・大型哺乳類の多くは絶滅したが、それが急激な温暖化によるものか、あるいは旧石器時代人の狩猟圧によるものか、詳細は分かっていない。

土器出現期

地球は何回もの氷期を記録している。その最終氷期極相期（約二万三〇〇〇～一万九〇〇〇年前）の後にハインリッヒ1イベント（約一万六五〇〇年前）と呼ばれる寒冷化現象があり、その後約一万四五〇〇年前に地球上の気温が四～五度ほど急激に上昇した。この時五〇〇年間で二〇メートルほどの海面の上昇があった。この「ベーリング期」と呼ばれる温暖な時期は長続きせず、二〇〇年間ほど中断（「古ドリアス期」）した後に、再び若干暖かくなった（「アレレード期」）。しかしそのまま気温の上昇が続くことなく再び一万二四〇〇年前頃に気温が低下し、ほとんど氷期の状況に戻ってしまった（ハインリッヒ0イベントという人もいる）。約七〇〇年間続いた「新ドリアス期」と呼ばれるこの寒冷期には、ヨーロッパで夏に五～八度、真冬に一〇～一二度気温が下がった。約一万一六〇〇年前に突然に気温が七度ほど上昇して地質年代の完新世に入った。

更新世末の気候変動の激しかった時期に、この気候変動に応じてヨーロッパでは旧石器時代最後の文化であるマドレーヌ文化（Ⅰ～Ⅵ期）、ハンブルク文化、アジール文化、アーレンスブルク文化と変遷し、完新世に入って中石器時代文化に移行した。西アジアではケバラ文化（前・後期）、幾何形ケバラ文化、ナトゥーフ文化（前・後・晩期）と変遷し、完新世に入って無土器新石器文化A期（PPNA）に移行した。日本では更新世末が縄紋時代草創期に当たり、完新世の始まりで早期とされている（安斎二〇一二）。

福井県水月湖の年縞堆積物で、新ドリアス期相当の寒冷化（約一万二三〇〇～一万一三〇〇年前）が確認された（図76参照）。北大西洋地域より開始が数百年遅れ、気温の低下は四±二度と推定されている。最終氷期の東北地方や北海道南部でも冷温帯落葉広葉樹のレフュージア（逃避地）が存在した可能性が示唆されていて（吉田二〇一五）、細石刃石器群直後の長者久保石器群の出現とその北上の生態学的背景を窺わせる。土器出現も冷温帯落葉広葉樹帯とそこでの人の活動と連動した現象である。縄紋時代草創期は代表的な隆起線紋系土器期を挟んで、それ以前の土器出現（無紋土器など）期とそれ以後の多縄紋（押圧・回転縄紋）系土器期の三期に大別されている。この土器編年はハインリッヒ1イベント後の向暖化・温暖・冷涼の気候変動にほぼ対応している。

縄紋時代および縄紋文化の起源問題の解決は、最古の土器を見つけ出し同定することと同一視されてきた。連続し複雑に絡み合う人間の生活世界の事象に、土器の出現を指標にしてあえて境界を設けることで、起源を理解しやすくするためである。

画期は便宜的に設定されたのであるが、つい、境界が現実にあるかのように考えてしまう。当初、縄紋時代の始まりは約四五〇〇年前と想定されたが、福井洞窟出土の隆起線紋土器の^{14}C年代測定値で約一万二七〇〇年前となり、現在は大平山元Ⅰ遺跡出土の無紋土器が最古で約一万五五〇〇年前と想定されている。縄紋土器が世界最古の土器と評価された時もあるが、最近、中国東部・南部の遺跡から出土した土器の古さが二万年前を超えると報告されている（Sato and Natsuki 2017）。

構造変動期

長野県神子柴遺跡と青森県長者久保遺跡の発掘調査以来、大陸渡来の「長者久保・神子柴文化」が一気に列島を種子島まで南下し、続いて波動的にいろいろな文化要素が渡来して、日本列島で縄紋文化が形成されたと考えられてきた。しかし、神子柴石器群・長者久保石器群の分布は中部・関東・東北地方に限定的である。伝播ルートと考えられてきた北海道は当該時期も細石刃石器群の世界であったし、西南日本には神子柴系と見なされる石斧・石槍が散見されるだけで、神子柴石器群本体は存在しない。

最新の古気候学データと暦年較正年代が示すところでは、ハインリッヒ1イベントに関わる寒冷現象が北海道の湧別技法を有する北方集団の一部に南下を促したと考えられる。このことは前章で記述した。新潟県長岡市荒屋遺跡の年代が約一万七五〇〇〜一万六〇〇〇年前である。長野県神子柴遺跡および関連遺跡の年代測定値がないが、長者久保石器群に無紋土器が伴った青森県大平山元Ⅰ遺跡が約一万五五〇〇年前（五つの試料の計測値は16520calBP〜14920calBP）を参考にすると、甲信越地方の神子柴石器群の出現と拡散もこの気候の寒冷化と北方集団の南下、およびその直後の気候温暖化に関連した現象だと考えられる。

南九州では細石刃石器群の時期に定住化への誘因が生じていた。鹿児島市仁田尾遺跡の一六ヶ所をはじめ、多くの遺跡から頻繁な見回り行動を要する落し穴が検出されている。この落し穴猟の発達は、生業活動のための遊動領域が狭まっていて、定住化への傾斜があったことを示唆している。さらに本州島以北に先駆けた南九州の気候の温暖化は、定住生活の諸条件を提供し、南九州の遊動民に東北日本の遊動民とは異なる縄紋化の道程を歩ませたのである。

一九九八年の青森県外ヶ浜町大平山元Ⅰ遺跡の第二次調査の際に、旧石器時代終末に位置づけられていた長者久保石器群のブロックに、土器が共伴して出土した。そこで従来通り土器の出現をもって画期と考える研究者は、そこに縄紋時代の開始を見て草創期に編入した。

しかし調査者の谷口康浩は、草創期を旧石器時代／縄紋時代移行期と見直し、早期初頭をもって縄紋時代の開始と考える。土器出現期の遺跡から見つかる土器は一～二個体程度である場合が多く、日常的な調理とか加工処理に使用されたとは考えにくいとして、土器の用途をおそらく特殊な行為に限定しようとしている。例えば、獣脂あるいは魚油の採取をいう人がいる。また旧石器時代の石器製作が集団内部の循環的な行為であったのに対し、神子柴石器群・長者久保石器群では、製作地／備蓄地・保管地／中継地／使用地・廃棄地に大別され、石器（特に製品）が集団間を転移しながら異なる機能の場を動いていたと考え、「石器のトランスファー」という概念を提起している（谷口二〇〇三）。

一方、田村隆は石器製作の慣習的行為（プラティーク）に注目して、「デザイン理論」の視点から当該移行期の石器群の分析を試みている。神奈川県清川村ザザランケ遺跡第Ⅴ、Ⅳ、Ⅲ、Ⅱ文化層の当該石器群、同大和市月見野《つきみの》上野《かみの》遺跡第1地点第Ⅱ文化層石器群、同横浜市花見山遺跡石器群、東京都小金井市はけうえ遺跡石器群を分析資料として、一一種のデザイン要素（石刃核リダクション、剝片剝離石核リダクション、両面体リダクション、細石刃核リダクション、円礫加工具、円礫端部リダクション、磨製石斧リダクション、バイポーラ・リダクション、分割礫リダクション、礫斧リダクション、「イデオロギー石器」リダクション）と、埋め込み戦略など一〇種の石材採取・消費戦略を設定し、それらを駆使して当該石器群の分析を試みた。

結果だけをいえば、花見山遺跡の石器群は「半縄紋的」であり、かつ「偽旧石器」でもあるという評価である。上野遺跡第1地点第Ⅱ文化層石器群は「非縄紋的」であり「属旧石器的」である。そして縄紋時代人が複合的狩猟・採集民であったとすれば、はけうえ遺跡の主要な石器群が残された縄紋時代草創期後半頃にその開始が見られた、というのである（田村一九九八）。

もう一人、仲田大人の見解を紹介しておく。仲田は南関東の当該期石器群を分析対象にして、遺跡立地、遺構の有無、遺跡面積および遺物密度、集中部の形成、技術構造などを指標として居住形態の類型化を行い、これに気候変動や資源変動のデータを加味して、「最適化モデル」による検討を行った。その結果、第一類石器群（細石刃石器群）・第二類石器群（隆起線紋土器以前の無紋土器を伴う石器群）と、第三類石器群（花見山遺跡・能見堂遺跡・なすな原遺跡・前田耕地遺跡など）との間に、構造的変化を見て取った。仲田は第三類石器群の出現をもって縄紋時代の始まりとし、その時期をアレレード期から新ドリアス期への移行頃に置いた（仲田二〇〇一）。

仲田は最近、対象地域を関東全域に広げ、「古利根川ライン」を境界にしてその東側と西側の地域に分け、旧石器・縄紋移行期の特質と地域性を明らかにしようとしている（仲田二〇一六）。網羅的に文献を渉猟し手際よくまとめたレヴューではあるが、近年の「移行期」論に共通する欠陥をもつ。一例を挙げておく。土器の細別で分けた遺跡数・住居数の変遷の図一一を見ると、早期前葉と後葉に多く、中葉に少ないV字形で、特に後葉の「野島・茅山上層」が多くなっている。しかし実態は野島式と茅山上層式土器期に挟まれた鵜ヶ島台式・茅山下層式期が八・二kaイベントに関連した変動期に当たっているのである（詳しくは次巻で詳述する）。構造論を支えるのは土器の（究極的な）細別で、仲田の方法ではこの重要な事件が見落とされてしまう。神子柴石器群についてもいえることである。

型式学上は「土器は土器から、石器は石器から」が原則で、細石刃石器群のある器種から神子柴石器群の同器種への変化を型式学上は説明できる。しかし、「石器群は石器群から」あるいは「一括遺物は一括遺物から」とはいかない。石器群や一括遺物は生活世界の形象であって、細石刃石器群と神子柴石器群・長者久保石器群の背後にある生活世界は異なっていたからである。したがって、例えばホロカ型細石刃核石器群と長者久保石器群・神子柴石器群に同種の石器が含まれていたとしても、両者の移行関係を証明したとか、長者久保石器群・神子柴石器群の形成を説明したとかにはならない。「構造変動論」の視点が必要である。

長者久保石器群

長者久保石器群は青森県東北町長者久保遺跡出土の石器群を標識資料とする。神子柴遺跡と長者久保遺跡が調査された時点から、大陸渡来の「神子柴・長者久保文化」の実在が信じられてきた。しかしそうした文化は仮構であった。細石刃石器群を装備する北海道渡島半島の北方民と槍先形尖頭器石器群を装備する東北地方北部の遊動民との、津軽海峡を挟んでの社会生態学的関係態の変化の中で創出されたのが長者久保石器群である。

長者久保遺跡

遺跡は一九五九年に発見され、一九六二〜一九六四年に佐藤達夫らによって発掘調査が行われた。遺跡付近は標高約一二〇メートルの丘陵地で、遺跡は西北西から東南東に流れる谷に左岸から直角に突出する小台地の突端部にある。包含層は約一万五〇〇〇年前の十和田八戸降下火山灰の下位、基底部にある。

石器組成は局部磨製石斧（「丸鑿」）一点、打製石斧二点、槍先形尖頭器（「石槍」）二点、彫掻器（一端が彫刻刀形石器、他端が掻器に加工された石器）三点、彫刻刀形石器七点、掻器六点、削器四点、錐形石器一点、剝片二三点、黒曜石礫一点の計五〇点で、石刃技法が顕著である。一九六一年に報告された長野県神子柴遺跡の石器群と密接な関係があって、「無土器文化中同一の段階に属し、時期もきわめて接近するもの」と考えられ（山内・佐藤一九六二）、以後、「丸鑿」（図77）は新たな文化がシベリア・極東から伝播したとする説の有力な物証と見なされてきた。

長者久保石器群は在地集団が、津軽海峡を挟んだ隣接集団との交流と、更新世末期の気候の温暖化傾向との社会生態学的適応として、作り出したものである。私はこれまで「丸鑿」を小型化していることと、刃部が再生加工されていることを根拠に、神子柴系石斧と見なしていた。

ところが今日、大型舟底形石器・ホロカ型細石刃核との技術形態学的親近性がいわれている。そうだとしても、細石刃核→石斧という機能転化を進化論的に説明することはできない。大型石斧創出の社会生態学的背景の説明を要するからである。

図77 技術形態が類似する異器種

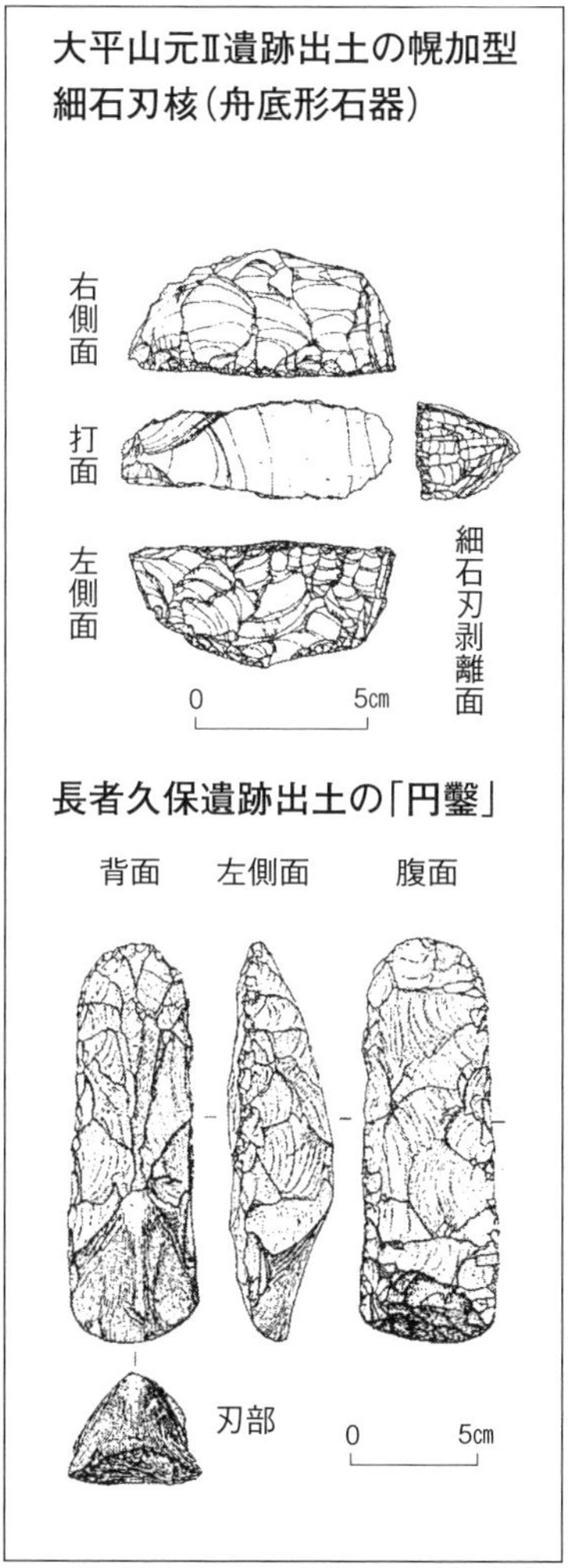

「丸鑿」あるいは神子柴型石斧の出現は突然で、いまもってそのプロト・タイプは解明されていない。

大平山元Ⅰ遺跡

先に述べた外ヶ浜町大平山元Ⅱ遺跡（一五七―一六〇頁）の西方約一二〇メートル、蟹田川左岸の大平段丘縁辺部（標高約二六メートル、現河床面より約一一メートル）にある。局部磨製石斧の表採をきっかけとして、一九七五・七六年に青森県立郷土館によって発掘調査が行われた。局部磨製石斧は長さ一九・三センチ、刃部幅八・四センチ、中央部幅六・二センチ、厚さ三・五センチ、重量五四〇グラムを測る蛤刃の大型品である。刃がやや鈍いことや使用痕も見られないので、三宅徹也は未完成品と考えた。他に打製石斧二点、尖頭器五点、彫掻器七点、彫刻刀形石器一一点、掻器八点、削器四点、錐形石器一点、石刃核一点、「石鏃」二点などが報告された。さらに無紋の土器片が微細片を含め三二点検出された。石器は石刃素材が多い（三宅一九七九）。

局部磨製石斧は典型的な神子柴型石斧とは異なり、「表裏両面とも階段状剥離が行われ、概して平坦な面を形成している。刃部は蛤刃を呈する。斧頭のほぼ中程が心持くびれており、刃部からこの部分までの両側縁は縦位に磨かれ平坦である。刃部は、表裏両面ともに大きな剥離を覆う様な状態で研磨した結果の、横位の擦過痕がめいりょうに観察される。特に表面においては、研磨が胴部のほぼ中央にまで達し、大きく深い剥離を磨きつぶす程行われている。一方裏面の磨かれている部分は刃部から四センチ程であり、表面とは大きく異なっておる。一般に刃部の磨きは、刃部に対し直角に行われるが、本例は横位になされており、刃がやや鈍いことや、更に使用痕も観察されないため、未完成品とも考えられる」（図78）と報告された。

住宅建設に伴う事前調査として、一九九八年に隣接地点が発掘調査された（谷口一九九九）。一ヶ所の遺物集中地点から、土器片四六点、石器二六二点が検出された。「彫掻削器」一点、「彫掻削器」・「彫掻器」三点、「彫削器」一点、「掻削器」六点、彫刻刀形石器四点、掻器一一点、抉入削器一点、槍先形尖頭器（深浦産黒曜石

図78 大平山元Ⅰ遺跡出土の石斧

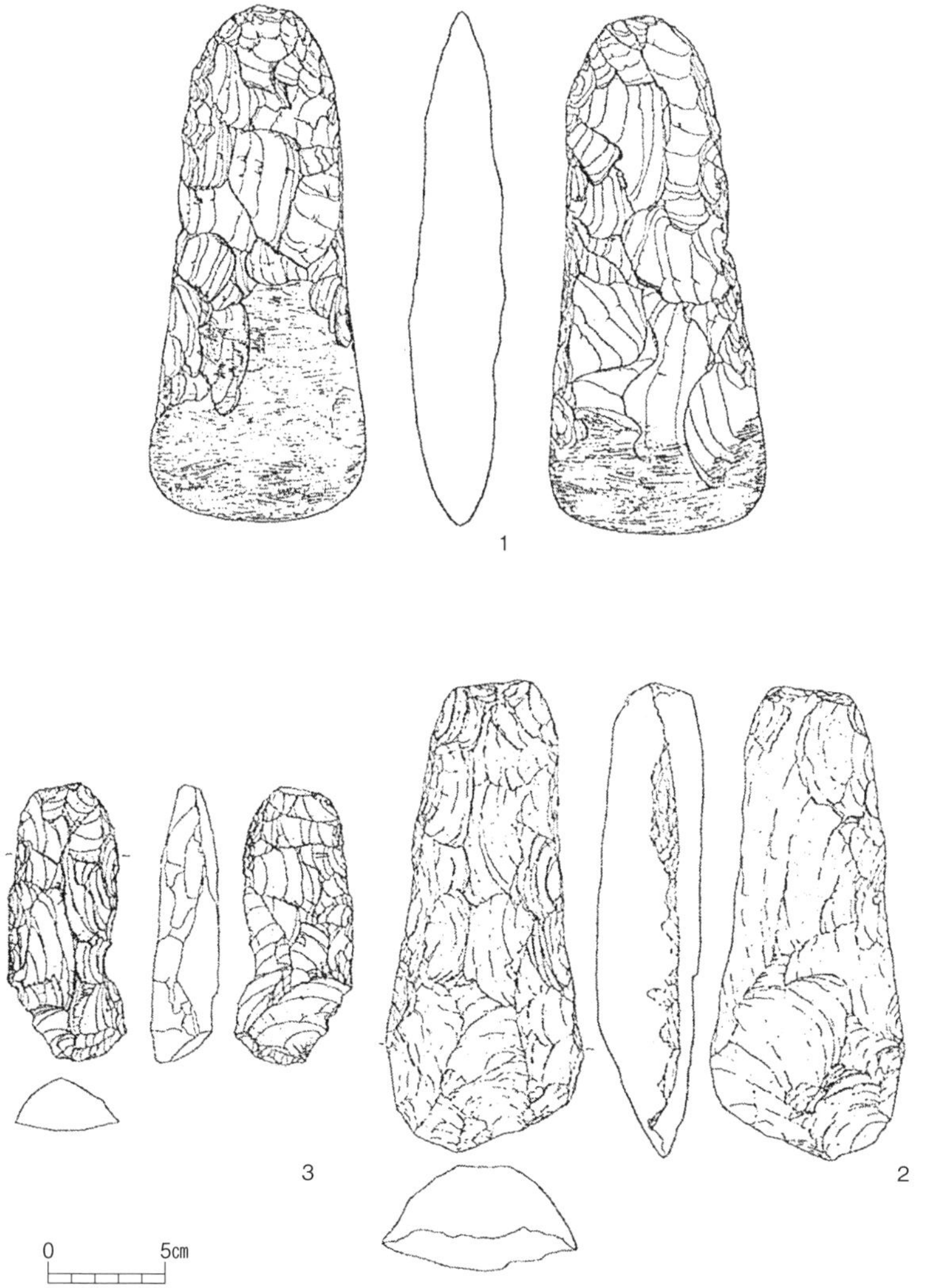

青森県立郷土館1979、谷口編1999より

この時期の石斧（「神子柴型」・「丸鑿」・「大平山元型」・その他）の考察も十分に行われていない。

製破片）一点、「石鏃」二点、打製石斧二点、台石一点と石刃七点・縦長剥片三点などで、長者久保遺跡出土石器群に類似する。大きな違いは土器と「石鏃」の出土である。そして六点の土器片の暦年較正年代が約一万五五〇〇年前（16,520 cal BP ~ 14,920 cal BP）と報告された。「石鏃」二点は技術形態的に、あるいはそれ以上に当該期とその後の列島全域を見まわしたときの石鏃の分布状況からみて、石鏃ではないと見る。

遺物は一つの大きなブロックを構成していている。土器で煮炊きが行われていたが、石器はほとんどが搬入されていて、道具の製作と修正が行われたことが窺えるが、その数量はわずかで、石器・石材の多量の消耗を伴うほどの作業量は行われていない。石材はもっぱら在地の硬質頁岩であるが、わずかに深浦産黒曜石と遠隔地産のホルンフェルスを含む。こうした状況から、遺跡は土器を携帯して遊動中の世帯規模の小集団（口絵1参照）が、短期間滞在したキャンプ地であったと考えられる。

赤平(1)遺跡

二〇〇六年に東北新幹線建設事業に伴い行われた発掘調査で、青森県東北町赤平(1)遺跡から大平山元Ⅰ遺跡と近い較正年代の長者久保石器群が出土した（葛城・斎藤編二〇〇八）。炭化物集中一ヶ所、砕片集中二ヶ所、土器片六点と五七七点の石器類が検出された。

基部を尖頭状に加工した特徴的な「掻削器」（図79）四点、「ポイントフレーク」などの存在からこの場で製作されたと考えられる尖頭器の基部破片、扁平礫を素材に加工途中で放棄された「斧形石器」、石刃核一点と石刃九点などが含まれる。一点出土した黒曜石は深浦産である。無紋の土器片は出土層位に問題を残すが、石器類と同時期と報告されている。

図79 赤平(1)遺跡出土の「掻削器」

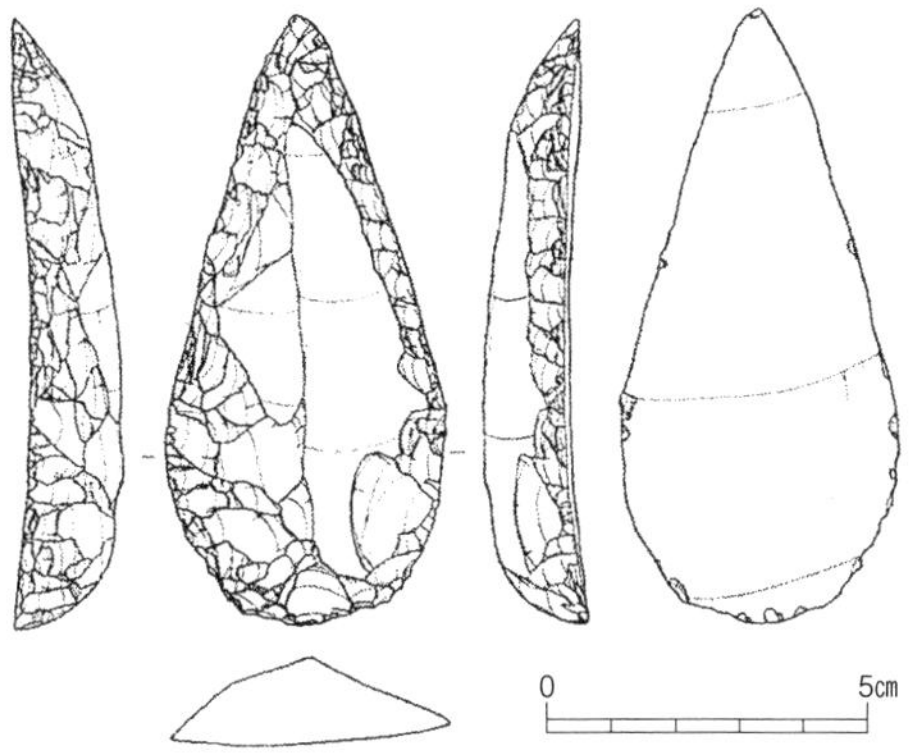

尖基の特徴的な形態は、北海道の細石刃石器群に多く見られる。

六ケ所村幸畑《こうばた》(7)遺跡からも長者久保石器群の出土が報告されており、長者久保集団は青森県内の日本海側と太平洋側とを遊動域として往還していたようだが、太平洋側を遠く関東地方にまで移動した痕跡がある。

北海道の後期の細石刃石器群に組成される大型の石斧や石槍を根拠に、長者久保集団の北上を仮定した（二五七・二六〇頁）が、東北地方の太平洋側は人口が希薄であったようで、宮城県加美郡加美町薬莱山No.34遺跡例（二七一頁）に見るように、候補遺跡も確たる証拠は薄い。もっとも有力な証拠は後野遺跡から出ている。

後野遺跡

長者久保石器群に近縁の石器群は各地に散見されるが、最もまとまった形で出ているのが茨城県ひたちなか市後野遺跡である。遺跡は久慈川と那珂川の間に発達した那珂台地で、那珂川の支流本郷川に突出する標高二九・五メートルの低丘陵上にある。荒屋系細石刃石器群が出土した台地南縁のB区から北に二〇メートルほど離れたA区から、打製石斧、槍先形尖頭器、彫掻器、掻器、削器、石刃、剥片など八七点の石器類が出ている。石器はすべて搬入されたようで、製作剥片を欠いている。石材は頁岩を主体としているが、石斧には軟質頁岩が、尖頭器には流紋岩が使われており、また黒曜石と凝灰岩は剥片だけが出ている。石斧は刃部が欠損しているが、器体の形態からみて「丸鑿」であった可能性がある。尖頭器も尖頭部と器体中央部以下が欠損しているが、長者久保の薄手大型柳葉形の槍先形尖頭器と同形と思われる。石器ブロックから二メートル離れて二個体分（？）の土器片が廃棄された状態で一ヶ所にかたまって出土した。大平山元Ⅰ遺跡例と同様に無紋である（後野遺跡調査団編一九七六）。

ホロカ型細石刃核石器群

神子柴石器群が「渡来石器」でなく、在地系の石器群であるとすれば、新たな難題は神子柴型石斧の出自である。北海道の細石刃石器群に見られる舟底形石器、あるいはホロカ型細石刃核との技術形態的関連が近年になって指摘されてきた（二八九頁図77参照）。大形剥片や分割礫の平坦面を打面として設定し、周縁に調整剥離を加えて舟底状の細石刃核原形を形成した後、打面調整や打面再生を行うことなく、一端を作業面として細石刃剥離を進行するホロカ技法は汎用性が高く、他の細石刃製作技術を補うように用いられる傾向がある。北海道ではホロカ型細石刃核は特に白滝型細石刃核とともに散見される（山田二〇〇六）。

桝形遺跡

大平山元Ⅱ遺跡や樽口遺跡例についてはすでに触れている（一五八頁図47、一六三頁図49参照）。群馬県前橋市（旧宮城村）桝形遺跡がホロカ型細石刃核を出した典型的な遺跡で、赤城山南麓に位置する。第二次調査報告書で関矢晃が細石刃様石核として挙げた一二点はホロカ型およびその変形形態である。また「舟底形石器」とした五点も大平山元Ⅱ遺跡同様にホロカ型細石刃核・細石刃原形である（関矢編一九八一）。第一次踏査の

図80 桝形遺跡出土のホロカ型細石刃石器群

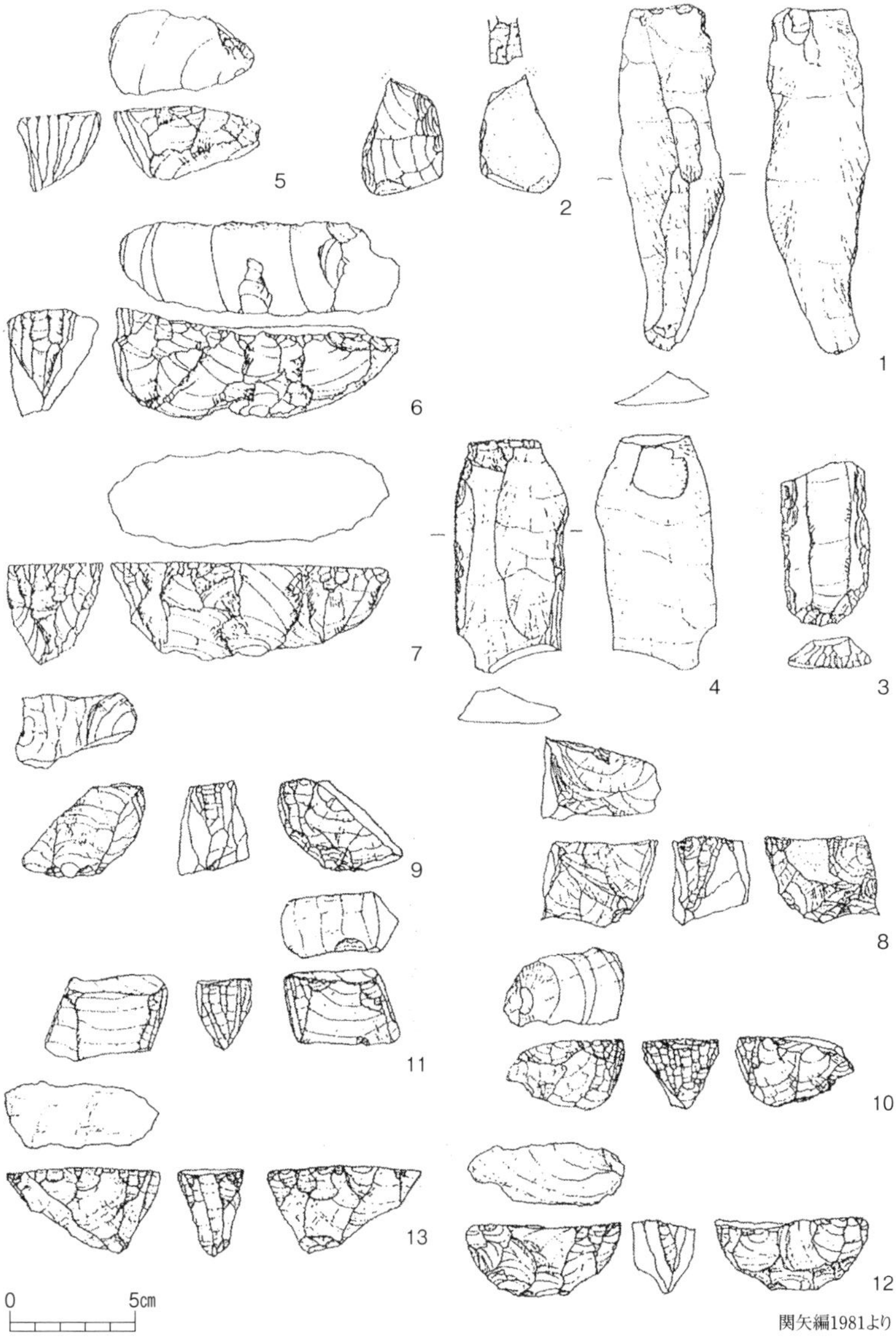

関矢編1981より

際に一四点出ているので、少なくとも三一点になる。三九点の細石刃の中に日本海側の珪質頁岩のものが混じる。ほかに石刃・彫刻刀形石器・掻器・削器・礫器などを組成する（図80）。珪質頁岩の使用は少なく、在地の頁岩と安山岩が多用されていて、その地域性が際立っている。

額田大宮遺跡

茨城県那珂市額田大宮遺跡は久慈川に臨む額田台地の北縁に位置する。頁岩製ホロカ型細石刃核が表採され、採集地点から一〇メートルほど北側で行われた発掘では、掻器と彫刻刀形石器を伴って細石刃が二〇四点出土した。この頁岩製細石刃石器群より全体的には若干下位という所見もあるが、ほとんど混在状態で安山岩製掻器を主体とする大型石刃石器群が出ている。ホロカ型細石刃核に大型石刃が伴う石器群がほかにも見つかってきており、この遺跡でも共伴と見なせる。これに加えて硬砂岩・安山岩製の打製石斧と片面調整石器が特徴的である。報告者の川崎純徳は後者を「丸鑿形石器」と呼んで、長者久保遺跡の「丸鑿」との関連を想定したようである（川崎ほか編一九七八）。

先に触れたように、田村隆は「下野—北総回廊」とこれに連なる分水界区を分析単位として、旧石器時代に房総半島を活動の場としていたバンド社会集団の石材消費戦略を明らかにした。額田大宮遺跡においては、「ほとんどすべての石材は遺跡近傍において採取可能であるが、産地の比較的限定される、つまり特定の沢筋でしかとれない極微粒珪質な塊状岩は非分割舟底形両面体専用であり、ふんだんに、また広域に分布する黒色緻密質安山岩はもっぱら大型剥片石器の生産に振り向けられている。さらに、下野—北総回廊（東部高地）外縁部産チョコレート頁岩も認められるので、本遺跡の形成主体は、その地域から両面体石器及び両面体石器生産に

図81 関東地方の「ホロカ型関連」遺跡

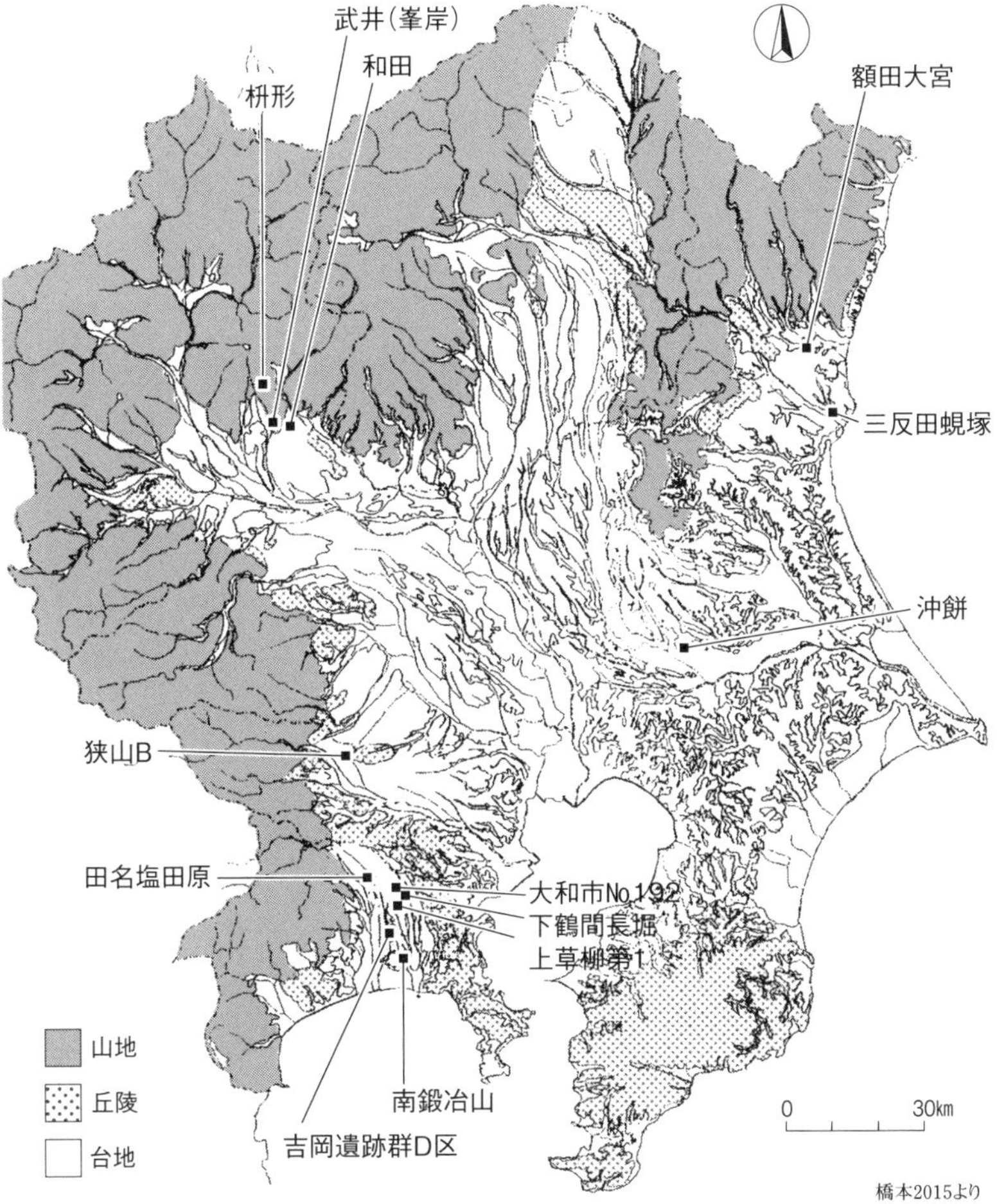

橋本2015より

原図の遺跡を多くカットしてある。北海道においても「ホロカ型細石刃石器群」の存在は明確でない。また関東地方での「ホロカ型細石刃核」と「船野型細石刃核」の区分、あり方も明確でない。

ともなってカリングされた各種サポートを携帯しながら、那珂川・久慈川分水界に沿って南下してきたことが推定される。したがって、ここにおいても分水界に沿った南北移動パターンを認めることができる」（田村二〇〇三）、と総括している。

橋本勝雄が「ホロカ型細石刃核石器群」の集成・検討を行っている（橋本二〇一五）。白滝型細石刃核石器群とホロカ型細石刃核石器群が上下二つの文化層として確認された樽口遺跡では、例外的に遺物の出土量が多く、器種も非常に豊富であることから、橋本は彫搔器や尖頭器は神子柴石器群（長者久保石器群とするべきか：安斎註）の遺物と見て、三時期にわたって利用されたと見なしている。また、相対的に高所に立地し、遺跡数の少ない「ホロカ型細石刃核石器群」は、黒曜石の入手は困難だが在地石材に恵まれた地域で、在地石材の使用の高まりに呼応してホロカ技法が登場して出現し、同時に利器の使用が高まり、その大型化や縦長指向が現象化した姿であって、そこでは細石刃（植刃器）の比重が低下し始めていたというのである（図81）。いずれにしても、神子柴石器群出現の背景として「ホロカ型細石刃核石器群」・長者久保石器群があらためて注目される。

神子柴石器群

神子柴石器群は長野県上伊那郡南箕輪村神子柴遺跡出土の石器群を標識資料とする。

神子柴遺跡と長者久保遺跡が調査された時点から、大陸渡来の「神子柴・長者久保文化」の実在が信じられてきた。しかしそうした文化は仮構であった。北海道から南下してきた北方民と在地の遊動民との間の緊張した社会的関係の中で創出されたのが神子柴石器群である。

神子柴遺跡

先にランドスケープに関連する特異な遺跡として神子柴遺跡を取り上げた（二一二―二一四頁）。調査者の林茂樹は石器類の出土状況を次のように認識していた。集石状に出土した石器群の間にある対照を認め、発掘時にNo.12、14、15、16と番号をふった幅五センチ、長さ一八～一五センチの黄白色柳葉形尖頭器四点が、先端を交叉して放射状に積み重ねられたまま検出されたのに対して、25～38の一群は、「石器の組み合わせがポイント六箇、ブレイド五箇、エンドスクレイパー三箇、異型一箇、計一五箇で、器型の複雑な点、破損した石器が多い点が違っている」（この部分に先行する出土状態の説明で、ポイント三点・槍先三点、ブレイド一点・両石刃二点、削器二点、掻器二点、小形丸のみ一点が記述されていて、前後の文章に乱れが生じている）。両石器群のちょうど中間地点から、「その形態の大きさと優美さにおいて恐らく類例を見ないであろう」、「長さ二五センチ・最大巾五センチの柳葉ポイント」が出土している。その他に、石斧の一群（18～20など）、石核の一群（88～90）、石刃・削器・黒曜石片の一群（55～93）が顕著に目につき、「石器の様相によって二分され、長円の北環部Aと南環部Bとに分けられる。その差異はAは、石斧、槍先形尖頭器、石核等、大形、完形の石器群と剥離、破壊された黒耀石石片の組み合わせであり、Bは破損、摩滅した石器と新鮮な石器の組み合わせである」（図82）（林一九六一）。

神子柴型石斧八点のうち七点までが在地の黒雲母粘板岩・砂岩・緑色岩製で、残る一点は新潟方面の凝灰岩製である。在地の石材からつくられた石斧の断面がD字（蒲鉾）状なのに対し、凝灰岩製石斧は凸レンズ状で、石材の割れ方に起因するという。また在地の石材を使ったものも神子柴型石斧のデザインに応じた石材が選択されているという。神子柴型石斧以外により小型の石斧が四点出土していて、こちらは新潟方面の凝灰岩製で

図82 神子柴遺跡の石器分布

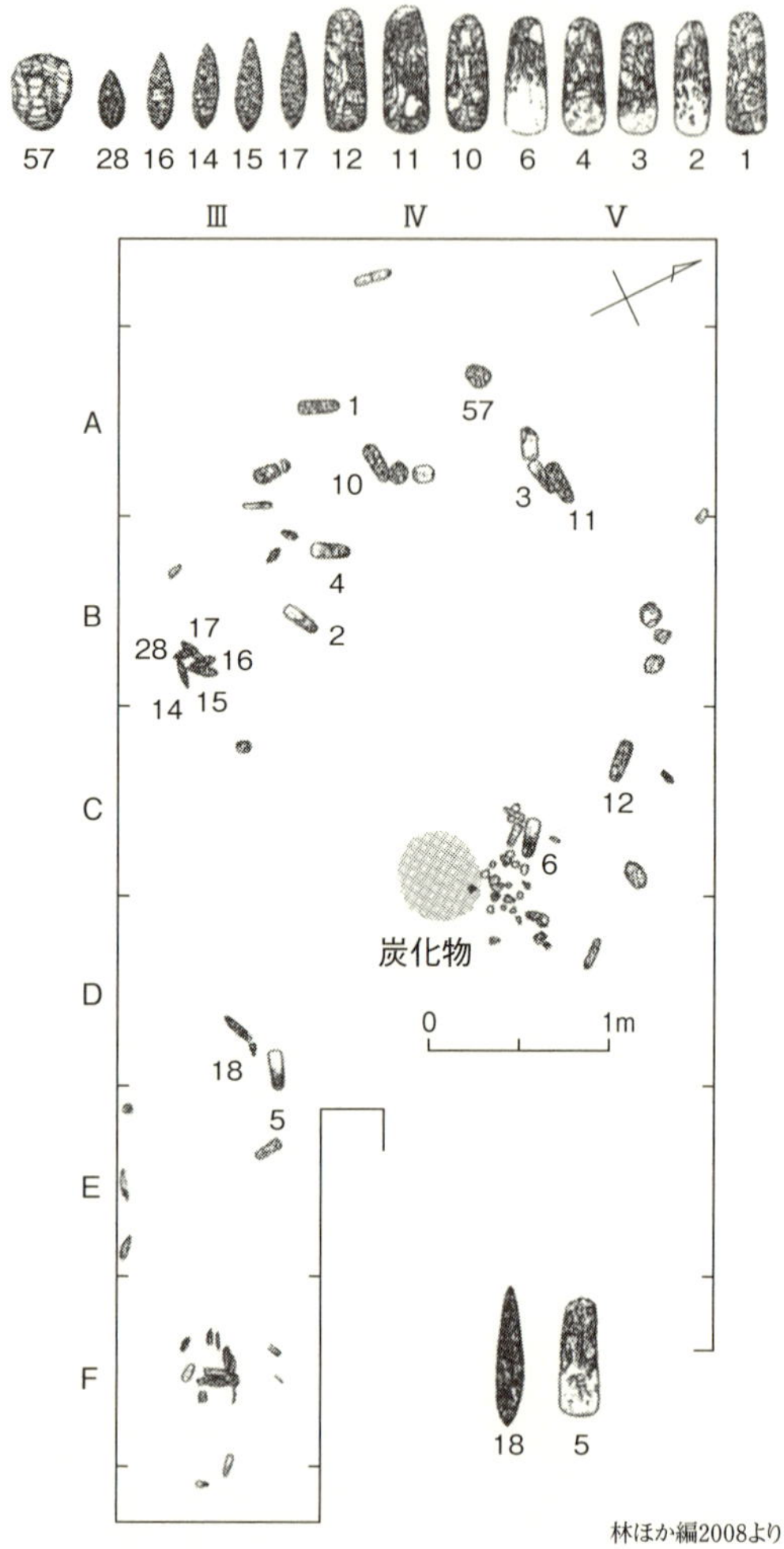

林ほか編2008より

炉を挟んで過剰デザインの石斧・尖頭器類と日常道具の石器類集中場所が対照的配置を見せる。炉わきの黒曜石片は火熱を受けて爆ぜたもの。

ある。一方、尖頭器の石材については、岐阜県下呂市湯ヶ峰産下呂石製が二点、新潟方面の玉髄製が三点、珪質頁岩製が一点、凝灰質頁岩製が一点、凝灰岩製が一点、それに信州系黒曜石製が一〇点という内訳である（中村二〇〇四）。

「石槍」は平均一四〜一七センチの美麗な形状である。石斧も長さ二二センチ、幅八センチ、厚さ五センチ内外の短冊形に近い形態で、側縁の中ほどの部分が心もち狭くなり、やや広い刃部は弧状にはり出し厚さは薄くなる。基部はやや細く分厚い。断面三角形で正面の基部より中部にかけて稜が盛り上がり背面は扁平である。

神子柴遺跡出土の石器群は細石器を含まず、また土器も伴出しなかったので、旧石器時代と縄紋時代に挟まれた一文化段階として、当初、「神子柴文化」の存在が想定されたのである。

唐沢B遺跡

長野県上田市真田町唐沢B遺跡は、北東部の菅平高原東端を流れる唐沢川右岸の舌状丘陵（標高一二六〇メートル）頂部手前に位置する。独立丘の様相で、神子柴遺跡の立地と類似する。背景の小山がランドマークであったかもしれない。先に述べたように（二二〇頁）、信濃川・千曲川水系を辿って北西方面から菅平を目指した、あるいは上田盆地から神川・唐沢川を辿り菅平に向かった集団の目に映った四阿山（二三三三メートル）―烏居峠―烏帽子岳（二〇六六メートル）などの連なりは、ルートの確かな標識であった。

遺跡は森嶋稔らにより一九六八年八月一五日から四日間発掘調査され、焼礫炉一基、土坑六基、ピット四基と三六点の石器類が検出された（図83）。ピット1とその南西側に径三メートル前後の弧状に分布するブロック一から、局部磨製石斧三点、打製石斧四点、尖頭器三点、掻器一点、削器一点、石刃一点、剝片六点、砥石二点、礫一点が、石斧は北側に偏って、そして尖頭器・掻器・石刃・剝片・砥石は南側に対置するように出土した。他にブロック外から削器一点と剝片三点、表面採集で局部磨製石斧二点、打製石斧二点、尖頭器二点、削器二点、剝片二点が収納されている（森嶋ほか編一九九八）。

局部磨製石斧四点は二三・五五×七・六×四・七五センチ～二〇・一×六・四三×三・一一センチの大型品で神子柴型石斧の典型である。使用痕は見られない。黒色頁岩・砂岩・ホルンフェルスを素材にしている。硬質頁岩製の小型品は一二・一八×四・〇一×一・四五センチで刃部再生加工が施され、長者久保例を思わせる。黒色頁

図83 唐沢B遺跡の遺構分布

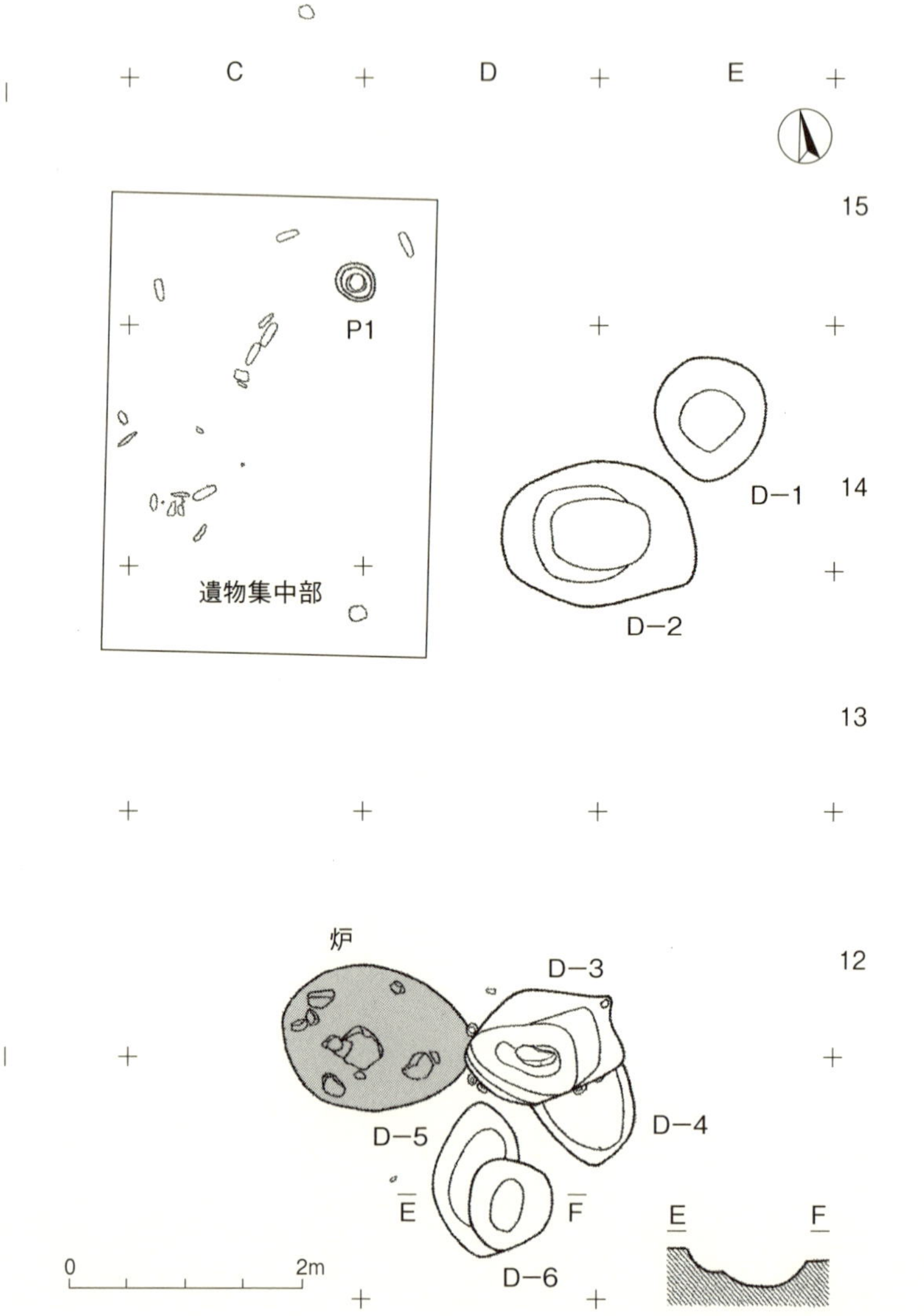

森嶋ほか編1998より

右図「遺跡集中部」の拡大図

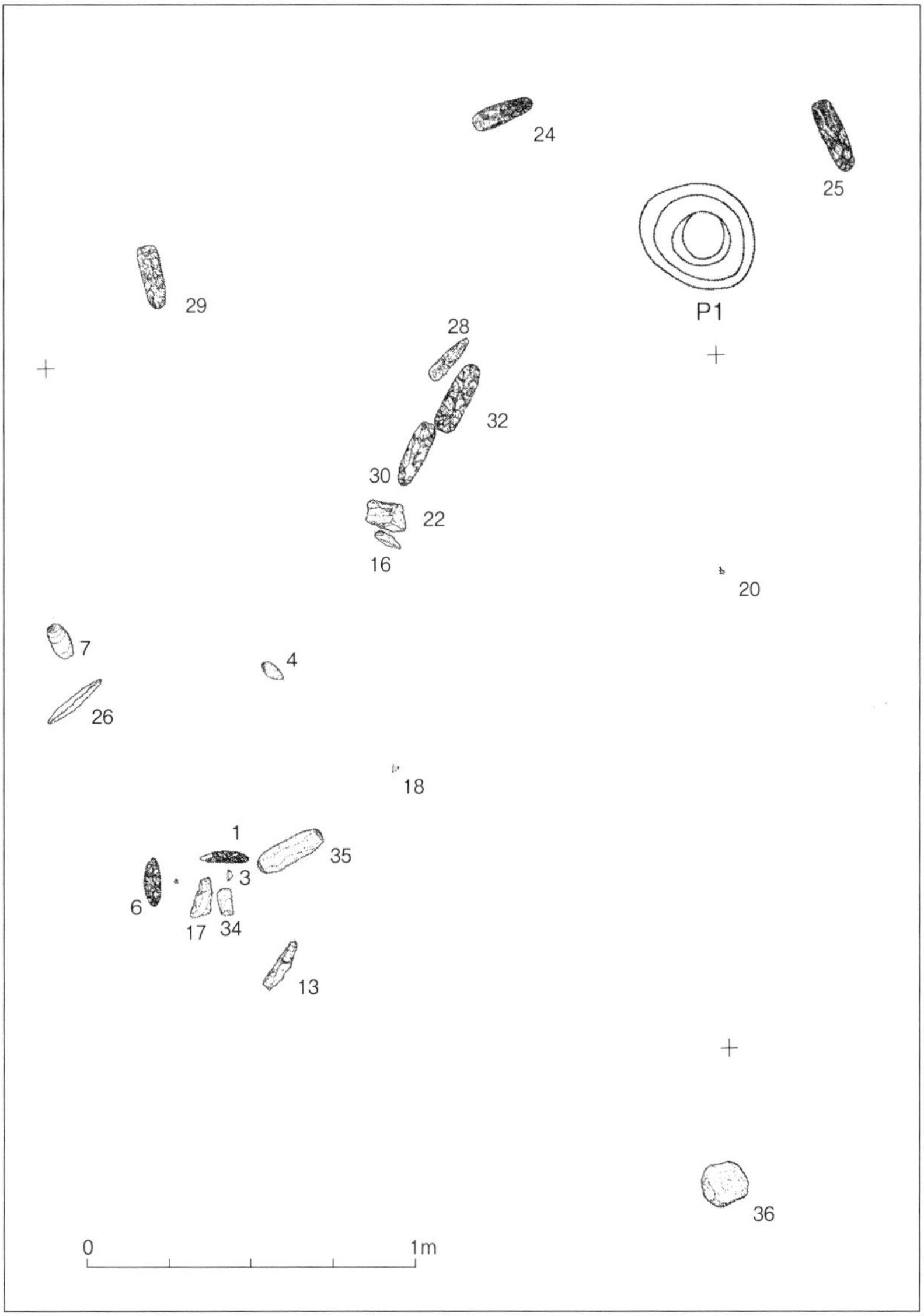

岩製打製石斧も大きさ・加工技術・形態など同じ範疇の石器である。一方、尖頭器は最大長の珪質凝灰岩製半月形尖頭器が一五・八五センチで、半両面・片面加工の尖頭器が硬質頁岩製、尖頭器の基部破片はガラス質安山岩製で、特に注記する特徴はない。

硬質頁岩やガラス質安山岩などが東北地方や群馬・新潟周辺からの方向性を示唆している。遺跡から上田方面の千曲川に降り、黒曜石産地の和田峠から諏訪湖に出て天竜川を下ると右岸に神子柴遺跡の独立丘が見えてくる。神子柴遺跡でも新潟方面の硬質頁岩・玉髄や黒曜石が使われていた（二一四頁図62参照）。

過剰デザインの石器

生活に必要な道具を作るとき、人は使用目的や使用頻度、素材とその入手コスト、運用技術、生産と消費の対投資効果などを総合的に勘案してデザインする。ところが、総合的調和を図って機能的にデザインされたと見なすには説明のつかない道具が、少なからず存在する。入手にコストのかかる遠隔地で採取された希少な石材を使い、多大に時間とエネルギーを投入して精巧に作り出した巨大な石器、例えば、神子柴型石斧や神子柴型尖頭器がそうである。機能性や効率性や利便性を重視した通常のデザインから逸脱した、むしろそうした逸脱行為を必要としたかのようなデザインを、私は〝過剰デザイン〟と呼んでいる。過剰デザインの最も重要な原則のひとつは、強調された可視性である。製作者・使用者の意図がはっきり目に見え、適切なメッセージを伝えなければならないからである。

以前に、過剰デザインの神子柴型石斧や神子柴型尖頭器（図84）は、「最初生産用具として機能した≪生活財≫としてよりも≪威信財≫あるいは≪交換財≫として受容され、恐らく転換期の動揺する社会での統合のシ

図84 神子柴遺跡出土の神子柴型石斧・尖頭器類と通常型

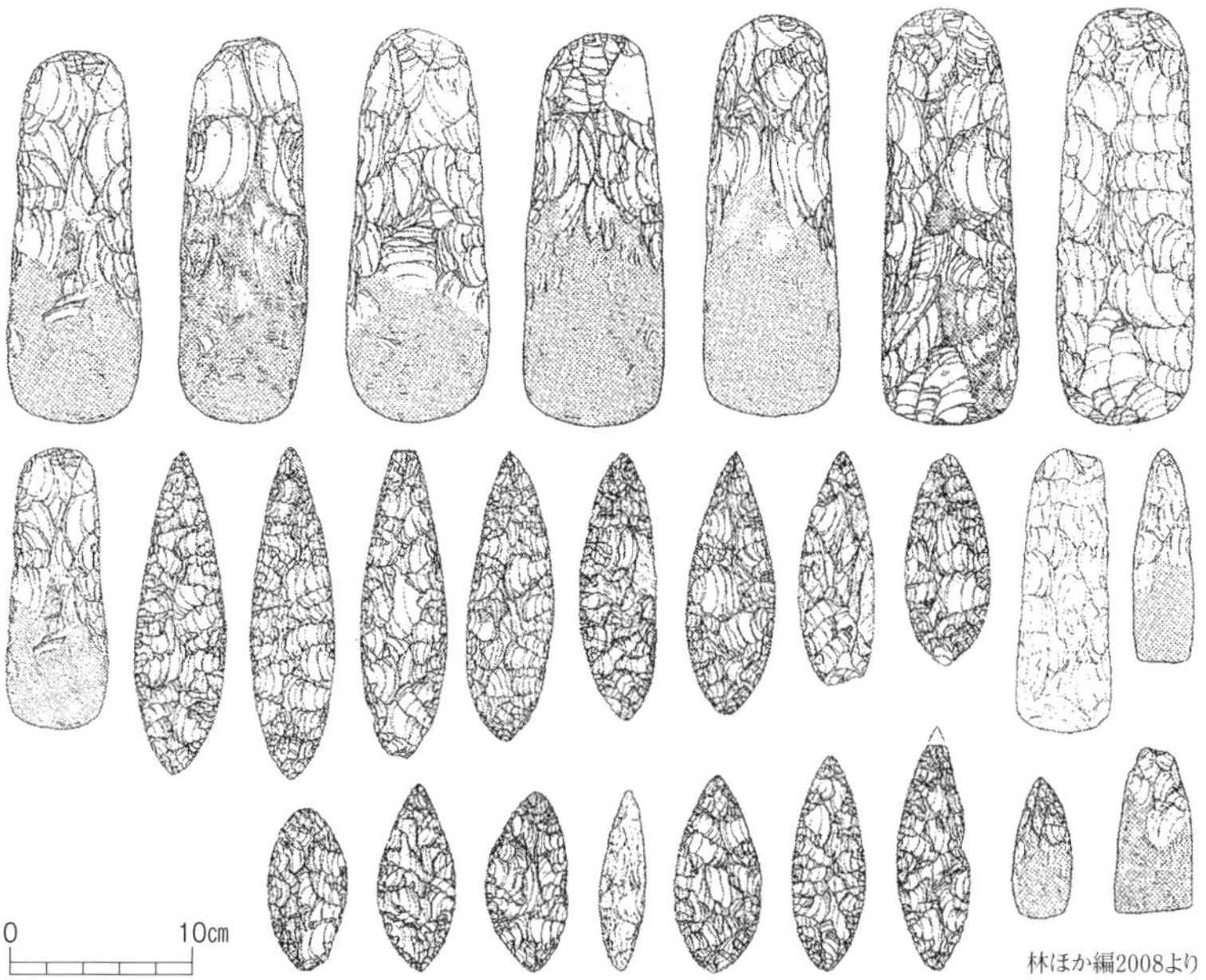

特徴的な尖形基部の小型局部磨製石斧にも注目。刃部再生加工例（右下）を含む。

ンボルとして儀器・祭具の機能を与えられていたものが、生計活動の変化とそれに続く社会の安定化とともに次第に象徴的なものから現実的のものに転化していき、結果的に縄文社会の主要な生産手段になった」（安斎一九九〇）との考えを発表したが、この考え方は今も変わらない。

縄紋時代草創期の隆起線紋土器以前、隆起線紋土器期、隆起線紋土器以後の区分は、ハインリッヒ1イベントの寒冷化からの回復期、急激に気温の上昇した温暖期、再寒冷期という気候変動にほぼ対応している。この間の植生は亜寒帯針葉樹を主体に冷温帯落葉広葉樹が増加していく時期（針葉樹のトウヒ属などが優占し、落葉広葉樹のハンノキ属がやや多く、コナラ亜属などが伴う時期）から、冷温帯落葉広葉樹が主体となる時期（トネリコ属が半数を占め、コナラ亜属コナラ節とハンノキ属が多い時期）へと変化し、再度寒冷期の樹林帯が拡大したと想定される。神子柴型石斧の変遷（神子柴系石斧）はこの三期の樹林相変遷に適応している。亜寒帯針葉樹では伐採具としての石斧の需要は少なく、樹木の伐採具である磨製石斧の増加は広葉樹林の拡大と関連する。過剰デザインの神子柴型石斧は形態が長狭化・小型化し、かつ加工が粗雑化して、最終的には断面が三角形であることが神子柴系であることを示唆する程度に変化した。

他方の尖頭器の大型化を武蔵野台地周辺の遺跡から出土した槍先形尖頭器で見てみると、その出現期（武蔵野台地第Ⅳ層）および細石刃期（武蔵野台地第Ⅲ層）の尖頭器は三～五センチのものが多く、一〇センチを超えるものは一点程度である。対照的に神子柴石器群以降には六～九センチのものが多くなり、一〇センチを超えるものも増えて、二〇センチ以上のものもみられる。特に単独出土のガラス質黒色安山岩や珪質頁岩製大型尖頭器は原産地遺跡からの搬入品とみられ、遺跡間を転移していたようである（大久保二〇一六）。

相模野台地への進出

神奈川県清瀬村宮ケ瀬遺跡群は丹沢山地の東部、相模川に合流する中津川の宮ヶ瀬ダム建設に伴い発掘調査が行われた。北原（No.10・11北）遺跡のL1S層中位で石器集中四ヶ所、礫群五ヶ所から、無紋土器一三片を伴い、槍先形尖頭器三三点、掻器八点、削器四点、礫器三点などの槍先形尖頭器製作跡が確認された。槍先形尖頭器は鈴木次郎による第三段階に相当し、「石材は緻密黒色安山岩（本石器群でのガラス質黒色安山岩）を主体に各種の石材がみられるが、黒曜石は少ない。前段階と大きく異なるのは器種組成で、槍先形尖頭器以外に大形の削器や石斧・礫器が伴い、細石刃と削片系の細石刃石核や土器が共伴する場合もある。槍先形尖頭器は

図85 神奈川県綾瀬市寺尾遺跡第Ⅰ文化層の出土遺物

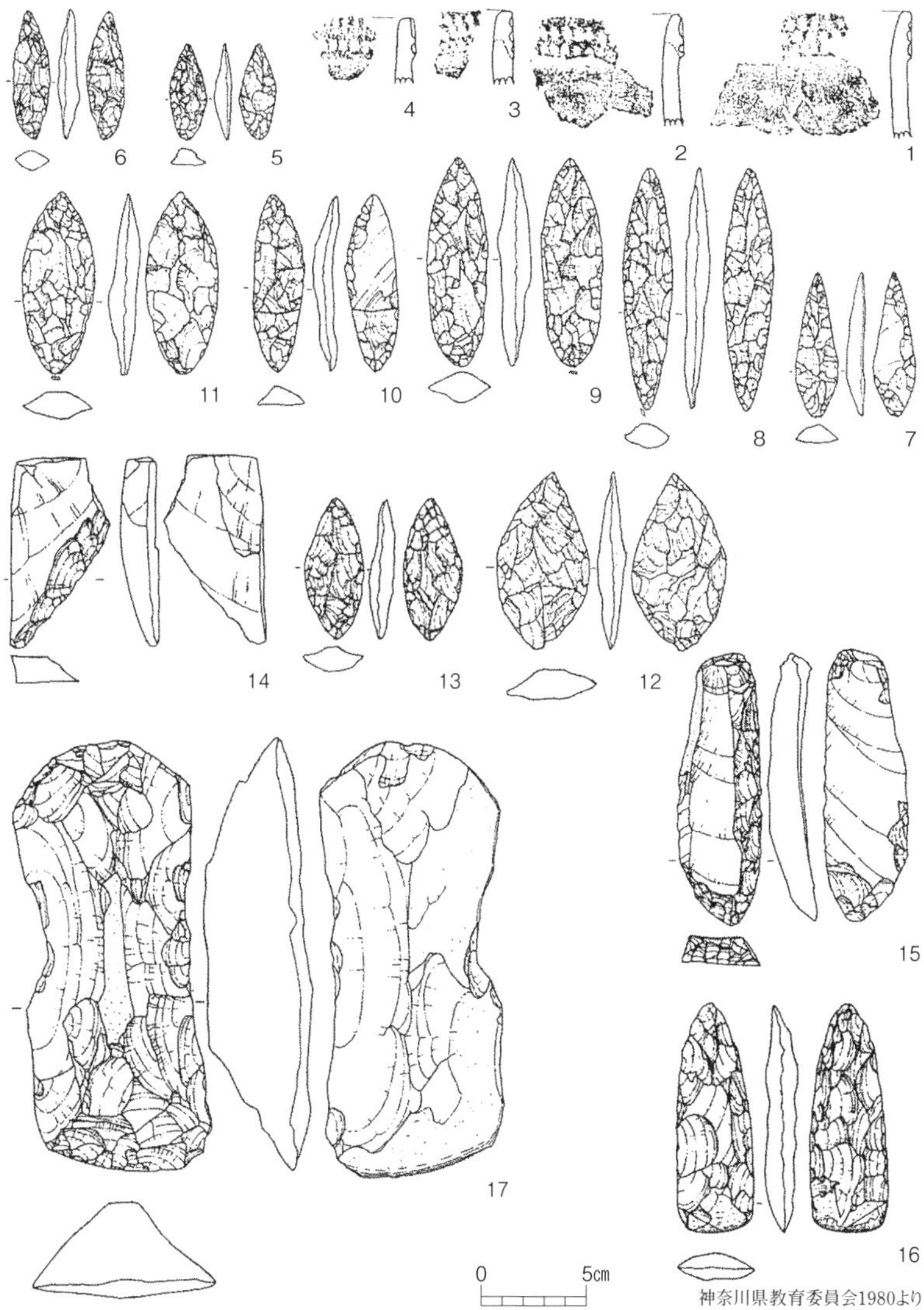

神奈川県教育委員会1980より

ほとんど両面加工で、中形木葉形を主体としながらも、大きさでは大形と小形、形状では細身の木葉形と幅広の木葉形等のバラエティーをもつようになる」のが特徴で、寺尾遺跡第Ⅰ文化層（図85）、月見野上野第1地点第Ⅱ文化層、栗原中丸遺跡第Ⅰ文化層、長堀北遺跡第Ⅱ文化層（一七五頁）、相模野第149遺跡、宮ケ瀬遺跡群南（NO.2）遺跡、同馬場（NO.5遺跡）などが同期である（市川ほか編一九九八）。

一九七七年に発掘調査が行われた綾瀬市寺尾遺跡では、L1S層から散漫に分布する細石刃一二点、径〇・五メートルの範囲に集中して分布する肥厚した口縁に楕円形刺突紋（窩紋）を施す土器片四六点（「押圧縄文系土器」と報告された）と、槍先形尖頭器五八点、石斧六点、石刃製掻器一点、「舟底形石器」一点などが検出された。土器は口唇直下二センチまでを紋様帯として楕円形の圧痕を横位三列施すものなどが認められる。未製品の大型石斧は断面三角形である。尖形基部の局部磨製石斧も注目される。（神奈川県教育委員会編一九八〇）。

一九八〇年に発掘調査が行われた大和市相模野第149遺跡では、細石刃石器群の出土層（L1S下部文化層）の上位、L1S上部文化層から二個体分の土器片三〇点と、有茎尖頭器（表採）一点、槍先形尖頭器四点、掻器一点、削器三点、石斧？一点など総計四六一点の石器類が検出された。土器は口縁部に幅一・五センチの粘土紐を口唇までを覆うように貼り付けて隆帯とし、その上下端に二段の刺突紋を施している。有茎尖頭器は側縁が直線的な細長い小型品で、茎は短く逆刺の明確でない形態である（相模考古学研究会編一九八九）。

隆起線紋土器期

急激に気温が上昇し温暖になった隆起線紋土器の時期、冷温帯落葉広葉樹が主体となるのに伴い、伐採具としての機能を回復した石斧（神子柴系石斧）が各地で採用されていった。長野県は神子柴系石斧の中心分布地である。その典型的なあり方は星光山荘《せいこうさんそう》B遺跡に見られる。遺跡は長野県信濃町の野尻湖周辺遺跡群中の一つに数えられる。池尻川によって切られた段丘縁辺の平坦部、標高六二五〜六五〇メートルにあり、炉跡の可能性がある一ヶ所を含めて三ヶ所の遺物集中部と、炉跡の可能性のある「コ」の字形配石が検出され、「短期滞在型遺跡」とされた（土屋・中島編二〇〇〇）。

微隆起線紋土器片一二八四点のほか、神子柴系磨製石斧一〇点を含む石斧一八点、有茎尖頭器三一点、槍先形尖頭器三四点など、多数の石器類が出土した（図86）。土器は長野県石小屋洞窟出土の隆起線紋土器や、神奈川県花見山遺跡第一群第三類土器に類似する。

神子柴系石斧は、大が一七・三×四・六×二・九センチから小は一一×三・五×二センチまでの大きさで、大型品は元来のデザインをなお維持しているが、全般に短く、幅も狭く、断面の厚みも減少している。槍先形尖頭器の中に新潟県小瀬ヶ沢洞窟出土の柳葉形尖頭器に類似するものが混じる。暦年較正年代は一万四〇〇〇年より古く出ていて、温暖期に入ったころである。

洞窟を拠点に河川中・上流域の山地生態系の動植物資源を開拓し始めた。長崎県泉福寺洞窟・福井洞窟、愛媛県上黒岩洞窟、岐阜県九合洞窟、長野県石小屋洞窟、新潟県小瀬ヶ沢洞窟、山形県日向洞窟についてはすで

図86 星光山荘B遺跡と出土遺物

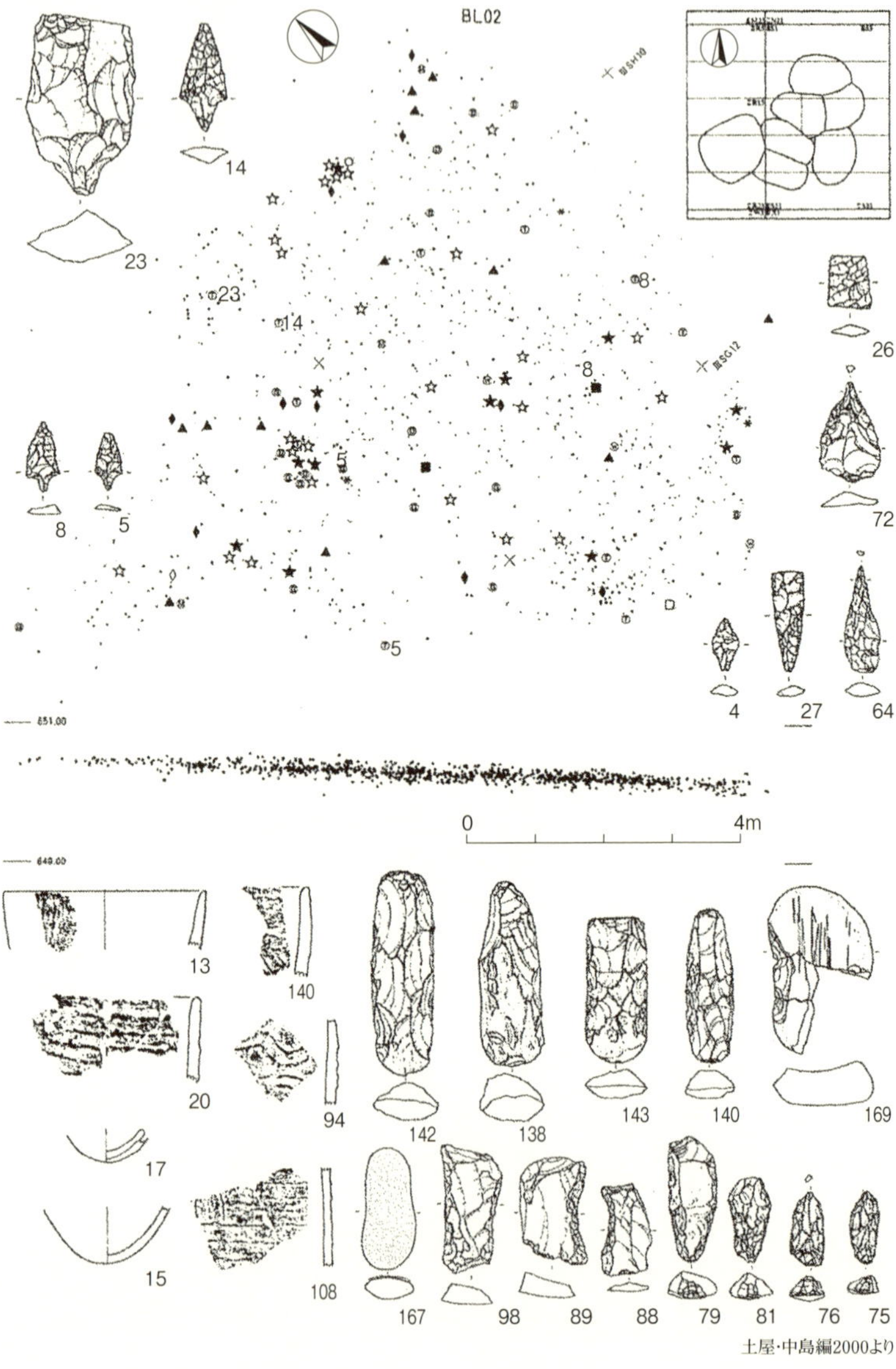

土屋・中島編2000より

実用化した神子柴系石斧と隆起線紋土器・有茎尖頭器が共伴している。

に記述した（二三二―二四七頁）。低位段丘や河川敷での活動も活発化した（二三〇頁）。ここではまず、低丘陵や台地の平坦面に居住地を設定して定住化を図った痕跡を南関東の諸遺跡で見てみよう。

土器の起源問題

縄紋時代の開始は列島内の最古の土器の発見と、その大陸側の対応土器の発見という課題と結びついていた。しかし両地域間の伝播系統関係を示す事例は見つからず、土器は短期間に型式変化を生じるゆえだと考えられた。技術・形態が比較的長期間維持される石器類、いわゆる「渡来石器」に関心が移っていった。

転機は長崎県福井洞窟の発掘調査であった。当時最古の土器と見なされていた隆起線紋土器とそれに続く爪形紋土器が、細石刃石器群と伴出したからである。大陸側の最古の土器類も細石刃石器群に伴っていることから、両地域の土器の比較が盛んにおこなわれ、西北九州から東日本への土器伝播が型式学的手法で論議された。そうした中、隆起線紋土器包含層の下からの土器の発見があった。研究の転換に決定的な役割を果たしたのは、一九九八年の大平山元Ⅰ遺跡の発掘調査で、長者久保石器群に伴った無紋土器が一万五〇〇〇年前を遡る古さであったからである。

縄紋土器は大陸由来か列島内起源か。北から主な草創期の遺跡出土の土器と石器の共伴関係を挙げておこう。

- 帯広市大正3遺跡：隆起線紋・爪形紋施紋土器、爪形紋土器と尖頭器・掻器・彫器など
- 青森市大平山元Ⅰ遺跡：無紋土器と石斧・尖頭器・彫掻器・掻器・彫器など
- 山形県高畠町日向洞窟：隆起線紋土器と石斧・尖頭器・半月形石器・有茎尖頭器・石鏃・有溝砥石など
- ひたちなか市後野遺跡：無紋土器と石斧・尖頭器・彫掻器・掻器・石刃など

・大和市月見野遺跡群上野遺跡第一地点：無紋土器と細石刃・細石刃核¥石斧・尖頭器・掻器など
・同相模野一四九遺跡：刺突紋土器と石斧・尖頭器・有茎尖頭器・掻器など
・綾瀬市寺尾遺跡：押捺紋土器と（細石刃）・舟底形石器・石斧・尖頭器・掻器など
・相模原市勝坂遺跡：無紋土器と細石刃核・尖頭器・削器など
・横浜市花見山遺跡：隆起線紋土器と石斧・尖頭器・有茎尖頭器・石鏃・掻器など
・新潟県阿賀町小瀬ヶ沢洞窟：隆起線紋土器、爪形紋土器、刺突紋土器、押圧縄紋土器と石斧・尖頭器・有茎尖頭器・「植刃」・石鏃など
・十日町市壬遺跡：隆起線紋土器、爪形紋土器、円孔紋土器と石斧・尖頭器・半月形石器・石鏃・有溝砥石など
・同田沢遺跡：隆起線紋土器と石斧・尖頭器・半月形石器・有茎尖頭器など
・長野県信濃町星光山荘B遺跡：隆起線紋土器と石斧・尖頭器・有茎尖頭器・掻器など
・佐世保市福井洞窟：隆起線紋土器、爪形紋土器と細石刃核・細石刃・尖頭器・掻器など
・同泉福寺洞窟：豆粒紋土器、隆起線紋土器、爪形紋土器と細石刃核・細石刃・石斧・掻器など
・鹿児島市加治屋園遺跡：隆起線紋土器と細石刃核・細石刃など
・同横井竹ノ山遺跡：無紋土器と細石刃核・細石刃・石鏃・石皿・磨石など
・同掃除山遺跡：隆帯紋土器と細石刃・石斧・石鏃・石皿・磨石など
・加世田市栫ノ原遺跡：隆帯紋土器と細石刃核・細石刃・（栫ノ原型）石斧・石鏃・石皿・磨石など
・西之表市鬼ヶ野遺跡：隆帯紋土器と（栫ノ原型）石斧・石鏃など
・鹿児島県中種子町三角山Ⅰ遺跡：隆帯紋土器と石斧・石鏃・石皿・磨石など

列島全域を見渡してみると、土器と石器組成が多様であることに注意が向く。大陸渡来を唱える伝播系統論では説明がつかない。地域の伝統と生態系とを勘案した形成過程論の出番である。

吉岡遺跡

草創期隆起線紋土器を出す遺跡は質量ともに南関東地方に集中して報告されている。まず神子柴系石斧に焦点を当てて、その特異な出方で知られる神奈川県綾瀬市吉岡遺跡の事例を見てみる。

図87 吉岡遺跡群の地形と調査区

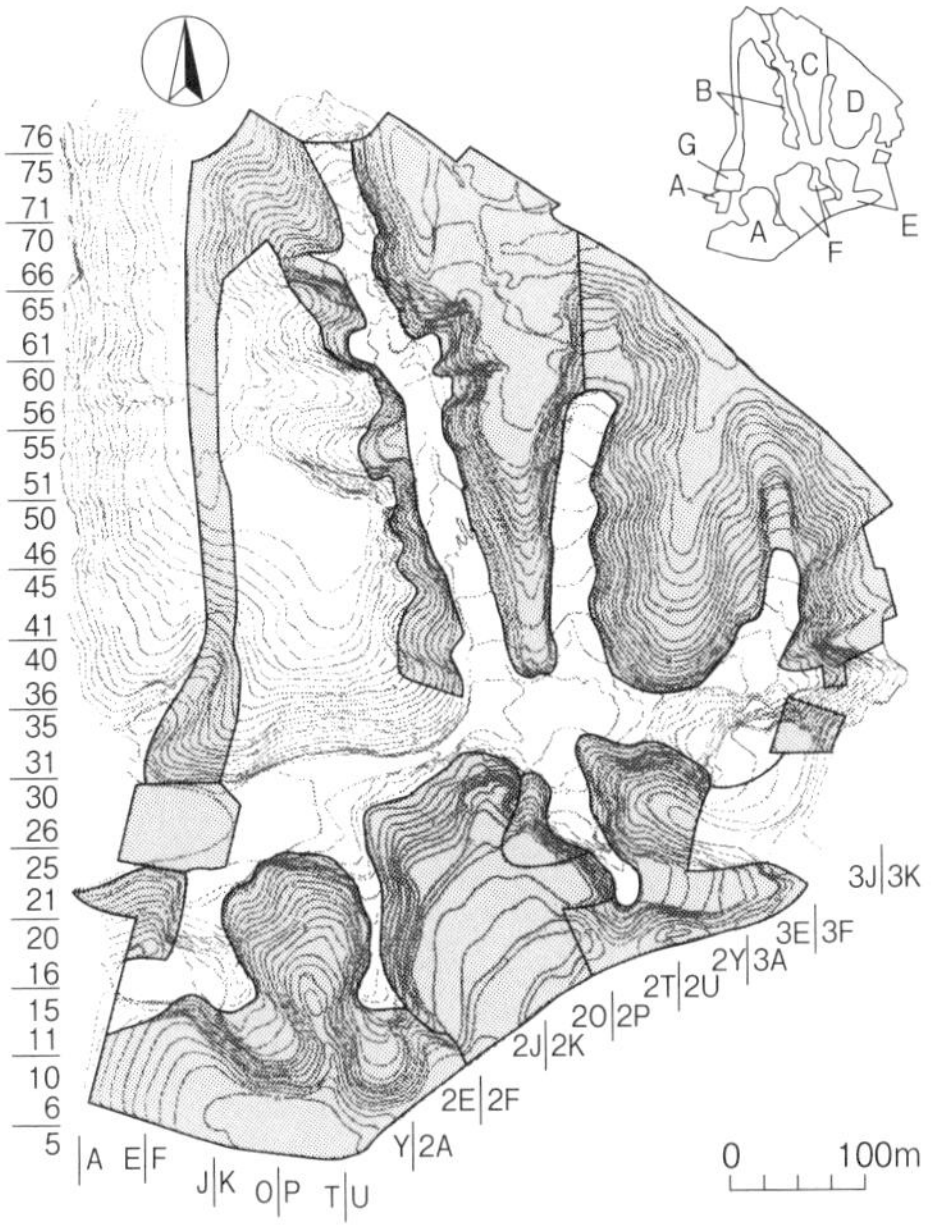

吉岡遺跡群は相模野台地の高座丘陵北端部、相模川支流の目久尻川の中流左岸に位置する。当該石器群は遺跡群の南西端A区（図87）の東側の谷、その谷頭部から谷に水の作用で流下したような状況で見つかった。本来は谷頭の近くにあった石斧・石槍などの石器製作跡で、斜面に沿って打製石斧一三点（内未成品一点）、局部磨製石斧三点、磨製石斧三点、槍先形尖頭器六五点（内未成品一六点）と、それらの作出剥片が多数出ている（砂田・三瓶編一九九八）。石材は硬質細粒・中粒凝灰岩、ホルンフェルスなどが使われ、尖頭器にはガ

写真8　吉岡遺跡出土の神子柴系石斧

ラス質黒色安山岩も使われている。最大の神子柴系石斧（二〇・九×五・四×三・三センチ）は保存状態がいいが、形態が長狭で整形剥離は多少粗くなっている（写真8）。次に大きな神子柴系石斧（一六・一×四・二×二・二センチ）は二つに折れていて、五枚の製作剝片が接合する（図88）。局部磨製石斧は三点とも一〇センチに満たない小型品である。

台地状平坦部の南端部、谷頭部で長軸約四メートル、短軸約三・五メートル、確認面から床面状の底部まで二〇〜一〇センチ余で壁面の立ち上がりの緩やかな竪穴状遺構が検出されている。

Ｃ区では四六点が出土したブロックと六五点が出たブロックなど、原形で持ち込み整形加工を行った槍先形尖頭器の製作跡が何ヶ所か見られた。尖頭器は「本ノ木型」など複数形態が見られる（図89）（白石・笠井編一九九九）。

調査区全体にわたり生業活動が行われていたようで、石斧、石鏃、有茎尖頭器、槍先形尖頭器、礫器など多くの器種が単体資料として分散出土している。

図88 吉岡遺跡出土の神子柴系打製石斧の未成品

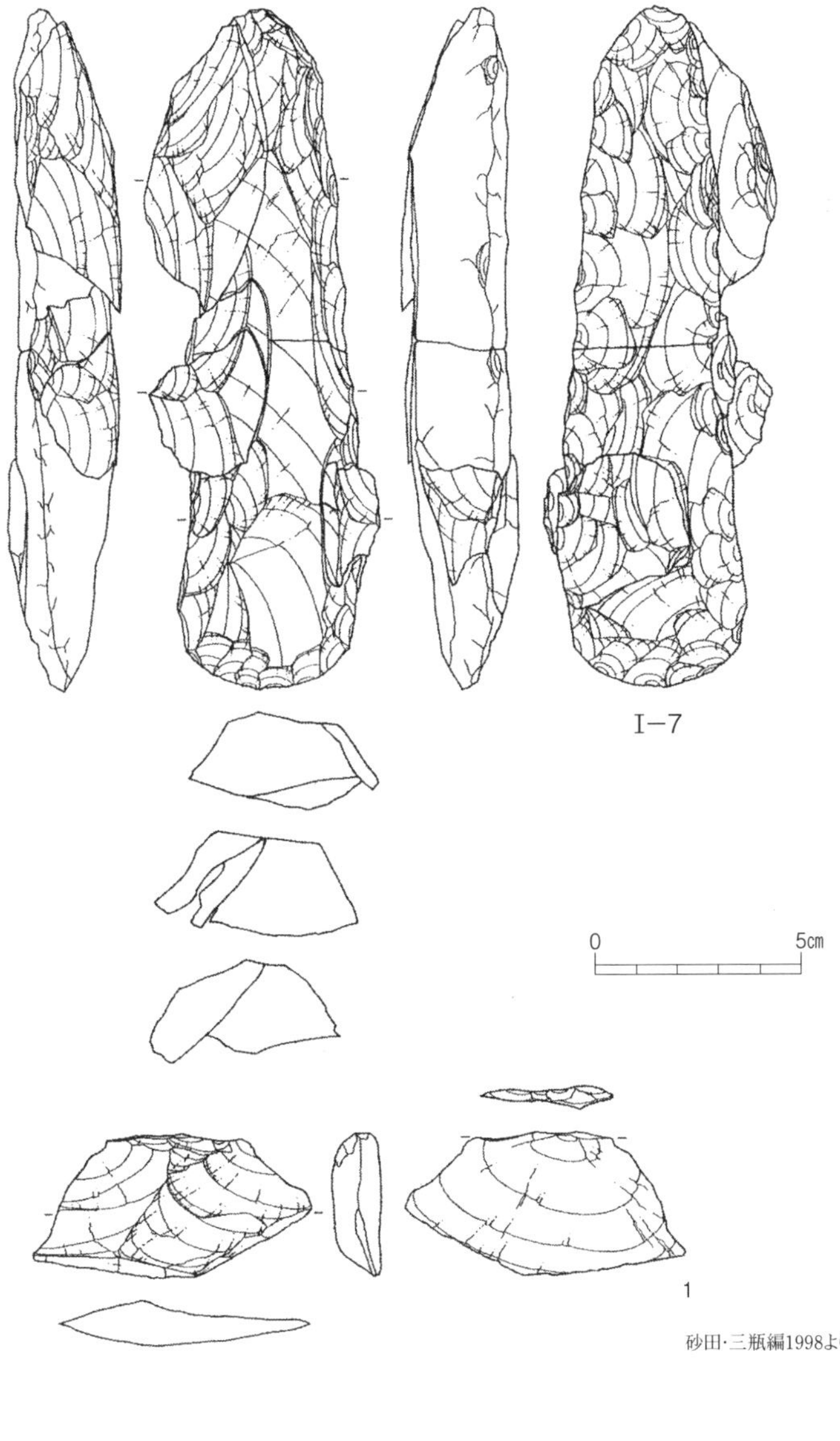

砂田・三瓶編1998より

図89 吉岡遺跡C区出土の尖頭器

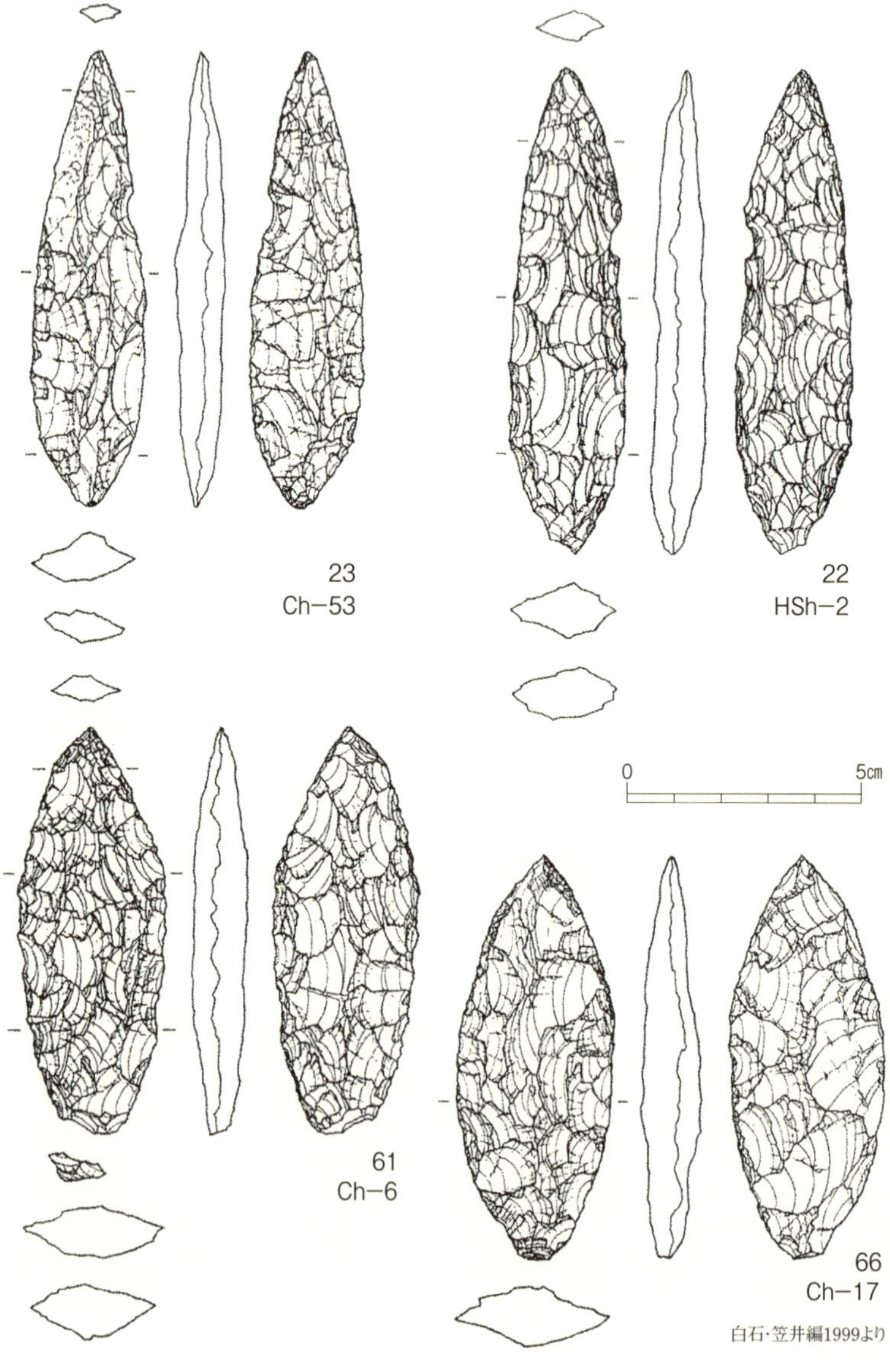

白石・笠井編1999より

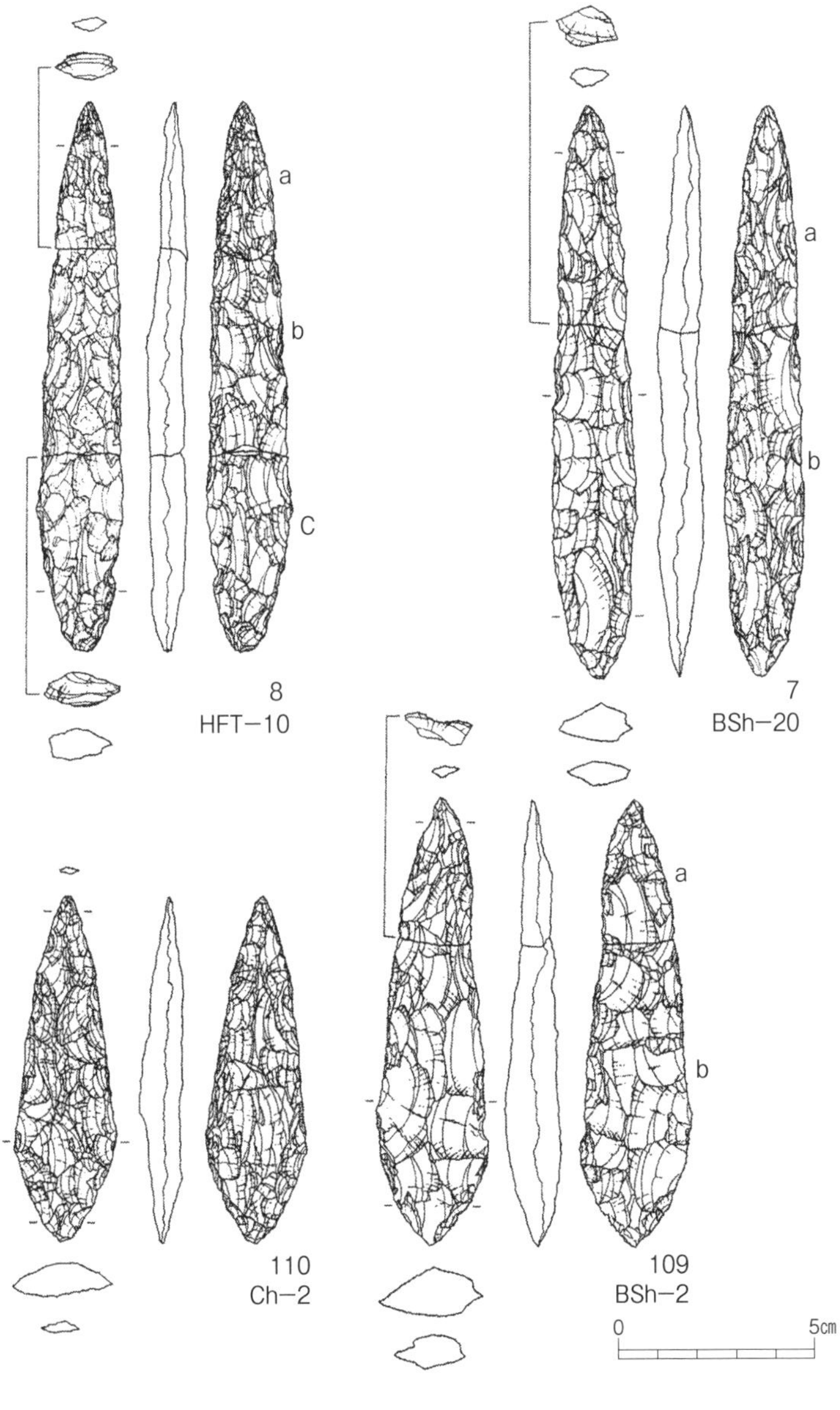
a
b
C
8
HFT−10
a
b
7
BSh−20
a
b
110
Ch−2
109
BSh−2
0
5㎝

相模野台地の遺跡群

神奈川県の中央部を流れる相模川の東岸に広がる相模野台地は、東西約一〇キロ、南北約三〇キロで、その台地面は境川、引地川、小出川、目久尻川など多数の中小河川による開析が進んでいて、旧石器時代以降の遺跡が多数検出されている（図90）。相模原市勝坂遺跡などから無紋土器や「肥厚口縁土器」と称される隆起線紋系土器以前の土器の出土が相次いだ。

一九八一年に発掘調査が行われた大和市月見野遺跡群上野《かみの》遺跡第2地点から、復元完形土器一個体を含め六～七個体相当の隆起線紋土器片一六三点と、打製石斧三点、有茎尖頭器一点、石鏃（あるいは小型有茎尖頭器）一点、削器一三点、錐形石器一点、磨石一点など総計一七六点の石器類が検出された（月見野上野遺跡調査団編一九八四）。土器は大塚達朗のいう一帯型刻紋装飾を有する横走隆線紋土器と多条型直線的横走隆線紋土器である（大塚二〇一四）。

藤沢市南鍛冶山遺跡は、相模野台地の南部の高座丘陵南端、地引川中流域右岸の河岸段丘上にある。漸移層下部から三・三×二・八メートルの不正楕円形を呈した浅い掘り込みに、二基の柱穴をもつ「住居状遺構」が、さらに漸移層上部から三・四×三メートルの隅丸方形に近い円形を呈し、五つの柱穴と炉跡状の落ち込みをもつ「住居状遺構」、それぞれ五点の大型礫と一三点の礫からなる配石遺構二基、赤化礫をまじえる礫集中三ケ所、一個体分細片五六点の土器廃棄場、主に尖頭器の製作にかかわる剝片・砕片集中一ケ所、燃料材（クリ・アサダ・カバノキ科の一種を同定）の廃材を廃棄した炭化物集中二ケ所か検出された（図91）。

比較的短期の居住場所と考えられるが、少なくとも二度以上利用されている。遺物は土器三個体（刻紋加飾の横走隆線紋土器、隆線紋下に「ハ」の字爪形紋が縦方向に施文される土器、隆線紋下に「ハ」の字爪形紋が

図90 相模野台地周辺の縄紋時代草創期の主要遺跡

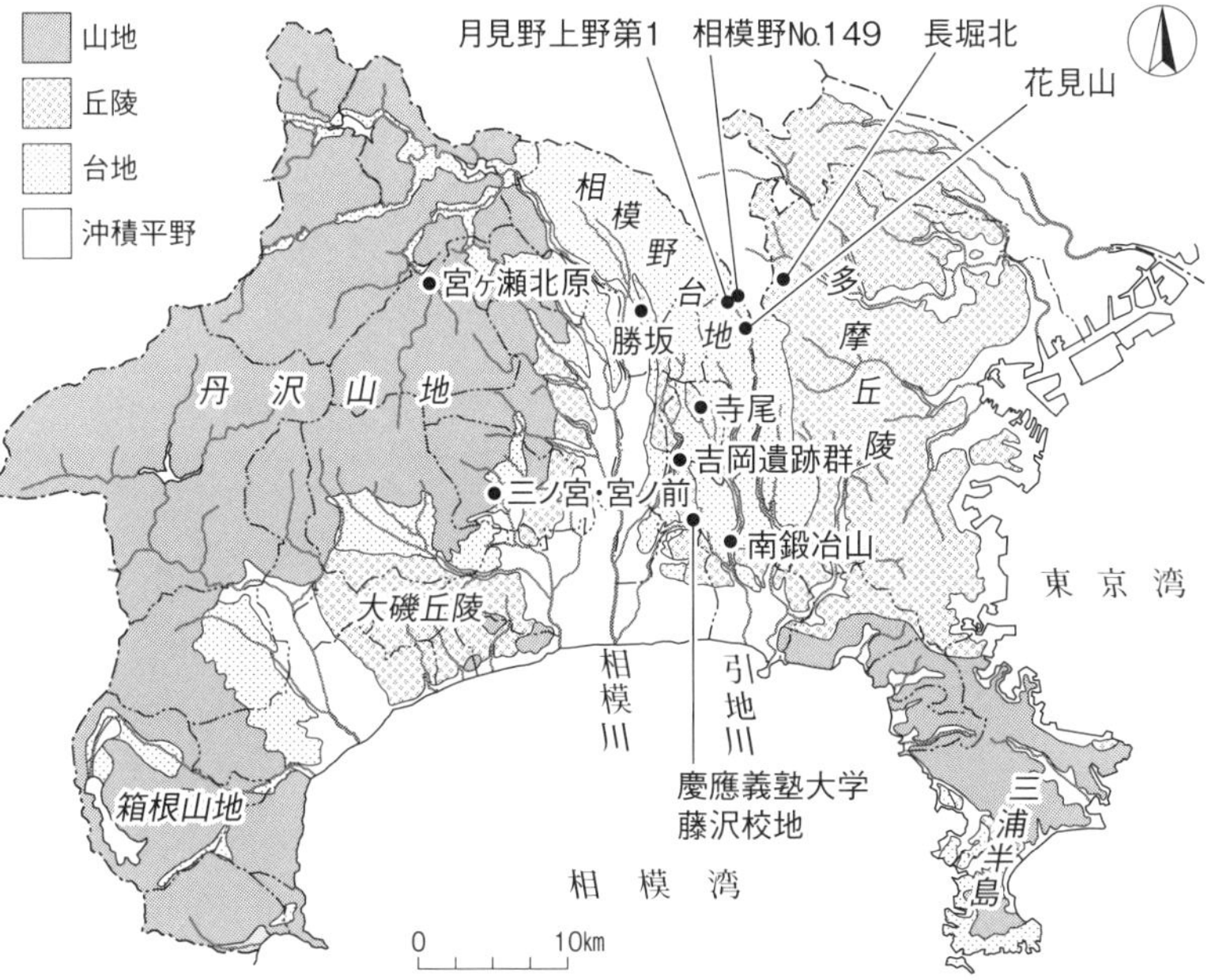

横方向に施文される土器）、尖頭器三点、有舌尖頭器一七点、打製石斧八点、削器一点、擦石二点、礫器一点、楔形石器二点、石槌一点、台石一点、石核一点などが出土した（図92）（望月編一九九四）。

図91 南鍛冶山遺跡遺構・遺物分布

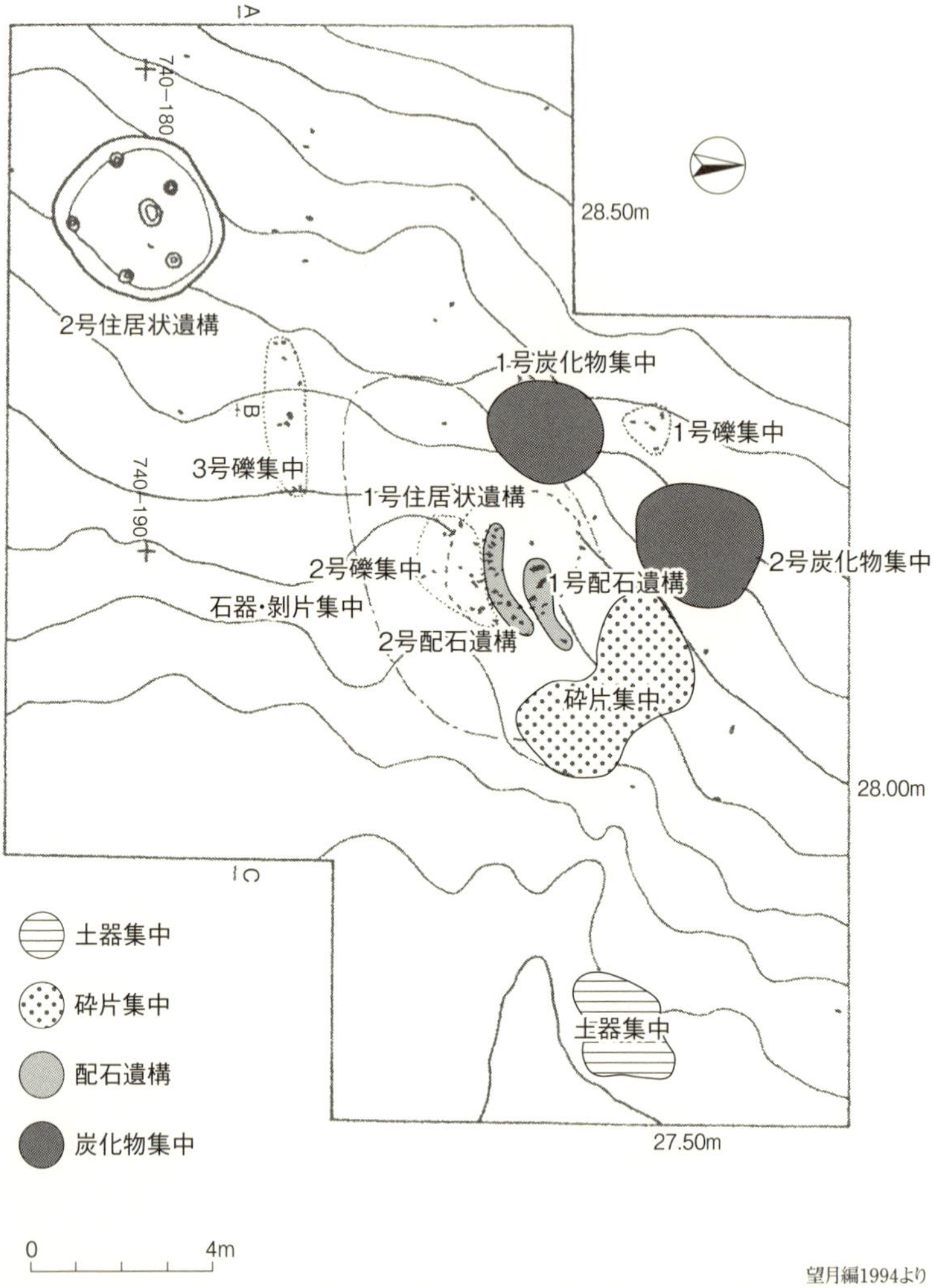

望月編1994より

南鍛冶山遺跡は縄紋・古墳・奈良・平安・中近世の複合遺跡である。

図92 南鍛冶山遺跡『石器・剥片集中」石器出土状況

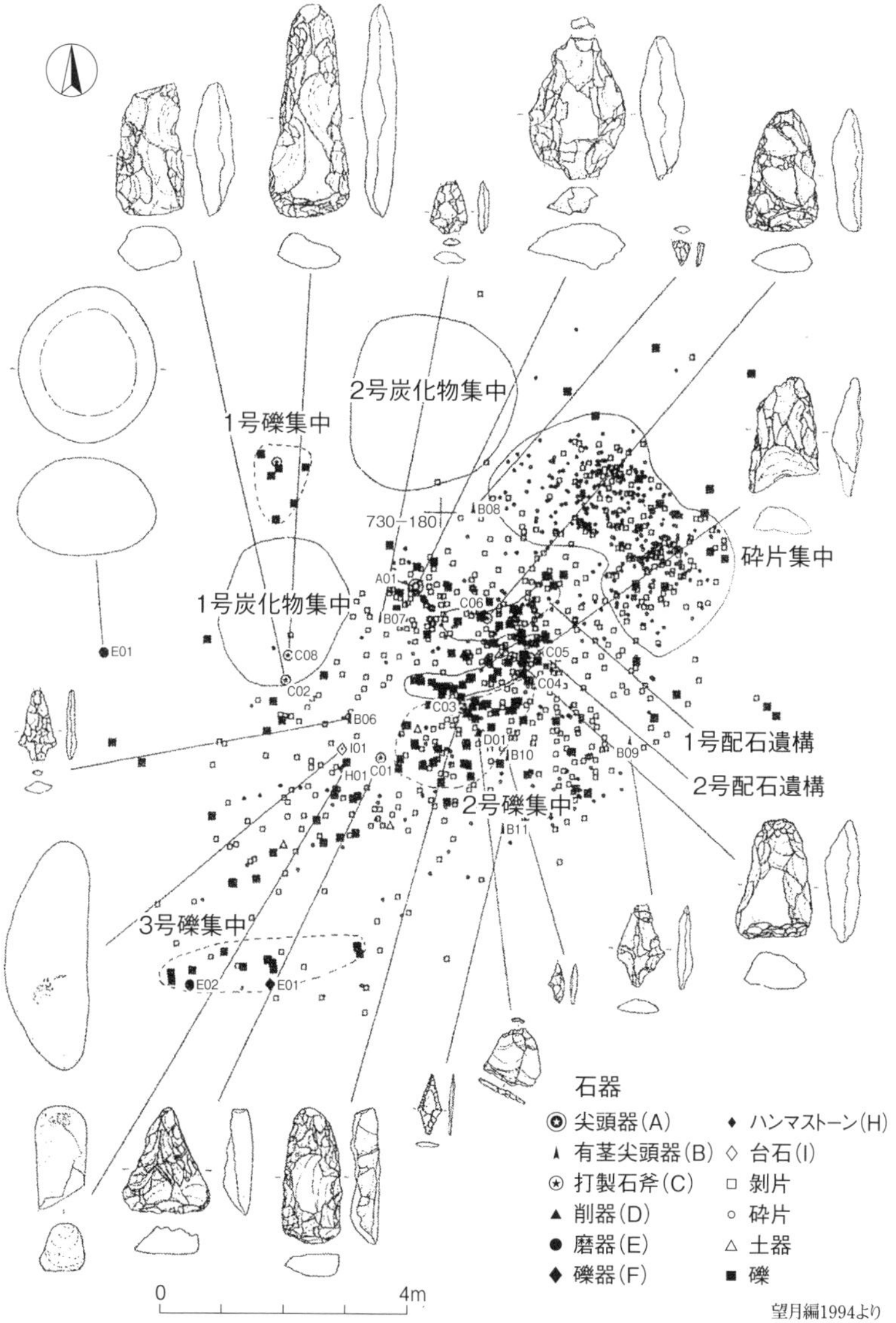

望月編1994より

慶應大学湘南藤沢キャンパス遺跡

相模川の最下流の支流である小出川流域、高座丘陵の中でも最も標高の低い地点にある藤沢市慶應大学湘南藤沢キャンパス遺跡（ＳＦＣ）では、調査区（Ⅰ区～Ⅴ区）を異にして漸移層から当該期の遺構・遺物が出土した（桜井編一九九二）。

Ⅰ区の遺物集中地点五ヶ所から六個体以上の土器片八三点、尖頭器二五点、有茎尖頭器二五点、打製石斧六点、削器一七点、錐形石器一点、楔形石器二点、礫器四点、磨石一点、敲石三点、石核一点など石器類三二四点、礫一九三点の総計六〇〇点が検出された（図93）。土器は多条型、多帯型の波状装飾の横走隆線紋土器である。

Ⅱ区からは「住居状遺構」、遺物集中地点三ヶ所、炭化物集中四ヶ所と、四個体以上の土器片六一点、尖頭器二点、有茎尖頭器六点、局部磨製石斧一点、打製石斧五点、削器五点、礫器六点、磨石一点、敲石一点、台石一点、石核一点など石器類一二五点、礫五八点の総計二四四点が検出された。住居状遺構は九つの柱穴が南北六・三二メートル、東西六・九二メートルの南西に開いた楕円形を呈し、床面状の硬化面の範囲で三二・五平方メートルを測る。土器は刻紋装飾の横走隆線紋土器である。

Ⅲ区の遺物集中地点五ヶ所から六個体以上の土器片二五点、尖頭器一四点、有茎尖頭器一九点、打製石斧一点、削器一九点、礫器八点、磨石一点、敲石三点、石核七点など石器類三〇〇点、礫三七五点の総計七〇〇点が検出された。土器は一帯型と多条型の横走隆線紋土器である。

他にⅤ区で口縁部から胴部にかけ五条の横走隆線紋が施紋された土器片二点が出ている。隆線上に親指の先（爪）と人差し指の曲がった関節部を押し当てた押圧加飾が見られる。

居住場所は少しずつ変わってもこの高座丘陵の南端地域は、相模野台地集団によって何度も回帰する拠点居

図93 慶應大学湘南藤沢キャンパス遺跡Ⅰ区A遺物集中部

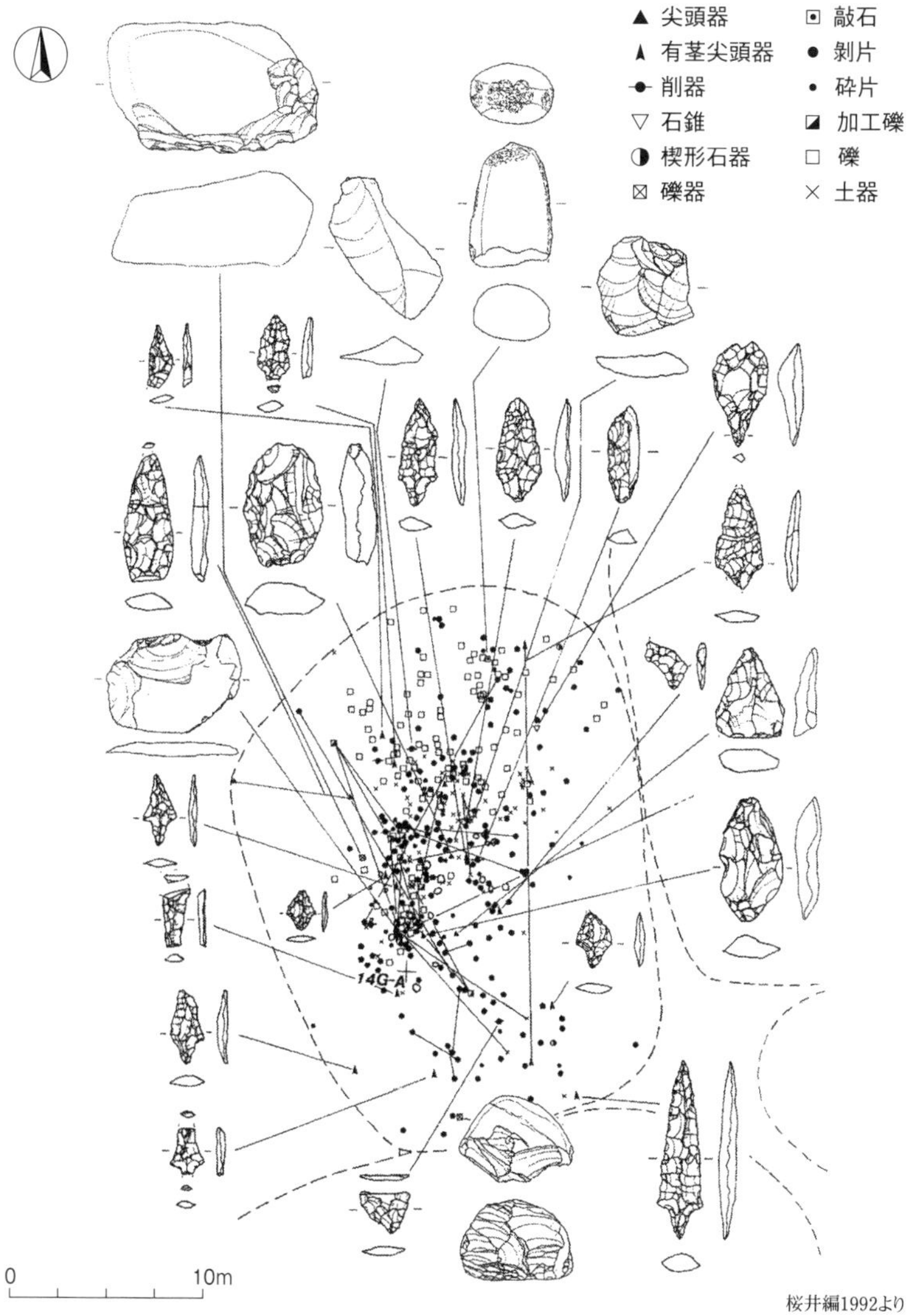

桜井編1992より

住地として利用されたようである。

花見山遺跡

神奈川県鶴見川とその周辺にも隆起線紋土器期の遺跡が多く分布する。多くは尖頭器の出土地であるが、月出松遺跡や能見堂遺跡、なすな原遺跡など土器と石器類を出す遺跡群が、あたかも各川の中流域を選んで立地したかのごとく、五～六キロの間隔を置いて分布している。なかでも中核をなすのが花見山遺跡である（坂本一九九六）。

横浜市都筑区花見山遺跡は鶴見川中流北岸、谷本川・大熊川・早淵川三水系の接点の標高五三メートル前後の低平な台地に位置している。竪穴住居跡一軒と台石三点、一二〇～一三〇個体分の土器片一四二〇点、槍先形尖頭器三三点、有茎尖頭器五四点、石鏃一九点、錐形石器一六点、打製石斧八点、「植刃」二点、「指形掻器」四二点、掻器六四点、削器四三点など一三三六点の石器類が検出された（坂本・倉沢編一九九五）。

槍先形尖頭器は五～一〇センチの比較的小型品が中心で、柳葉形を主体に木葉形・杏葉形などがあり、下半部～基部が膨らむものが大半である。「花見山型」有茎尖頭器は最大で長さ七・五センチ、重さ九・四グラム、最小で長さ二・一センチ、重さ〇・四グラムで、平均は長さ三・七センチ、幅一・六センチ、厚さ〇・五センチ、重さ二・二グラムである。側縁が直線的な細身のものが大半で、刺の形は下辺が長軸に対して直角に近いものが主体をなす（図94）。北米で多用されている石器の計測的属性に基づく狩猟具の判別法を応用した御堂島正によれば、花見山式有茎尖頭器は一部に「ダート用尖頭器」を含むが、多くは鏃である（御堂島二〇一五）。

竪穴住居は北側西半から西側北半にかけての壁が残っていて、東西三メートル、南北二・五メートル前後の

図94 花見山遺跡出土の「花見山型」有茎尖頭器と石鏃

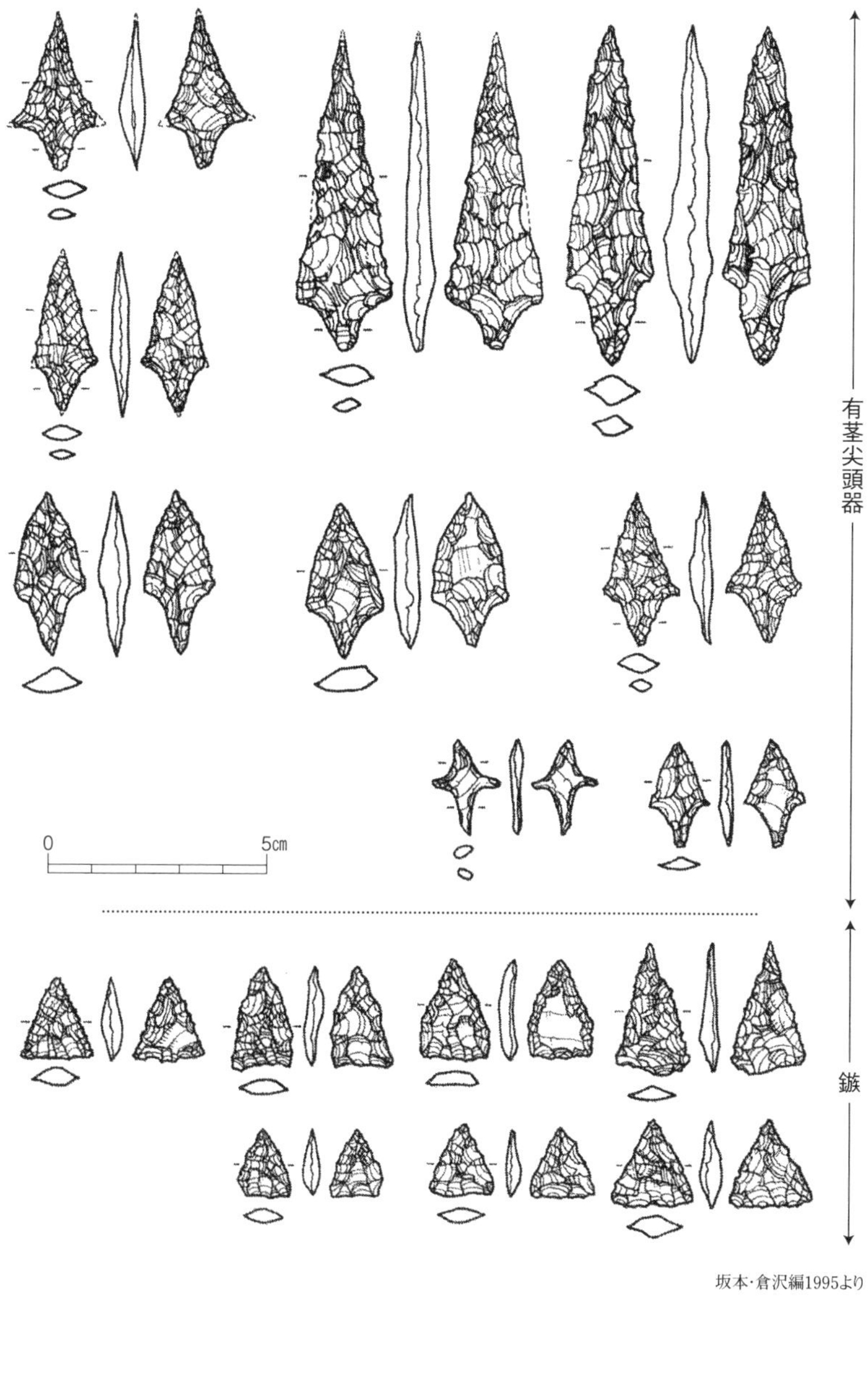

坂本・倉沢編1995より

図95 花見山遺跡検出の１号竪穴

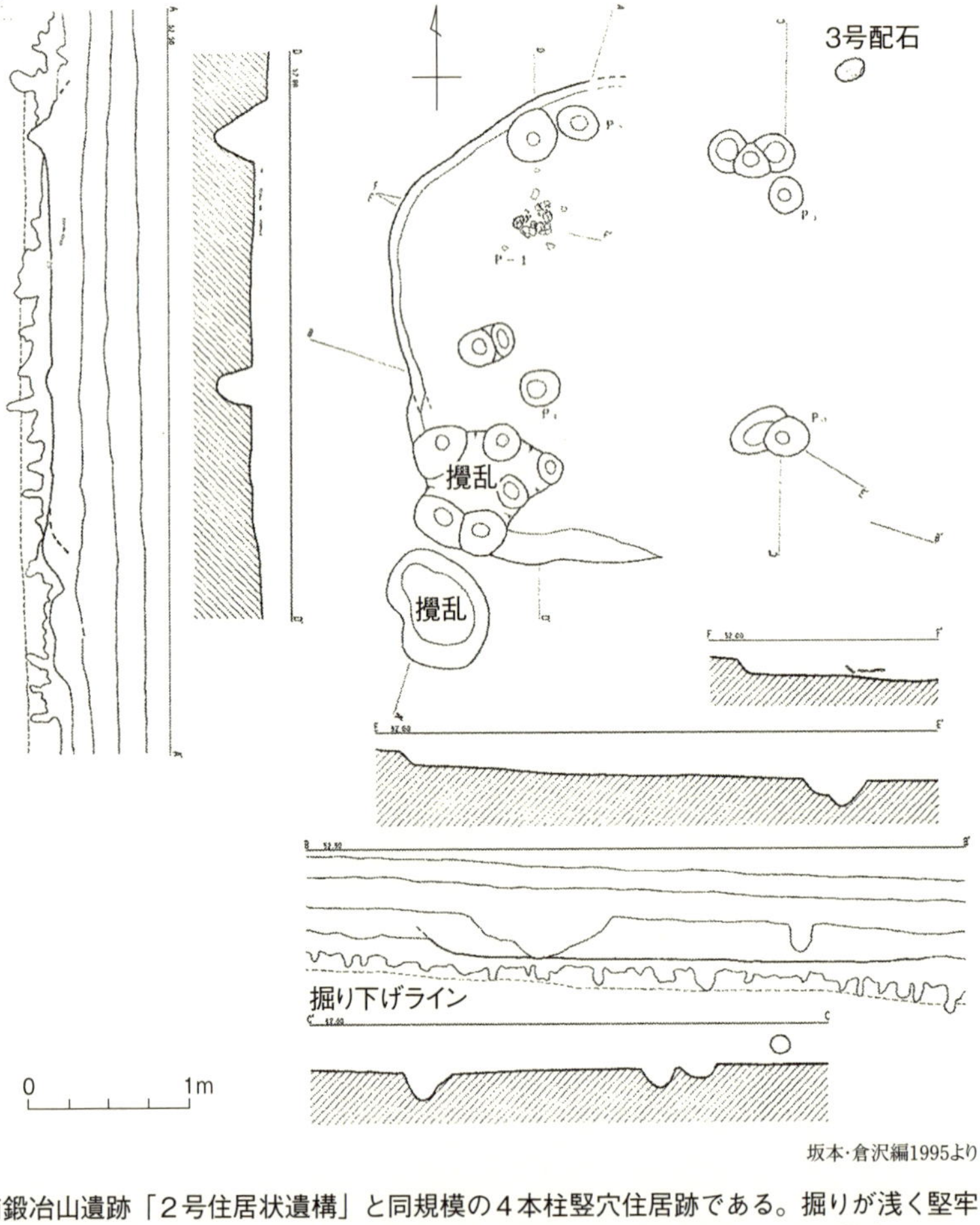

坂本・倉沢編1995より

南鍛冶山遺跡「２号住居状遺構」と同規模の４本柱竪穴住居跡である。掘りが浅く堅牢ではないので、定住家屋ではないが、季節的活動期間などの居住場所だったと推定される。

四本柱の隅丸方形であったと推定されている（図95）。「花見山式」が提唱された土器は「太隆線紋」「細隆線紋」「微隆線紋」の三段階に分類され、隆線・ハの字爪形・沈線およびそれらを組み合わせた紋様と無紋のものがある。

「太隆線紋」土器と「細隆線紋」土器は南西部に分布の主体があり、「植刃」・打製石斧・「指形掻器」の分布に重なり、「微隆線紋」土器は東北部に分布の主体があり、有茎尖頭器・石鏃・掻器・削器・抉入削器・楔形石器などの分布と重なるという。ただし石器類の製作技術が稚拙で、編年的指標には使えない。

図96 花見山遺跡出土の隆起線紋土器

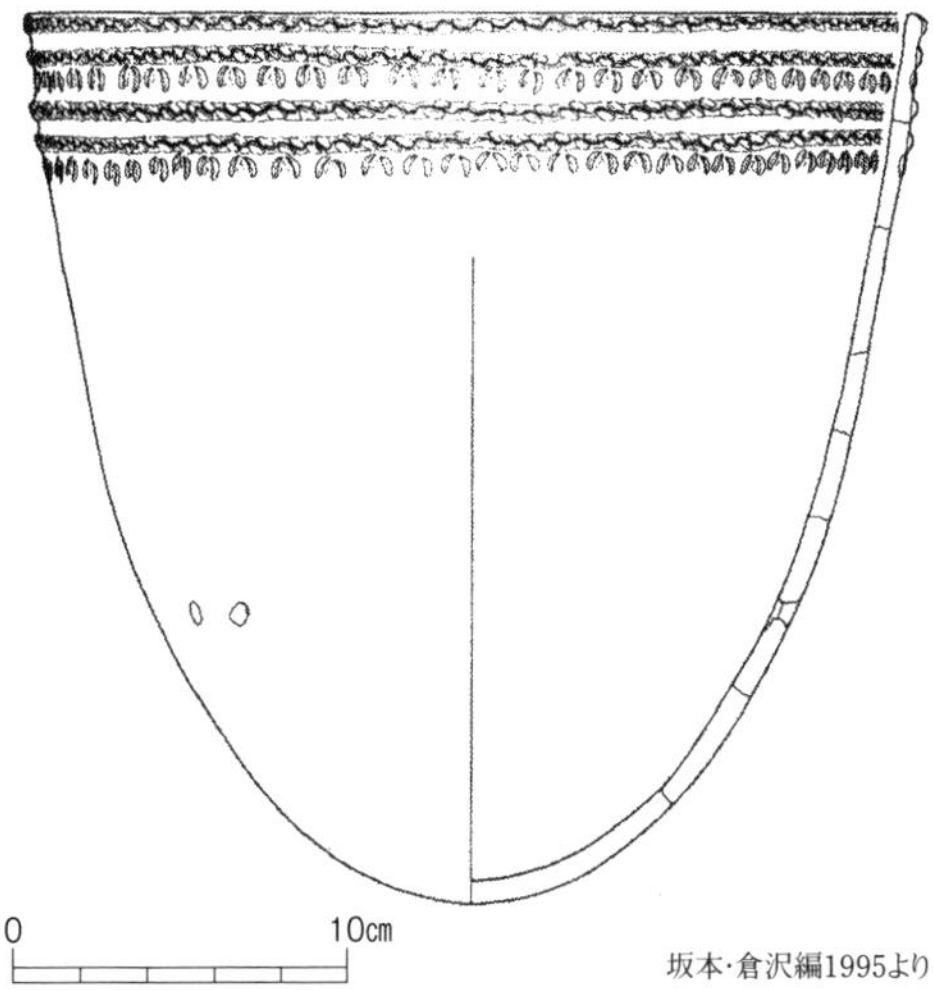

坂本・倉沢編1995より

土器はそれぞれ複数の破片からの復元品で、本品も最も多い破片から復元されているが、底部など問題を残す。

大塚達朗が坂本彰の型式分類を批判し、「花見山式」を再定義している（大塚二〇一四）。第Ⅰ群は小波状紋加飾の横走隆線紋下か間に「ハ」の字爪形紋が縦方向に施紋される土器、第Ⅱ群ａ類は小波状紋加飾の横走隆線紋下か間に「ハ」の字爪形紋が横方向に施紋される土器、第Ⅱ群ｂ類は直線的な横走隆線紋が主体の土器で、この順に変遷するという。

出土土器が三期に分けられ、しかも一二〇〜一三〇個体分出ていることから、拠点的居住地で、世代を超えた集団が何度も回帰していたことが推察されるが、相対編年に限界がある。

坂本彰は南九州の諸遺跡との類似を指摘し、両地域間の人の季節的移動に触れ、大塚も関東地方の「花見山式」前後と南九州の「三角山式」前後の細別段階の並行・連動を指摘し、交流の安定的な中心をなすことを主張する。一五〇〇キロも離れた地域を直接対比する方法を「エアプレーン考古学」と揶揄した研究者がいたことを思い出した。

図96の土器は「第Ⅱ群a類」の大形の深鉢で、口縁部から胴下部まで比較的残りのいい土器である。口縁部は直行して外反せず、胴部は緩くすぼまり丸底に復元されている。口唇断面は丸みを帯び、端部および一センチ下に幅四ミリ前後の細い隆線を貼付し、左から右へ連続押捺を加えている。下段隆線の直下には三日月形のハの字爪形紋が左から右に向かって施されている。この小波状隆線二本とハの字爪形紋一列の組み合わせが下にもう一組繰り返されていて、口縁部紋様帯を形成している。

三ノ宮・下谷戸遺跡

土器出現期以降になると尖頭器の製作跡が各地に現れた。神子柴（系）石器群に関連する長野県佐久市八風山Ⅵ遺跡はガラス質安山岩の原産地遺跡である。新潟県津南町本ノ木遺跡（一三〇頁）、東京都あきる野市前田耕地遺跡、千葉県富里市南大溜袋遺跡は細身両面加工尖頭器（「植刃」）を多数出した遺跡で、本ノ木遺跡は信濃川低位段丘上に、前田耕地遺跡は多摩川と秋川の合流地点の川辺に立地している。

微隆起線紋土器と箆状工具による施文の爪形紋土器の土器片五〇点と、有茎尖頭器一八点、尖頭器四点、石斧一点などの石器類六二九点、礫五一点、および尖頭器の未製品五点に多量の調整剝片が検出された神奈川県伊勢原市三ノ宮・宮ノ前遺跡の、鈴川を挟んだ対岸にある三ノ宮・下谷《しもや》戸《と》遺跡は「花見山型」有茎尖頭器の製作跡である。

下谷戸遺跡は丹沢山塊の一角、大山（一二五一・七メートル）から流れ出る鈴川に沿って南西に延びる細長い低台地上に位置する（宍戸編一九九九）。富士黒色土層下部（第Ⅴc層）からガラス質黒色安山岩製有茎尖頭器を主体とする石器群が検出された。遺物は微隆起線紋土器・爪形紋土器・無紋土器の土器片一五〇点、有茎尖頭器三四六点、槍先形尖頭器六一点、尖頭器未成品一点、石鏃一六点（黒曜石製主体で搬入品）、掻器一二点、削器五点、楔形石器一三点、錐形石器三点、局部磨製石斧一点（硬質砂岩の薄い自然礫素材で当該期の局部磨製石斧と技術形態が異なる）、打製石斧二点、敲石二五点、台石一八点、礫器一九点、加工痕のある剥片三〇二点、使用痕のある剥片八三点、残核四二点、剥片類五万二八八一点、礫・礫片一〇六点の総計五万四〇八六点である。

ユニット一は南北約三五メートル、東西約一五メートルの範囲から石器類五万三六九五点と土器片五八点が非常に密集した状態で出土した。台石・敲石・礫器・大型剥片などで構成された礫群が九ヵ所検出された。三～九号礫群は径四メートルほどの空間を取り囲むように分布している。「花見山型」有茎尖頭器は二～三センチ内外の小型品で、完形品は四〇点（一一・五六％）、ティアドロップ形尖頭器も完形品は一三点（二一・三一％）に過ぎず、多くは製品として遺跡外に搬出されたと考えられる（図97）。

ユニット二は南北約二三メートル、東西約二七メートルの範囲に九ブロックが中央の空白部分を囲むように分布していた。石器類二二八点と土器片九二点が検出された。石器製作に関わる工具が多く出土しているが、石器製作は行っていないこと、無紋土器片がブロックCに集中して出たことなどから、有茎尖頭器や槍先形尖頭器を専門的に製作する集団の生活の場だと想定された。「専門集団」という用語が適切か課題を残すが、尖

図97 三ノ宮・下谷戸遺跡第Ⅰ文化層出土の有茎尖頭器

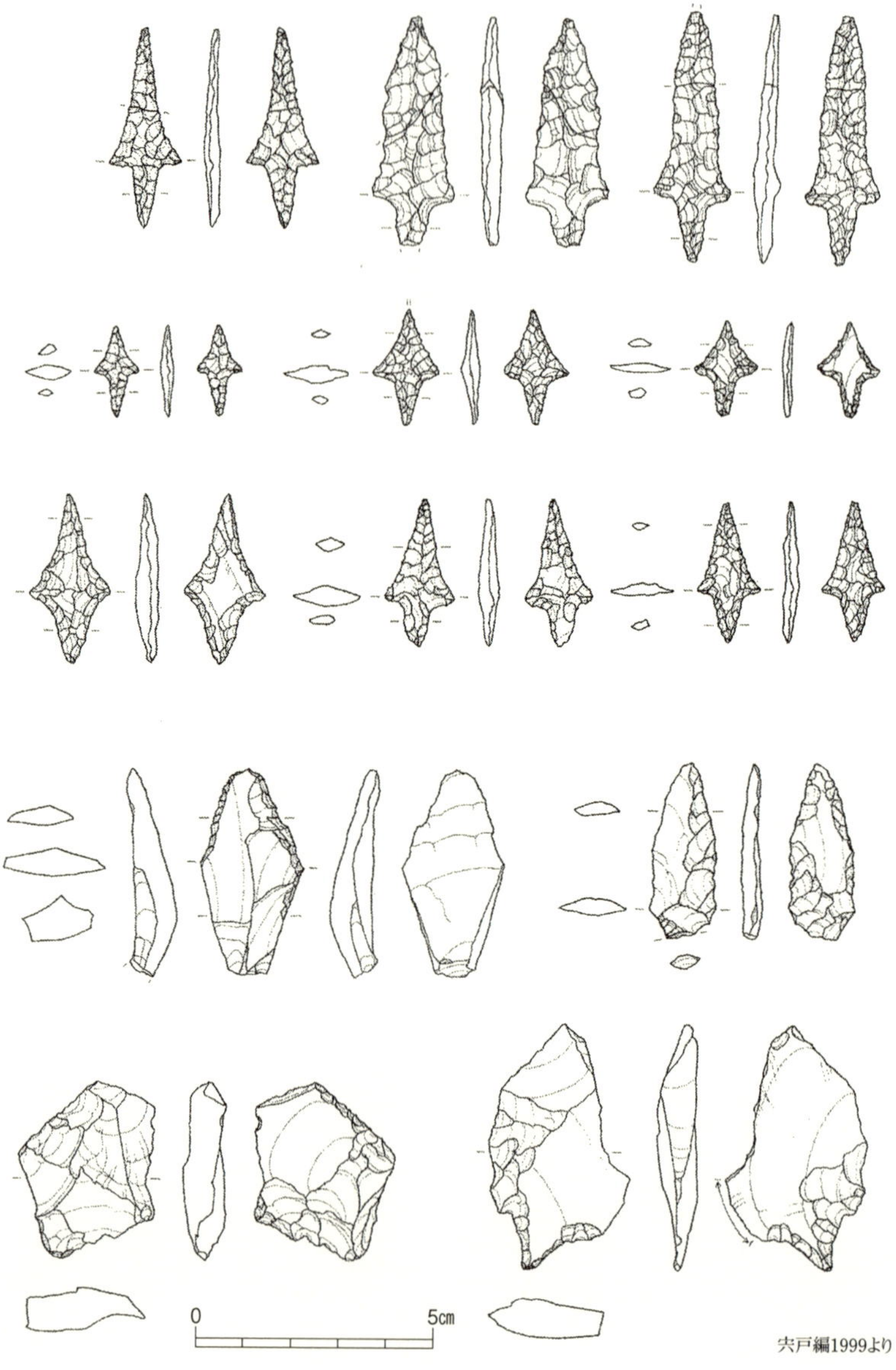

宍戸編1999より

頭器製作に専従する者の影は見え隠れする。

神子柴系集団の北方への進出

新潟県小瀬ヶ沢洞窟や山形県日向洞窟など隆起線紋土器を出した拠点的遺跡についてはすでに述べた（二三三―二三六頁）。

青森県内では最古の土器の出土で知られる外ヶ浜町大平山元Ⅰ遺跡や東北町長者久保遺跡など、土器出現期の学史上重要な遺跡が知られている。だがその一方で、温暖な気候下で定住化の動きを見せた隆起線紋土器期には、六ケ所村表館《おもてだて》⑴遺跡、同発茶沢《はっちゃざわ》⑴遺跡などわずかな遺跡からの土器の出土が知られるだけである。小集団が南から時折移動してきたような状況である。表館⑴遺跡出土の細隆起線紋土器はやや下膨れ状の尖底深鉢形で底部には乳頭状の突起がある。口径二一センチ、器高三〇・五センチで、全面に三七条の粘土紐が貼付されている。長野県石小屋洞窟出土の微隆起線紋土器に近いと言われている。出土層からは三基の集石遺構が出ている。短期の野営地跡である。

爪形紋土器はもう少し広い分布が見られる。岩手県盛岡市大新町遺跡、青森県八戸市鴨平《かもたい》⑵遺跡、同階上町滝端遺跡などからはまとまった資料が出ている。

大正3遺跡

後期旧石器時代以降、気候が温暖化した時期には何度となく本州から北海道への集団移動が見られた。近くは長者久保系集団がそうであったし、近年、大正３遺跡から草創期の土器・石器が出土して話題となった。

図98 大正3遺跡出土のⅠ群土器分布状況

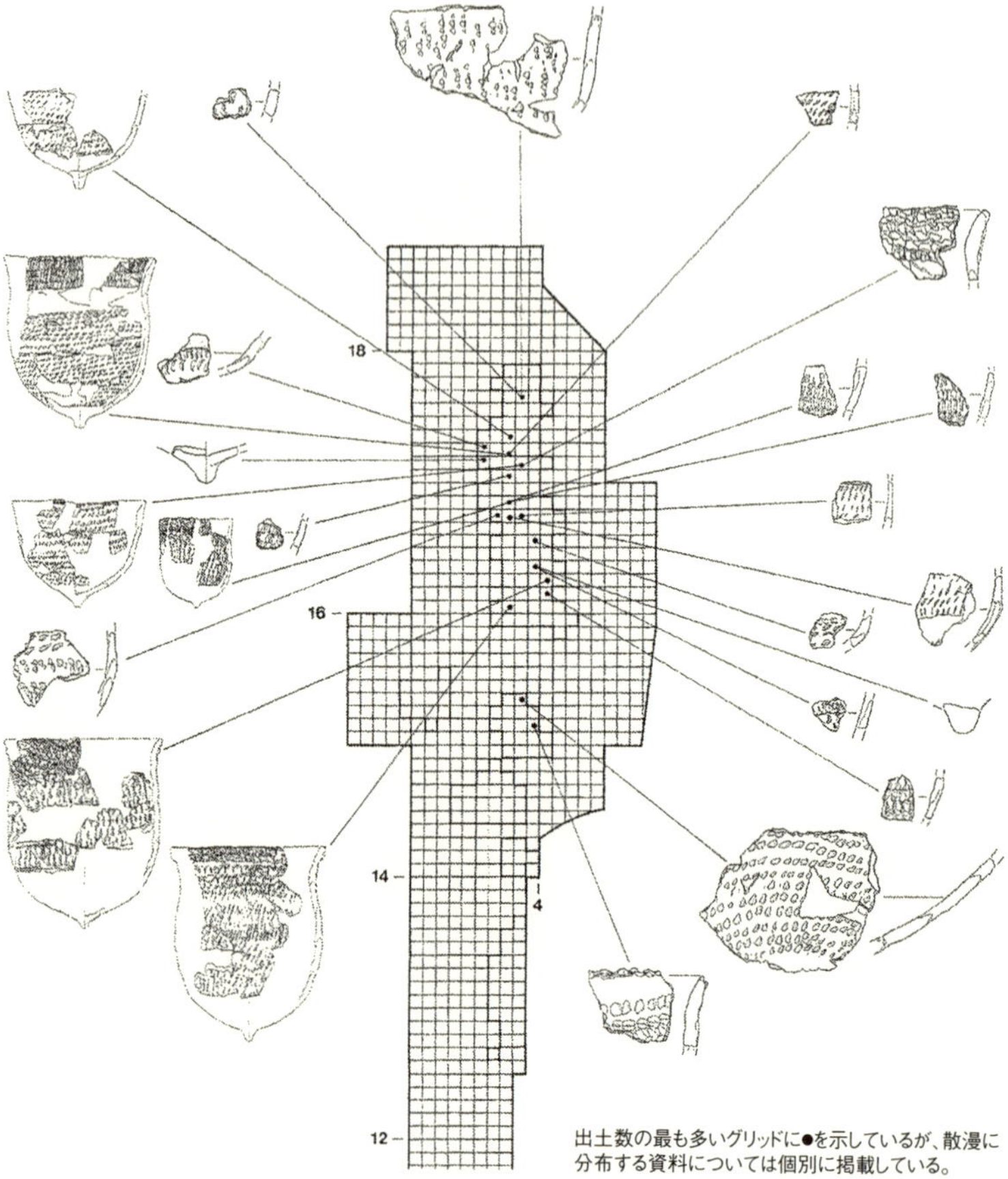

北沢・山原編2006より

土器の焼成はよく、土師器のような感じを受ける破片もある。口唇部直下の隆帯、器体上部の爪形紋と下部の連続押圧紋、乳頭状底部など特徴的土器であるが、年代が1万4000年より古く出ていて、本州側に直接対比可能な土器が見当たらない。

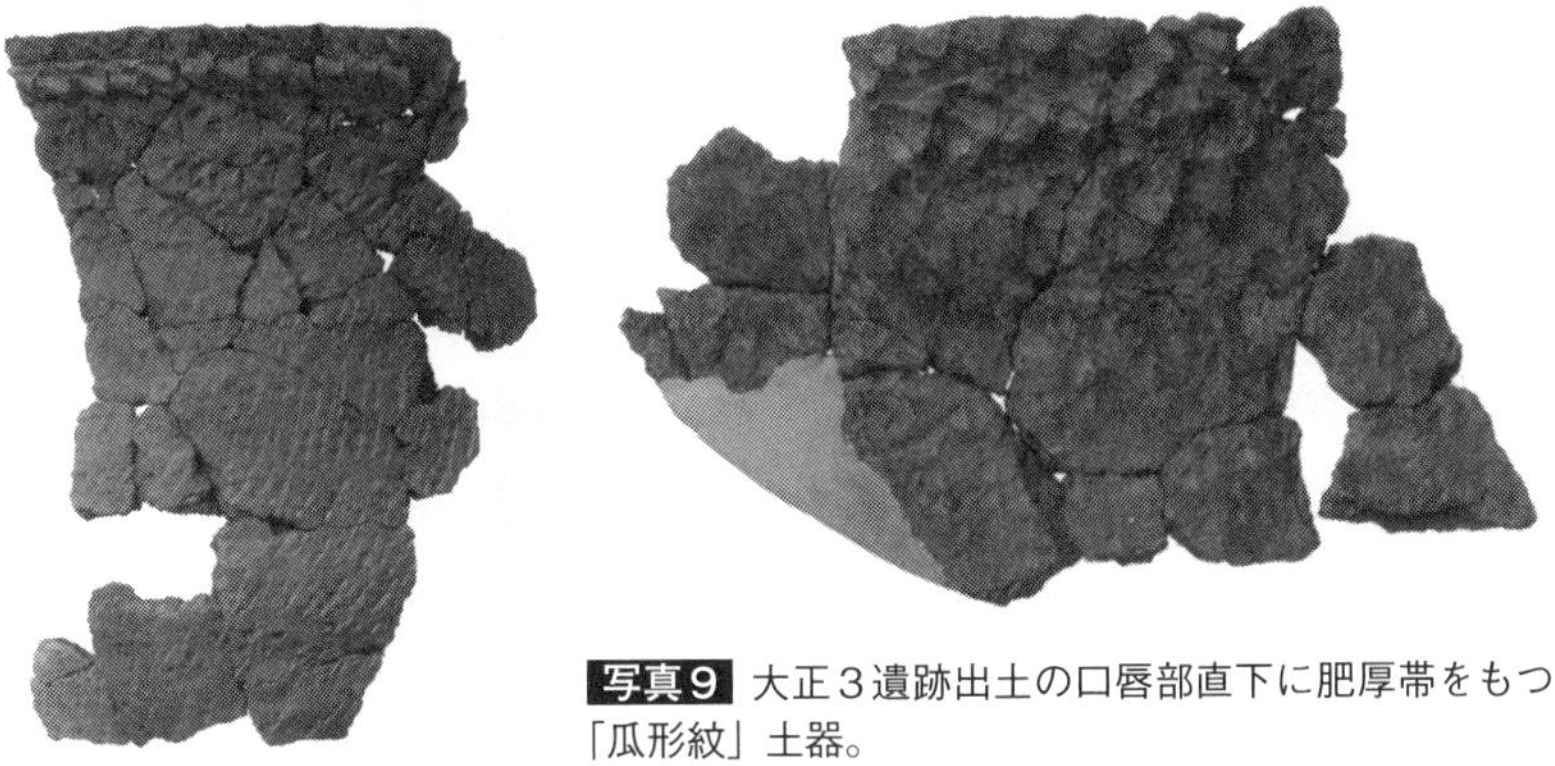

写真９ 大正３遺跡出土の口唇部直下に肥厚帯をもつ「瓜形紋」土器。

帯広市街地の南約一五キロ、十勝川の支流の札内川と途別川とに挟まれた段丘面に大正遺跡群（大正１～８）がある。そのひとつが大正３遺跡で、段丘縁辺部の自然堤防状の細長い微高地に位置する。遺跡に立っても特別なランドマークは見当たらないが、山原敏朗によれば、途別川を下って来た時に出会うキャンプ地としての適地はこの場以外に見当たらない場所であるという。出土した土器片四四四点は一二～一五個体分と想定されている。焼成や紋様構成などからみて同時存在と見なしがたく、数個体を携えた集団が何回にもわたって回帰してきた結果の集積と見られる（図98）。石器の集中は六ヶ所検出されたが、土器の分布と重なるスポット一からは尖頭器一〇点、箆形石器一点、両面調整石器三七点、掻器六点、削器二点、石錐二点、彫刻刀形石器三九点と削片五五点、連続する剥離痕のある剥片一六二点などの石器類が出土した。

土器は口唇部から若干下位の位置でわずかにくびれ、その位置より口唇部に向かっては多少なりとも外反する形態を共有する。口唇部直下に隆帯を貼付して肥厚帯を有するものがある（写真９）。くびれから緩やかな弧を描き、胴下部は底部に向かって大きく湾曲する。底部に乳頭状の小突起を有する。口唇部には「つまみ」や「ひねり」による小波状装飾が加えられ、器体上部に刺突による単独あるいはハの字の爪形紋が、下部には三角形の紋様三個を一単位とする連続押圧紋が施される（口絵9）。土器内面の炭化物を試料とする^{14}C年代測定値の較正年代は約一万四〇〇〇年前より数百年古く出ており（14,140/14,080 ～ 14,410/14,330 cal BP）、気候が急激に暖かくなった時期である。

尖頭器は大小の二種があるが、長さ二・五～六センチ程度、厚さ三～五ミリ程度の小型薄身の木葉形もしくは柳葉形が特徴である。箆形石器は打製石斧の形態であるが、北海道では安山岩製石斧がほとんど見られないので箆形石器と称されている。両面調整石器は出土量の多い石器のひとつであるが、製品は半月形石器が残されている程度で、遺跡外に搬出されたと考えられている。彫刻刀形石器は剝片素材で特徴に乏しく、臨場・速成型の石器である。石器群を特徴づけているのが五四〇点出土した連続する剝離痕のある剝片、なかでも抉入削器である。報告書では矢柄の加工に使われ、小型薄身の尖頭器は鏃として使われたと想定している（北沢・山原編二〇〇六）。

長井謙治によれば、尖頭器に見られる押圧剝離による斜行剝離痕には「右肩上がり」と「左肩上がり」が見られる。前者の「正位の石器扱い」は本州以南の製作者に、後者の「逆位の石器扱い」は北海道の製作者に特徴の慣習的動作である（長井二〇〇九）。大正3遺跡出土の尖頭器には右肩上がりの斜行剝離が見られ、本州系であるという。

南九州の縄紋化

泉福寺洞窟の調査者たちによる成果研究の一貫として荒井幹夫が、草創期の泉福寺洞窟（図99）、福井洞窟、

図99 泉福寺洞窟８層（下）と４層（上）の出土遺物

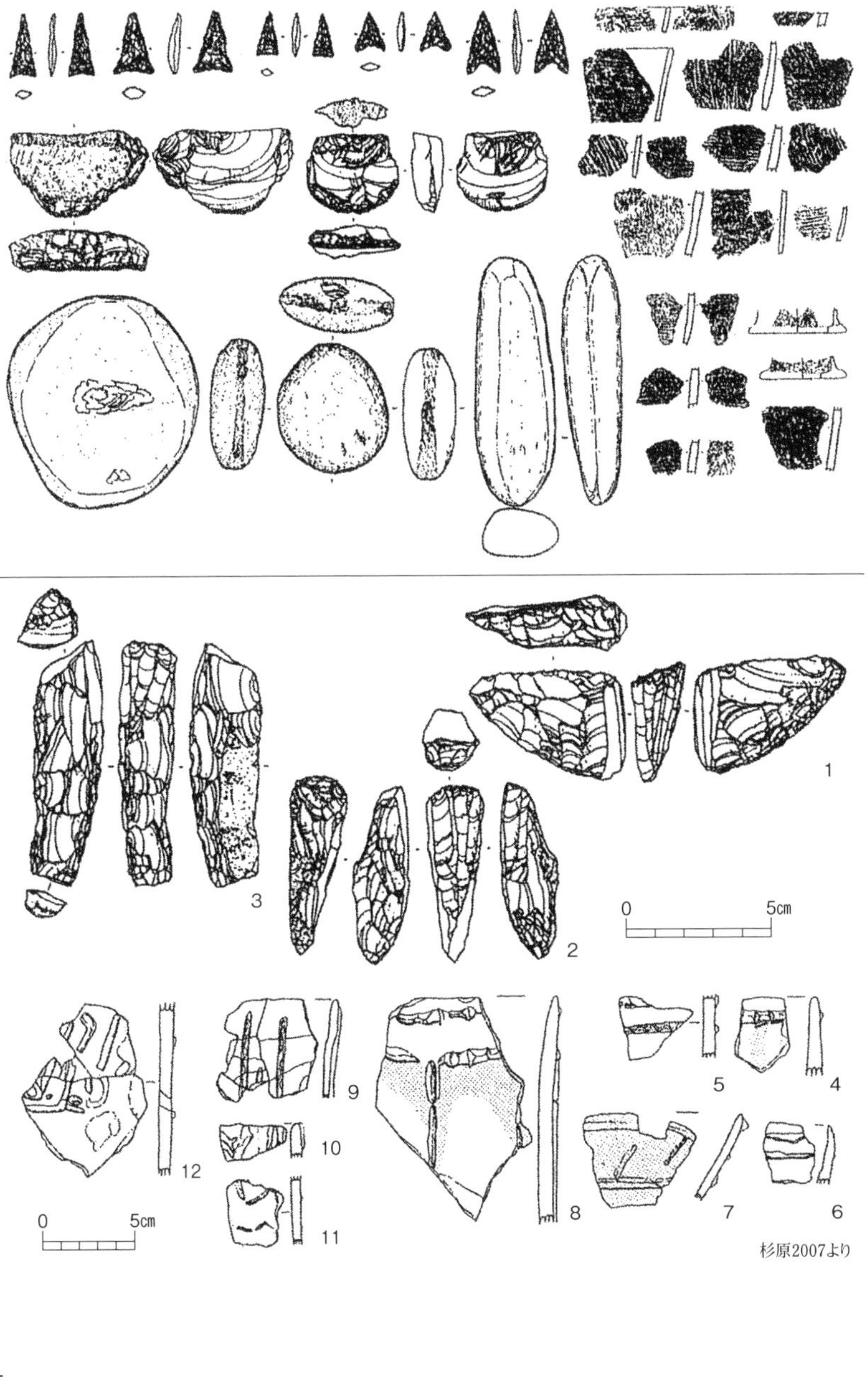

杉原2007より

図100 茶園遺跡Ⅳ層の出土遺物

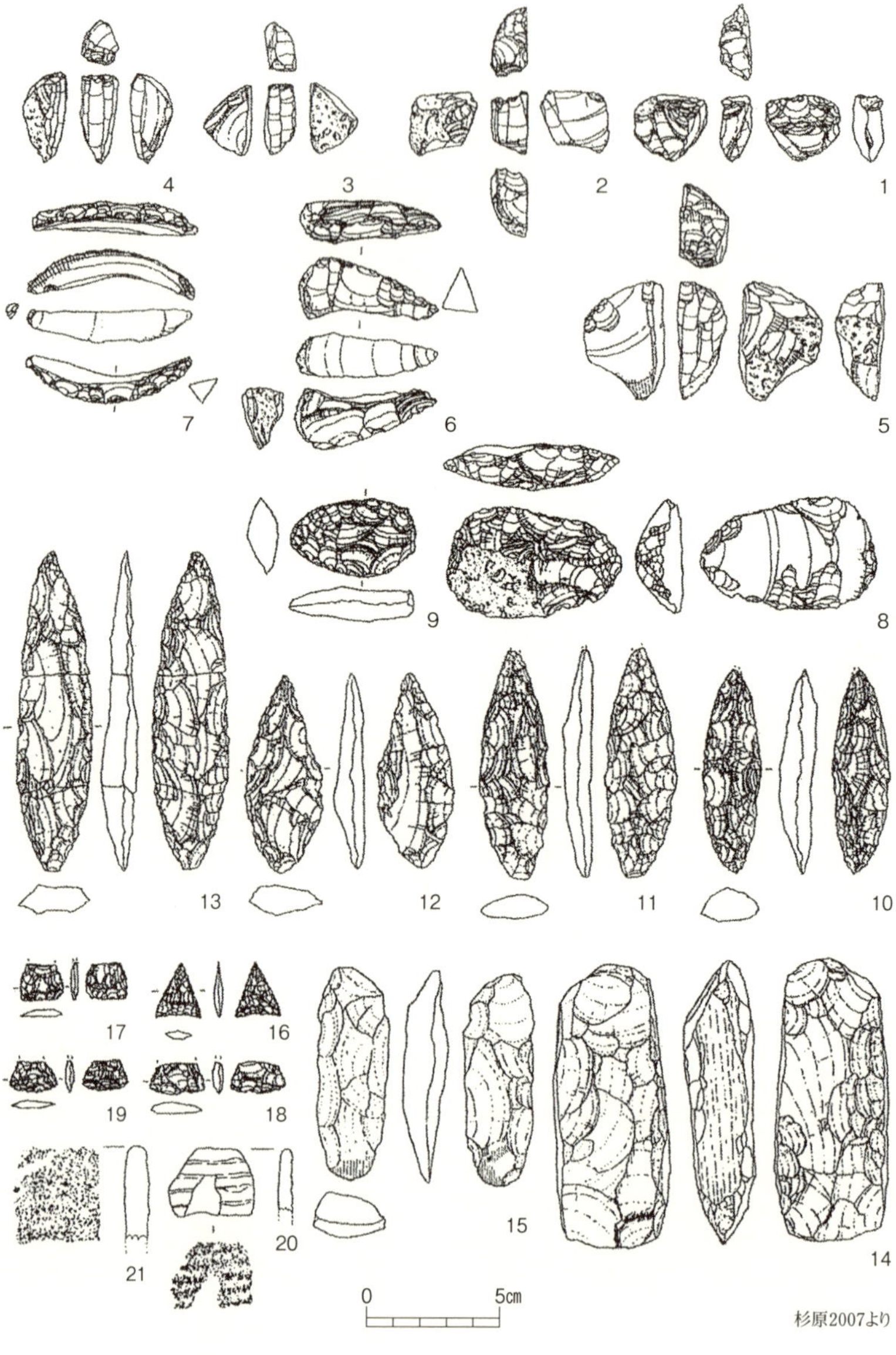

杉原2007より

茶園遺跡（図100）などの西北九州の石器群と、桍ノ原《かこいのはら》遺跡などの南九州の石器群との対照的な違いを指摘した。前者が旧石器時代以来の細石刃（核）を主体にわずかな粗雑な器種を組成するにすぎないのに対し、後者は細石刃が姿を消して石鏃に代わり、四つの類型をもつ磨製石斧、打製石斧、中期の横刃型石器に類似する背部二次加工素刃石器、定形化された石皿・磨石・凹石などを組成し、「縄文時代的な石器づくりとトゥールキット」であるという。こうした適正な指摘にもかかわらず、プロセス考古学以来の新しい概念や方法、古気候・生態学的情報を欠いていたため、旧態依然とした結論に終わっている。「南九州の石器群については、それがもつ特質から、他地域にさきがけて縄文的生業が成立し、定住化に向けた歩みがはじまったという議論がある。石器群にのみ着目すれば、可能な推論であるが、すこし立ち入ってみればいささか疑念が生じる。遺跡がもつ他の属性との整合性を図るという努力が怠られているようである。遺構や遺物などのありようからは、小規模な集団の頻繁な移動と回帰の姿が見えかくれする。定住という概括的なキーワードは南九州の石器群のありようを窺う扉の鍵とはならないだろうし、かえって、考古資料に対する率直な接近を阻害するものとなるだろう」（荒井二〇〇二）。旧いパラダイム（思考の枠組み）の桎梏である。

旧石器時代終末の細石刃石器群期に、北部・中九州西部、中九州東部・南九州東部、南九州の三つの地域性が顕著になった（図101）。芝康次郎はその背景に石材資源環境とそれに適応した石器技術を見る（芝二〇一三）。北部・中九州西部では良質石材が偏在していることや地形的多様性に乏しいことから、資源分布が粗区画的であり、そのために広域移動型の行動戦略をとらざるを得なかった。中九州東部では北部九州と類似の環境であるが、相対的に地形的多様性に富み、広範囲で採取できる流紋岩が存在するため、獲得コストはかからなかった。また資源分布は北部九州よりも細区画的となる。そのため狭小な地理的範囲の遊動でも生業活動を維持し

図101 九州の細石刃石器群期の地域性

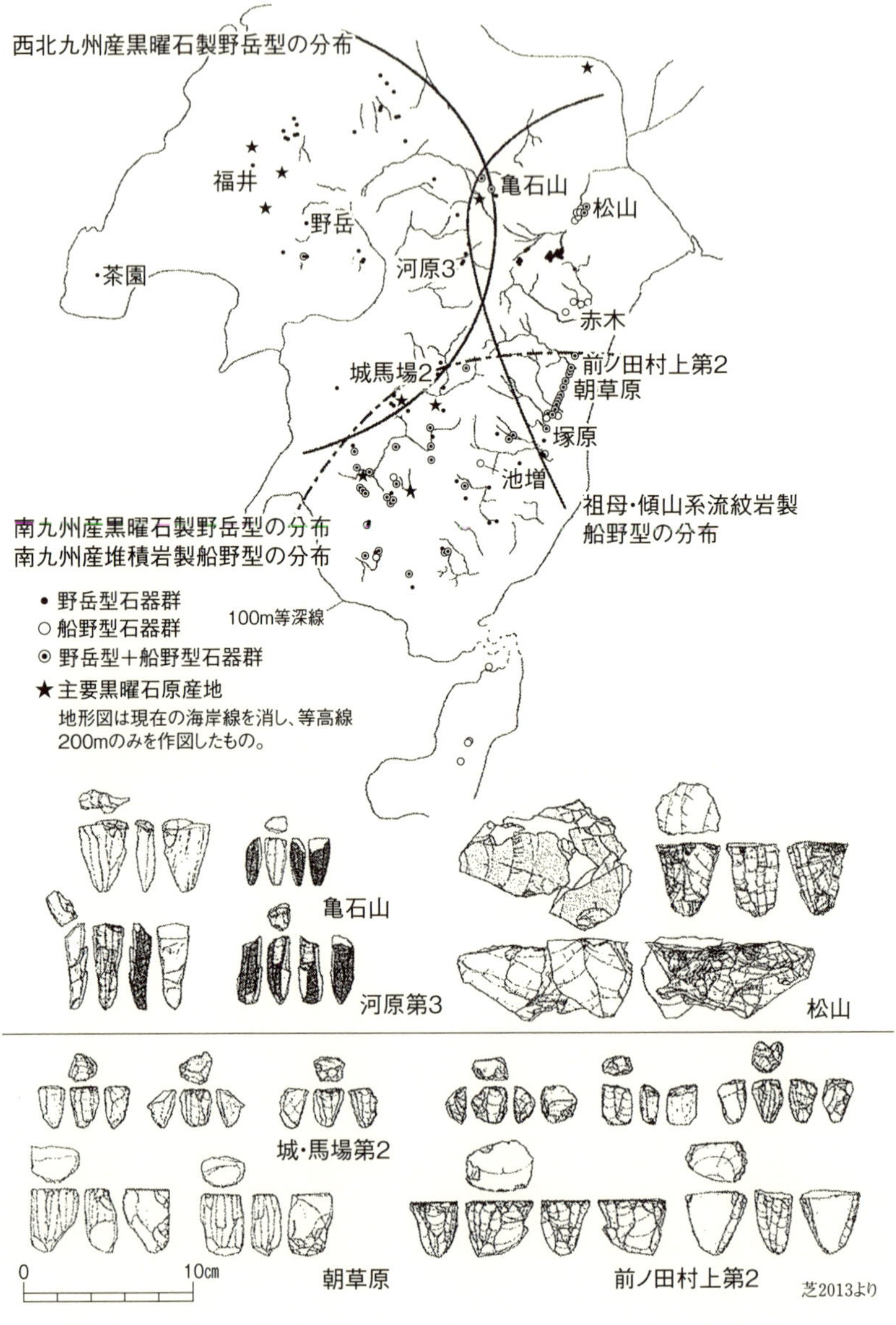

芝2013より

得た。南九州は他地域と比較して温暖な気候を背景として資源密度や多様性に富み、資源分布は細区画的といえる。

この芝の説明はその後の急激な温暖化にともなう縄紋化・定住化が南九州で顕現した歴史的・生態的前提を言い当てている。鹿児島市仁田尾《にたお》遺跡の一六基をはじめ、南九州の細石刃石器群期の多くの遺跡から落し穴が検出されている。頻繁な見回り行動を必要とする落し穴猟の発達は生業活動のための遊動域が狭まっていて、定住化の傾向が生じていたことを示唆している。新東晃一が指摘するように、南九州の縄紋化プロセスは北部九州や本州と比較してもかなりの独自性と先進性が認められ、「極論ではあるが南九州縄紋起源論を唱えうるほどの大規模で成熟した草創期文化が形成されていたことがわかる」（新東二〇一三）。

隆帯紋土器期の定住化

鹿児島市掃除山《そうじやま》遺跡は薩摩半島の中央部に南北に走る山地から東に延びる支脈の先端、標高八〇メートル弱の平坦部をもつ掃除山の南側斜面にある。その最上部で、長径四・六メートルと五・五メートルの楕円形の竪穴住居跡二軒と、その住居間に連結土坑（煙道付き炉穴）一基、平坦部から斜面へかけて東西に並んで舟形配石炉三基、それらの南側の斜面上に円形配石炉二基、北側に配石二基、その他に集石二基、土坑三基（一号土坑内には焼礫を含む多数の礫）、ピット二基が検出された（図102）。位置や切り合い関係からすべてが同一時期とは言えず、この集落の居住期間に幅があったようである。発掘に参加した雨宮瑞生は温帯森林の初期定住という概念枠で、夏季については不明だが、冬季の季節風を避けた立地の居住地であったと解釈している（出口編一九九二）。

図102 掃除山遺跡出土の遺構配置

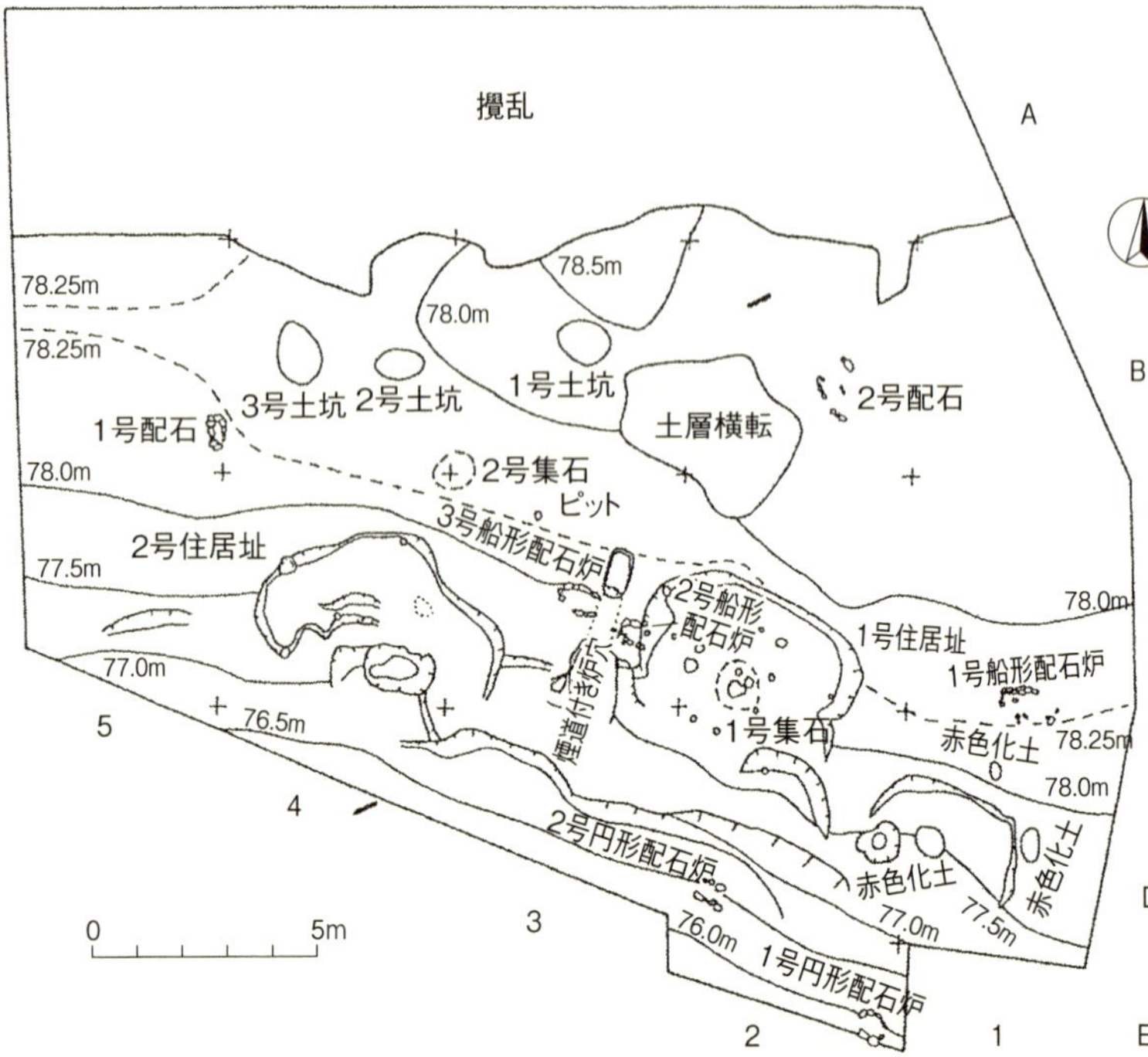

出口編1992より

南斜面にあるこの遺構群を、雨宮瑞生は冬季の季節風を避けた居住地と解釈した。

薩摩半島南西部の加世田市栫ノ原遺跡は加世田川と万之瀬川の合流地点西側に形成された独立台地上にある。薩摩火山灰層（第Ⅴb層）の下の層（第Ⅵ層）の上半部から、燻製作りの施設と見なされる連結土坑（煙道付き炉穴）八基（発掘で確認したものは一基）、舟形二基を含む配石炉四基、調理施設と見なされる集石二二基などの遺構に伴い、二〇〇〇点を超える隆帯紋土器片と、石鏃九点、特徴的な「丸ノミ形石斧」（図103）（小田静夫は神子柴型石斧と区別して「栫ノ原石斧」と呼び、丸木舟製作工具と見る）を含む磨製石斧一五点・局部磨製石斧一点・打製石斧三点・扁平打製石斧二九点、

図103 栫ノ原遺跡出土の「丸ノミ形石斧」

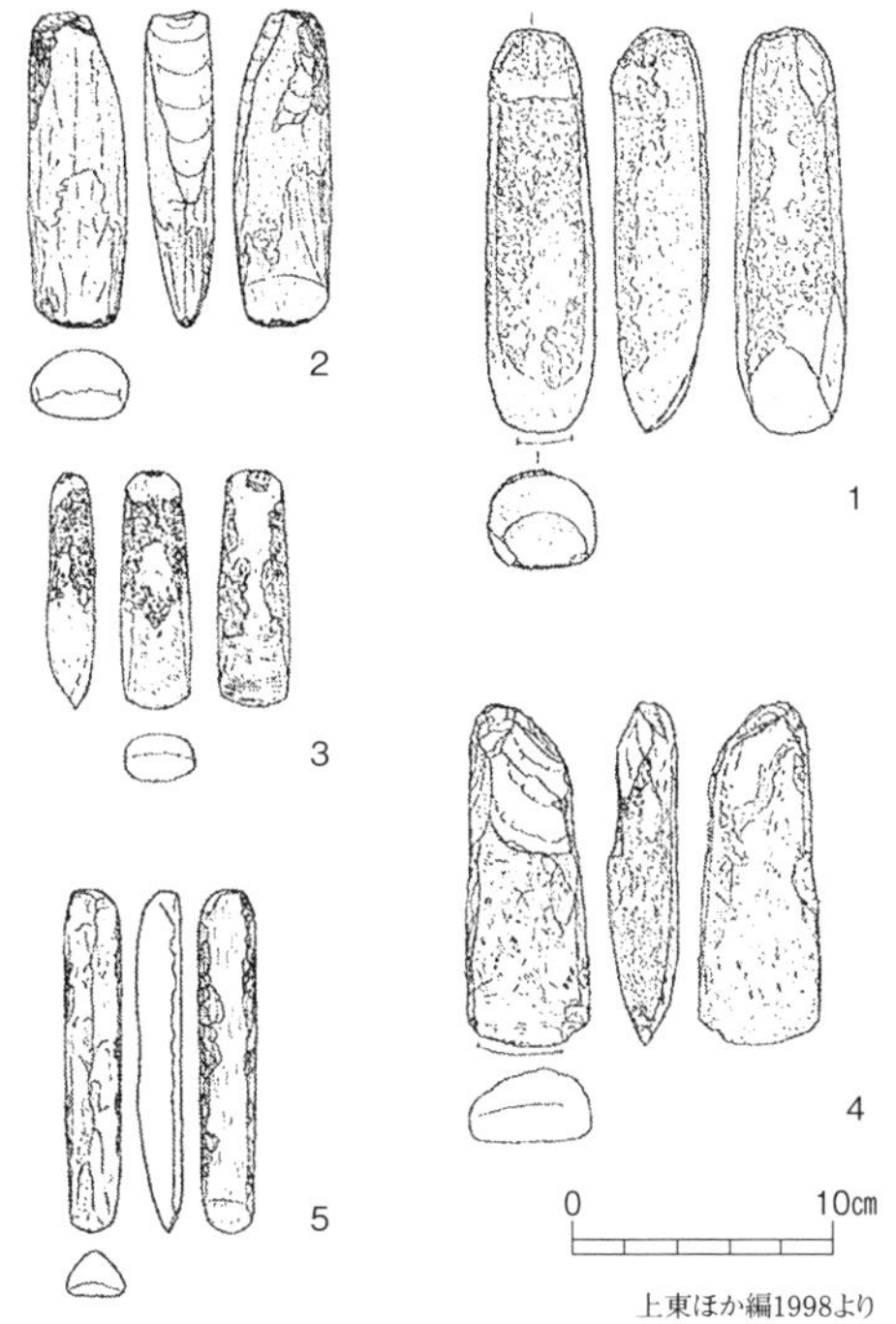

上東ほか編1998より

長者久保遺跡出土「丸鑿」とは技術形態学上の別器種。

磨石・敲石・凹石類一五点、石皿八点、背部二次加工素刃石器（宮田栄二は「鎌形剥片石器」と呼び、植物性食料に関連する石器と見る）二八点などの石器類が多数出た。花粉分析によって、コナラ属コナラ節（カシワ・コナラ・ナラガシワ・ミズナラ）の落葉広葉樹が遺跡周辺で生育していたと想定される（上東ほか編一九九八）。

王子山遺跡

鹿児島県以北の内陸部でもこの時期定住化が進んでいたことが分かってきた。宮崎県都城市王子山遺跡は都城盆地の東壁をなす南那珂山地の麓付近、周囲の開析扇状地面とは急崖で接するシラス台地面（標高約一七一メートル）にある隆帯紋土器期の集落跡（図104、写真10）である。

竪穴状遺構はSC9f（三・七×二・五五×〇・五メートルの隅丸方形）、SC21（二・一×一・七五×〇・二メートルの隅丸方形）、SC22（全容不明）、SC23（二・一×一・七五×〇・一八メートルの隅丸方形）（図105）の四軒で、SC22

写真10　王子山遺跡の遺構群。

を除く三軒でほぼ全形が把握された。SC22以外は竪穴床面においてピットが確認されず、床面に焼土をもつものもなかったが、床面がほぼ平坦である点とSC21とSC23のように竪穴外周にピットが認められる点を考慮して、報告者の桑畑光博は竪穴住居跡と捉えた（桑畑編二〇一一）。他に堅果類と鱗茎炭化物、イヌビエやマメ類と見られる炭化物が確認されたSC28（図106）などの土坑一〇基、調査区の西端部において著しく重なり合って出土した炉穴三〇基、集石遺構六基、配石遺構八基の遺構が検出された。

遺物は、口縁部に二条の隆帯をめぐらせて指頭による押圧を加え、口縁端部内側にも隆帯をもつもの、内湾する口縁部に二枚貝腹縁による弧状の連続刺突紋を施し、隆帯上に「ハ」字状の爪形紋を施すもの、隆帯上に紋様意匠として爪形紋を施すものなどの隆帯紋土器片（図107）と、石鏃一六点、丸ノミ状石斧など磨製石斧四点、磨敲石五〇点、石皿八五点などの石器類が検出された。石皿は角礫を用いたものが多いが、板状の砂岩礫を用いたものは大型のものが多く、住居跡（SC9f）から出土した石皿は八・二キロの重さがある。

土坑・炉穴から出土した炭化植物遺体を試料とした工藤雄一郎による^{14}C年代測定の較正年代は約一万三三五〇年前で、隆帯紋土器期の後半に当たる。

図104 王子山遺跡出土の隆帯紋土器期の遺構

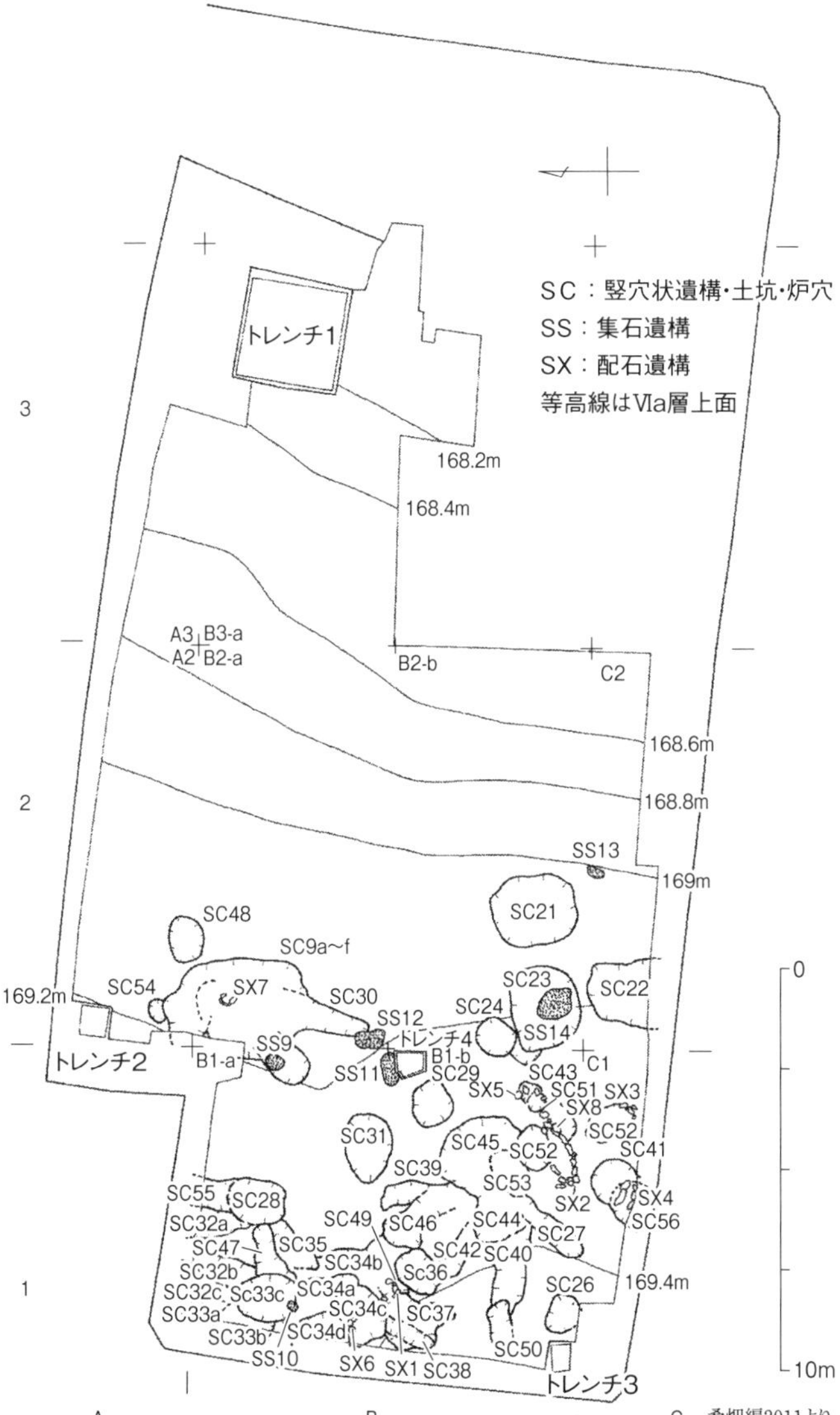

桑畑編2011より

4軒の住居跡（SC95、SC21、SC22、SC23）が検出されている。

図105 王子山遺跡出土の竪穴住居跡（SC23）

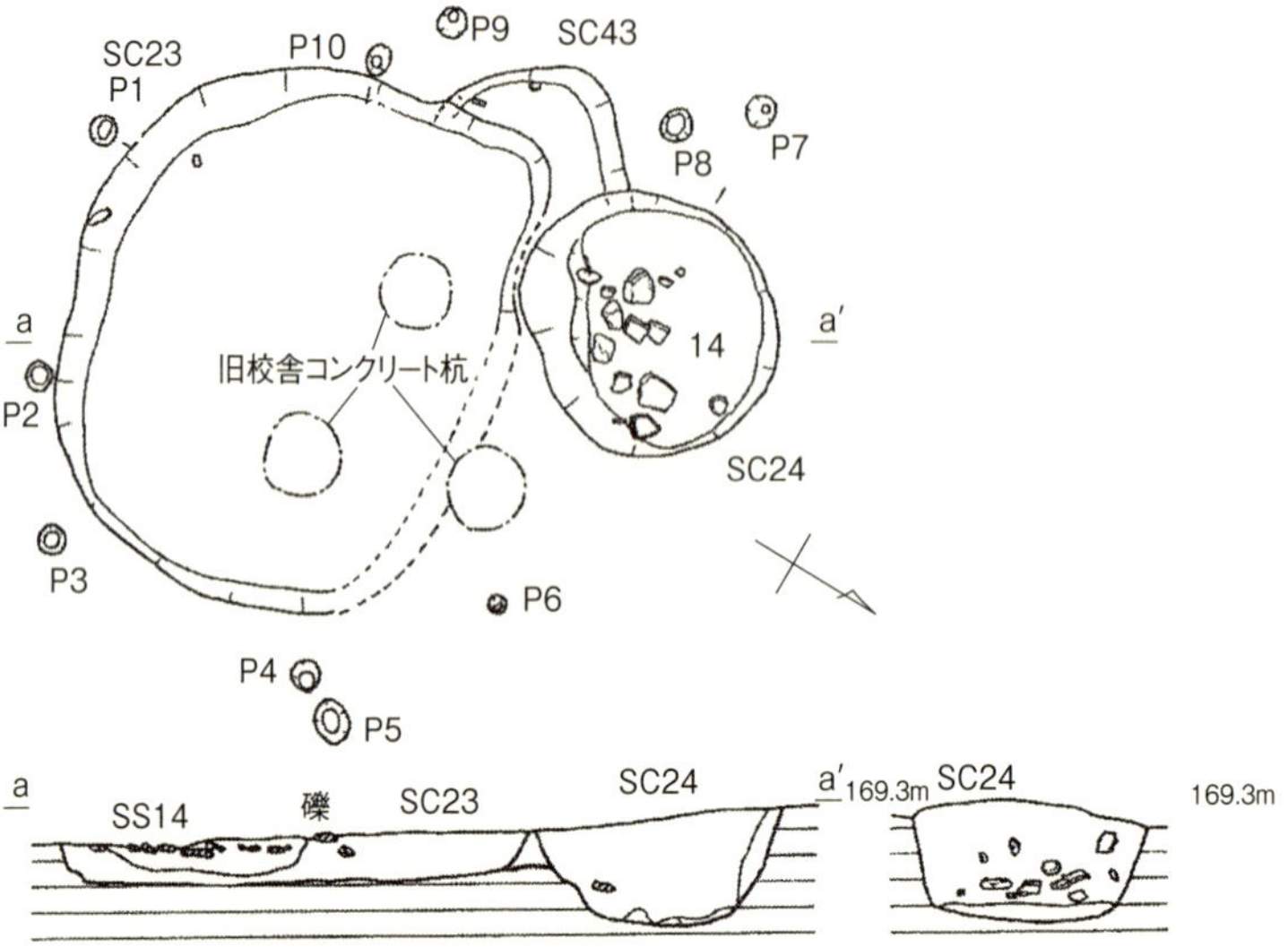

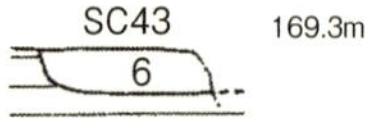

1：黄灰色シルト＋褐色粘質シルト（炭化物多く含む）
2：黄灰色シルト＋褐色粘質シルト（黄色軽石・炭化物まばらに含む）
3：褐灰色シルト（かたくしまる）に褐色粘質シルトブロックが入る
（黄色軽石・炭化物少量含む）
4：褐色粘質シルト
5：灰黄褐色砂質シルト＋褐色粘質シルト
（黄色軽石少量含む）
6：褐色粘質シルト＋黄灰色シルト
7：灰黄褐色粘質シルト（黄色軽石・灰白色軽石含む）
8：にぶい黄橙色砂質シルト（黄色軽石少量含む）
9：灰黄褐色砂質シルト（灰白色軽石含む）

図106 土坑SC28

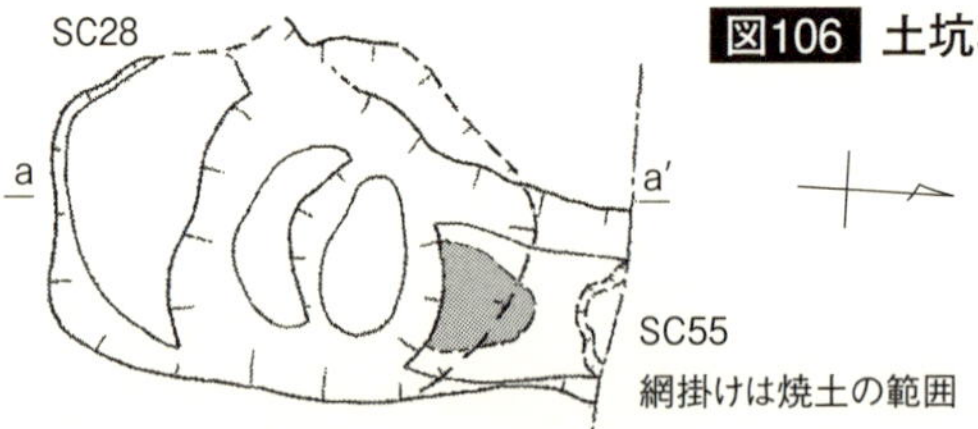

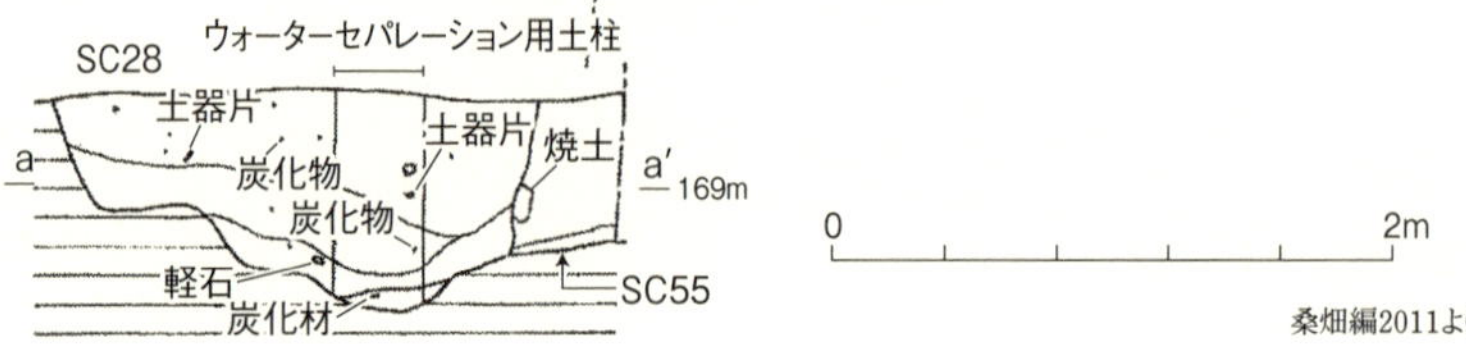

桑畑編2011より

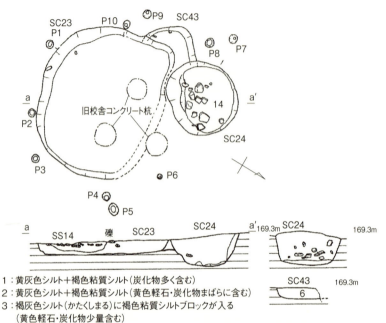

図107 王子山遺跡出土の隆帯紋土器

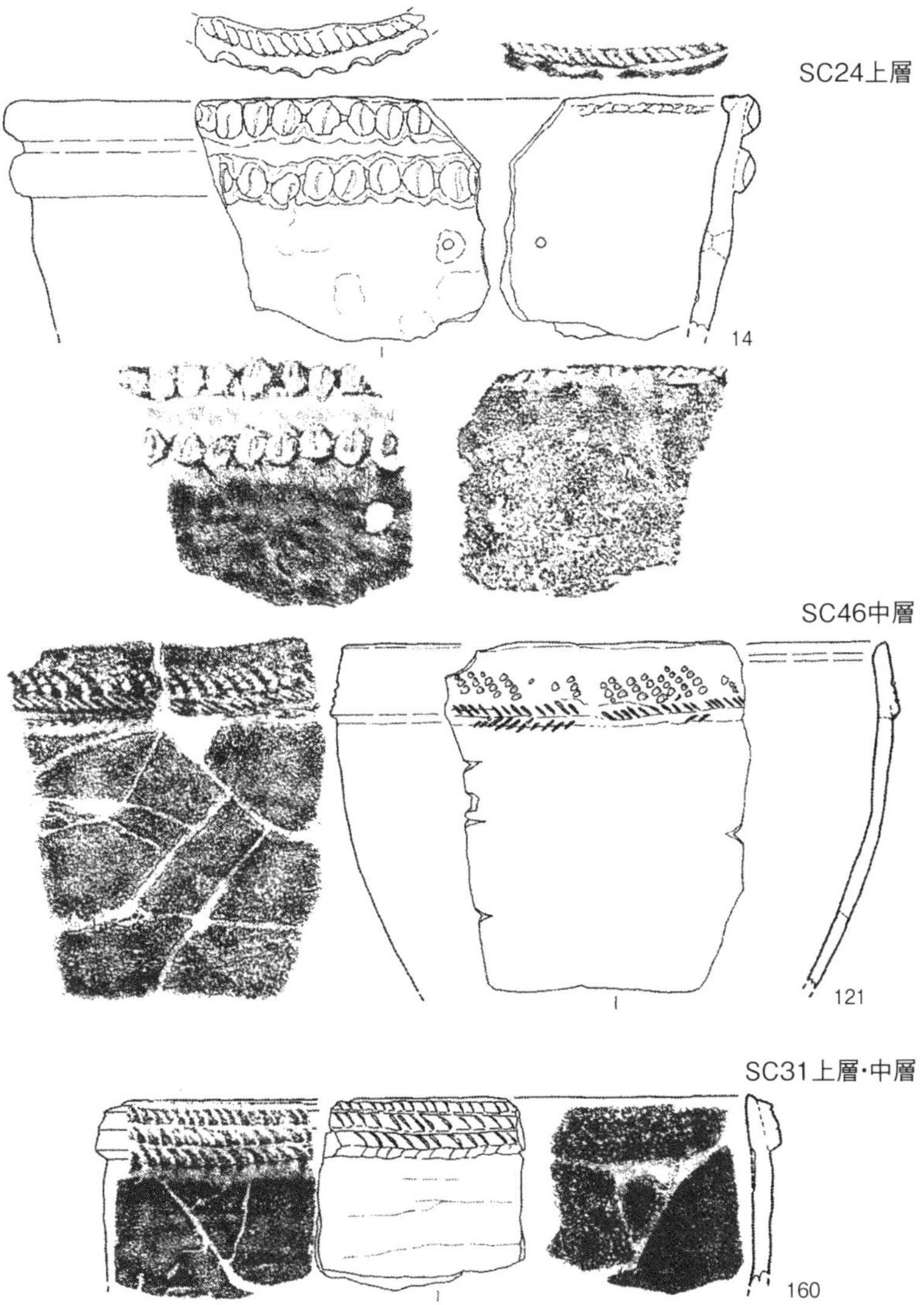

桑畑編2011より

種子島の遺跡

氷期の極相期には海水準が一〇〇～一三〇メートル低かったので、大隅半島の最南端である佐多岬の東南海上約五四キロに位置する種子島とその西側の屋久島は九州本島と地続きであった。

西之表市奥ノ仁田遺跡は太平洋に臨む標高約一三三メートルの台地上にある。一〇〇〇平方メートルという狭い調査面積にもかかわらず、集石一九基、配石遺構二基、土坑一基が検出され、隆帯上に貝殻復縁による施紋や指頭圧痕などが見られる深鉢形と浅鉢形の隆帯紋土器の破片が一五〇〇点ほど出土した。草創期の既知の遺跡に比べて土器の出土量が圧倒的に多かった。石器では石鏃五点に対し、石皿一四点、磨石・敲石・凹石類二四二点と植物性食料の調理加工具が多く出土している。背部二次加工素刃石器二点と石斧一〇点も出ている。しかし両脇の畑地は削平されてしまっていて、遺跡の全容は知り得なかった。約一万三六〇〇年前の年代が出ている（児玉・中村編一九九五）。

新種子島空港建設に伴って発掘調査が行われた中種子町三角山Ⅰ遺跡からは、隆帯紋土器片が約四〇〇〇点出ており、完形品六点、底部のみを欠く復元品六点が得られた。底部も丸底、丸平底、平丸底、平底、上げ底と多彩である。円形の竪穴住居跡二軒、集石八基、土坑二基、焼土域一ヶ所、石器製作所数ヶ所が確認された。石鏃四四点、磨石・敲石類五〇点、石皿八点が出ている。約一万三五〇〇年前である（藤崎・中村編二〇〇六）。

大塚達朗は「三角山式」を設定し、四細別して関東の「花見山式」との広域連動を主張する（大塚二〇一四）が、得心はいかない。直線距離で一〇〇〇キロほど離れている地域の直接的な対比法をかつては「エアプレーン考古学」と揶揄する研究者がいたが、この方法の客観性が保証されないからである。

図108 鬼ヶ野遺跡出土の竪穴住居跡

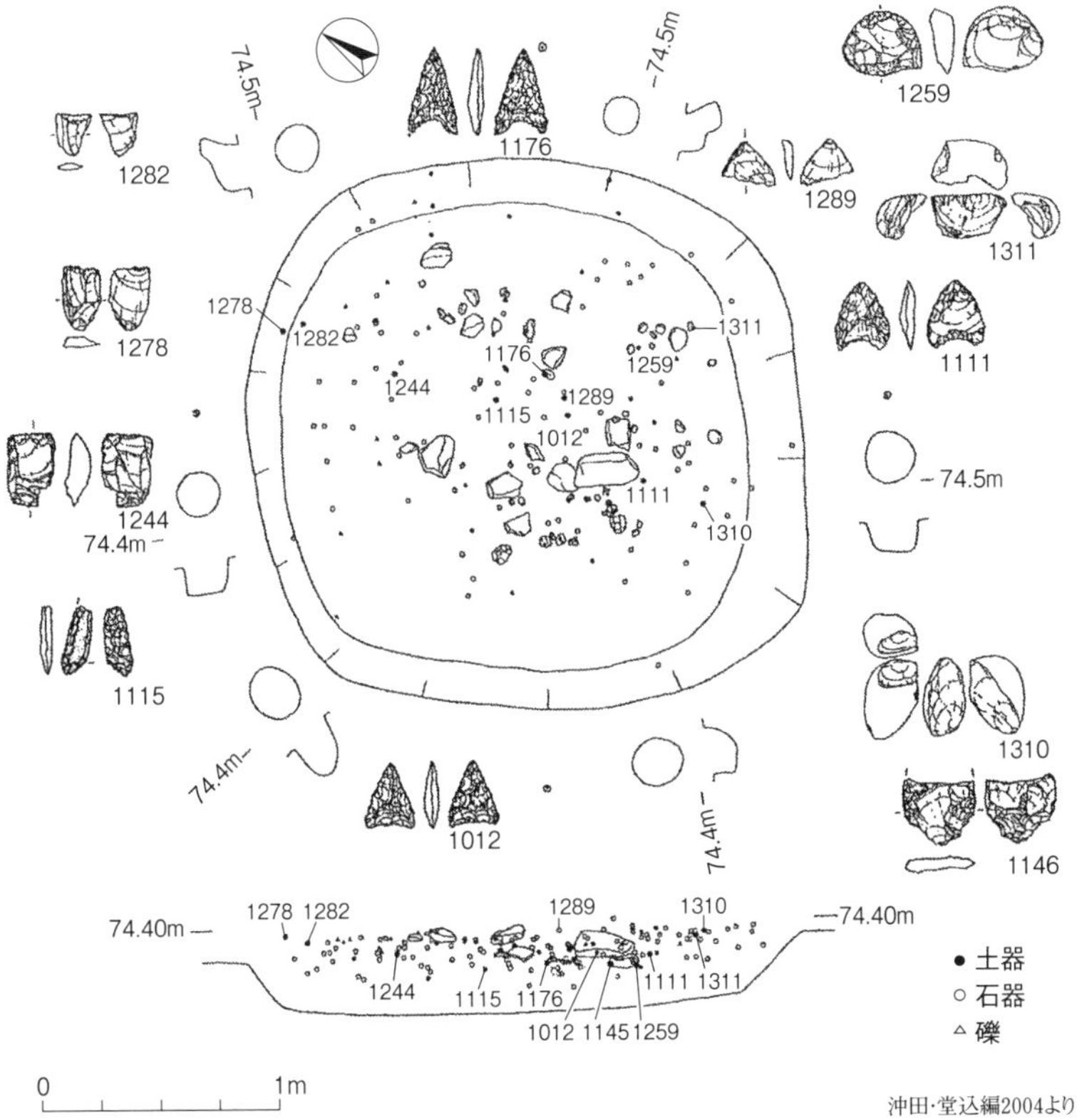

沖田・堂込編2004より

報告書では竪穴住居跡と竪穴状遺構に区分されている。形態・規模、柱穴の有無、炉跡の有無などを考慮して、発掘現場で判断することが多く、適正な基準があるわけではない。ここでは５軒の住居が検出された集落跡と見なした。

奥ノ仁田遺跡の北三キロ余にある鬼ヶ野遺跡からは、竪穴住居跡一軒（図108）、竪穴状遺構四基、集石四基、配石遺構五基、土坑六基が検出された。

B－2区の遺構群（一号住居跡・一号竪穴状遺構・一～三号土坑）と、B－4区の遺構群（二～四号竪穴状遺構・四～六号土坑）との間に三・二×二・八メートルの範囲で、土器片一四三点、礫一三四点、石鏃六点、石斧三点、砥石四点が集中して出ており、この集落のゴミ捨て場であった可能性が高い（図109）。総数一万四三五二点の隆帯紋土器片、石鏃三一一点・その未成品五六点・磨製石鏃五点、「丸ノミ形石斧」一三点を含めて石斧五〇点以上が出ている（沖田・堂込編二〇〇四）。丸ノミ形石斧の南方渡来説は別にして、丸木舟製作具説を支持したい。

急激な温暖化に伴う海面上昇と、九州本島からの離島化を念頭に置いてのことである。報告書では磨石・敲石類五一点、台石・石皿類二四点が図示されているが、出土量の約一割である。石器類からみると、動物性と植物性のどちらにも偏らないバランスの良い摂食であった。先の二遺跡より古い年代が出ているが、リザーバー効果のためだと言われている。

隆帯紋土器期の遺跡をいくつか選んで南九州で加速した定住化を見てきた。しかし、新ドリアス期相当の寒冷化と、それ以上に桜島の大爆発（薩摩火山灰層：桜島P14：約一万二八〇〇年前）によって、南九州における定住化の中核地域はいったん壊滅的な打撃を受けたようである。

南九州では、薩摩火山灰層が草創期と早期を画する鍵層とされている。この自然災害の影響は大きかったものの、草創期の隆帯紋土器から早期の水迫式土器、岩本式土器へと、細々とではあるが土器型式の継続が見ら

図109 鬼ヶ野遺跡出土の廃棄場

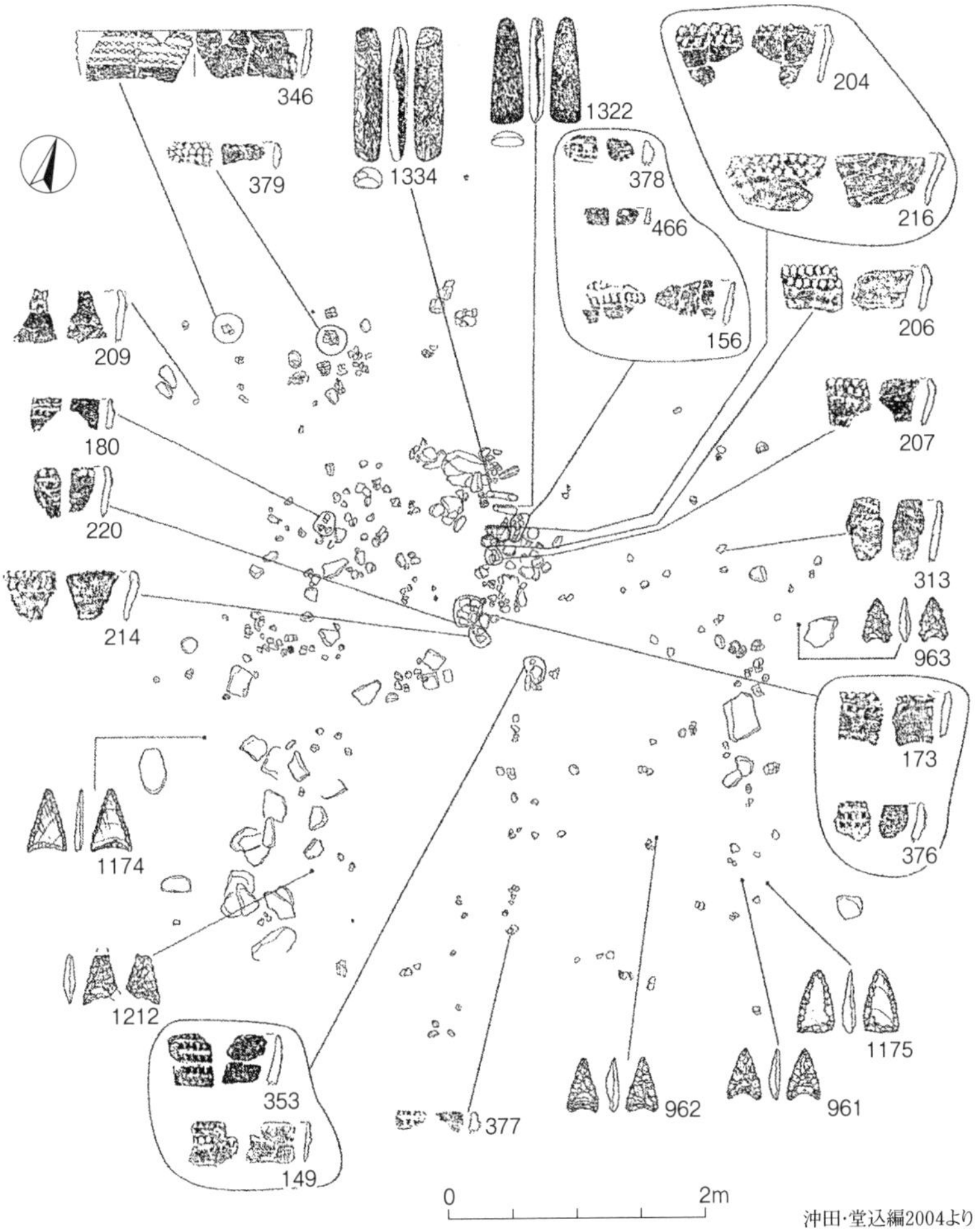

沖田・堂込編2004より

狩猟採集民のキャンプに見られる廃棄エリア（194 頁図 56 参照）と異なり、ある期間居住する集落には特定の廃棄場が出現する。

れる。そしてその後の急激な温暖化と生態系の回復にともない、おそらく分散していた小集団が回帰し、本格的な定住集落生活が営まれ始めた。このことについては次巻で詳述する。

引用文献

荒井幹夫　二〇〇二「九州における草創期石器群の二者」『泉福寺洞穴研究編』二二七－一四〇頁、泉福寺洞穴研究編刊行会。

安斎正人　一九九〇『無文字社会の考古学』六興出版。

安斎正人　二〇〇二「『神子柴・長者久保文化』の大陸渡来説批判―伝播系統論から形成過程論へ―」『物質文化』七二、一－二〇頁。

安斎正人　二〇一二『気候変動の考古学』同成社。

市川正史ほか編　一九九八『宮ケ瀬遺跡群ＸＶ』かながわ考古学財団調査報告四一。

後野遺跡調査団編　一九七六『後野遺跡―関東ローム層中における石器と土器の文化―』勝田市教育委員会。

大久保聡　二〇一六「武蔵野台地周辺における旧石器時代終末から縄文時代草創期の尖頭器」『石器文化研究』二一、九九－一一三頁。

大塚達朗　一九九九「Ⅱ．列島における縄文土器型式編年研究の成果と展望(1)　草創期（隆起線紋土器以前）」『縄文時代』第一〇号（第一分冊）、七七－八七頁。

大塚達朗　二〇一四「隆起線紋土器における広域連動―花見山式の再設定および三角山式の設定より―」『物質文化』九四、一一－二八頁。

沖田純一郎・堂込秀人編　二〇〇四『鬼ヶ野遺跡』西之表市埋蔵文化財発掘調査報告書（一四）。

葛城和穂・斎藤多慶史編　二〇〇八『坪毛沢(1)遺跡Ⅱ・柴山(1)遺跡Ⅱ・大坊頭遺跡・赤平(1)遺跡・赤平(2)遺跡Ⅱ』青森県埋蔵文化財調査報告書第四四九集。

上東克彦ほか編　一九九八『栫ノ原遺跡』加世田市埋蔵文化財発掘調査報告書（一五）。

神奈川県教育委員会　一九八〇『寺尾遺跡』神奈川県埋蔵文化財調査報告第一八集。

鹿又喜隆・ほか　二〇一五「九州地方委おける洞穴遺跡の研究―長崎県福井洞穴第三次発掘調査報告―」*Bulletin of the Tohoku University Museum*, No.14,pp.5-190.

川崎純徳ほか編　一九七八『額田大宮遺跡』茨木県那珂町史編纂委員会。

河村善也　二〇一〇「五　更新世の哺乳類」『講座日本の考古学1　旧石器時代〈上〉』一七八－一九五頁、青木書店。

北沢　実・山原敏朗編　二〇〇六『帯広・大正遺跡群２』帯広市埋蔵文化財調査報告第二七冊。

工藤雄一郎　二〇一二『旧石器・縄文時代の環境文化史―高精度放射性年代測定と考古学―』新泉社。

工藤雄一郎・国立歴史民俗博物館編　二〇一三『ここまでわかった！縄文人の植物利用』新泉社。

公文富士夫　二〇一五「晩氷期の気候変動と年代的枠組み」『考古学ジャーナル』一一月号、一六－一九頁。

桑畑光博編　二〇一一『王子山遺跡』都城市文化財調査報告書第一〇七集。

国立歴史民俗博物館編　二〇〇九『縄文はいつから！？―1万5千年前になにがおこったのか―』国立歴史民俗博物館。

小玉健一郎・中村和美編　一九九五『奥ノ仁田遺跡・奥嵐遺跡』西之表市埋蔵文化財発掘調査報告書（七）。
小林達雄　一九八七「縄文時代草創期について」『大和のあけぼの―二万年の文化を発掘する―』四五―六九頁、大和市教育委員会。
相模野考古学研究会編　一九八九『相模野第149遺跡』大和市文化財調査報告書第三四集。
坂本　彰　一九九六「槍と土器―都筑における縄文時代草創期の遺跡―」『考古論叢神奈河』第五集、二一―五〇頁。
坂本　彰・倉沢和子編　一九九五『花見山遺跡』港北ニュータウン地域内埋蔵文化財調査報告XVI。
佐久間光平　二〇一六「東北地方の尖頭器石器群・細石刃石器群の展開について」『旧石器研究』第一二号、九九―一一四頁。
桜井準也編　一九九二『湘南藤沢キャンパス内遺跡』第二巻　縄文時代I部、慶應義塾。
宍戸信悟編　一九九九『三ノ宮・下谷戸遺跡（No.14）I』かながわ考古学財団調査報告五五。
芝康次郎　二〇一三「九州における初期細石刃石器群の形成過程」『シンポジウム　日本列島における細石刃石器群の起源』三八―四三頁、八ヶ岳旧石器研究グループ。
白石浩之・笠井洋祐編　一九九九『吉岡遺跡群VIII』かながわ考古学財団調査報告四八。
新東晃一　二〇一三「十　九州南部」『講座日本の考古学３　縄文時代（上）』五四一―五七六頁、青木書店。
杉原敏之　二〇〇七「九州縄文文化成立期の諸相」『考古学』V、七三―九〇頁、安斎正人発行。
杉山真二　二〇一〇「四　更新世の植生と環境」『講座日本の考古学１　旧石器時代（上）』一五六―一七七頁、青木書店。
砂田佳弘・三瓶裕司編　一九九八『吉岡遺跡群V』かんがわ考古学財団調査報告三八。
鈴木保彦　二〇〇一「縄文時代草創期の住居址と住居状遺構」『縄文時代』第一二号、一―二六頁。
須藤隆司　二〇〇九「細石刃技術―環日本海技術と地域技術の構造と組織―」『旧石器研究』第五号、六七―九七頁。
関矢　晃編　一九八一『枡形遺跡調査報告書』群馬県宮城村教育委員会。
谷口康浩編　一九九九『大平山元I遺跡の考古学調査』大平山元I遺跡発掘調査団。
谷口康浩　二〇〇三「長者久保・神子柴石器群と細石刃石器群の関係―段階編年論を脱却した移行期研究の現在―」『シンポジウム日本の細石刃文化II』一七一―一九二頁、八ヶ岳旧石器研究グループ。
田村　隆　一九九八「移行の論理―石器群のデザイン分析と文化＝社会理論―」『先史考古学論集』第七集、一―四八頁。
田村　隆　二〇〇三「林小原子台再訪―東部関東における長者久保・神子柴石器群―」『考古学』I、一―五一頁、安斎正人編・発行。
月見野上野遺跡調査団編　一九八四『月見野上野遺跡第２地点』玉川文化財研究所。
辻誠一郎　二〇〇八「第一章　更新世から完新世へ―環境変動と生態系の構造変動―」『縄文化の構造変動』一三―三二頁、六一書房。
土屋　積・中島英子編　二〇〇〇『上信越自動車道埋蔵文化財発掘調査報告書一六』長野県埋蔵文化財センター発掘調査報告書四九。
出口　浩編　一九九二『掃除山遺跡』鹿児島市埋蔵文化財発掘調査報告書（一二）。

長井謙治　二〇〇九　『石器づくりの考古学―実験考古学と縄文時代のはじまり―』同成社。

仲田大人　二〇〇一　「南関東における縄文時代草創期前半の居住形態―最適化モデルによる予備的検討―」『先史考古学論集』第一〇集、七三―一一六頁。

仲田大人　二〇一六　「関東地方の旧石器・縄文移行期をめぐる問題」『旧石器研究』第一二号、一三五―一五四頁。

中村由克　二〇〇四　「神子柴系石器群の石材利用」『長野県考古学会誌』一〇七、一九―二二頁。

橋本勝雄　二〇一五　「東日本におけるホロカ型細石刃石器群の様相とその時間的位置づけ」『旧石器考古学』八〇、三一―四九頁。

林　茂樹　一九六一　「神子柴遺跡の意味するもの―原始カオス期の伊那谷―」『上伊那教育』第二六号（『伊那の石槍』一九九五に所収）。

林　茂樹・上伊那考古学会編　二〇〇八　『神子柴』信毎書籍出版センター。

藤崎光洋・中村和美編　二〇〇六　『三角山遺跡群(3)』鹿児島県立埋蔵文化財センター発掘調査報告書（九六）。

御堂島　正　二〇一五　「ダートか矢か？石器の計量的属性に基づく狩猟具の判別？」『神奈川考古』第五一号、一―二〇頁。

三宅徹也　一九七九　『大平山元Ⅰ遺跡発掘調査報告書』青森県立郷土館調査報告第五集・考古―2。

望月　芳編　一九九四　『南鍛冶山遺跡発掘調査報告書』第一巻　縄文時代草創期、藤沢市教育委員会。

森嶋　稔ほか編　一九九八　『唐沢B遺跡』千曲川水系古代文化研究所。

山田　哲　二〇〇六　『北海道における細石刃石器群の研究』六一書房。

山内清男・佐藤達夫　一九六二　「縄紋土器の古さ」『科学読売』第一四巻第一二号、一―一一頁。

吉田明弘　二〇一五　「日本列島の最終氷期における古環境研究―花粉分析を中心にした近年の研究動向と問題点―」『旧石器研究』第一一号、一―一二頁。

Sato, H. and D. Natsuki 2017 Human behavioral responses to environmental condition and the emergence of the world's oldest pottery in East and Northeast Asia: An overview. *Quaternary International* XXX, pp.1-17.

あとがき

隆起線紋土器期の終焉は新ドリアス期相当の気候の寒冷化によるものと考えられる。この更新世終末の寒の戻りは花粉分析によりヨーロッパで古くから知られていた。私はかつて修士論文（一九七一）中で、寒冷化による野生ムギ類の生育地域の縮小が、パレスティナのナトゥーフ文化でのムギ類栽培の引き金となったと指摘した（安斎二〇一七）。今日、一般にこの寒冷化現象が農耕起源の誘因だと言われている。

日本列島では新ドリアス相当期は北大西洋地域より開始が数百年遅れ、気温の低下は四±二度と推定されている。秋田県男鹿半島に一ノ目潟という湖があって、そこの湖底堆積物（年縞）で見られた気候変動曲線については、「グリーンランドで認められるヤンガー・ドリアスと呼ばれる寒の戻りに対応する急激な環境変動を、南極氷床コアのように一ノ目潟でも確認できません。グリーンランドのこの急激な気候変化は、一ノ目潟あたりの東北日本海沿岸では小さかった可能性が示唆されますが、他分野他地域の分析結果と比較する必要があります」と報告されている（篠塚・山田二〇一五）。

確かに、日本列島にグリーンランドでの観測結果を直接的に適用することは避けなければならない。しかし古気候学的データがそろうまで、約一万三〇〇〇～一万一五〇〇年前の考古学的データに注意を払っていく必要がある。新潟県室谷洞窟について簡単に述べておいた（二三六―二三八頁）が、この期間の考古資料は土器も含め十分ではない。隆起線紋土器期に促進された定住化傾向は寒の戻りで阻止されたと考えられるが、隆起線紋土器期には見られなかった戸数の集落跡がいくつか報告されている。今のところ^{14}C年代測定の較正年代値は出されていないが、これらの遺跡は新ドリアス期前後の気候が温暖な時期に位置すると仮定しておく。

静岡県富士宮市大鹿窪《おおしかくぼ》遺跡は富士川と芝川の合流点から北へ約六キロ、芝川を遡った左岸の緩やかに傾斜する標高約一七五メートル地点にある。遺跡の北東方向に古富士の山体である羽鮒丘陵越しに富士山を近くに見ることができる。竪穴住居跡は重複していて、定住的である。石皿・磨石類も多い。

三―一調査区中央を北北西から南南東方向に溶岩流が南下して溶岩帯を形成していて、溶岩帯西側から一号埋没谷に向かって標高を下げる緩斜面に広場を取り囲むように竪穴住居跡が、また溶岩帯が周囲を取り囲むことによって作り出した円形状平場に一一号集石遺構が構築されていた。遺構は竪穴住居跡一一軒、土坑一〇基、ピット二基、焼土跡二基、配石遺構五基、集石遺構一一基が検出された（図110）。住居は周壁の外側に小柱穴群（?）をもち、壁の立ち上がりが全般に急である。不正楕円形の七号住を最大（五・八〇×四・五六×〇・五七メートル）とする。一号住と二号住の床には石皿と炉（?）の組み合わせも見られる。一二号→二号→一一号、三号→二号、一四号→四号→五号の切り合い関係が見られる。出土土器はもっぱら押圧縄紋土器で、旧いβ線法ではあるが五号住と七号住の覆土炭化物の年代は約一万二九〇〇年前（未較正）である。五二号土坑から太隆起線紋土器が出ており、その年代は約一万三三〇〇年前（未較正）である（芝川町教育委員会二〇〇三／〇六）。新ドリアス相当期の寒冷化が列島では北大西洋より数百年遅れて始まることも勘案すれば、温暖な気候下にあったと考えられる。

図110 大鹿窪遺跡出土の押圧縄紋土器期の集落跡

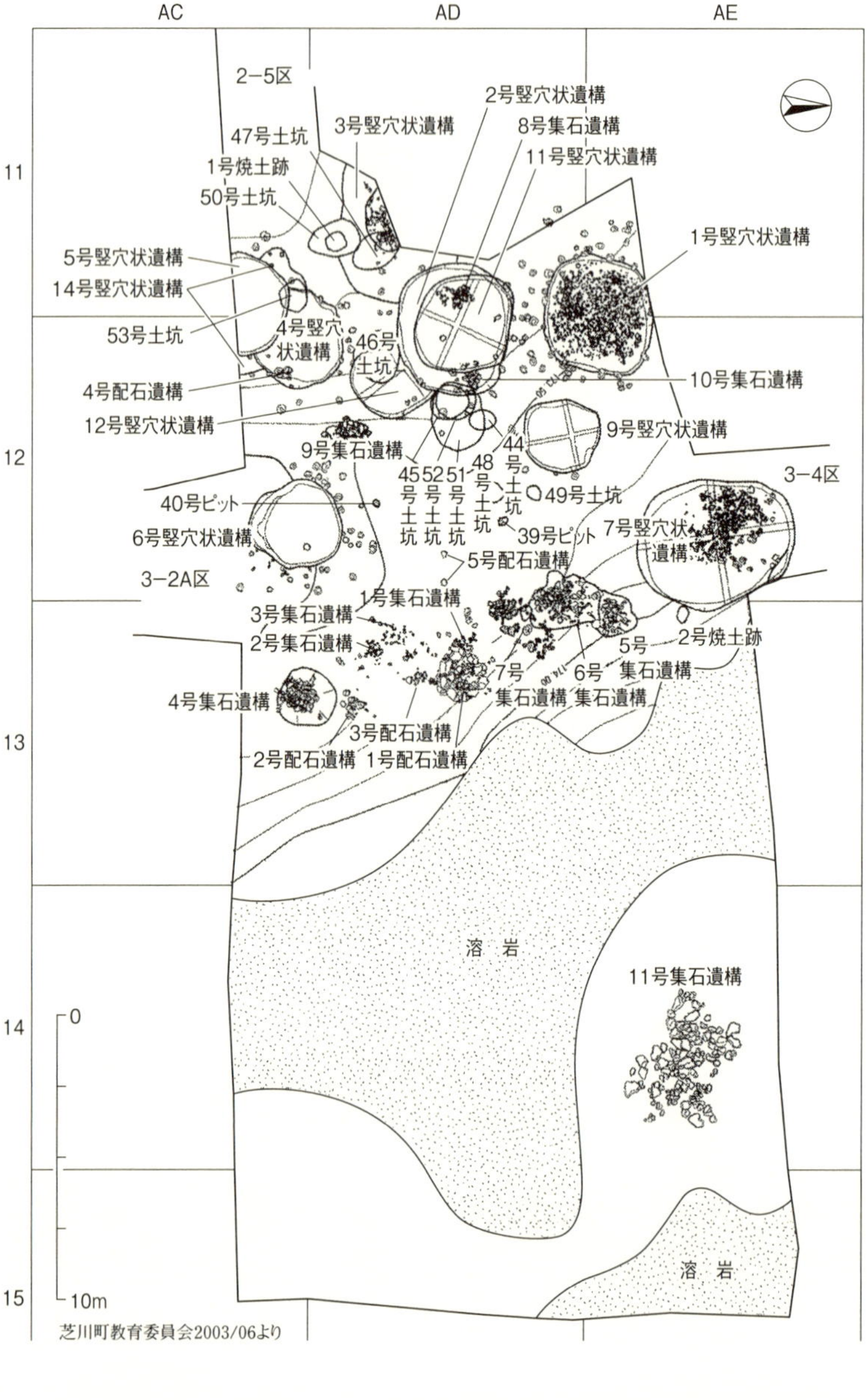

芝川町教育委員会2003/06より

住居群の東側、溶岩帯に沿って南北に三基の配石が並ぶ。残りの良い一号配石は円形を呈し、長軸一・八七メートル、短軸一・七六メートルを測る。約五〇センチ前後の溶岩礫を円形に組み、その内側に沿って約五〇センチ前後の角礫状の溶岩礫を組んでいる。中央には小形の溶岩礫が覆土を覆うように置かれている（図111）。広場↓一号配石↓一一号集石↓富士山の方向での「縄文ランドスケープ」がいわれている。

三―一調査区の東約四〇メートルの三―三C調査区から検出された一〇号住からは微隆起線紋土器片と「花見山型」有茎尖頭器が出土し、さらに東の三―三E調査区の八号住からは特徴的な土器は出ていないが、細身の木葉形あるいは柳葉形尖頭器が出ている。最大幅が上半部にある尖頭形基部が特徴である。

隆起線紋土器期の後半から住み始められ、新ドリアス期相当の寒冷化が始まる前の押圧縄文土器期の集落である。

青森県八戸市櫛引遺跡は市街の南西、馬淵川右岸の野場段丘面上にある。居住地に向いた立地で、早期中葉の集落や奈良・平安時代の集落などこの地は断続的に近世まで利用されている。

竪穴住居跡二軒、土坑六基、集礫一基が検出された（図112）。六×五・五メートルの不整円形で壁高が〇・八五～一・一メートルと、五・二×四・六メートルの不整楕円形で壁高が〇・六～〇・八メートルと深く、柱穴も炉跡ももたないがいずれも住居跡とされる。第一号竪穴住居跡の南東に約三メートル離れて検出された集礫は、およそ一・五×一・三メートルの範囲に礫が集中し、大多数の礫が被熱していて、周辺に微量の炭化物が見られることから炉として使用されたとみられる（小田川ほか編著一九九九）。

出土土器は回転縄紋を主体とする多縄紋系土器で、新潟県室谷洞窟下層式土器の新段階（第九層以降）に類似すると言われる。第一号土坑出土の土器がほぼ完形に復元された。「器形は、口縁下と胴ほぼ中央、胴下半

図111 大鹿窪遺跡出土の1号配石遺構

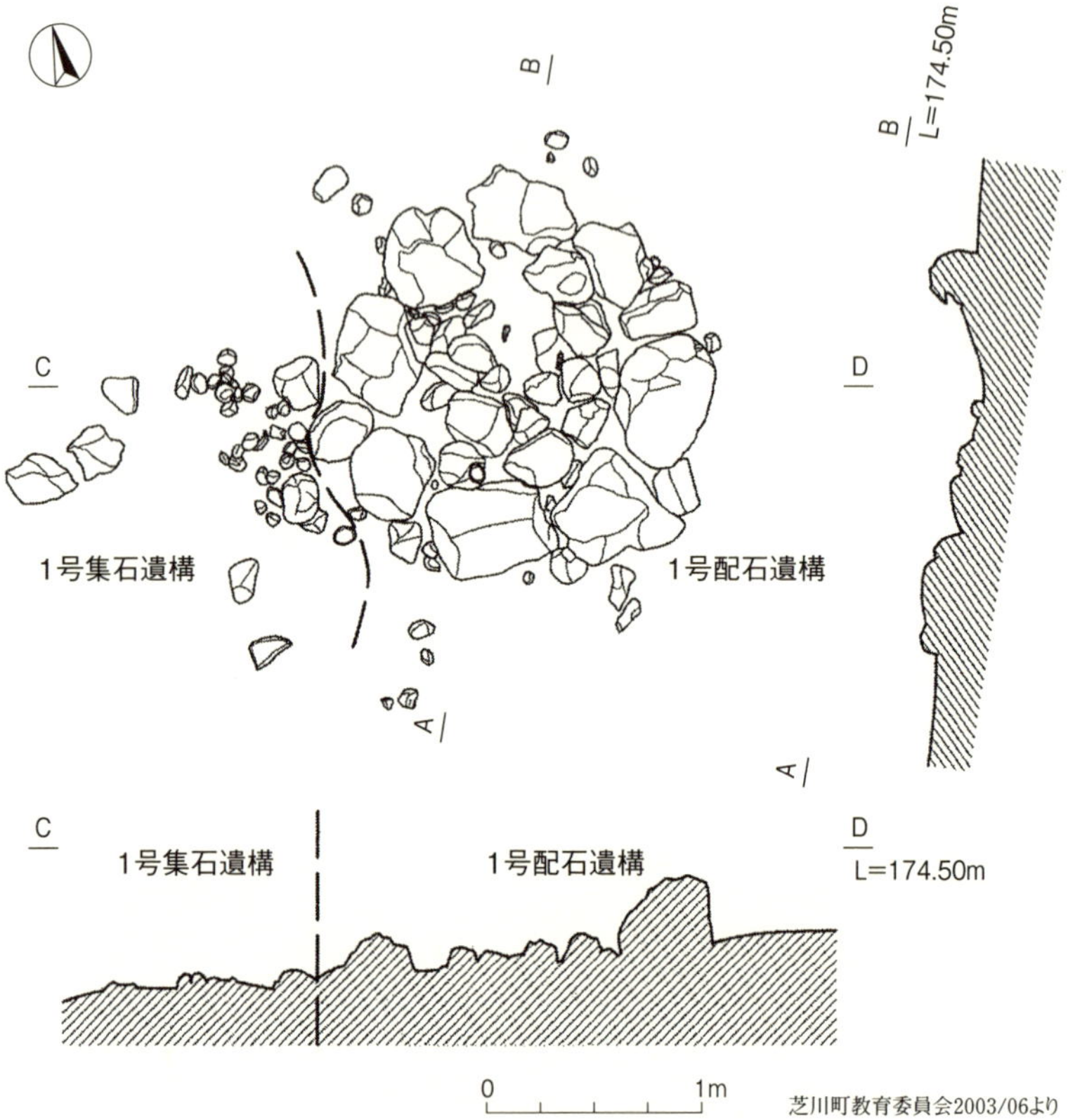

芝川町教育委員会2003/06より

小林達雄の「縄文ランドスケープ」は、中央広場→「記念物」→コニーデ型山頂の方向で春分・秋分、あるいは夏至・冬至の日に日の出ないし日の入りを望むという構図である。溶岩帯に沿って配列された「配石遺構」と溶岩帯に囲まれた平場の「集石遺構」を「記念物」と「祭祀遺構」に見立てる見方がある。

図112 櫛引遺跡出土の集落跡

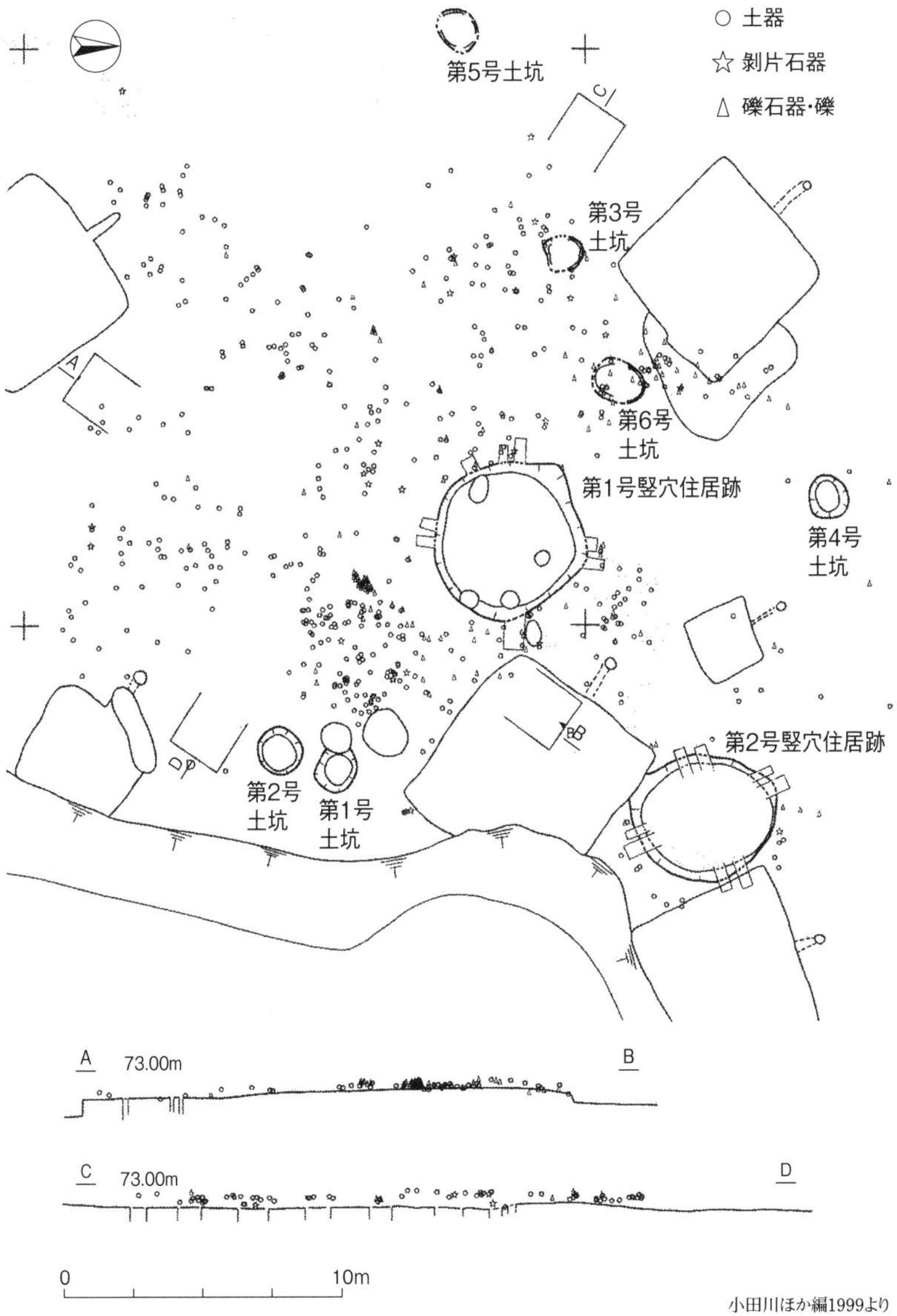

小田川ほか編1999より

で三段に屈曲する深鉢形土器である。器高は二六・三センチ、口径は楕円形で長軸で二八・八センチ、短軸で二六センチである。底形は約九センチである。器厚は約四ミリと薄く、ほぼ均一である。胎土は緻密で、砂粒の混入は多い。焼成もよく堅く、外面は黒褐色〜褐色、内面は褐色である。／口縁は平口縁で、対となる二つの山形状小突起をもつ。（欠失部分を考えると、一対の四小突起をもっていた可能性がある。）口端は平坦で工具により刻みが施され、小突起の頂部は刻みにより大きくV字に切り込まれている。／文様は、口縁から胴中央の屈曲部分までの同上半に縄文が施される。LR縄文の縦位回転とRL縄文の横位回転で、屈曲部を境に原体と回転方向を変え羽状に施文している。全体には、突起直下にみられるように、五〜六単位の菱形を構成するように施文されている。また、外面の口唇直下と胴下半屈曲部には爪形文が、同上半と胴中央屈曲部には縄端刺突が連続して施文される」（図113）。爪形紋土器も細片が三九点出ている。

図113 櫛引遺跡出土の〝室谷下層式土器〞

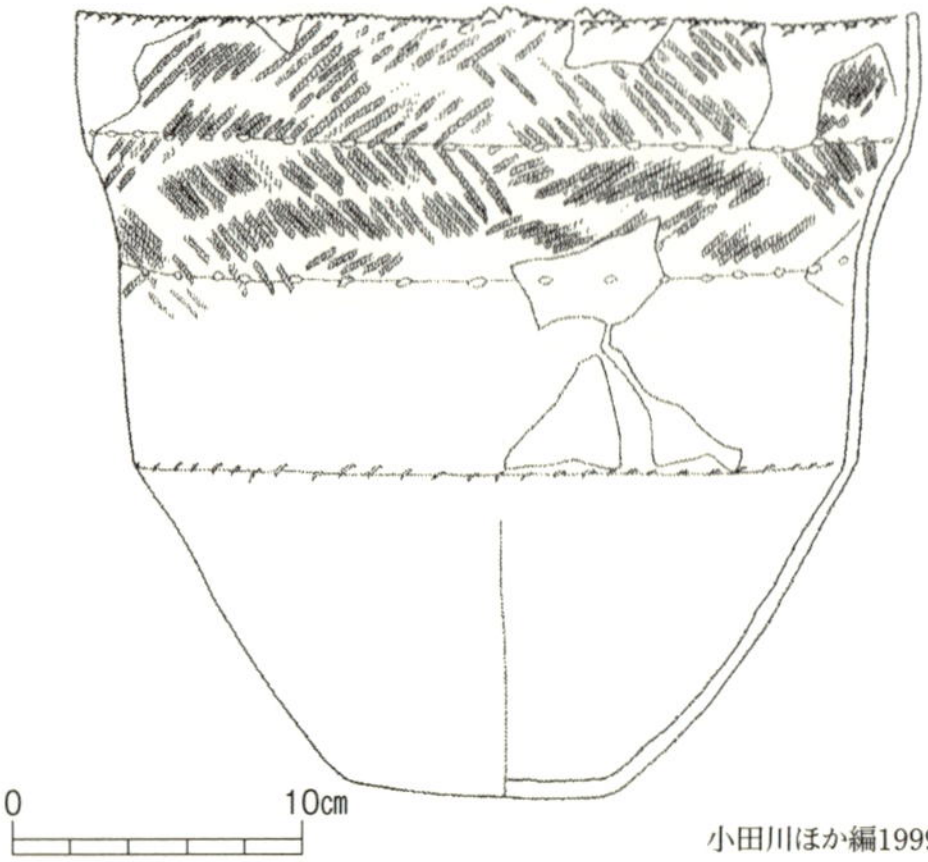

小田川ほか編1999より

長野県木曽郡上松町お宮の森裏遺跡は、東側から木曽川に流れ込む支流中沢川の北岸に北側の尾根から下ってくる標高約七五〇メートルの南向きの斜面にある。木曽川下流の近くに景勝で知られる寝覚の床がある。

表裏縄文土器期の竪穴住居跡九軒が調査区中央部の尾根の頂部よりやや下った付近と、南西部の斜面が平坦部に移行する付近から検出された（図114）。同時期の土坑として七基が報告さ

図114 お宮の森裏遺跡出土の竪穴住居跡

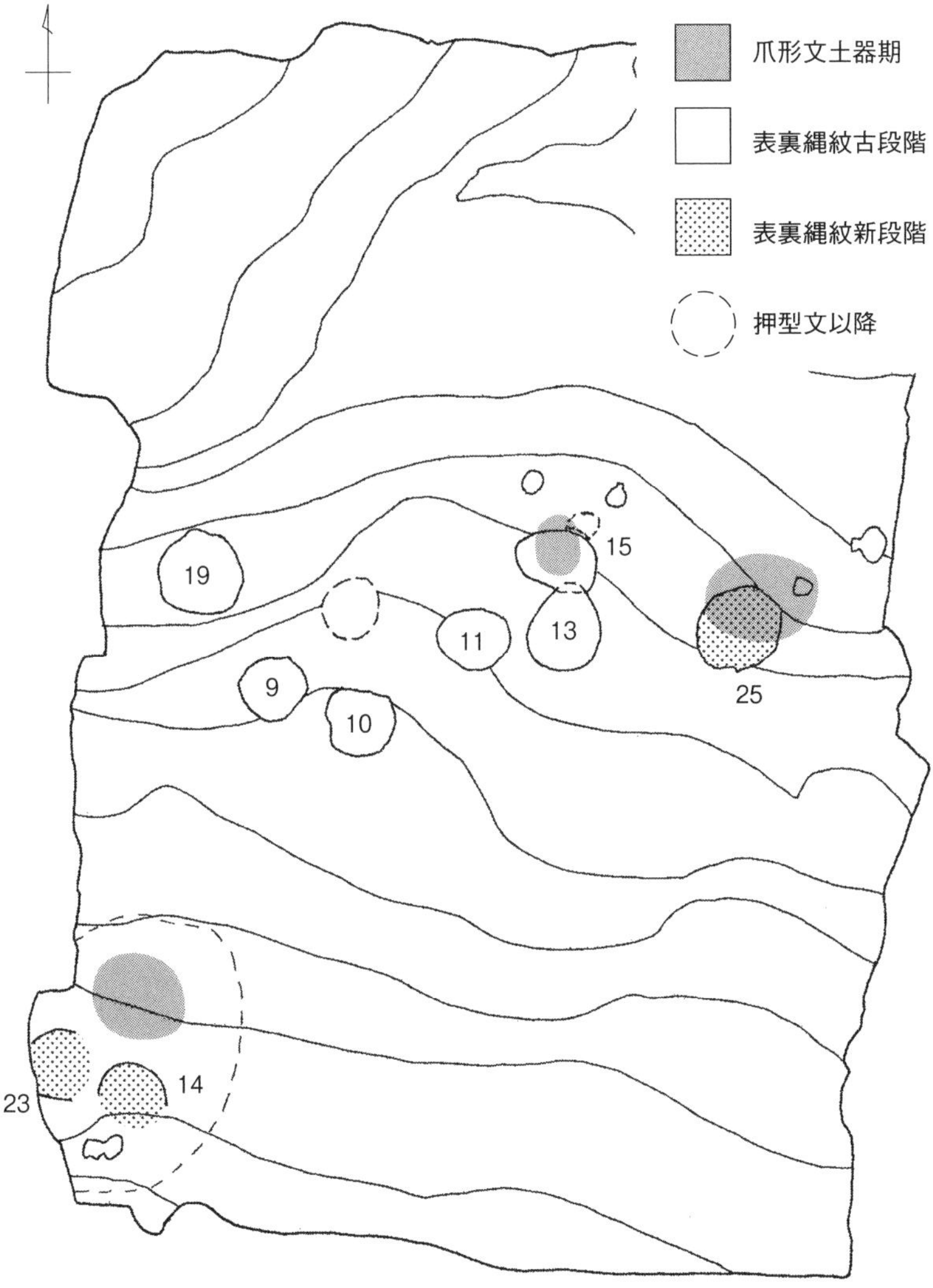

新谷編1995より

新ドリアス相当期とその前後期の考古データが少なく、変遷過程がよくわかっていない。

れていて、そのうちの二基は墓壙とされている。最大の一三号住は六×五メートルの掘りの浅い不正楕円形で、入り口と想定される南側を除く壁に沿って浅い柱穴が雑然とめぐる。他の住居跡もほぼ同様の作りである。一四号住にのみ炉跡と大型石皿の組み合わせが見られる。土器型式と石器組成から、九・一〇・一一・一三・一九号住→一四・二三・二五号住の旧新二時期の変遷が考えられている。石器は石鏃と拇指形掻器を主体の剝片石器が特に古い時期の住居跡に多く、新しい時期には少なくなっている。遠隔地の和田峠方面の黒曜石をもっぱら使っていて、年間定住型集落と様相が異なる。時期が新しくなると代わって石皿・磨石類が目につく（新谷編一九九五）。

一五号住の北東側に爪形紋土器と絡条体圧痕紋土器の破片が集中して見られ、有溝砥石三点が伴うらしい。新しい時期の住居跡が見られる南西部に集中して撚糸紋土器破片が分布する。先行時期に利用されていた場所に集落が形成され、新規により低い場所に移行したのち、撚糸紋土器期に入ってもその場が利用されていた、という集落変遷である。多数の石鏃と拇指形掻器が寒冷期の狩猟活動を、そして石皿・磨石類が温暖期の植物採取を示唆しているとすれば、更新世から完新世への移行期に形成された居住地ということになる。ちなみに、長野県南佐久郡北相木村栃原岩陰出土の表裏縄文土器・撚糸紋土器の較正年代は約一万一〇〇〇〜一万七〇〇〇年前で、新ドリアス期が終焉して気温が急上昇した時期に当たる。

土器の出現をもって旧石器時代の終わり、縄紋時代の開始と一般に説明されている。土器型式に基づき縄紋時代は六期に大別され、その最初が草創期（約一万五五〇〇〜一万一五〇〇年前）である。草創期の終わりは新ドリアス期の終わり、すなわち地質学上の更新世と完新世との画期に当たり、早期との画期とされている。

本著ではこの時代区分を採用していない。土器型式に基づく時期区分は人の生活世界の変化に一致しないからである。狩猟採集民（旧石器人・縄紋人）の生活世界は自然環境と密接な関係（生態系）をもつ。従って、生活世界の変化は気候変動に連動する。この巻では遊動生活と定住生活をキーワードにし、現生人類が列島に到達・定着した旧石器時代と縄紋時代草創期までを扱った。本格的な定住集落が形成されるのは早期以降のことである。

引用文献

安斎正人　二〇一七「気候変動と動植物分布」『ラーフィダーン』第XXXⅧ巻、一〇一－一〇八頁。
小田川哲彦ほか編著　一九九九『櫛引遺跡』青森県埋蔵文化財調査報告書第二六三集。
篠塚良輔・山田和芳　二〇一五「年縞による縄文時代における気候変動」『津軽海峡圏の縄文文化』四九－六七頁、雄山閣。
芝川町教育委員会　二〇〇三／〇六『大鹿窪遺跡・窪B遺跡』（遺構編）・（遺物編）、静岡県富士郡芝川町。
新谷和孝編　一九九五『お宮の森裏遺跡』建設省飯田国道工事事務所・上松町教育委員会・木曽郡町村会。

謝辞

『旧石器時代の構造変動』(二〇〇三)以降、特に東北芸術工科大学東北文化研究センターに在職した七年間(二〇〇七〜二〇一四)は旧石器時代研究から遠ざかっていた。退職後、本書の執筆を念頭に、この間に刊行された旧石器時代に関する発掘調査報告書、論文・著作類を渉猟し、手当たり次第に読み込んだ。想定内ではあったが、構造変動論・石器モード論の進展は見られず、逆にこの方面の研究は退潮の兆しさえ見られた。例外は田村隆さんの著書・論文で、本書で多々言及し引用してある。その学恩にまず謝意を表したい。

所蔵図書の複写、借り出しでは東京大学考古学研究室の飯牟礼洋子さん・石川岳彦さんにたいへんお世話になった。また大正大学の御堂島正さんにも貴重な発掘調査報告書類をお借りした。この場を借りてお三方にお礼申し上げます。

遺跡・遺物の見学では多くの方々にお世話になった。ここでは直近の見学でお世話になった方のお名前を挙げて皆様への謝意とさせていただきます。市澤英利さん(飯田市上郷博物館)には竹佐中原遺跡出土石器群の見学で、佐藤雅一さん(津南町農と縄文の体験学習館なじょもん)には本ノ木遺跡ほかの遺物見学の手配で、また今井哲哉さん(同)には津南段丘群に立地する遺跡の案内で、大竹憲昭さんと町田勝則さん(長野県立歴史館）には星光山荘B遺跡ほか野尻湖遺跡群出土の遺物見学で、尾田識好さん（東京都埋蔵文化財センター）には整理中の武蔵台遺跡出土石器の見学で、高橋健さんと橋口豊さん（横浜市立歴史館）には花見山遺跡出土遺物の見学で、竹尾進さん（東京都埋蔵文化財センター）には遺跡・遺物の見学の手配や文献で、長井謙治さん（東北芸術工科大学）には日向洞窟発掘調査の見学と大鹿窪遺跡発掘調査見学の手配で、西田健彦さん（群馬県埋蔵文化財調査事業団）には上白井西伊熊遺跡出土石器群ほか群馬県の資料見学で、山原敏朗さん（帯広百年記念館）には大正3遺跡ほか帯広市の資料の見学および帯広市内遺跡の現地案内で、それぞれお世話になりました。

大学で部活を一緒して以来の友人、柳町敬直さん（敬文舎）には大部の研究書の出版を無理強いし、心労を煩わせてしまった。その友情に感謝、感謝。煩雑な編集作業に当たられた阿部いづみさん、図版を整備しわかりやすくしていただいた蓬生雄司さん、お二方の力添えでどこに出しても恥ずかしくない本となりました。心からその労をねぎらいたいと思います。

二〇一七年九月吉日に

安斎正人

さ行

た行

な行

人名索引

◉長野県

◉岐阜県

◉静岡県

◉愛知県

◉三重県

◉大阪府

◉新潟県

◉富山県

◉福井県

◉山梨県

遺跡索引

・本書に登場する遺跡を県別に記した。
・詳しい説明があるページは太字で表示した。
・写真・図版を掲載した遺跡は＊で表示した。

縄紋時代史 ◆上◆ 縄紋人の祖先たち

2017年 12月 20日　第 1 版 第 1 刷発行

著　者　安斎 正人
発行者　柳町 敬直
発行所　株式会社 敬文舎
〒 160-0023　東京都新宿区西新宿 3-3-23
ファミール西新宿 405 号
電話　03-6302-0699（編集・販売）
URL　http://k-bun.co.jp
印刷・製本　中央精版印刷株式会社

Printed in Japan ISBN978-4-906822-50-8